비고츠키와 발달교육 2

비고츠키의 발달교육이란 무엇인가?

비고츠키의 **발달교육**이란 무엇인가?

초판 1쇄 인쇄 2018년 10월 10일
초판 1쇄 발행 2018년 10월 26일

지은이 비고츠키교육학실천연구모임
펴낸이 김승희
펴낸곳 도서출판 살림터

기획 정광일
편집 조현주
북디자인 꼬리별

인쇄·제본 (주)현문
종이 월드페이퍼(주)

주소 서울시 양천구 목동동로 293, 22층 2215-1호
전화 02-3141-6553
팩스 02-3141-6555
출판등록 2008년 3월 18일 제313-1990-12호
이메일 gwang80@hanmail.net
블로그 http://blog.naver.com/dkffk1020

ISBN 979-11-5930-075-2 03370

이 도서의 국립중앙도서관 출판예정도서목록(CIP)은
서지정보유통지원시스템 홈페이지(http://seoji.nl.go.kr)와
국가자료공동목록시스템(http://www.nl.go.kr/kolisnet)에서 이용하실 수 있습니다.
(CIP제어번호: CIP2018030495)

비고츠키와 발달교육 2

비고츠키의 발달교육이란 무엇인가?

비고츠키교육학실천연구모임 지음

살림터

2018년, 이제는 발달교육을 시작해요!

책 소개

이 책은 발달교육을 시작하자는 제안입니다. 발달교육을 시작해야만 한다는 조언입니다. 구성주의교육의 미몽에서 깨어나라는 충고입니다. 여러분도 할 수 있다는 설득입니다. 첫걸음을 내디뎠던 분들의 이야기를 보고 희망을 품자는 유혹입니다. 비고츠키의 발달교육을 확산하자는 출사표입니다.

교사의 교육활동이 발달교육으로 일반화될 수 있으려면, 일단 교사가 발달교육을 추구해야 합니다. 그를 위해서는 우선 발달교육이 무엇인지 교사가 알아야 합니다. 알려면, 발달교육을 공부해야 합니다. 이 책에는 발달교육에 입문한 분들이 함께 공부하며 알아 갔던 첫걸음의 흔적이 알차게 모여 있습니다. 여러분의 공부에 많은 도움이 되리라 확신합니다.

발달교육은 학교에서 배운 것을 토대로 학생이 문화적 능력을 습득하게 하는 것입니다(224쪽). 이런 발달교육의 정의를, 대한민국 선행 연구자의 제안을 받고자 합니다. 정범모의 전인교육을 새롭게 조명하여 인간화교육이라는 성과를 얻었다는 단정과 고등정신능력을 길러내는 교육의 실현이 인간화교육의 핵심이라는 주장(221쪽)을 존중합니다. 이를 자산으로 대한민국 발달교육을 풍부하게 하고자 합니다.

1995년 5·31 교육개악이 시도되기 전, 대한민국 교육계의 발달교육 흐름을 꼼꼼하게 살피고 이를 추상화하여 대한민국 전국교직원노동조합은 '인간화교육'을 화두로 내놓았습니다. 전교조는 '인간화교육 만만세'를 노래하며 행사를 마무리합니다. 그러나 아직 인간화교육의 체계를, 발달교육으로 채색된 교육과정을 제시하지 못했습니다.

5·31 교육개악은 발달교육의 싹을 시들게 했습니다. 조직적 범죄행위인 구성주의교육 활동을 위로부터 20년 동안 강요받았습니다. 그동안 참고할 발달교육의 내용이 계승되지 못했습니다. '잃어버린 20년'입니다. 이를 보완하기 위해 세상의 지혜를 참고해야 합니다. 서방과 동방을 살폈습니다. 비고츠키의 발달교육을 찾았습니다. 꼼꼼하게 살펴보고 있습니다. 이미 큰 방향을 제안했습니다. '경쟁에서 협력으로'와 '모든 학생의 성장과 발달을 위한 교육'이 그것입니다.

유네스코가 진리 차원에서 교육 패러다임의 전환을 선언하고, 이를 전 세계 교육자에게 알린 논문으로『비고츠키와 발달교육 1-비고츠키를 아시나요?』(배희철, 2016)를 마무리했습니다. 이미 20세기에도 비고츠키를 사회적 구성주의와 연결시키는 것이 거짓임을 세계적 수준의 학자나 유네스코 같은 국제적 기관에서는 알고 있었습니다. 거기서 이를 확인할 수 있습니다. 또한 거기에는 국내 연구자를 위한 저의 연구 성과가 진열되어 있습니다. 쉬운 우리말로 작성한 글들입니다. 최근에는 공개적으로 구성주의교육을 옹호하는 학자를 만나기 어렵습니다.

비고츠키의 발달교육을 앞서 실천한 대한민국 교사들의 여정을, 느낌을, 정리를 이 책 '비고츠키와 발달교육 2'『비고츠키의 발달교육이란 무엇인가?』에 담았습니다. 담긴 내용은 크게 셋으로 나눌 수 있습니다. 어떻게 공부를 시작해야 할지를 고민하는 분에게는 3장, 4장, 5장, 20장의 글이 도움이 될 것입니다. 교육 현장의 실제에 어떻게 연결해야 할지를 고민하는 분은 6장, 7장, 8장, 9장, 11장, 14장, 16장, 19장의 글을 참고할 수 있습니다. 비고츠키가 생각한 발달교육의 윤곽을 알고 싶다면, 2장, 10장, 13장, 15장, 17장, 18장을 먼저 읽을 수도 있습니다.

'비고츠키와 발달교육' 세 번째 책은 2019년에 세상에 나올 것입니다. 발달교육의 청사진과 연결하여 비고츠키 발달교육을 이해할 수 있는 기회를 마련했습니다. 서방세계에서 가장 잘나간다는 핀란드 핵심교육과정을 비고츠키의 발달교육을 잣대로 살펴보았습니다. 그 결과를 여행 소감, 연구 결과, 국가교육과정에 담긴 발달교육의 주요 개념으로 나누어 담을 계획입니다.

추방해야 할 것

제대로 된 대한민국 공교육 체제를 정립하기 위해 추방해야 할 것을 생각해 보았습니다. 교육 적폐를 혁파해야 합니다. 여기서는 사람들이 문제로 여기지 않는 것을 부각시키겠습니다. 크게 두 가지만 언급하겠습니다. 사실 하나입니다. 총체로서의 학문사조(구성주의) 그리고 이를 추종하는 자들이 행한 오류입니다. 적절한 비유인지 모르겠습니다. 교육 적폐가 현상이라면 이것이 본질입니다. 대한민국 교육혁명이 성공하기 위해 혁파해야 할 교육 적폐의 심장부입니다.

하나, 구성주의교육

1995년 5·31 교육개악의 외적 측면은 소비자 선택을 내세워 무한경쟁을 교육 현장에 이식하는 작업 계획이었습니다. 내적 측면은 스스로 할 수 있고, 스스로 선택한 것이 최고라는 최면을 교육과정에 담는 방안이었습니다. 강산이 두 번 바뀌었습니다. 이제 누구라도 겉으로 드러난 추잡한 정체를 쉽게 식별하고 비난합니다. 일부는 몰아냈고, 나머지를 몰아내고 있습니다. '미 제국주의의 트로이 목마'라는 별칭을 얻은 구성주의(배희철, 2016)입니다. 이게 내적 측면입니다. 구성주의에는 발달이, 발달 경로가, 발달을 위한 기제가 없습니다. 이를 공교육의 죄악으로 인식하는 분을 찾기는 쉽지 않습니다. 아직은 그렇습니다.

심성보(2018: 28)는 『더 나은 세상을 위한 학교혁명』에서 세계 최초의 신자유주의 교육 실험 현장을 소개했습니다. 〈산티아고에 비가 내린다〉라는 영화로 국내에도 알려진 사건을 배경으로 합니다. 칠레 이야기입니다. 1973년 군사정변으로 시작되었고, 그 배후에 미국 CIA가 있습니다. CIA가 신자유주의 교육을 칠레에 체계적으로 이식하는 작업에 관여했습니다. 국가 단위에서 신자유주의 교육을 강제하는 흐름이 1979년 영국으로 이어집니다. 이어서 심성보(2018: 25~26)는 '학교교육의 관점 이동'에서 서방세계에서 구성주의를 넘어서는 과정을 정리했습니다. '개인주의의 오류'로 추상화한 서구 학자들의 학문적 성과를 소개했습니다.

이러한 학문적 비판은 1978년 세상에 알려진 『*Mind in Society*』의 주장을 학문적으로 확인하는 수준인 것 같습니다. 좀 더 내적 측면에 대한 날카로운 비판이 필요합니다. 흐름 관련입니다. 1980년 전두환 군사정변을 미국이 묵인했습니다. 1980년 국보위를 통해 신자유주의 교육 선발대가 한반도에 상륙했습니다. 이러한 사실을 세계사적 흐름과 연결해서 살피는 계기가 되었으면 좋겠습니다. 대학 설립 확대, 소규모 학교 통폐합 정책, 대학 졸업정원제, 고교 상대평가의 내신제는 선발대의 목록 맨 위에 놓여 있습니다. 종교교육 도입도 어딘가에 위치해야 합니다. 학문중심교육과정의 폐기도 주목해야 합니다.

체계적인 교육과정이 대한민국 교육 현장에서 사라졌습니다. 학문에 필요한 논리와 진리가 침몰했습니다. 절충이 교육과정을 지배하는 시대가 시작되었습니다. 말이 좋아 절충이지, 이해 당사자의 야만적 투쟁이 교육과정을 지배하는 시대입니다. 지금까지도 지속되고 있습니다. 야만적 투쟁의 정점에 '역사 교과서 국정화'로 유명한 2015 개정 교육과정이 놓여 있습니다.

배희철은 '비고츠키와 발달교육' 세 번째 책(2019년 출판 예정)에서 2014 핀란드 핵심 교육과정에서 구성주의를 연상시키는 개념들이 전멸한 상황을 확인했습니다. 2015년 EBS는 [뉴스G] '우리 아이는 왜 자제력이 없을까?'를 통해 구성주의 담론이 미국에서 학문적으로 폐기된 정황을 알렸습니다. 배희철은 『비고츠키와 발달교육 1-비고츠키를 아시나요?』에서 서방 세계 최고 수준 학자 사이에서도 1987년 패러다임 논쟁이 상징적으로 정리되었음을 전했습니다. 브루너의 선언이 그것입니다. "서구 지성사에서 피아제가 지는 별이라면 비고츠키는 떠오르는 별이다." 전설이 된 보수적인 우파 학자의 품격이 느껴지는 시적 표현입니다.

이찬승은 2018년 1월 저를 깨웠습니다. 「'학교교육의 목표=핵심역량 함양'에 대한 긴급 문제제기」(2018. 1. 18)가 그 글입니다. 인상적인 표현을 공유하겠습니다. 하나는 "듣기 좋은 아동중심교육이 일반 역량이라는 잘못된 이론과 결합해서 아동들을 고역스러운 역량 훈련으로 몰아넣고 있다"는 것입니다. 두 번째는 "13개월마다 지식의 양이 두 배로 증가하는 21세기"라는 표현입니다. 2년마다 두 배로 증가하는 줄 알고 있었기 때문입니다. 마지막은 2017년 일본 교육과정 개정과 관련하여 용어 선정의 중요성을 강조한 부분입니다. "이번 새로운 교육과정 개정에서 주체적인 학습, 대화적인 학습, 깊이 있는 학습을 골간으로 하는 '능동적 학습Active Learning'을 전면화하고자 한다. 그러나 이 용어를 사용할 경우 이 용어에 대한 오해와 과다한 반응이 우려되어 최종 단계에서 이 용어를 사용하지 않기로 했다"라는 것입니다. 오해와 과다한 반응은 구성주의적 해석과 실천이라고 추측할 수 있습니다. 학생이 능동적으로 학습해야 한다는 상식적 진술도 구성주의가 무서워 조심하는 세상 인심입니다.

일본의 우익 자민당 정권이 취한 태도입니다. 한국의 자유주의 정권도 고민해야 할 사안입니다. 구성주의교육에는 평등한 기회가, 공정한 과정이, 정의로운 결과가 없습니다. 문재인 정부의 국정 기조와 맞지 않습니다. 기회는 극소수에게만 제공됩니다. 영재를 위한 교육은 듣기 좋은 말입니다. 식물인간이 된 이건희 전 회장이 단호하게 언급했듯이, 0.01%를 위한 교육입니다. 만 명을 먹여 살릴 한 명을 위한 교육입니다. 선행학습을 강요하는 과정은 교육을 도박판으로 만들 뿐입니다. 결과는 끔찍합니다. 여러 나라의 연구 결과가 증명하고 있습니다. 부모의 부가 학생의 성취를 좌우합니다. 마태효과를 낳을 뿐입니다.

지구상에 아직도 국가교육과정에 학습자가 스스로 방법, 원리, 법칙을 발견한다는 진술을 담고 있는 나라는 대한민국뿐입니다. 저의 편협한 연구 결과일 뿐입니다. 절대다수의 대학교수도 학생을 40분 가르치고 교수학습의 방법, 원리, 법칙을 발견하지 못한다는 상식과 대다수 대학교수가 하루에 하나씩도 방법, 원리, 법칙을 발견하지 못했다는 사실에 근거합니다.

대한민국에서도 이 분야 전공 학자들이 구성주의교육학에 기여하는 연구 성과를 내놓는 것을 21세기에는 보기 어렵습니다. 2차, 3차 관련 학자들이 구성주의를 인용하는 것도 찾기 쉽지 않습니다. 그저 연습 삼아 쓰는 대학생의 석사 논문에서나 볼 수 있습니다.

교육 현장만이 아직도 교묘하게 구성주의를 강요받고 있을 뿐입니다. 특히 평가 영역(수행평가-과정 중심 평가)과 초등 수학이 그렇습니다. 평가 관련 이야기는 뒤에서 좀 더 하겠습니다. 여기서는 초등 수학을 이야기하겠습니다. 2018년 수학 교사용 지도서에도 최근 평가 동향으로 1989년 NCTM 보고서를 쓰고 있습니다. 미국에서 일간지 1면에 '수학 전쟁', '교육과정 전쟁', '문화 전쟁'으로 명명된 사건을 촉발한 보고서입니다. 13개월마다 지식이 두 배로 늘어나는 세상에 2008년도 아닌 1989년이 최근이라니 한심하기만 합니다. 숫자로 먹고사는 분들이 그러니 더 갑갑합니다.

하지만 이해가 가기도 합니다. 구성주의 학자다운 자세입니다. 구성주의 논법에 따르면, 1989년을 최근이라고 구성하면 최근이 1989년이 되기 때문입니다. 그러나 아무리 우겨도 1989년은 아직 구성주의 교육과정, 7차 교육과정을 구상하지도 않았던 먼 옛날입니다. 젊은 교사가 태어나지도 않았던 그 옛날입니다. 1989년 이후에는 미국에서 수입할 구성주의교육 자료가 생산되지 않았던 것인지, 아니면 그 후에는 구성주의교육을 공부한 대한민국 학자가 없는 것인지 알고 싶습니다.

둘, 과잉일반화

비고츠키는 90년 전에 구성주의 방법론의 치명적 결점을 지적했습니다. 피아제나 듀이가 자기 주변에 있는 교수들의 자식을 대상으로 연구한 결과를 일반적인 아동 발달과 학습 방법으로 확정한 것은 과잉일반화의 오류라고 비판했습니다. 한 세기 전 대학교수의 자식들이 보여 준 인지발달과정이 모든 아동의 인지발달과정일 수는 없습니다.

개별과 일반의 관계를 세밀하게 살펴야 합니다.

　수십 년 동안 연구한 대학교수가 수학 원리를 하나 발견했습니다. 여기서 학습자는 수학 원리를 발견할 수 있다고 단정하면 문제가 생깁니다. 특히나 모든 학습자가 법칙을 발견할 수 있다고 단정하면 누가 봐도 과잉일반화의 오류를 범한 것입니다. 나아가 30분 교육활동을 할 때마다 방법, 원리, 법칙 중 하나를 발견할 수 있다고 주장하면, 누구나 미친 사람이라고 손가락질할 것입니다.

　어떤 특정한 학습법이나 교수법을 사용했더니 좋다는 경험을 했습니다. 이것이 모든 교사가 그 특정한 학습법이나 교수법을 사용해야 할 근거가 될 수는 없습니다. 다른 지역, 다른 성별 학생을 대상으로 사용해도 좋다고 느낄지 의문입니다. 더욱이 다른 학년, 다른 급별에서 그런 경험을 또 할 수 있을지 심히 의심스럽습니다. 게다가 교육활동의 내용이 전혀 다른 교과를 지도하면서 그렇게 느낄 가능성은 거의 없습니다. 심지어 같은 학급을 대상으로 같은 학습법이나 교수법을 한 번 적용했을 때와 열 번, 백 번 적용했을 때 느끼는 감정이 같을지도 의문입니다. '학생이 지루해서 효과가 줄어든다'는 가설을 제시하고 싶습니다.

　교묘하게 부분을 전체로 대체하는 방법도 혁파해야 합니다. '배움 중심 교육'을 예로 들어 보겠습니다. 수학 교수라면 명제의 대우관계를 다 알고 있을 것입니다. 대우관계의 명제는 참과 거짓을 함께 합니다. '배움 중심 교육'이 참이라면, '익힘 배제 교육'도 참입니다. 구성주의 교육과정은 그래서 익힐 시간이 부족합니다. 초등 교사들이 7차 교육과정 내내, 주야장천, 20년 동안 학생이 배워야 할 내용은 많고 익힐 시간은 부족하다고 항변한 까닭입니다.

　하지만 교수도 왕따지만 익힘도 왕따인 이런 교육이 구성주의 대전제에 충실한 교육입니다. 교육 목표인 능력이 가르침의 대상도, 익힘의 대상도 아니기 때문입니다. 태어날 때 개인이 지니고 나오는 것이기 때문입니다. '개인주의의 오류'라는 표현은 학자들이 구성주의를 정말 점잖게 비판한 것입니다.

교육 적폐 관료들이 최근에 대대적으로 자행하는 범죄 행위가 있습니다. 구성주의를 대놓고 강요하지 못하는 저들은 부분을 강조하면서 전체인 실질적인 구성주의교육을, 조직적인 범죄 행위를 강제하고 있습니다. 전국을 폭염처럼 강타하는 '과정 중심 평가' 세뇌 작업이 그것입니다.

저들의 자랑에 따르면, "과정 중심 평가는 교육과정의 성취기준을 기반으로 한 평가 계획에 따라 교수·학습 과정에서 학생의 변화와 성장에 대한 자료를 다각도로 수집하여 적절한 피드백을 제공하는 평가입니다." 요약하면, 과정 중심 평가는 강화된 수행평가입니다. 구성주의교육을 평가로 강제하는 것입니다. 꼬리가 몸통을 흔드는 만화 같은 작태입니다. 헌법에 명시된 교육 전문성에 근거하여 비판하겠습니다.

하나, 교사가 학생의 발달을 볼 수 없도록 사기 치고 있습니다. 성장만을 보게 하고 있습니다. 자연적으로 시간의 흐름에서 변하는 성장만을 보라고 합니다. 학생을 성장하는 식물로 비유하는 것은 21세기 교육 전문성이 아닙니다. 19세기 교육 미신입니다.

둘, 내 앞의 학생이 아닌 허접한 문서상의 성취기준을 잣대로 계획하고 교육하라는 것은 교육활동의 현실, 역동, 목적을 무시하라는 것입니다. 전 정책기획관 모 씨가 자랑한 99% 개돼지를 만드는 반동을 계속하겠다는 것입니다. '밤의 교육부'가 반격에 나선 것입니다.

셋, '공부 났고 시험 났지, 시험 나고 공부 났냐.' 고등학생의 이야기입니다. 마찬가지로 평가 나고 교수학습 난 것이 아닙니다. 교수학습 나고 평가 난 것입니다. 교육의 목적이 얼굴이라면 평가는 꼬리입니다. 부분을 과잉일반화해서 전체를 호도하는 것은 전형적인 사기꾼 논법입니다. 평가는 교육의 목적에 복종해야 합니다. 평가는 홍익인간 추구, 전인교육 하기에 복종해야 합니다. 교사는 대한민국 교육 목적에 맞게 내 앞의 학생과 교육활동을 해야 합니다. 그 과정의 적절함을 알아보는 과정이 평가입니다. 학생의 문화적 능력들이 발달하는 과정에 주목하자고 제안했더니 과정만 강조해서 반동의 깃발을 만든 적폐 교육 관료의 '창의융합 핵심역량'에 탄복했습니다.

넷, 헌법과 초중등교육법을 위반한 범죄 행위입니다. 늘 하던 관행입니다. 그래서 우리는 이를 교육 적폐라고 합니다. 교육부는 대강의 국가교육과정을 고시하는 역할을 해야 합니다. 장학은 지역으로 이관된 업무입니다. 지역의 업무입니다. 교육부 관료가 '과정 중심 평가'를 고리로 현장의 교사들을 불러 모아 세뇌 작업을 진행하는 것은 법적 근거가 없는 행정 행위입니다. 걱정스러우면, 지역 담당자를 불러 모아 교육부의 의견을 개진하면 됩니다. 법령에 따르면, 교육부가 국가교육과정과 관련하여 할 수 있는 일은 사업을 지원하는 것입니다. 지역으로 관련 예산을 지원하면 됩니다. 지역의 다양성을 죽이고 획일화를 획책하는 교육부의 반동을 경계해야 합니다.

하나의 예를 읽어 보고 열을 알게 되신 독자가 있을 것입니다. 지난 20년 동안 들었던, 강요받았던 것들을 돌아봐야 합니다. 정치의 역주행보다 더 심각했던 과거의 교육 역주행을 직시해야 합니다. 역주행을 강요하는 화려한 포장의 구성주의교육과 작별하고 발달교육과 안전 운전을 시작해야 합니다.

고마운 분들

시간 순서에 따라 먼저, 이러한 작업을 강제했던 전국교직원노동조합 참교육실 교과자료집 사업 담당자들에게 고마운 마음을 전합니다.

다음으로, 저의 글 동냥에 적극적으로 호응하여 주신 선생님들에게 감사를 전합니다. 가나다순으로 존함과 소속 학교를 언급하겠습니다. 김미애 선생님은 강원도 원주 교동초등학교에, 김형숙 선생님은 서울 서래초등학교에, 손지희 선생님은 서울 증산중학교에, 이두표 선생님은 서울 천왕중학교에, 이민지 선생님은 대전 석봉초등학교에, 이성우 선생님은 구미 도량초등학교에, 정용윤 선생님은 서울 금나래초등학교에, 조현희 선생님은 대전 탄방초등학교에, 천보선 선생님은 서울 독산고등학교에, 최애영 선생님은 남양주 송촌초등학교에, 최혜영 선생님은 서울 위례별초등학교에, 허경덕 선생님은 춘천 소양초등학교에 근무하십니다.

마지막으로, 까다로운 편집 작업을 깔끔하게 해 주신 출판사 직원 여러분, 특히 정광일 사장님에게 고마움을 전합니다.

2018년 9월

배희철

차례

가을

봄

1
이 책을 준비하면서

배희철(홍천 남산초등학교)

1. 2011년 자료집을 돌아보며

『우리 함께 비고츠키 공부해요』라는 제목으로 두 권의 자료집을 만들었습니다. 그때가 2011년이었습니다. 학습연구년을 맞아 연구에 몰두하던 때였습니다. 본부 교과사업국의 강요로 자료집 만들기 사업을 하게 되었습니다. 급하게 시간에 쫓기다 보니 부족한 게 많았습니다.

첫째, 독자를 배려하지 못했습니다. 좀 더 정확하게 표현하면 역지사지할 여력이 없었습니다. 무엇보다도 처음 비고츠키를 접하는 독자가 읽기에 어려운 내용이 많았습니다. 게다가 각각의 글이 연결되는 내용이 아니었습니다. 그저 저의 고민을 담아 작성했던 글을 두서없이 나열한 수준이었습니다.

둘째, 장기적 전망을 담지 못했습니다. 어느 정도의 시간을 두고 비고츠키 학습투쟁을 해야 하는지 안내하지 못했습니다. 그를 위해 제가 무엇을 할 것인지 고민하지도 못했습니다. 주변에서 도움을 받을 수 있는 비고츠키 연구의 선구자를 소개하지도 못했습니다. 어렵고 힘든 학습 투쟁을 성공적으로 해내기 위해 함께 연구해야 한다는 간단한 제안도 담지 못했습니다.

부족한 게 너무 두드러지지만 그래도 긍정적인 측면을 하나 정도 찾을 수 있습니다. 전국교직원노동조합이 비고츠키를 조합원 동지에게 처음으로 소개했다는 것입니다. 전교조가 공식 사업으로 비고츠키를 처음으로 홍보했다는 것입니다. 이러한 사실은 2017년 전국참교육실천대회 개회사에서 위원장이 비고츠키를 공식 언급한 것보다 역사적인 사건입니다. 물론 조창익 위원장이 참교육 실천의 이론으로 비고츠키를 공식적으로 위치시킨 최초의 위원장으로 기록에 남은 것도 작은 일은 아닙니다. 이 또한 10년 후에는 역사적 사건으로 남게 될 것입니다.

2. 2017년 자료집을 준비하며

과거를 반성했습니다. 독자인 조합원 동지를 배려하며 장기적 전망을 담아야 한다고 다짐합니다. 제가 비고츠키 학습투쟁을 시작한 게 10년 전입니다. 동지들도 10년은 학습투쟁을 한다고 예상하고자 합니다. 길게 보며 여유 있게 접근하고자 합니다.

이런 사색의 결과가 '첫걸음'이라는 표현으로 생명을 얻게 되었습니다. 비고츠키의 이런저런 개념체계를 간단하게 '발달교육'으로 지칭했습니다. 이렇게 『발달교육을 향한 첫걸음』을 2017년 자료집의 제목으로 채택했습니다. 10년을 지속할 장기적인 학습투쟁의 과제는 '비고츠키와 발달교육'으로 정했습니다. 겉으로 드러내지는 않았습니다(일반 독자에게 이 책은 아마도 비고츠키의 발달교육이 무엇인지 고민하게 할 것입니다. 그래서 이 자료집을 보완하여 단행본으로 출간하게 되면서 책 제목을 『비고츠키의 발달교육이란 무엇인가?』로 정했습니다).

형식과 내용의 통일을 고민합니다. '첫걸음'이라는 형식은 거기에 담길 내용과 조화를 이루어야 합니다. 여기에 실린 열 가지 이야기는 어떤 방식으로든 첫걸음이라는 형식과 조응하는 글입니다. 2011년 자료집이 전교조 교과사업국의 첫걸음이었고, 2017년 참교육실천대회 개회사가 전교조 위원장의 첫걸음이었습니다. 그렇게 여기 실린 글은 여러 교육 동지의 첫걸음입니다.

'첫걸음'이라는 비유를 읽어 내기 어려운 글이 있을지 고민해 봤습니다. 아마도 다음 글인 「교육과정의 철학적 기저」가 어렵지 않을까 판단했습니다. 제가 쓴 글입니다. 비슷한 내용을 접한 동지는 첫걸음이라는 표현을 이해하기 어려울 것입니다. 하지만 내막을 알게 되면, 첫걸음에 정말 잘 어울리는 글이라고 동의할 것입니다. 춘천화천초등지회 집행부 동지들을 위해 작업한 글입니다. 아마도 2013년일 듯합니다. 조합의 계선 조직에 소속되어 있는 동지를 위해 쓴 첫 글입니다. 또한 집행부 동지들이 비고츠키가 이야기한 것이 무엇인지 알 것 같다고 판단한 첫 번째 글이기도 합니다.

다른 글도 누구의 첫걸음인지, 어디로 간 첫걸음인지, 무엇을 해결하기 위한 첫걸음인지 생각하면서 읽으면 좋겠습니다.

3. 2027년을 상상하며

10년 후인 2027년은 개인적으로 제가 교단을 떠난 후입니다. 정년을 채웠든 못 채웠든 일반인일 수밖에 없습니다. 나의 꿈처럼 전문가답게 비고츠키를 연구하고 있으면 좋겠습니다.

조직 측면에서 2027년에는 전국교직원노동조합 조합원은 모두 비고츠키를 알고 있으면 좋겠습니다. 많은 조합원이 협력으로 학생의 성장과 발달을 추구하는 교육 실천을 창조적으로 펼치고 있으면 좋겠습니다.

지난 10년을 돌아보면, 그렇게 될 것 같습니다. 중재교육을 전공한 교수가 연수에서 이렇게 말했다고 합니다. 전교조는 대한민국 교육을 위해 많은 일을 했다. 그중에서 가장 중요한 것 하나를 꼽으라면, 자신은 전교조가 대한민국 교육계에 비고츠키의 『생각과 말』을 소개한 사업을 꼽겠다고 했답니다.

2027년에는 전교조가 쓰레기 더미(행동주의)와 오물 덩어리(구성주의)로 구제불능 상태인 대한민국 교육계를 제대로 청소했다는 평가를 받게 되기를 꿈꿉니다. 우리 함께 기만의 산을 옮겼으면 좋겠습니다. 꿈이 현실이 되도록 여러분도 용기를 내 첫걸음을 내디뎌 주세요.

2
교육과정의 철학적 기저

배희철(홍천 남산초등학교)

이 글은 2013년 3월에 강원초등교육과정 연구모임(아이마중) 회원을 위해 작성했던 글을 다듬은 것입니다. 그 후 쉬운 내용으로 진행해야 하는 연수에서 많이 사용했던 내용입니다. 처음부터 제목은 「교육과정의 철학적 기저: 인간관과 인식론을 중심으로」였습니다. 비고츠키 연구회 카페에서 고치기 전의 내용을 확인할 수 있습니다. (http://cafe.naver.com/vygotsky/1262)

교육과정을 체계적으로 점검하는 작업의 출발점이라 할 수 있습니다. 이론적으로 가장 상위에 놓일 수 있는 세 가지 개념을 명확히 제시하고자 했는데, 첫걸음이라 깊은 내용을 다루지 않았습니다. 부제를 보면 어려운 내용이 나올 것이라고 예상할 수도 있지만, 교사라면 쉽게 접했던 현상을 풀어내는 수준입니다. 현상을 분류하여 세 가지 개념에 적합한 것끼리 모았습니다. 각 개념에 담긴 현상의 비슷한 점과 다른 점을 드러내는 방식으로 글쓰기를 했습니다.

제가 2016년에 쓴 『비고츠키와 발달교육』 3부 2장에 있는 내용입니다.

1. 들어가며: 교육과정을 보는 세 관점

발달교육에 대한 이해를 돕기 위하여, 사전 준비 차원에서 교육과정을 보는 세 관점을 도식적으로 쉽게 안내하고자 합니다. 세 관점은 발달을 서로 다르게 이해하고 있습니다. 당연히 발달교육을 풀어 가는 실천도 다릅니다.

스스로에게 질문해 보십시오. 나는 발달교육에 대한 상을 어떻게 설정하고 있는지 자문해 봐야 합니다. 자신의 이론은 아니더라도, 자신의 원리는 아니더라도, 자신의 경향성에 맞는 내용이 무엇인지는 정리해 봐야 합니다. 이런 작업에 필요한 준비 운동을 한다 생각하고 편하게 읽어 주시면 고맙겠습니다.

교육과정은 인간 발달을 그려 놓은 청사진입니다. 하지만 대다수 교사에게 교육과정은 수업을 위해 교과들을 차시에 따라 배열한 수업 차시 계획서일 뿐입니다. 게다가 초등학교 교사는 전체 12년의 교육과정이 아닌 6년의 초등 교육과정에 해당하는 내용만을 접할 뿐입니다. 분절적 방식으로, 협동적 방식으로, 학년별로 교육활동에 임하다 보니 전체를 보는 안목을 지닐 수 없게 되었습니다. 현실이 이렇다 보니, 왜 교육기본법에서 전인교육을 강제하는지, 전면적 발달을 위한 교육을 해야만 하는지 그 까닭을 질문하지 못합니다. 하루하루 매 수업이 즐겁고 보람차게 진행되기만을 기대할 뿐입니다. 혹독하게 표현하면 국가교육과정이라는 거대한 기계의 일개 톱니바퀴로 전락하여 멈추지 않고 계속 작동하기만 바라는 피로에 찌든 존재로 전락했습니다. 전인교육이나 전면적 발달이라는 핵심 과제를 스스로 어떻게 수행할 것인지 고민을 제기할 기력조차 없는 것 같습니다.

게다가 대한민국 공교육의 최종 종착 지점은 무한 경쟁의 대학 입시입니다. 이렇다 보니, 우리 초등 교사들은 수업들이 누적되어 최종적으로 구현될 전체 국가교육과정의 모습에 대해 고민할 필요가 없습니다. 18세에 봉건적 신분 서열이 매겨지는 현대판 과거 제도가 막강한 위세를 떨치고 있습니다. 초등학교 교사는 함께 지낸 제자가 먼 미래에 있을 입시에서 낙오하지 않기만을 바랄 뿐입니다. 다 똑같은 심정일 듯합니다. 이러한 교육 후진국, 대한민국에서 국가교육과정이 체계적으로 인간 발달의 여정을 그려 놓은 청사진이라는 개념적이며 추상적이고 이론적인 진술은 교사에게 너무나 공허한 이야기입니다.

우리의 인식은 이런 척박한 현실 때문에 혼란 속을 헤매고 있습니다. 그렇지만 현실의 세속적 요구에 굴복한 실천은, 감각적 경험의 원칙에 경도된 실천은, 멀리 내다보지 못하고 하루하루 버티어 내는 힘겨운 실천은 맹목적일 수밖에 없습니다. 우리 모두 철저하게 이를 자각하고 각성해야 합니다. 2010년 무렵부터 혁신학교 운동을 통해, 특히 학교교육과정을 지역 현실에 맞게 편성하고 운영하려는 실천을 통해 교사는 교육과정에 대한 이해를 조직적으로 확장하고 있습니다.

좀 더 체계적으로 실천하기 위해 저는 세계적 차원에서 전개되었던 교육과정을 세 흐름으로 분류하여 소개하고자 합니다. 교육과정의 배경에 놓인, 기저에 깔린 인간관과 인식론을 잣대로 분류하였습니다. 다른 경향을 보이는 세 교육과정을 제 기준에 따라, 운명론적 교육과정, 기계론적 교육과정, 인생 역정 교육과정이라고 칭하겠습니다. 엄격한 표현을 사용한다면 관념론의 교육과정, 유물론의 교육과정, 변증법적 유물론의 교육과정이라 칭해야 합니다. 지나치게 단순한 도식이라는 위험을 무릅쓰고 각 교육과정을 현실에 적용했었던 대표적인 국가를 선별하라면, 미국, 소련, 핀란드라고 대답하고자 합니다.

1) 평등을 지향하는 기계론적 교육과정

한국에 널리 알려진 기계론적 교육과정은 행동주의의 영향을 받은 교육과정입니다. 국내에 알려지지 않았지만 게다가 결도 많이 다르지만 소련 교육에 영향을 미친 활동 이론에 근거한 교육과정도 여기에 속합니다. 공교롭게도 냉전 시대 양대 강국이 동일한 기조의 교육과정을 채택했습니다.

두 교육과정의 전제는 똑같습니다. 무엇보다도 먼저 지적할 점은 익혀야 할 객관적인 지식과 능력이 인식 주체(학습자)의 외부 세계에 존재한다는 명제를 전제하고 있다는 것입니다. 이러한 지식과 능력은 교육활동을 인도하는 교사에 의해 교실에서 먼저 펼쳐져야 합니다. 성전聖典과 같은 교과 지식과 체계화된 교육활동이 교육과정의 중심에 놓입니다. 이 원리에 따라 교과 지식과 교육활동이 교과서에 체계적으로 배열됩니다. 교육과정을 배열하는 방식은 지식 구조의 어려움, 교과 체계의 계열성, 교육활동의 복잡성에 따라 결정됩니다. 학습자의 성장과 발달이 아니라 배워야 할 교과 지식과 교육활동이 교육과정의 위계를 결정합니다. 앞서 배운 지식이 없다면 다음 수업 시간에 학습할 지식을 제대로 배울 수 없다는 결론이 자연스럽게 도출됩니다. 이런 연유로 기계론적 교육과정에서는 출발점을 파악하는 진단 평가가 교육활동의 시작이 되고, 배운 지식을 습득했는지 묻는 성취도 평가가 교육활동의 대미를 장식할 수밖에 없습니다.

학습자의 자유의지, 자기만의 해석, 주체적인 결정과 같은 학습자마다 다른 개별적인 주관적 측면은 무시되었습니다. 이것은 기계론적 교육과정의 결정적인 약점입니다. 그 치명적인 약점 때문에 기계론적 교육과정은 학술적으로 몰락의 길을 걷게 되었습니다. 이 표현에는 주목해야 할 점이 있습니다. 교육 실천 측면에서 몰락의 길을 걸었다고 표현하지 않고 오직 학술적으로만 몰락의 길을 걸었다고 표현한 것입니다. 왜 제가 그렇게 표현했을까요?

다음으로, 기계론적 교육과정은 인간은 교육과정에 제시된 지식과 활동을 다 배울 수 있다는 것을 전제로 합니다. 실천의 영역에서 그러한 전제를 극한까지 밀고 나간 학습 방법이 악명 높은 완전 학습입니다. 저는 1970년대에 완전 학습을 경험했습니다. 문제 하나를 풀고 나서 맞으면 몇 번 문제로 가라고, 틀리면 몇 번 문제로 가라고 친절하게 안내합니다. 이런 문제들의 미로를 쥐새끼처럼 이리저리 오고 가다 보면 이제 문제를 그만 풀어도 된다고 합니다. 완전 학습을 해낸 것입니다.

이러한 교육과정의 배경에 놓인 행동주의의 전제는 인간 발달은 학습자가 연합한 지식의 양만큼 발달한다는 명제입니다. 인간 발달을 질적 비약을 도외시하고 양의 누적으로만 제한했다는 것이 결정적인 단점입니다. 또한 행동주의는 모든 인간은 학습을 통해 교육과정이 목표로 한 인간 발달에 도달할 수 있다는 것도 전제하고 있습니다. 이러한 전제에 따라 행동주의는 매 수업마다 도달해야 할 목적지인 수업목표와 교육과정의 성취기준을 세밀하게 제시합니다. (이제 독자들은 기계적인 교육과정이 학문적으로만 몰락했을 뿐 실천의 영역에서는 여전히 대한민국에서 전성기를 구가하고 있음을 알아챘을 것입니다. 국가교육과정의 세세한 성취기준에서 그 끈질긴 생명력을 확인할 수 있습니다. 전국 일제고사로 악명을 떨치고 있는 미국, 영국, 일본, 한국에서 행동주의의 위세가 어떠한지 설명할 필요도 없습니다.)

교과 지식이 능력(고등정신기능)으로 대체되었다는 게 차이일 뿐이지 소련의 활동 이론에 근거한 교육과정도 별반 다른 게 없습니다. 교육과정에 인간 발달의 질적 변화를 제대로 반영하지 못한 것은 행동주의와 오십보백보입니다. 헤겔이 절대정신이 구현된 프러시아가 역사 발전의 끝이라고 단정했듯이, 소련의 레온티예프를 위시한 활동 이론 학자들은 역사의 변증법적 발전의 종착지가 소비에트 연방공화국이라고 선언했습니다. 소비에트 사회가 갈등과 모순이 없는, 더 이상의 질적 도약이 필요 없는 사회라고 선언했습니다.

그렇지만 활동 이론에 근거한 소비에트 교육과정은 인간 발달의 주요 계기를, 핵심 활동을 교육과정의 전면에 배치했습니다. 이는 중요한 진전이며, 그 의미를 깊이 새겨 봐야 합니다.

2) 태생적 능력을 선별하는 운명론적 교육과정

구성주의 교육과정은 대한민국에서는 7차 교육과정으로 널리 통용됩니다. 7차 교육과정, 즉 구성주의 교육과정은 운명론적 교육과정입니다. 미국, 영국, 일본을 거쳐 20세기 말에 한국에 도착했습니다. 미국의 학문적 영향력 아래 있는 국가들이라면 정도의 차이가 있을 뿐 모두 구성주의의 영향을 받았습니다. 그 폐해가 드러난 21세기에 바우어(2007)는 구성주의를 "서구 제국주의의 트로이 목마"라고 단호하게 비판했습니다.

운명론적 교육과정의 인식론적 전제는 인식 주체(학습자)가 지식과 능력을 스스로 구성한다는 것입니다. 학습자가 그렇게 구성할 수 있는 능력은 태어나면서부터 지니게 된다는 것입니다. 구성의 원천이 플라톤의 관념인지, 칸트의 선험적 지식인지, 피아제의 인지 구조인지는 중요하지 않습니다. 핵심은 그 원천을 태어날 때 각자 지니고 태어났다는 것입니다. 이런 전제를 받아들이면 교과 지식과 능력을 교육하기 위하여 교사가 시범을 보이거나 모범을 제시할 필요가 없습니다. 당연하게도 그런 교육활동은 지양되어야 합니다. 마찬가지로 학습자가 알아야만 하는 절대적인 객관적 교과 지식과 능력을 중심으로 교육과정이나 교과서를 만들 필요도 없습니다. 운명론적 교육과정은 타고난 인지 발달단계에 따라 위계를 두며 학습자가 스스로 할 수 있는 활동을 중심으로 구성되어야 합니다. 교과서는 특정 발달단계에 있는 학습자가 스스로 발견하고 창조할 수 있는 교육활동을 담아야 합니다. 그래서 구성주의 교육과정에서는 출발점을 진단하는 진단 평가가 필요 없습니다. 발달의 차이를 확인하는 영재 판별 검사가 중요합니다. 왕후 장상의 씨앗을 선별하거나 될성부른 떡잎을 골라내는 게 중요합니다.

발달된 인지 구조가 스키마를 제대로 구성하도록, 인지 구조가 정교하게 다듬어지도록, 교육활동을 제공하는 것으로 수업의 역할은 한정됩니다. 논리적으로는 수업의 역할은 딱 거기로 한정되어야만 합니다.

교사는 인지 구조가 스스로 법칙, 원리, 방법을 발견하고 창조할 수 있도록, 발달된 인지능력이 제대로 펼쳐질 수 있도록, 지식을 혼자서 구성할 수 있도록 수업을 전개해야 합니다. 학습자의 인지 구조가 수월하게 이런 활동을 하려면 정의적, 사회적 영역을 배려하는 수업 활동이 요구됩니다. 교사는 학습자의 인지 구조가 구성한 것이 틀렸더라도 다시 한 번 더 도전하도록 격려하기만 하면 됩니다. 격려가 잘 통하지 않으면, 협동 학습 방식으로 서로 통제하여 학습자의 인지 구조가 교육활동에 전념하게 해야 합니다.

행동주의 교육과정의 패러다임과 달리 객관적인 성적이나 점수가 구성주의 교육과정에서는 의미가 없습니다. 학습자가 구성하는, 발견하는, 창조하는 과정을 평가하는 수행평가가 딱 그것입니다. 수행 과정에서 학습자의 인지 구조가 해낸 활동을 점수로 서열화하지 않고 여러 측면에서 기술하기만 하면 됩니다. 이러한 측면은 현상학적 수업 관찰과 문화적 수업 분석과 맥을 같이합니다.

운명론적 교육과정의 전제는 인간 발달은 출생과 함께 결정된다는 것입니다. 즉, 학습자가 학교에서 배운 지식과 능력은 인간 발달의 질과 무관하다는 것입니다. 인간 발달은 '타고난 저마다의 소질과 능력'으로 이미 숙명처럼 결정되어 있다는 것입니다. 1950년대 중반 인류가 도달한 인식 수준은 이렇게 미개했습니다. 대석학인 피아제마저 인지 발달을 결정하는 인지 구조가 RNA에 의해 결정된다고 했습니다. 구성주의 교육학자들은 학교교육은 발달의 열매를 활용하여 인지 구조를 정교하게 다듬어 내는 활동 기회를 제공할 뿐이라고 지금도 그렇게 믿고 있습니다. 구성주의 교육과정은 이러한 측면에서 인간의 삶이란, 태어나면서 이미 예정되어 있는 운명의 길을 걸어가는 과정일 뿐이라는 믿음을 바탕으로 합니다. 왕후장상의 씨앗이 따로 있다는 중세 이전의 인간관으로 되돌아갔습니다. 핏줄이 아니라 유전자가 무지몽매한 인간관의 중심에 놓여 있을 뿐입니다. (이제 예민한 독자는 신자유주의 시대에 왜 구성주의 교육과정이 미국, 영국, 일본, 한국에서 정부 주도로 위로부터 아래로 강요되었는지, 그 배경에 놓인 정치교육학적 의미를 느낄 수 있을 것입니다.)

구성주의 수업에서 교사는 학습자가 행한 것에 이렇다 저렇다 자로 재는 행위를 하지 않습니다. 학습자가 너무도 명백하게 틀렸다 하더라도 교사는 격려하고 칭찬해야 합니다. 독립적인 학습자가 다시 할 기분이 들게 하는 게 교사의 중요한 역할이기 때문입니다. 학습자가 엉터리로 하는 것은 타고난 팔자소관입니다. 학습자가 결국 잘하게 되는 것도 타고난 운명입니다. 이러한 가정에 따르면, 학습자의 인지 구조가 수업마다 도달해야 할 목적지인 수업 목표와 교육과정의 성취기준이 꼼꼼하게 미리 설정될 수 없습니다. 학습자가 도달한 곳이 목적지인 수업 목표이며 성취해야 할 기준일 뿐입니다. 사후적으로 확인되는 이런 자명한 사실을 운명처럼 받아들이지 않는 교사는 운명론적 교육과정의 기조와 맞지 않는 분입니다(이런 분은 발견 학습이 이루어질 것이라는 믿음을 강화해야만 합니다). 하지만 학습자의 인지 구조가 발견 학습을 스스로 제대로 하지 못하다 보니, 유도된 발견 학습이라는 모순의 학습 방법이 생겨나게 되었습니다. 2013년에 수학 수업에 선보인

스토리텔링은 그런 모순의 변종입니다. 교사가 유창한 스토리텔링을 통해 학습자가 상황을 잘 인식하게 하면 스스로 발견할 수 있다는 모순에 근거하고 있습니다(그런 기적이 펼쳐지기를 기도하고 기도했지만, 유도된 발견 학습을 적용한 국가의 사례들을 보면 암울하기만 합니다).

구성주의 교육과정은 피아제의 빛나는 발상들 중에서 일부만 교육학에 도입하여 개선된 운명론적 교육과정의 최신 버전입니다. 피아제의 학문 성과를 제대로 반영했는지 의문이 듭니다. 피아제가 발달이라는 핵심 개념을 교육의 전면에 도입한 것은 소중한 진전입니다. 피아제는 발달이 질적인 것이라는 사실을 드러냈습니다. 발달의 질적 내용을 단계별로 나열하기까지 했습니다. 이는 교육활동의 옳은 방향을 정립하는 데 일정 정도 공헌했습니다. 발달교육을 과학적으로 정립하는 데 큰 한 걸음이었습니다.

하지만 이러한 발달에 대한 이해의 진전이 개별화 교육이 아닌 수준별 교육으로 악용되었습니다. 인지 발달단계에 따라 학습자 개개인의 발달이 질적으로 다르다는 피아제의 인지 발달단계 가설의 한계 때문입니다. 이 가설에 따르면, 동일한 시기에 같은 발달의 질을 가진 학습자를 모아 교육하자는 결론에 도달할 수밖에 없습니다. 게다가 미국처럼 실용주의 문화가 강한 곳이라면 다른 길이 없을 듯합니다.

또한 피아제는 인과 관계와 같은 인지능력이 중요함을 보여 주었습니다. 인지능력의 발달단계가 보편적이라는 가설은 이미 일반적 경향성일 뿐이라고 정정되었습니다. 가장 아쉬운 점은 피아제가 질적으로 다른 발달단계로 넘어가는 기제를, 계기를 설명하지 못했다는 것입니다. 그저 적절한 때가 되면 매미가 탈피를 하듯이 숙명처럼 질적으로 다른 단계로 넘어간다는 기술에 머무른 것은 아쉬운 장면입니다. 피아제가 사회주의자였다는 것을 고려하면 정말 이해하기 어려운 학문적 결말입니다.

3) 자유의지를 강조하는 인생 역정 교육과정

자유의지를 강조하는 교육과정은 비고츠키의 문화역사적 이론에 근거한 교육과정입니다. 2004년 세상에 나온 핀란드 핵심 국가교육과 정은 다른 어떤 교육과정보다 인생 역정 교육과정의 내용을 많이 담고 있습니다. 2015년에 유로 교육위원회에서 제안하고 2016년 가을부터 유럽 각국 교육과정으로 구현될 협력 중심 교육과정은 좀 더 강화된 인생 역정 교육과정이 될 것 같습니다.

인생 역정 교육과정의 인식론적 전제는 실재론입니다. 행동주의 교육과정이 전제한 "인식 주체(학습자)의 외부 세계에 객관적인 지식과 능력이 존재한다"라는 것이나, "구성주의 교육과정이 전제한 인식 주체(학습자)가 지식과 능력을 주관적으로 구성한다"라는 주장도 크게 틀리지 않았습니다. 변증법적 유물론처럼 역동적으로 그 전체를 보지 못한 것입니다. 고정된 어느 하나만이 언제나 옳다고 우기는 것은 어리석은 일입니다. 학습자가 제각각 덧셈의 교환 법칙을 구성해 나가지만 객관적인 덧셈의 교환 법칙은 존재하고 있습니다. 지남철의 떨림이 지속되는 주관과 객관의 변증법적 통일로 이해해야 합니다.

교사는 교과 지식을 다루며 객관적인 학문적 개념과 올바른 문화적 능력을 학생에게 전수하려고 합니다. 학생은 교과수업을 받으며 주관적으로 교과의 개념과 문화적 능력을 형성하게 됩니다. 교사와 학생은 이런 긴장 관계를 해소하기 위해 지속적으로 노력해야 합니다. 쉽게 이야기하면, 교사는 학생이 객관적인 학문적 개념과 올바른 문화적 능력을 습득하도록 지속적으로 인도해야 합니다. 교사가 모범과 협력을 통해 긴 시간 인도합니다. 그래야 학습자가 긴 여정을 거쳐 학문적 개념과 문화적 능력을 습득하게 된다는 것을 명심해야 합니다. 상대적으로 행동주의 교육과정이 교수를 강조하고, 구성주의 교육과정이 학습을 강조한다면, 문화역사적 교육과정은 교수와 학습이 통일된 현상인 교수학습을 강조합니다. 서당식 교육처럼 교학과 수습을 강조해야 합니다. 교사가 가르치고 동시에 학생이 배우고, 교사가 준 것을 학생이 익혀야 한다는 것입니다.

　다음은 심화된 내용입니다. 마찬가지로 교수학습 과정을 통해 학생이 가르치고 동시에 교사는 배우고, 학생이 준 것을 교사가 익혀야 합니다. 교수학습은 학생의 발달뿐만 아니라 교사의 발달에도 원천입니다. 가능하다면, 교사는 학생이 학습한다는 것에 대한 심오한 깨달음을 얻어야 합니다. 교사는 농담 삼아 이야기합니다. 수업을 어떻게든 하고 나면 적어도 한 사람은 수업에서 다루었던 학문적 개념이나 문화적 능력을 알게 된다고 합니다. 그 한 사람이 누구일까요? 교사라면 다 아는 싱거운 문제입니다. 정답은 교사입니다. 교사는 정직해야 합니다. 자신도 모르겠다면, 정말 심각하게 반성해야 합니다.

　교사가 객관적인 교육 내용을 교육과정의 위계에 따라 가르치는 것도 옳고, 학습자가 주관적으로 이리저리 탐색하다 충분히 익숙해져서 이를 제대로 발견할 수 있도록 하는 것도 옳은 일입니다. 둘이 배타적인 것이 아니라 내적 연관을 가지고 있습니다. 교사는 이 전체 과정을 볼 수 있어야 합니다.

　문화역사적 교육과정의 전제는 학습자가 학교에서 배운 학문적 개념과 문화적 능력이 인간 발달과 깊은 관계가 있다는 것입니다. 이런 전제는 구성주의 교육과정과 대립됩니다. 또한 행동주의 교육과정의 전제인 "교육과정에 제시된 지식과 능력을 모든 학습자가 다 배울 수 있다"라는 주장과 궤를 달리합니다. 학생의 흥미와 사전 경험에 의해 자기만의 발달 노선을 겪게 되기 때문에, 역사의 풍랑에 따라 펼쳐지는 사회라는 무대에서 인생 역정에 따라 자신의 것으로 내재화하는 내용과 정도는 다 다를 수밖에 없습니다. 그렇기 때문에 인생 역정 교육과정에 포함되어 강조되는 능력은 핵심역량과 달리 가장 기본적인 능력들입니다. 비고츠키의 발달교육은 특히 집중하는 (자발적 주의)능력, 문화적인 기억(논리적 기억)능력, 개념형성능력, 의지능력을 강조합니다.

혼자서 스스로 학습하는 능력이니, 창의능력이니 하는 것은 인생 역정 교육과정에 담기지 않습니다. 왜 그럴까요? 자신에게 솔직하게 자문해 보세요. 대학 교육까지 다 이수하신 교사들 중에 혼자서 스스로 학습하는 능력이나 창의능력을 자유자재로 발현하고 있는 분이 얼마나 될까요? 발달 중심 교육과정을 스스로 혼자서 학습할 수 없어 이 책을 읽고 계십니다. 이런 어려운 문화적 능력을 어린 학습자에게 요구하는 것은 지적 폭력입니다. 그런 수준 높은 문화적 능력에 이르기 위해 초등학교에서 습득해야 할 기초적인, 필수적인, 보편적인 능력을 학생에게 제공하여 습득하게 하는 게 우리가 할 수 있는 적절한 최상의 교육입니다. 우리 아이들이 어른이 되어 창의능력을 펼치게 되는 것은 우리 손을 떠나 사회에서 살아가며 펼치는 인생 역정에서 결정될 문제입니다.

문화역사적 교육과정에서는 근접발달영역을 창출하는 수업만이 좋은 수업이라고 합니다. 학생이 이런 경험을 통해 특정 문화적 능력을 자신의 것으로 제대로 습득하는 것은, 냉정하게 말하면, 삶 속에서 개개인이 선택하고 노력할 문제입니다. "말을 물가까지 데려갈 수는 있어도 강제로 물을 먹게 할 수는 없다"라는 격언을 잊지 말아야 합니다. 인류의 지혜를 습득하여 자연스럽게 펼칠 수 있어야 합니다.

3

비고츠키와의 대담

조현희(대전 탄방초등학교)

전교조대전지부 참실 대회(2015. 12. 12) 발표 자료입니다. 비고츠키와 대담이라는 연극 대본이 주 내용입니다. 준비하는 과정과 홍보하는 과정을 보여 드리기 위해 먼저 준비하며 작성한 내용을 실었고, 뒤에 홍보한 내용을 담았습니다.

※ 결정된 사항
– 연극에서 대담 형식으로 변경
– 한 주제를 한 사람이 전적으로 맡음

※ 필요한 것
– 키워드가 적힌 종이(놀이, 근접발달영역, 고등정신기능, 협력)(담당: 소리샘)
– 종이를 세울 수 있는 스탠드(담당: 정숙샘)
– 명패 (비고츠키, 아내, 루리야, 사회자)(담당: 이민지)

※ 수정 보완할 내용
– 분임토의 주제와 관련되게 마지막 사회자의 확인 OX퀴즈 3개(담당: 모두)
– 분임토의 주제 3개(담당: 모두)
– 자신의 역할에 맞게 대사 바꾸기(담당: 역할 맡은 선생님)
– 앞뒤 사회자 멘트 추가(담당: 박소리)

※ 참고한 자료, 책
– 비고츠키 공부 자료(배희철 선생님 강의 자료)
– 『성장과 분화』(비고츠키 연구회 옮김, 살림터)
– 『비고츠키와 인지 발달의 비밀』(루리야, 살림터)
– 『마인드 인 소사이어티』(정회욱 옮김. 학이시습)
– 『관계의 교육학, 비고츠키』(비고츠키교육학실천연구모임, 살림터)

1. 〈놀이〉- 비고츠키 아내(강정숙 선생님)

사회자 비고츠키 선생님 부인으로서의 삶은 어떠셨나요?

비고츠키 아내 남편 비고츠키는 시각장애, 정신지체 등 정신적·육체적 어려움을 갖고 있는 아이들의 교육에 관심이 많았어요. 저는 그런 남편을 존경하고 사랑했습니다. 우리는 결혼하여 두 딸을 두고 무척 행복했지요. 그렇지만 남편이 서른일곱이라는 젊은 나이에 생을 마감하게 되어서 정말 마음이 아팠습니다. 남편은 늘 책을 읽고 쓰고 강의했습니다. 그런 남편을 두고 사람들은 '심리학의 모차르트'라는 이름을 붙여 주었죠. 저와 두 딸은 여전히 비고츠키를 존경하고 사랑합니다. 제가 비고츠키의 아내가 된 것이 자랑스러워요.

사회자 비고츠키 선생님이 젊은 나이에 세상을 뜬 것은 정말 크나큰 손실입니다. 안타까워요. 그래도 80년이 지난 지금, 세계에서 교육혁명의 철학적 기반으로 비고츠키 선생님을 연구하고 있는 것은 놀라운 일입니다.

　　제가 사전에 비고츠키 선생님이 연구하신 것을 살펴보니 인간의 전면적 발달을 가장 중요하게 생각하신 것 같아요. 그리고 그를 위한 도구로 놀이를 강조하셨죠. 비고츠키 선생님은 왜 놀이를 중요하게 생각하셨나요?

비고츠키 아내 놀이는 아이들이 자발적으로 하는 행동입니다. 재미도 있고요. 실패를 해도 아이들이 다시 도전하는 이유는 놀이가 재미있기 때문입니다.

사회자 단순히 아이들이 즐거워하기 때문에 놀이를 강조하신 건가요?

비고츠키 아내   아이들은 놀이를 통해서 현실에서 맡을 수 없는 역할을 맡죠. 아이들은 놀이 과정에 상상력과 창의력, 사고력을 모두 동원해야만 하고 아이들이 간절히 원하는 활동을 통해 누가 시키지 않아도 자연스럽게 인지 발달을 이루게 되는 겁니다.

사회자   그런데 놀이만 하다 보면 아이들이 공부하는 것을 더 싫어하게 되지 않을까요?

비고츠키 아내   오히려 놀이는 학습 성취도에 긍정적인 영향을 줍니다. 유아기에는 공부보다는 놀이를 통해 한 곳에 정신을 집중하는 것을 연습하는 게 중요하죠. 그 이후에 계획된 정신활동을 집중적으로 하는 학령기에 놀이의 놀라운 효과를 확인할 수 있습니다. 집중하기 때문에 조금만 공부해도 성취율이 높지요.

사회자   올해부터 대전의 초등학교는 놀이교육에 집중하고 있어요. 이렇게 따로 시간을 마련해서 놀이하게 하는 것이 학생들에게 의미가 있을까요?

비고츠키 아내   흔히 알고 있듯이 놀이는 아이들의 인성과 사회성을 기르게 하는 도구입니다. 더불어 어린이들은 놀이를 통해서 스스로의 행동을 통제하는 자기규제 능력을 기를 수 있습니다. 본능을 따르기보다는 이성적으로 행동하는 사람을 기르는 강력한 도구가 바로 놀이인 것입니다. 그런데 요즘 아이들은 놀 시간이 턱없이 부족하죠. 학교에서 아이들에게 놀 수 있는 시간을 인위적으로 만들어 주려고 노력하는 것은 놀이의 중요성을 알고 있는 듯해서 상당히 고무적이라고 생각해요. 하지만 교사들이 놀이의 중요성을 깨닫는 것이 우선입니다. 의무적인 놀이시간 편성이나 매뉴얼로 놀이교육을 하자는 것이 능사는 아니죠.

사회자 그런데 놀이시간을 주어도 수다만 떠는 아이들도 있는데요.

비고츠키 아내   아이들을 뛰어놀 수 있도록 교실 밖으로 나가게 하는 것이 항상 바람직하다고 볼 수는 없습니다. 특히나 초등학교 5~6학년이면, 특히 여학생의 경우 신체적 변화가 시작되면서 운동장에서 달리기하는 걸 좋아하지 않아요. 이런 경우에 학생들이 선택할 수 있도록 좀 더 다양한 것을 제시해야 합니다. 벌써 자신의 취향에 따라 특정한 활동에 열중하고자 하는 아이들이 나올 수 있지요. 가능하면, 학년별로 기계적으로 제시하는 것보다는, 개개인이 선택할 수 있도록 제시하는 게 좋습니다.

또 놀이에서 교사의 역할도 중요합니다. 교사는 아이들이 어떤 식으로 활동하는가를 관찰해야 합니다. 관찰을 통해 그 아이의 발달이 어느 정도 진행되고 있는지를 알 수 있어야겠죠. 이것이 교수-학습과도 밀접하게 연관되어 개별화 지도를 할 수 있는 판단 근거가 될 것입니다.

사회자 선생님들이 업무도 많고 아이들도 많은데 놀이까지 관찰해야 할까요?

비고츠키 아내   선생님들의 고충을 충분히 이해합니다. 하지만 놀이가 발달에 미치는 긍정적인 영향을 아신다면 시간을 할애하는 것이 의미 있을 거예요. 혼자 아이들의 발달단계를 판단하기 어렵다면 동료 선생님들과 대화하면서 판단의 기준을 만들어 가는 건 어떨까요? 교사와 교사의 대화와 토의가 아이들을 객관적으로 판단하고 다음 발달단계를 계획하는 데 도움이 되리라 믿어요.

2. 〈인간의 발달, 고등정신기능〉-루리야(비고츠키의 제자)

사회자 루리야 선생님은 비고츠키의 제자신데, 선생님에 대해 잘 모르시는 분들을 위해 간단하게 소개를 좀 해 주세요.

루리야 저는 비고츠키 선생님의 인지 발달 연구에 감동을 받아 연구에 함께 참여했습니다. 이 연구를 바탕으로 『비고츠키와 인지 발달의 비밀』을 썼고, 비고츠키 선생님과 함께 『도구와 기호』, 『생각과 말』을 쓰기도 했습니다. 제 책은 한국에서도 출판되었다고 알고 있습니다.

사회자 역시 루리야 선생님은 비고츠키의 수제자라 할 만하네요. 선생님의 책을 저희 모임에서 공부한 적이 있어요. 『비고츠키와 인지 발달의 비밀』에 보면 고등정신기능이라는 말을 강조하시던데 좀 자세히 설명해 주시겠어요?

루리야 고등정신기능에 대해 알고 싶으시군요. 대부분의 동물들은 빵 하고 울리는 차가 지나가면 깜짝 놀라 바라보죠. 그렇지만 차의 종류에 관심이 있어 유심히 관찰하면서 바라보는 것은 인간만이 가능합니다. 이때 경적이 울려 바라보는 것이 기초정신기능이고, 의도적으로 관찰하는 것이 인간의 지능인 고등정신기능이지요.

사회자 고등정신기능을 발달 시기에 따라 나누던데, 거기에 대해서도 설명해 주세요.

루리야 인간의 전면적 발달에 가장 중요한 네 가지 고등정신기능은 자발적 주의, 논리적 기억, 개념 형성 그리고 자유의지입니다. 이 네 가지는 순서대로 발달합니다. 먼저 초등학교에서는 자발적 주의와 논리적 기억을, 중학교에서는 개념 형성을, 고등학교에서는 자유의지를 중요하게 발달시켜야 합니다. 즉, 초등학교에서는 학생이 집중할 수 있도록 교사가 매 수업 시간마다 노력해야 합니다. 이것이 이후 학습과 발달에 아주 중요합니다. 주의가 산만한 것은 다양한 호기심의 발현이라고도 하지만, 자기 자신을 규제하는 능력이 결여된 호기심은 결국 시들어 버리고 맙니다.

사회자 자발적 주의, 논리적 기억, 개념 형성, 자유의지 등은 학교급별로 발달시켜야 하는 기능이 다르다고 하셨는데요, 그렇다면 초등학교에서 발달시켜야 할 기능을 구체적으로 말씀해 주세요.

루리야 단순히 듣고 보던 것에서 나아가, 문자로 기록하고 정리해 두는 문화적 기억은 사회생활 전반에 걸쳐 아주 중요합니다. 특히 내용을 체계적으로 이해해서 기억하는 논리적 기억은 중등 과정에서 필요한 개념 발달에 기초가 되죠. 초등학교에서는 이렇게 자발적 주의와 논리적 기억이 특히 중요합니다. 이것이 초등학교 교육과정의 핵심이어야 합니다.

사회자 아, 그래서 우리 옆 반 선생님은 급훈을 "잘 보고 잘 듣자"로 하신 거군요. 그렇다면 이 네 가지 단계를 밟아서 최종적으로 도달하고자 하는 목표는 무엇인가요?

루리야 '자유의지를 가진 주체적 인간 형성'입니다.

사회자 좀 추상적으로 들려요. 자유의지를 가진 주체적 인간은 어떤 인간을 말씀하시는 건가요?

루리야 자기 능력을 자신만을 위해 쓰는 것이 아니라 인류와 공공의 이익을 위해 사용하는 인간이라고 이해하시면 어떨까요? 옛날부터 한국에서 교육 목표로 삼았던 홍익인간의 이념과도 맞닿는 것이죠.

3. 〈근접발달영역〉-비고츠키(이민지 선생님)

사회자 비고츠키 선생님, 너무 오래 기다리셨어요. 선생님은 어린 시
절을 어떻게 보내셨어요?

비고츠키 저는 1896년 러시안계 유태인의 가정에서 태어났어요. 아
버지는 은행지점장이었고 어머니는 교사교육을 받은 분이었죠.
저희 가족은 난로 주위에 모여 앉아 대화 나누는 것을 좋아하
는 따뜻하고 지적인 사람들이었어요.

사회자 최초의 인간관계를 경험하는 가족의 영향이 역시 크군요. 특
히 지적인 대화를 좋아하시는 어머니의 영향을 많이 받으신 것
같아요. 청소년기는 어떻게 보내셨나요?

비고츠키 저는 책 읽는 게 참 좋았어요. 열다섯 살부터 토론의 리더
가 되면서 '작은 교수'라고 불리기도 했죠. 제 자랑 같지만 법
학, 문학, 언어학, 심리학, 예술, 사회과학, 철학 등 저의 관심 분
야는 굉장히 넓었고 공부를 즐겼어요.

사회자 선생님께서는 근접발달영역이라는 개념을 만드셨습니다. 말
만 들었지 이 개념에 대해 잘 몰라요. 좀 더 자세하게 설명해
주시면 좋겠습니다.

비고츠키 타인의 도움 없이 스스로 할 수 있는 수준과 타인의 도움
을 받아야만 할 수 있는 수준에는 간극이 있습니다. 이 간극이
바로 근접발달영역이고, 이 간극을 만들어 더 높은 수준으로
도달하는 것이 교육입니다.

사회자 근접발달영역이라는 개념이 왜 중요한가요?

비고츠키 아이들은 자신들보다 뛰어난 성숙된 부모, 교사, 동료들과
의 상호작용을 통해 더 높은 수준으로 도달할 수 있습니다. 이

러한 상호작용이 근접발달영역을 자극하게 됩니다. 제가 죽기 전에 모든 힘을 다해 남긴 책인 『생각과 말』을 참고하시면 좋겠어요. 여기서는 가장 핵심이 되는 것만 간단하게 언급하도록 할게요. 교수-학습은 발달을 선도해야 합니다. 즉, 교수-학습은 학습자가 현재적 수준 (혼자서 할 수 있는 것)을 넘어서는 것을 할 수 있도록 (근접발달영역을 창출할 수 있도록) 진행되어야 합니다.

사회자 선생님께서 근접발달영역을 만들어 낼 수 있는 교수-학습의 역할을 강조해 주셨는데요, 앞으로 교사라는 직업이 사양길에 접어들 수도 있다는 설문 결과를 본 적이 있어요. 실제로 사이버 학습, EBS 교과강의 등 웹 기반 학습 매체를 사용해서 학습이 가능합니다. 꼭 학교가 필요할까요? 또 인터넷 매체가 교사의 역할을 대체할 수 있다고 생각하시나요?

비고츠키 인터넷 강의, 줄여서 '인강' 열풍이 불었던 시기가 있었죠, 지금은 유명 강사의 인강을 보는 것으론 성적 향상에 한계가 있다는 것을 사람들이 체감하기 시작하며 그 열기가 시들해졌습니다. 이것만 보아도 일방적인 교수-학습은 한계가 있습니다. 진정한 교수-학습이 이루어지기 위해서는 학생과 교사의 만남이 필요합니다. 교사는 먼저 학생의 수준을 진단합니다. 혼자할 수 있는 것, 또래나 교사의 도움을 받으면서 할 수 있는 것, 도움을 받아도 할 수 없는 것으로 진단하는 거죠. 또래나 교사의 도움을 받으면 할 수 있는 것에 집중해서 도움을 주는 것이 교사의 역할입니다. 이 역할을 과연 인터넷이 대체할 수 있을까요?

사회자 역시 인터넷 학습은 한계가 있어 보여요. 그렇다면 사설 학원은 어떤가요? 대부분의 학원에서 선행학습이 이루어지고 있잖아요. 이것은 근접발달영역을 창출하는 데 도움을 줄 수도 있지 않을까요?

비고츠키 모든 발달에는 최적기라는 게 있어요. 대부분의 학원에서는 선행학습을 실시하는데, 그 선행학습이란 게 아동의 발달단계와는 무관하게 진행되는 경우가 대부분이죠. 그로 인해 지금 꼭 해야 하는 활동을 놓치고 소화하기 어려운 활동을 주로 하게 되는 거죠. 이러다 보면 해당 발달단계에서 형성되어야 할 기능들이 제대로 형성되지 못하게 됩니다.

사회자 근데 아이들은 학원 공부를 잘 쫓아가는 것 같아요. 약간의 스트레스는 있겠지만요.

비고츠키 아내 저는 아이들을 키워 본 엄마로서 선행학습과 과잉 학습에 길들여진 아이들이 안쓰럽습니다. 어른들이 보기엔 약간의 스트레스겠지만 아이들에게는 치명적일 수 있어요. 아까 말한 것처럼 선행학습은 새로운 정신기능을 안정화할 겨를도 없이 소화하기 어려운 발달 과업을 끊임없이 부과하게 되죠. 그로 인해 발달의 위기를 초래합니다. 게다가 새롭게 형성된 발달 기능들은 자리 잡지 못하여 방치됩니다. 그래서 무엇보다 아동과 청소년에게 엄청난 정신적 과부하, 자존감 상실 등을 야기합니다. 상당수의 아이들이 지속적인 발달 위기 상황을 견디지 못하거나 실패를 반복함으로써 능동적 학습력과 의지를 상실하게 되죠. 바로 이 부분이 현재 우리가 처한 교실 붕괴, 청소년 발달 위기의 근원이 된다고 봅니다. 우리 어른들이 크게 반성할 일이지요.

4. 〈협력, 비고츠키 철학과 혁신학교〉-모두

사회자 선생님께서는 협력을 인간의 타고난 본성이라고 하시면서 협력은 경쟁을 넘어선다고 했습니다. 이 말씀은 경쟁에 익숙한 저희에게는 한편으로 좋은 이야기이지만 비현실적인 것 같아요. 성과를 극대화하기 위해서는 역시 경쟁이 불가피해 보입니다.

비고츠키 아내 저의 남편 비고츠키는 그동안 '발달'에 대해 연구해 왔습니다. 그런데 이 발달은 혼자 이루어지는 것이 아니라 누군가의 도움을 받아 이루어집니다. 협력은 단지 도덕적 차원에서 좋은 것만이 아닙니다. 필수적이고 가장 효과적인 과정이 바로 협력과 모방을 통한 발달이라는 차원에서 협력을 강조하고 싶습니다.

사회자 무엇인가 새로운 것을 배우고 익힐 때 혼자 하는 것보다 누군가의 도움을 받는 것이 효과적이라는 의미에서 협력을 강조하는 것은 충분히 공감해요. 협력을 사회적으로 이해할 수 있는 예가 있을까요?

비고츠키 발달과정에서 배우고 익혀야 할 모든 지식과 개념, 기능들은 사회적 협력 속에서 태어나고 성장하게 됩니다. 예를 들어 친구와의 우정, 민주주의 같은 개념을 익힐 때 사회적 관계와 협력이 없다면 제대로 익힐 수 있을까요? 마찬가지로 주의 집중, 자기규제, 창조성 등과 같은 온갖 정신기능들도 마찬가지입니다. 인간이 만들어 온 모든 개념과 정신기능들은 고립적 상황에서는 익힐 수 없는 것입니다. 이렇게 인간 발달을 위해서는 사회적 관계 속에서 협력하는 것이 중요합니다.

사회자 그렇지만 아직 우리 교육 현실은 경쟁으로 뒤덮여 있는 것이 사실입니다. 이런 대한민국 교육의 현실에 대해 협력교육의 관점에서 어떤 조언을 해 주고 싶으신지요?

비고츠키 지금까지 많은 사람들이 경쟁은 본능이고 협력은 사회적으로 형성된다는 통념을 가지고 있었어요. 이러한 잘못된 상식은 교정되어야 해요. 협력도 본능이고 협력은 경쟁을 넘어섭니다. 그런데 잘못된 사회구조와 경쟁 이데올로기가 인간의 협력적 천성을 가로막고 왜곡하는 것입니다. 그런 점에서 한국에서 '경쟁에서 협력으로'라는 슬로건을 가지고 교육적 본질을 되찾으려는 노력은 고무적인 일이며 인간의 협력적 본질을 실현하는 길이라고 생각합니다.

사회자 사실 학생들을 협력으로 이끌어야 할 저희들이 오히려 경쟁을 피할 수 없어요. 예컨대 교원업적평가라는 이름으로 시행될 각종 교사평가 시스템은 성과급과 승진이라는 인센티브로 교사들을 경쟁에 내몰고 있거든요. 교사들은 어떤 방식으로 협력을 이뤄 낼 수 있을까요?

비고츠키 아내 아이들을 가르치는 교사들이야말로 경쟁보다는 협력이 필요하다고 봅니다. 협력이 발달에 효과적이고 불가피하다는 점 이외에도 협력은 관계 속에서 서로에게 긍정적인 상호작용을 하게 합니다. 이러한 과정은 어떤 문제와 상황을 관계적으로 이해하는 것을 익히게 합니다. 다시 말해 협력은 관계적 사고를 발달시킵니다. 어떤 문제를 폐쇄적인 것으로 보지 말고 다른 것과의 관련 속에서 바라보게 하죠. 고정적인 것이 아니라 상호작용 속에서 역동적으로 변화하는 것으로 이해하게 합니다. 선생님들이 서로 모여서 교육과정에 대해 토의하고 새로운 대안을 모색해 가는 과정에서 협력의 소중함을 느끼게 되리라 생각합니다. 결국 모든 추상적인 이론은 현실 속에서 실천으로 거듭날 때 의미를 갖게 되겠죠. 선생님들이 우선 협력을 훈련하고 그 효과를 느껴 보는 기회를 가지게 되면 교육적 본질을 회복하는 데에 자신감을 갖게 되리라 믿어요.

루리야 맞습니다. 협력의 문화가 전체 교사로, 심지어 전체 교원으로 확대된다면, 다른 변화를 야기할 것이라는 것에 동의하지 않을 수 없겠지요. 교장과 교사의 관계가 수평적(협력적)일 때보다는 교장과 교사 관계가 수직적일 때, 학급 안에서 교사와 학생 관계가 수직적일 가능성이 더 높지 않을까요? 학교교육에서 존재의 핵심은 인간관계입니다. 협력적인 인간관계가 형성되어야 협력적인 교육활동을 통해 협력적인 태도를 내재화하는 학생이 나타나게 되는 거지요.

사회자 협력을 통해 전면적 발달을 위한 교육을 추진하는 데 도움이 될 이야기를 해 주시면 좋겠어요.

비고츠키 아내 공교육에서 학생의 감정적인 측면을 많이 배려해야 합니다. 포기하지 않고 지속하려는 열정, 의지 이런 것이 인생 역정에서 전면적 발달을 이루는 데 아주 결정적인 영향을 주기 때문입니다. 그렇기에 아이들이 협력하여 그 무엇인가를 해 보는 경험을 제공하도록 노력해야 합니다. 관광성 체험학습이 아니라 사람들이 모여 함께 준비하고 노력하면 무엇인가를 해낼 수 있다는 것을 체험하게 하는 것은 정말 중요합니다. 학교에서의 그런 경험이 먼 훗날 메아리처럼 그 아이의 정신에 파고들어 내재화되어 전면적 발달을 촉진하기 때문입니다.

사회자 2015년의 한국엔 공교육의 새로운 패러다임, 학교혁신의 바람이 불고 있습니다. 혁신학교에 대한 기대와 관심이 크죠. 대전도 예외는 아니어서 느리지만 천천히 혁신학교 운영을 시작하려고 합니다. 그런데 정작 어떤 철학을 가지고 혁신학교를 시작할지 조심스럽습니다. 루리야 선생님께서는 대전의 혁신학교에 어떤 철학이 필요하다고 생각하시는지요?

비고츠키 교육은 무엇보다도 한 인간의 발달을 다루는 일입니다. 그러므로 인간의 전면적 발달을 꾀하는 것이 근본 철학이어야 합니다. 그리고 혁신학교 철학으로 강조할 것은 바로 민주주의라고 생각해요. 혁신학교가 민주주의의 원리를 생생한 삶으로서 경험하게 하는 민주시민교육의 장이 될 수 있어야 합니다. 따라서 혁신학교에서 민주적 운영과 다양한 학생 자치 활동의 보장은 매우 중요하다고 생각해요. 마지막으로 무엇보다 중요한 철학이 바로 교육 공공성입니다. 교육의 공공성을 실현할 수 있는 철학을 혁신학교에 담으면 좋겠습니다.

사회자 선생님 말씀을 듣고 보니 "경쟁에서 협력으로"라는 혁신학교 슬로건이 기억나네요. 저희가 방향을 잘 잡은 건가요?

루리야 협력을 통한 전면적 발달, 소통을 통한 교육 공공성 확립과 민주주의 구현이라는 세 가지가 혁신학교의 큰 축이라고 들었습니다. 비고츠키 선생님과 저의 연구 성과를 이렇게 적용했다니 놀랍고 기쁩니다.

사회자 브루너 교수는 "피아제는 지는 별이요, 비고츠키는 떠오르는 별"이라고 했습니다. 그런 의미에서 저희도 비고츠키 철학을 더 열심히 공부해야겠어요. 마지막으로 참실대회에 참여하신 선생님들께 한마디 해 주시죠.

비고츠키 국제적인 비교 연구에서 드러났듯이 한국의 학생과 교사의 협력 지수가 꼴찌라고 하더군요. 그런 대한민국에서 협력이라는 한 낱말로 웅집될 수 있는 비고츠키 교육학을 공부하는 것은 너무도 지난한 일입니다. 그러나 교사라면 회피할 수 없는 길이요 운명입니다. 선생님들끼리 모임을 만들어 비고츠키를 공부하세요. 교사로서의 삶이 달라지실 겁니다.

비고츠키 공부모임을 소개합니다

- 참여 인원: 10~12명
- 배희철 선생님의 비고츠키 특강(2015. 1. 3)으로 시작
- 비고츠키 관련 책을 읽고 혁신학교 교육철학과 관련시켜 봄, 성장과 발달의 중요성 인식
  - 1, 2월 『성장과 분화』(비고츠키 연구회 옮김, 살림터)
  - 4, 5월 『비고츠키와 인지 발달의 비밀』(루리야, 살림터)
  - 6, 7, 8월 『마인드 인 소사이어티』(정회욱 옮김, 학이시습)
  - 9~12월 『관계의 교육학, 비고츠키』(비고츠키교육학실천연구모임, 살림터)

비고츠키 공부모임 평가
- 비고츠키 교육의 기본 관점과 지향, 발달과 협력의 중요성, 교육 현상에 대한 관점을 가질 수 있는 프레임을 얻게 됨.
- 교수학습이론의 전문성을 튼튼히 하게 되어 상담과 생활지도 등 교직생활 전반에 자신감을 가지게 됨.
- 교육은 곧 관계의 이해임을 깨닫는 소중한 시간이었으며, 교육 현실에 문제가 있고 제도적으로 개선의 필요가 있다고 느끼는

동료들과 함께 공부하면서 공감대를 만들고 아이들을 좀 더 이해할 수 있게 됨.

- 아이들을 이해하지 못해서 미워하는 마음이 있었는데 아이들이니까 그럴 수 있고, 사회 경제, 교육의 조건에 따라 의식이 규정받을 수 있음을 인식하게 되면서 학생들을 이해하고 대면할 때 교사로서 말과 행동의 판단 기준과 나침반을 갖게 됨.
- 아이들의 고등정신기능을 선도할 활동으로 수업을 디자인해서 결국은 자유의지를 가진 주체적 인간을 길러 내는 것이 교육의 목표가 되어야 함을 각인하게 됨.
- 동료 교사와 함께 공부하면서 교육적인 것과 비교육적인 것을 구분하는 힘이 생겼으며, 자신의 생각을 언어로 풀어내고 다른 생각을 넘어 합의에 이르러 가는 과정, 아이디어를 구체화시키고 실현해 내는 집중력, 참교육에 대한 의지를 보고 배우면서 단련할 수 있는 기회가 됨.
- 혼자 하기에는 너무 어려운 비고츠키 공부를 여럿이 함께해서 인식 가능하게 되는 가치를 깨닫는 기회가 됨.

4

비고츠키 독서 모임 소개

이민지(대전 석봉초등학교)

　나는 어렸을 때부터 미래를 예견하는 사람을 만나고 싶었다. 미래에 대한 불안함이 선구안을 가진 사람에 대한 막연한 동경으로 나타났던 것 같다. 그런 이유로 고등학교 때도 신문을 많이 읽었다. 신문을 통해 세상을 보다 보면 미래를 보는 통찰력이 쑥쑥 클 줄 알았기 때문이다. 하지만 신문을 읽을수록 세상을 보는 안목이 길러지기는커녕 각종 사회 패악질에 질려 갈 무렵, 문득 떠오른 생각이 있었다. 앞으로 먹고살기 위해서 내가 목표로 삼아야 할 것은 입시라는 사실이었다. 신문은 한결같이 이렇게 이야기했다. "우리 사회에서 살아남기 위해서는 좋은 시험 성적을 받아서 안정적인 직장을 보장하는 대학에 들어가야 한다." 나는 공부를 할 수밖에 없었다.

　입시를 준비하는 생활은 비인간적이었다. 새벽 6시에 일어나 11시까지 공부를 하는 생활이 2~3년간 이어지니 어떤 사회적 아픔에도 무감각해지고 목표 이외의 것은 하찮게 느껴졌다. 입시를 준비하는 동안에는 친구와의 우정, 부모님에 대한 애정, 올바른 정치에 대한 바람, 지적 호기심을 시험공부와 맞바꿔야만 했다. 입시라는 목표를 달성하기 위해 지나치게 많은 것을 희생하고 있다는 것을 스스로도 느끼고 있었지만 다른 방법이 없었다. 나를 더욱 고통스럽게 했던 것은 한곳을 향해 돌진하는 수많은 사람들을 제치고 선두에 서야 한다는 강박관념이었다. 몇 년 동안 쉼 없이 경쟁을 하며 타인과 비교하는 습관이 생겼고, 이것은 곧 자기 비하로 이어졌다. 모의고사 점수가 몇 점 떨어졌을 뿐인데도 그때의 나는 스스로를 쓸모없는 인간 취급했다.

그런 과정을 겪은 뒤, 운이 좋게도 입시에 성공해 대학에서 어영부영 4년의 시간을 보내고, 집 근처의 작은 학교로 발령을 받아 학교 출근을 시작했다. 이제 아이들을 가르치며 행복한 시간을 보내기만 하면 되는 줄 알았다. 그런데 소규모 학급에 쏟아지는 업무에 수업 준비는 언감생심이었다. 밀려드는 업무를 줄여 나가자는 마음으로 초과 근무를 했지만 다음 날이면 새로운 일들이 쏟아졌다. 또한 맡은 업무가 많아 여기저기 출장을 다니는 일이 잦았다. 그렇게 하루를 정신없이 보내고, 다음 날 아침이 오면 수업을 준비하지 못한 채, 불안한 마음으로 아이들 앞에 섰다. 잠깐 짬을 내어 아이들이 재밌게 공부를 할 수 있도록 수업을 계획해도, 시험 날이 다가오면 학습지를 출력해서 문제풀이 연습을 시키기에 바빴다. 누가 괴롭히는 것도 아닌데 아침 출근 시간만 되면 괴로웠다. 학교는 더 이상 내 발로 걸어가는 것이 아니라 누군가에 의해 끌려가는 곳이었다.

더 이상 그렇게 도살장에 끌려가는 소처럼 학교에 질질 끌려가고 싶지 않아서 뭐라도 해야겠다는 생각이 들고 있던 찰나, 친구가 자신이 참여하고 있는 비고츠키 독서 모임에 같이 가 보지 않겠느냐고 권유를 했고, 나는 그렇게 비고츠키 독서 모임에 내 의지로 걸어 들어가게 되었다.

친구가 모임에 오기 전에 우선『비고츠키와 인지 발달의 비밀』을 읽고 오라고 했다. 급히 책을 사서 책장을 펼쳐 보니 두세 번씩 읽어야 이해가 되는 문장들이 가득했다. 가까스로 정신을 다시 차리고 책의 내용을 살펴보았다. 이 책의 저자는 비고츠키Lev Vygotsky의 제자인 루리야Luriya, Aleksandr Romanovich다. 그는 인지 발달의 차이를 알아보기 위해 정규 학교교육을 받지 못한 문맹인과 학교교육을 받은 사람을 대상으로 먼저 실험을 설정했다. 그러고 나서 실험의 설정 목적과 과정, 실험 대상과의 인터뷰와 실험을 하면서 어려웠던 점, 그리고 실험 결과 분석 및 실험의 의미까지 질릴 정도로 상세하게 기술을 했다.

이 책을 읽고 모임에 참석한 첫날이 기억난다. 이런 난해한 책을 선정하여 함께 읽는 선생님들은 어떤 분들이실지 궁금했다. '모임에 참여하시는 선생님들은 지적 역량을 겸비하셨을 것이 틀림없다. 내가 이해할 수 없는 어려운 단어들이 오가는 난상토론이 펼쳐질 거야.' 겁을 집어먹고 모임에 갔다. 선생님들은 나를 포함하여 처음 모임에 온 몇몇 선생님들을 위해 돌아가면서 소개하시며 따뜻하게 환대해 주셨다. 그리고 본격적인 독서 모임은 함께 읽기로 했던 책의 일부분을 발제자가 요약 발표하면 각자의 생각이나 느낀 점, 궁금한 점을 자유롭게 나누는 형식으로 진행되었다.

선생님들은 나의 예상을 깨고 '너무 어렵다'고 한목소리를 내셨다. 함께 서로 이해한 내용을 나누는 가운데, 책을 읽으면서 이해되지 않았던 부분들이 많이 해결되었다. 모임이 거의 끝나 갈 무렵에는 비고츠키가 이야기하려고 했던, 정규 교육과정의 과학적 개념화가 인지 발달을 이끈다는 간결한 명제를 이해하게 되었고, 우리가 하고 있는 교육이 아이들의 인지적 발달을 이끈다는 당위성을 얻었다.

그동안 나는 떨어지지 않는 발걸음으로 학교를 가면서 교사로서 나의 '전문성'에 대해 고민해 왔다. 학교에서 나에게 요구하는 '교육'은 아이들을 조용히 시키고, 시험 문제에 나올 만한 것을 가르치면서 다치지 않게 보호하는 것이었다. 그러나 이런 일들은 초등교육을 전공하지 않은 사람도 하루 이틀의 시간만 주어진다면 금방 적응하고 할 수 있는 일들이었다. 그런데 비고츠키를 함께 공부하는 선생님들과 이야기를 나눈 짧은 시간 동안, 교육이 아이들의 인지 발달에 많은 영향을 끼친다는 것을 알았고, 교사로서의 내 역할이 굉장히 중요하다는 것을 깨달았다. 이 작은 생각의 변화가 아이들의 인지 발달을 도울 수 있는 수업을 계획하고 아이들의 발달을 세심하게 관찰하게 된 동력이 되었다. 몇 번의 모임에 참여했을 뿐인데, 나는 수업에 대해 진지하게 고민하기 시작했다. 비고츠키의 철학을 공부하는 데서 그치는 것이 아니라, 그의 철학을 녹여낸 수업을 하기 위해 모임에 가서 선생님들과 의견을 나눴다. 아이들의 인지 발달의 순서에 따라 초등학생 단계에서 초점을 맞춰야 할 기능은 무엇인지, 이 기능을 발달시키기 위해 좋은 활동은 무엇일지 고민하면서 아이들의 변화를 관찰하는 재미도 쏠쏠했다.

또한 교사가 관심을 가져야 할 것은 아이의 시험 성적이 아니라 전면적인 발달이라는 것을 알게 되면서, 전면적인 발달을 국가 차원에서 지원하는 다른 나라의 정규교육에도 관심이 생겼다. 알고 보니 현재 성공적으로 정규교육을 운영하고 있는 것으로 평가받는 핀란드나 덴마크는 100년 전에 태어난 비고츠키의 철학을 바탕으로 교육정책을 펴고 있다. 이런 나라에서는 점수가 아이의 발달을 평가하기엔 부족하다는 것을 알고 있기 때문에 학생의 능력을 점수로 평가하지 않는다. 학교는 아이가 학습에 흥미를 잃지 않도록 노력하고, 아이의 발달을 관찰하여 성장이 일어나도록 지원한다.

나는 그렇게 만나고 싶었던 비고츠키라는 선구자를 만났다. 비고츠키가 세상을 뜬 지 100년, 세계의 교육계는 비고츠키를 주목할 만큼 그의 사상과 철학은 시대를 앞서 있다. 그는 지금 이 세상 사람이 아니지만 그의 짧은 삶이 지금 오늘을 살고 있는 우리에게 중대한 영향을 미치고 있다. 그동안 시험 성적으로 진로가 정해지고 점수에 맞게 사회에서 정한 일을 하는 것이 누구나 받아들여야 하는 숙명이었다면, 이제는 이런 지배자의 프레임에서 벗어나려는 노력이 세계의 이곳저곳에서 일어나고 있다. 교육이 눈에 보이지 않는 계급제를 견고히 하는 도구가 아니라 개인의 전인적인 발달을 도와 의미 있는 삶을 살 수 있도록 하는 도구로 쓰이도록 말이다. 나는 비록 비고츠키와 같은 선구자는 아니지만 비고츠키의 철학이 근간이 되는 그런 교실, 학교, 세상을 만들고 싶다. 누군가는 아무것도 모르는 신규의 야무진 꿈이라고 이야기하겠지만, 우리에게 다가올 미래가 어떤 모습일지 정확히 알고 있는 사람은 아무도 없다. 그렇기에 오늘도 나는 미래를 읽기 위해, 비고츠키 독서 모임에 헐레벌떡 달려간다.

5

나와 비고츠키[1]와 흰 백지장

정용윤(서울 금나래초등학교)

'지금 알고 있는 걸 그때도 알았더라면' 좀 더 자신감 있게 아이들 앞에 서고 옆 반 선생님과 학부모들과 즐겁게 협력할 수 있었을 텐데….

예비교사 시절부터 인권교육을 고민했다. 인권이라는 소중한 인류의 가치를 어떻게 하면 초등학생들에게 제대로 가르칠 수 있을지 고민했다. 현장에 나와서 인권교육 매뉴얼을 선생님들과 출판하기도 했고, 출판 후에는 과연 이러한 매뉴얼적인 접근 방식으로 인권교육을 하는 것이 맞는지에 대해서 되돌아보기도 했다. 그래서 인권을 통한 교육이 가장 적합한 방법이지 않을까 싶어서 더 이상 '인권교육'을 하지 않고 있다. 그런데 왜 이것이 바람직한지에 대해서는 생각해 보지 못했다.

초임 때 어린이들에게 평화교육을 했다. 평화교육연구회를 통해 '한일평화교육 심포지엄'도 쫓아다니며 평화교육 달인들의 연구와 수업을 보며 이것이야말로 전쟁과 테러의 시대에 꼭 필요한 교육이라고 생각했다. 초등학교 6학년 어린이들에게 분쟁지역을 소개했고, 현재도 진행 중인 전쟁 속에서 얼마나 많은 어린이와 여성들이 죽임을 당하는

---

1. 주의! 이 글에 나오는 비고츠키의 개념은 일반적으로 이해하는 개념과 다를 수 있음.

지 알렸다. 대인지뢰의 문제점도 그림책을 통해서 알렸고 어떻게 하면 세계 평화를 위해 함께할 수 있는지 '실천' 방법에 대해서도 가르쳤다. 그런데 이 수업은 나에게 버거웠고 어린이들에게도 버거워 보였다. 제자 중에 하나는 '우리 선생님은 평화를 가르치면서 화를 낸다. 평화는 고요히 있으면 저절로 되는 것인데…'라는 시를 써서 일침을 가했다. 평화교육을 하기에 나에게는 '화'가 많은 것 같아 틱낫한의 『화』를 읽기도 하고 명상에 대해서도 관심을 가져 보았다. 창의적 체험활동으로 어린이 요가 활동도 해 보았다. 그러나 도통 나의 화는 내 정신을 떠날 생각을 하지 않았다.

혁신학교 1기가 시작되었고 나는 의심의 눈초리로 쳐다보았다. 배움의 공동체니 수업 비평이니 발도르프니 비고츠키니 뭘 저렇게 갖다 붙이나 싶었다. '교사가 즐거우면 되지'라고 생각하며 신나게 기타 치고 노래를 부르며 애들이랑 '즐거운 시간'을 많이 보냈다. 잔소리도 가끔 하면서….

초등관악동작지회에서 인연을 맺은 선생님들께서 혁신학교에 함께 가자고 제안했다. 혁신학교가 뜨고 있었고 선생님들이 뭔가 희망을 본 듯이 기뻐했고 왠지 뒤처지는 것 같아 혁신학교에 지원했다. 종소리도 없애고 1, 2, 3반도 없애고 상도 없애고 대회도 없애고 아무튼 신이 났다. 우리의 교육활동이 어린이들의 성장과 발달을 돕는다고 하기에 발도르프 흙놀이 연수, 수공예 연수도 열심히 듣고 텃밭에 거름도 뿌리고 계절 감각 익히는 수업을 위해 떡도 찌고 김장도 하고, 동료 교사와 '협력'하라고 하기에 수업 연구 열심히 해서 이렇게 하자고 제안도 했다. 업무지원팀에도 들어가서 저들이 협력하지 않더라도 나는 열심히 협력하고 지원하기 위해 노력해 보았다.

번아웃증후군이 시작됐다. 너무 열심히 살았나 보다. 내가 하는 일이 진짜로 어린이들의 성장과 발달을 돕는 것일까? 나는 혁신학교에서 제일 중요한 가치로 생각하는 '협력'을 제대로 하는 것일까? 어린이들에게 학기마다 2쪽씩 성장과 발달을 위한 제언을 쓰는 것이 너무 힘들고 스스로에게 거짓말을 하는 것 같아 견디기 힘들었다. 다 의미가 없는 것 같고 귀찮아졌다.

초등관악동작지회에서 비고츠키 공부하자고, 비고츠키 어떠냐고 자꾸 떠들어 댔다. 지적 호기심과 친분으로 어디 한번 들어나 보자고 모임을 만들었고, 『관계의 교육학, 비고츠키』라는 나름 '쉬운' 비고츠키 교육학 입문서로 세미나를 시작했다. 그 어느 누구도 비고츠키의 개념에 대해서 진개념을 갖고 이야기할 수 없었기에 현장의 많은 사례를 들어 이야기를 나누었다. 마치 수다 모임처럼 입문서 하나로도 우리는 비고츠키의 교육철학으로 현장을 되돌아보는 작업을 할 수 있었다. 진보교육연구소 천보선 선생님의 강의를 중간중간에 들으면서 우리의 의사개념과 오개념을 바로잡으며 비고츠키의 개념을 아주 조금 정리해 나갈 수 있었다.

여기서 나는 '협력'이라는 개념을 새로 알게 되었다. 나는 협력이라는 말도 모르면서 지난 4년 동안 혁신학교 교사랍시고 발달과 성장에 대해서 이야기하고 있었던 것이다. 나는 협력이 '협동학습'의 협동의 의미를 세련되게 표현한 말인 줄 알았다. 어린이들 사이의 협력이 최고라고 생각했고 교사는 어린이들 사이의 모둠활동을 돕는 촉진자 정도로 생각하는 구성주의 교육철학을 몸소 실천하는 교사였다. 비고츠키의 협력은 내가 아는 협력이 아니었다. 인간이 이 세상에 오면서 '협력'은 필수적인 것이며 교사-학생, 학생-학생, 학부모-학생, 학생-텍스트, 학생-마을? 이 모든 관계 속에서 협력은 발달의 필수 요소였던 것이다.

'발달'은 또 뭔가. 교사가 열심히 교육활동을 하면 어린이의 발달은 저절로 이루어지는 것이라고 생각했다. 인권을 가르치면 인권에 대해서 알고, 평화에 대해서 가르치면 평화에 대해서 알고, '사회적 실천'에 대해서 가르치면 파키스탄의 이크발처럼 아동인권운동가가 될 것이고 최소한 어린이 인권 선언을 지지하는 시민으로 자랄 거라고 생각했다. 그런데 사회적 실천은 청소년기 때 주로 형성되는 고등정신기능이요 중심 활동이라는 것을 알고 초등학교 어린이들에게 사회적 실천을 보여 주는 교육활동은 조심스럽게 접근해야겠다고 생각했다. 『성장과 분화』를 읽으며 '발달'은 내가 생각한 것보다 더욱 복잡한 메커니즘을 갖고 있다는 것을 알았다. 발달에 있어 환경과 유전의 영향에 대해서 결정론적으로 하나를 선택하는 것이 얼마나 허구인지도 깨닫게 되었다.

점점 어린이들의 발달단계에 대해서 알고 싶어졌다. 특히 초등학생들의 발달단계가 무엇인지 궁금했다. 현재의 발달의 상황을 알아야 이후의 발달을 도모할 수 있으므로….『연령과 위기』와 『의식과 숙달』은 때마침 이러한 고민을 풀기에 적합했다. 신생아의 위기부터 학령기의 위기까지 일반적인 연령 구분에 의한 각 단계별 발달에 대해 이해할 수 있었다. 7세의 위기를 읽고 1학년 어린이들이 하는 '우스꽝스러운 행동'과 '말도 안 되는 말'들이 '자기애'의 밑거름이 되고 '자아' 형성에 중요한 시작점이라는 것을 알고 우리 반 어린이들을 좀 더 이해할 수 있었다. 1학년 아이에게 너는 1학년인데 이것도 못 하느냐며 유치원으로 돌려보내야겠다는 말이 얼마나 치명적일 수 있는지 얼마나 발달과 연령기 구분에 대해서 무식했는지 깨닫게 해 주었다.

비고츠키를 공부하면서 내가 해 오던 것들에 대해서 과연 그러한가라고 질문할 수 있는 힘이 생겼다. 2쪽씩 에세이를 써서 발달과 성장을 위한 제언이랍시고 학부모들에게 보내는 것이 이 어린이의 성장과 발달에 도움이 될까? 통지보다 중요한 건 교사가 매일매일 어린이들에게 하는 평가 활동으로서 '피드백' 그 자체가 아닐까? 성장과 발달에 대해서 무지한 상태에서 수업만 혁신하겠다고 하는 것은 사실 모래 위에 쌓는 집과 같진 않을까? 어린이에 대한 진단 없이 교육부가 밀어 넣는 수업 시수를 기계적으로 맞춰서 짜는 교육과정이 의미가 있을까? 단위 교과의 의미와 가치에 대해서 제대로 된 개념을 갖고 있지 못한 초등학교 어린이들에게 '주제' 중심으로 통합교육 또는 프로젝트 학습을 하는 것이 맞을까? 뭔가를 종합하는 능력은 초등학교 이후에 '비판적 사고'를 자유롭게 할 수 있게 된 다음이 아닐까?

교사가 하는 일은 매년 달라지는 어린이들의 발달 상황에 따라 달라지기 때문에 어느 한 해도 쉽지가 않다는 것을 대부분의 교사가 공감하고 있을 것이다. 그럼에도 불구하고 나는 교사생활을 편하게 하고 싶다. 정년 하는 그날까지. 어린이 발달에 대해 훤히 꿰뚫고 있어서 어떠한 문제아를 만나도 두렵지 않고 두려운 마음이 든다면 옆 반 선생님과 고민을 나누며 그 아이 엄마와 한편이 되어서 말이다.

비고츠키는 내가 알지 못했던 '발달교육'이라는 백지장에 쓰는 연애편지와 같다.

6

성장과 발달을 돕는 평가의 시작
아동의 능력 발달을 위한 진단·소통·협력 이야기

김미애(원주 교동초등학교)

1. 들어가며

"지금껏 제가 어릴 적을 포함하여 우리 아이의 담임을 하셨던 모든 선생님을 통틀어 이렇게 아이 하나하나에 관심을 가지고 노력하시는 분은 처음입니다. 마음 깊이 정말 훌륭한 선생님이라고 생각합니다. 모든 학생들을 평등하게 대우하며 편견 없이 사랑해 주심이 인상 깊고, 선생님의 지속적인 관찰로 아이의 학교생활을 알게 되고, 좋은 점, 고칠 점 등을 알게 되어 가정에서도 많은 도움이 됩니다. 교단에 계속 있어 주세요." A학부모

2016년 학급의 한 학부모님께서 해 주신 이야기다. 이러한 이야기를 듣는다는 것은 담임교사로서는 더없이 기쁘고 감사한 일이다. 또한 지금 하고 있는 이 일들을 진심으로 열심히 해야겠다는 행복한 부담감을 갖게 한다.

나는 교대 시절 교육학 강의 마지막 시간에 담당 교수님께서 해 주셨던 이야기를 또렷이 기억하고 있다. 이는 '특별한 만남'에 대한 것으로, 한 스승으로 말미암아 숱한 제자들의 삶이 근본적으로 바뀐 놀라

운 이야기였다. 그때 그 이야기를 들으며 '나도 선생님을 하면 그러한 장면을 보리라.' 하는 꿈과 희망을 품었다. 그 기억이 너무도 선명하기에 나는 지금도 교실에서 아이들을 만날 때마다 내 자신에게 질문을 던진다. '나를 만나 우리 아이들은 어떤 영향을 받고 있는가? 어떻게 자라고 있는가?'

현장에 나와 교사로서 살았던 10년간은 아쉽게도 이 질문에 제대로, 또 떳떳하게 답을 할 수 없었다. '내가 지금 하고 있는 일들이 과연 아이들에게 영향을 주기는 할까, 이렇게 해서 무엇을 할 수 있는가, 이게 다 무슨 소용인가?' 하며 고개를 젓는 일이 많았고, 빨리 이 일을 그만두는 것이 최소한의 양심을 지키는 일이 아닐까 생각했다. 한 해를 보낼 때마다 나를 만난 아이들에게 미안했으며 학부모님들께 부끄러웠다.

그러므로 나에게는 2015, 2016 두 해의 경험이 참으로 소중하다. 이 시기를 통해 내가 끊임없이 던졌던 질문에 드디어 답을 할 수 있었기 때문이다. 2015년부터 평가에 대한 고민을 시작하게 되었는데, 그러자 아동을 바라보는 교사로서의 인식이 달라졌고, 인식이 달라지자 교사의 행동이 변하기 시작했으며 결국 모든 아동이 저마다 성장하고 발달하게 되더라. 더불어 학부모의 인식 변화도 함께. 매우 놀라운 경험이었다.

2. 학급의 평가 세우기

1) 평가에 대한 고민

현장 교사라면 평가에 대한 고민은 대부분 해 보았으리라. 강원도에 일제고사가 폐지되기 전과 후로 나의 경험을 떠올려 본다. 강원도는 2012년 평가 방법 개선에 따라 일제고사가 폐지되었는데, 그 당시만 해도 꽤 혼란스러웠다. 중간·기말고사 등 일제 평가 실시가 당연했고, 그것이 평가의 전부라고 여기고 있었기 때문이다. 일제 평가를 폐지하라는 공문을 받아들고 '그럼 도대체 무엇으로 평가하라는 말인가?' 하며 막막해했었다. 5년이 지난 지금 생각해 보면 일제고사 폐지는 매우 획기적인 조치였다. 새로운 평가의 길을 걷겠다는 신호탄이 아니었을까 싶을 정도로.

중간·기말고사가 당연했을 때는, 시험 기간만 되면 아이들과 힘겨운 시간들을 보냈었다. 교과 진도도 멈추고 시험지 풀이의 반복, 또 반복. 아이들마다 점수가 잘 나오게 해야 한다는 일념으로 온 신경을 쏟아야 했고 아이들에게는 미안하지만 '시험에 나오니 꼭 외워라. 나중에 틀리면 혼내 줄 거야!' 하며 엄포도 놓았다. 평소에는 사랑스러웠던 아이들이, 시험 기간만 되면 사랑스럽지 않았다. 시험이 끝나면 점수와 등수로 결과를 가정에 통지했고, 그것으로 평가는 '다 했다'고 여겼다. 일제고사가 평소 모든 교육활동을 좌지우지하는 현실이 싫었지만 어쩔 수 없다고 생각했다. 그저 받아들였다, 공교육 교사라면 당연히 해야 하는 일이라고 말이다.

2012년 일제고사가 폐지되자, 교사들은 이를 왜 폐지해야 하는가에 대해 저마다의 부정적 기억들로 어느 정도는 수긍할 수 있었다고 본다. 하지만 '그럼 어떻게 평가할 수 있는가?'에 대해 누구도 시원하게 답을 내리지 못했기에, 한마디로 평가 공백 상태에 놓여 버렸다. 고민과 협의 끝에 대부분의 학교에서는 다음과 같은 결론을 맺었다. '교과수행평가를 더 많이, 수시로, 다양한 방법으로' 옆 학교의 평가 계획을 살펴봐도 그랬고, 손을 뻗어 다른 지역의 계획을 구해 봐도 대부분 같았다. 무수히 많은 (교과별)성취기준의 나열, '잘함-보통-노력 요함' 등의 단계 설정, 평가 시기는 해당 수업 또는 단원이 끝날 무렵 으로.

6학년 평가계획 일부 (예시)

영역	단원	성취기준	구분	성취수준	방법	시기
수와 연산	1. 분수와 소수의 혼합 계산	분수와 소수의 혼합 계산을 한다.	잘함	분수와 소수의 사칙 혼합 계산의 순서를 알고 편리한 형태로 고쳐서 계산할 수 있으며 다양한 문제를 해결할 수 있다(7~9개 정답).	지필 평가	8월 5주
			보통	분수와 소수의 사칙 혼합 계산의 순서를 알고 편리한 형태로 고쳐서 계산할 수 있으며 간단한 문제를 해결할 수 있다(4~7개 정답).		
			노력 요함	분수와 소수의 사칙 혼합 계산의 순서는 알고 있으나 계산에 어려움이 있다 (0~3개 정답).		
도형	2. 원기둥과 원뿔	입체 도형의 전개도를 이해하고, 구성 요소와 성질을 안다.	잘함	원기둥의 전개도를 이해하고, 올바른 전개도를 설명할 수 있다.	지필 평가	9월 2주
			보통	원기둥의 전개도를 이해하고 올바른 전개도를 찾을 수 있으나 설명을 잘하지 못한다.		
			노력 요함	원기둥의 전개도를 이해하지 못하며, 올바른 전개도를 설명할 수 없다.		

그렇게 새로운 평가의 일상이 시작됐다. 일제고사라는 큰 부담감에서 벗어나니 진도를 맞춰야 한다는 압박에서 자유로워져 좋았다. '이것은 외워라'와 같은 강제 주입식의 교사 언어가 사라지니 수업 분위기도 한결 부드러워진 것 같고, 좀 더 교육적인 것 같았다. 또 지필 평가가 큰 축이었던 평가 방법을 다양하게 열어 놓으니 수업 장면도 다양해지고 활기차졌다. 수행 과정에 대한 관찰 평가, 활동 결과물 평가, 실기 평가, 동료/자기 평가, 서술형 평가 등 다양한 평가들이 수업 시

간 내에, 상시²로 이루어졌다.

　교과수행평가를 하면서 어려웠던 점은 '잘함-보통-노력요함'이라는 평어를 줄 때 과연 그 근거가 누가 보더라도 타당하고 객관적인가 하는 점이었다. 수행평가지를 이용하는 경우에는 실린 문제 수가 (일제 고사 시험지보다) 적어 이 결과로 평어를 주는 게 맞는지 선뜻 결정하기가 어려웠고, 가장 빈번하게 일어나는 교사 관찰 평가는 어디까지나 교사의 주관적 평가이므로 근거를 제시하기가 이 또한 곤란했다. 이런 엉터리 사정이 있지만, 그래도 학생, 학부모가 평가 결과에 대한 근거를 요구할 것에 대비해 안전한 장치를 만들어 두어야 했다. 아무것도 없는 것보다는 무엇 하나라도 내놓는 것이 차라리 안전하다 생각해 자연스레 수행평가지를 이용하는 쪽으로 점점 더 기울어지게 됐다. 1년이 지나면 교실에 수행평가지가 넘쳐나는 진풍경이 그려지기도 했다. 그럴 때마다 떠올렸던 것은 아이러니하게도 일제고사였다. 상대적으로 일제고사는 매우 편리하고 간결하며, 나름 객관적으로 보였기 때문이다. 점수라는 명확한 결과가 나오고, 게다가 점수가 주는 무게감은 상당했기에 객관성은 자동으로 보장되었던 것 같다. 물론 점수만으로 아동의 발달과정을 다 표현해 낼 수 없음을 알면서도 말이다.

　강원도의 평가 정책인 '행복성장평가제'는 올해(2017년)로 6년 차를 맞이하고 있다. 여러 해가 지났으니 현장에서 제법 농익은 평가의 장면들이 나왔으리라 기대할 법도 하지만, 안타깝게도 혼란은 여전했다. 대부분의 교사들이 적잖게 불안해했고, 어느 자리에서건 평가에 대한 이야기가 나올라치면 다들 입을 모아 문제점을 말했다. '평가가 너무

---

2. 강원도의 달라진 평가는 2012, 2013년 초기에 '상시'라는 개념을 강조했다. '담임교사별 상시 평가제'라는 용어가 두루 통용되기도 할 만큼. 그렇다면 상시 평가는 어떻게 할까? 당시에는 교과서의 해당 수업 혹은 단원의 학습이 끝날 때마다 그때그때 평가하는 것이라고 이해했었다.

단순하다, 아이들이 공부를 안 하니 차라리 시험을 보는 게 낫지 않 겠나?'부터 '내가 하고 있는 평가가 맞는지 자신 없다, 잘함-보통-노력 요함을 어떤 근거로 말할 수 있나?', 더욱이 '행복 성장을 말하는 평가 제도에 동의할 수 없다'는 말까지, 여기저기서 볼멘소리가 이어졌던 것 이다. 서열화 등 사회적 문제를 양산하던 일제고사가 폐지되었으니 많 은 것이 달라질 줄 알았는데, 현장은 여전했다. 대체 무엇이 문제였을 까, 우리는 무엇을 놓친 것일까.

달라진 평가인 교과수행평가를 실천한 지 두 해가 지난 어느 날, 나 는 내가 그동안 해왔던 평가에서 한 가지 놀라운 사실을 발견했다. 전 혀 지각하지 못했던 지점이어서 매우 충격을 받았다. 일제 평가와 일 제 평가 폐지 후에 대두된 교과수행평가, 당연히 서로 다르다고 생각 했는데, (적어도 내가 해 왔던 평가는) 그 구조가 전혀 다르지 않았다.

(일제 평가 폐지 전)
학습 후 학기 중/말, 학년 말에 일제 평가 실시, 점수로 결과 통지
(일제 평가 폐지 후)
학습 후 계획한 시점에 교과수행평가 실시, 평어로 결과 통지

학습을 마친 어느 시점에 아동의 성취수준을 확인한다는 점에서, (일제 평가 폐지) 전과 후의 내가 했던 평가는 꽤 닮아 있었다. (나의 반성: 이 지점에서 문득 행동주의가 떠올랐다. 그리고 수행평가는 구성 주의가 아니었던가? 대체 내가 한 평가의 정체는 무엇이었던가?) 결과를 점수로 통지하느냐, 평어로 하느냐의 차이만 있을 뿐이었다. 곧 나의 평가는 달라지지 않았던 것이다. 일제 평가 폐지와 같은 획기적인 조 치가 있었음에도 불구하고 나는 여전히 제자리걸음이었다. 그러니 강원도 평가제가 말하는 행복 성장은 도저히 상상할 수도 없었다.

이 사실을 발견하고 나는 평가에 대한 고민을 시작해야 했다. 더 이상 제자리에만 머물러 있을 수는 없었다. 감사하게도 2015년부터 시작된 강원도 창의공감교육 정책연구(평가 분임) 활동에 참여하여, 내가 해 온 평가, 곧 지금 우리의 평가가 고민해야 할 지점들을 찾을 수 있었다. 이 지점들을 풀어 보겠다.

고민의 첫 지점은, 아동에 대한 시각이다. 우리가 학급에서 만나는 아동들은 주어진 자극대로 반응을 내는 존재가 아니다. 학습하면 바로 해낼 것이라는 믿음도 거짓이다. 아동의 성장·발달 역사와 속도가 저마다 다르기에, 다양한 결과가, 다양한 시기에 나타나는 것이 자연스럽다. 그런데 우리가 했던 평가는 '학습 후 평가'의 체제를 유지하고 있었고, 동시에 모든 아동에게 '어느 한 시점'을 강제해 왔다. 이는 교육적으로 타당하지 않다. 물론 선발, 선별을 위한 일제식의 평가는 다른 문제라고 볼 수 있다. 그러한 목적이라면 충분히 타당할 수도 있다. 그러나 우리가 주목하고 있는 대상은 초등학교 시기의 아동이 아닌가. 이 아동들을 일찍부터 선별하고 서열화해서 무엇 하겠는가. 아동은 주어진 자극대로 반응하는 수동적 존재가 아니며, 선별하고 서열화해도 되는 대상이 아니다.

두 번째 지점은, 평가 결과를 점수로 또는 평어로 주는 행위다. 둘 다 딱 떨어지는 결과를 보여 주기에 간편하고 명확해 보인다. 하지만 이로써는 다 담아내지 못하는 아동의 수많은 성장·발달과정들이 있음을 생각할 때, 많은 부분에서 아쉬운 것이 사실이다. 더군다나 학부모의 입장에서 보면 점수나 평어로 채워져 있는 자녀의 통지표는 자녀의 성장·발달에 대해 의미 있는 정보를 주지 못한다. 단순히 점수가 몇 점인가, 또는 '보통, 노력요함'이 얼마나 있는가 정도만 살펴보게 할 뿐이고 학원(학습지)를 이용해야 하나 고민하게 하는 정도일 뿐, 더 이상의 것은 이끌어 내기 어렵다.

마지막 지점은, '아동의 성취수준을 확인하면 평가는 다 한 것인가?' 하는 점이다. 이에 대한 이해를 돕기 위해 나의 부끄러운 이야기를 꺼낸다. 일제고사 시절에는 점수를 주고 나면, 일제고사 폐지 후에는 평어를 주고 나면, 나는 담임교사이면서도 자연스레 손을 놓았다. 점수가 낮거나 '보통, 노력요함'을 받은 아동에게는 교사의 교육적 지원이 더 필요한데도 불구하고 '이제 평가는 끝!'이라고 여기며 더 이상 '어떻게 도와줄까?'에 관심을 두지 않았다. 나의 모습처럼 평가는 아동의 성취수준만 확인하면 끝나는 것인가? 그것이 평가를 하는 목적의 전부였던가? 이미 7차 교육과정부터 "평가는 모든 학생들이 교육 목표를 달성하기 위한 교육의 과정으로 실시한다"라고 명시하여 결과가 아닌 과정에 주목하고 있다. 교육 목표에 나아가는 과정, 곧 성장과 발달의 과정이 평가라고 말하고 있는데, 나의 인식은 여전히 '평가는 결과(아동의 성취수준을 확인하는 차원의 교육활동)'라는 생각에 머물러 있었다. 일제고사로 대표되는 기존의 평가관에서 벗어나지 못했기에, 내가 만난 아동들은 자신의 현재 성취수준만을 확인받았을 뿐 더 이상의 성장·발달을 위한 지원은 받지 못했던 것이다. 아동은 '성장하고 발달하는 주체로서의 존재'임을 자각하지 못했다.

아동에 대한 인식 변화

서열화(등급·점수)의 대상

⬇ 인식 변화
'아동은 어떤 존재인가?'

성장·발달하는 존재

평가를 하면서 '과연 교사는 무엇을 하는 존재인가?' 하는 질문을 자주 던지게 됐다. 일제고사가 있었을 때는 지식을 잘 전달해 주어서 시험 잘 보도록, 점수가 높게 나오도록 하는 것이 교사의 역할인가 하는 생각에 달갑지 않았던 적이 있다. 반 평균이 낮으면 위로부터 쓴소리를 듣기도 했으니. '이런 거면 나는 교사 안 한다. 재미없다'고 생각했었다. 그래서 일제고사가 사라진 것이 내심 반갑기도 했다. 이후 교과 성취기준으로 아이들을 (수행)평가하고 평어를 주면서는 교과 성취기준이 최고인 줄 알았다. 마치 신성불가침의 영역인 듯 의심하지 말아야 하고, 반드시 철저하게 적용해야 하는 기준인 줄 알았다. 그래서 교사는 '성취기준에 맞춰 수업하고, 성취기준과 비교해 아동이 얼마나 잘하고 있는지를 확인하는' 정도의 일을 하는 존재라고 생각했다. 사실 이것도 별로 흥분되는 일은 아니었다. 게다가 수업을 하다 보면, 또 평가를 하다 보면 성취기준에 대한 생각이 복잡해지곤 했다. 한창 배우고 있고 저마다의 속도로 발달해 가고 있는 아이들에게 일괄적으로 표준화된 기준을 제시하고, 수행평가를 실시하여 수준을 확정 짓는 것이 과연 맞나 의구심이 들었다. 아이들을 보고 있으면 이 생각이 더욱 강해졌는데, 어느 정도의 기준은 인정하지만 이를 강요하는 것은 맞지 않다고 생각해 왔다. 사실 성취기준보다 더 우선해야 하는 것은 사람이고, 곧 아동이 아니겠는가. 수행평가를 하다 보면 아동보다 교과 성취기준을 앞세우는 것 같아 마음이 불편했다.

교사인 우리가 가장 우위에 두어야 하는 것은 바로 아동이며, 아동의 성장과 발달이다. 그 외의 것은 사실 이를 위한 도구, 방법, 수단이다. 교과 성취기준에 맞춰 수업을 재구성하여 적용하는 것도, 좋은 평가지를 개발해 아동의 수준을 진단해 보는 것도, 하물며 '잘함'인지, '노력요함'인지 알려 주는 것도 모두 다 아동의 성장과 발달을 위해 행해지는 것이며, 반드시 그래야 한다. 이것들이 주主가 되면 안 된다. 주主는 아동의 성장과 발달이다. 평가의 목적이 아동의 성장과 발달임을 분명히 하고 그동안의 평가가 과연 이를 위한 것이었는가, 스스로 주主의 자리에 서지 않았는가를 계속 고민해야 할 것이다.

끝으로 매우 마음을 사로잡았던 책 속의 한 구절을 소개하며 마친다. 문학 평론가 함돈균과 스탠퍼드대 교육공학자 폴 김의 대담을 담은 『교육의 미래, 티칭이 아니라 코칭이다』에 나오는 표현이다. 이제 우리의 평가는, 더 나아가 우리의 교육은 아동의 성장과 발달에 주목해야 할 것이다.

"한국 사회가 물리적으로 성장해 왔으나 교육이 학습자 개인에 대한 개별적 관심과 성장에 영향을 주지 못하는 이 완고한 답습 체제란 대체 무엇이란 말입니까."[3]

2) 평가의 방향 설정

학급 평가의 방향을 설정하기 위해 주목한 것은, 『7차 교육과정 해설서』(1999) 내용 중 평가의 목적에 대한 기술 부분이었다.

모든 학생들이 교육 목표를 성공적으로 달성하기 위한 과정으로서의 평가를 실시하여 학생들의 성장과 발달을 돕고 수업 개선을 위한 자료를 수집하는 데 있다.

모든 학생들이 달성해야 할 교육 목표가 있고, 이를 달성하는 교육

---

3. 폴김·함돈균, 『교육의 미래, 티칭teaching이 아니라 코칭coaching이다』, 65쪽.

의 과정, 곧 학생이 교육 목표에 가까이 나아가도록 하는 과정을 평가라고 했다. 나는 이를 이해하기 위해 여러 그림을 그려 봤는데, 아직 진화 중이긴 하지만 현재까지 완성한 '평가의 양 날개'를 소개해 본다.

평가의 양 날개

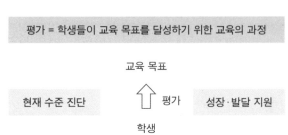

학생이 있고, 학생이 달성해야 할 교육 목표가 있다. 학생이 교육 목표에 도달하는, 보다 가까이 나아가는 과정이 평가(⇧)다. 그렇다면 평가의 주요한 장면들에는 무엇이 있을까? 예를 들어 보자. 바장조의 곡을 리코더로 연주한다는 교육 목표가 있다면, 교사는 학생이 이 목표를 달성하도록 하기 위해 제일 먼저 학생이 현재 리코더를 어느 정도 연주할 수 있는지, 곧 기능과 선수 지식 정도를 진단해 볼 것이다(현재 수준 진단). 학생의 현재 수준이 진단되면 그에 맞춰 교육적 지원을 실천한다(성장·발달 지원). 이 두 장면이 이루어지면 결국 아동은 교육 목표인 바장조의 곡을 연주할 수 있게 되는 것이다. 따라서 평가는 '현재 수준 진단'과 '성장·발달 지원'을 모두 포함하는 교육 행위다. 나는 이 두 장면을 '평가의 양 날개'라고 이름한다. 교육 목표에 따라, 아동에 따라 필요한 날갯짓은 다를 것이다. 한 번의 날갯짓으로 교육 목표에 도달할 수도 있고, 여러 번의 지속적인 날갯짓이 있어야 가능할 수도 있다.

두 날갯짓이 균형적으로 이루어지지 않고 어느 한쪽만 주로 이루어진다면 어떤 결과가 나올까? 학생은 교육 목표를 향하여 앞으로 나아가기보다는 제자리에서 빙글빙글 돌게 된다. 반성하건대 그동안 내가 했던 평가가 그러했다. 어느 한쪽에만 치우쳐 있었다. 두 날개를 균형적으로, 지속적으로 해야 함을 절감했다.

다음으로 학급 평가의 방향을 설정하게 된 배경을 소개한다. 나는 앞서 제시한 『7차 교육과정 해설서』의 기술 중 두 가지 강조점을 찾았다. 첫 강조점은 "학생들의 성장과 발달을 돕는다"라는 표현이다. 그동안 내가 했던 평가는 한쪽 날갯짓 '현재 수준 진단'만 하고 있었기에 학생들의 성장과 발달을 돕는 데는 한계가 있었다. 이제는 다른 날갯짓 '성장·발달 지원'을 시작해야 함을 인정했다. 더 나아가 "인간 발달은 어린이 각자가 처한 사회적 상황에 따라 다른 발달 노선을 겪는다"[4]라고 한 비고츠키의 표현처럼 학생들은 발달의 모습, 발달의 역사가 서로 다르므로 필요로 하는 지원의 모습도 다를 수밖에 없다. 따라서 성장과 발달을 돕기 위해서는 학생 개별에 초점을 맞추어야 한다는 결론을 얻었다. 여기에서 학급 평가의 방향 첫 번째 '서열화에서 개별화로'를 설정했다.

두 번째 강조점은 교육 목표였다. 학생이 달성할 교육 목표가 무엇인지를 명확히 하고 싶었다. 이는 곧 학교의 교육 목표가 될 것이다. 그렇다면 학교교육의 목표는 무엇인가? 이미 '학교는 단편적 지식의 누적이 아니라 다양한 능력을 발달시켜야 한다'는 생각이 시대적 조류가 되었음을 주목한다.[5] 곧 핵심역량이나 핵심능력을 발달시키는, 전면적 발달을 도모하는 교육이 21세기의 대세로 떠오른 것이다. 강원교

---

4. 배희철, 『비고츠키와 발달교육 1-비고츠키를 아시나요?』, 145쪽. 비고츠키의 문화역사적 이론에 근거한 자유의지를 강조하는 인생 역정 교육과정에 대한 소개도 흥미롭다(305~308쪽).

육 중점인 「창의공감교육」에서도 핵심역량을 제시하고 있다. 「창의공감교육」은 핵심역량을 '창의지성'과 '공감지성'으로 설정하고, 이의 발달을 위해 6개의 핵심능력을 제시하고 있다. 미래 사회는 다양하고 높은 수준의 능력들을 요구하는데, 이런 능력들의 '기초가 되는 능력(핵심능력)'들을 바로 학교교육을 통해 배우게 될 것이라고 밝히면서, 학습자가 발달 시기별로 획득해야 할 것은 단지 교과 지식이 아니라 고등사고 능력임을 분명히 한 것이다. 따라서 나는 학생들이 달성해야 할 교육 목표를 핵심능력[6]의 발달로 결론지었고, 학급 평가의 방향을 '능력 발달 지원'으로 설정했다.

강원교육 중점 창의공감교육 핵심역량 및 핵심능력 구조도[7]

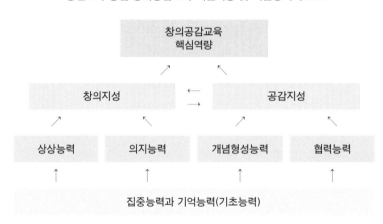

5. 배희철, 『비고츠키와 발달교육 1-비고츠키를 아시나요?』, 320쪽.
   세계 학교교육의 과거와 현재를 분석하고, 공교육에 생명력을 불어 넣을 새로운 방향성으로 "제4의 길"을 제시한 앤디 하그리브스와 데니스 셜리의 『학교교육 제4의 길』에서도 같은 강조점을 찾을 수 있다. 한국(제2의 길)은 표준화, 성취기준과 시험에 맞춘 교수학습, 지식의 전달과 습득에 초점을 두고 있고, 교육 선진국(제4의 길)은 개인의 강점, 잠재력, 욕구에 맞춘 개별화된 교수학습이 이루어진다고 소개한다.
6. 배희철, 『비고츠키와 발달교육 1-비고츠키를 아시나요?』, 320~321쪽.
7. 진보교육연구소 비고츠키교육학실천연구모임, 『관계의 교육학, 비고츠키』, 238쪽.

정리하면 우리 학급의 평가 방향은 다음과 같다.

학급의 평가 방향(=학급교육과정의 운영 목적)

핵심능력 발달 지원   서열화에서 개별화로

아동마다 능력의 현재 발달수준을 진단하고
교사, 아동, 학부모가 함께 소통하고 협력함으로써
개별 아동의 핵심능력이 발달하도록 돕자.

2015년부터 우리 학급은 교과별 성취기준 도달 여부에서 그치지 않고, 이 모두를 아우르면서 동시에 실제적으로 아동에게 더 유용하고 필요한 '능력 발달'에 주목하였다. 학급(학교)교육과정을 통해 아이들이 핵심능력(집중·기억·상상·협력·개념형성·의지)을 경험하여 발달시키도록 도왔고, 교사는 아동 개개인에 몰입하여 능력별 발달수준을 진단하여, 자연적이고 반응적인 수준에서 보다 자발적이고 의지적인 수준으로 성장하도록 교육적 지원을 쏟았다. 그리고 이 과정에서 가장 절실했던 것은 교사-학생-학부모 주체 간의 '소통과 협력'이었으므로 이를 강화하기 위해 '대화와 기록'이라는 방법(수단)을 활용했다. 이 경험을 통해 나는 교사로서 보람을 느낌과 동시에 거룩한 책임감을 갖게 되었다. 참으로 소중했던 두 해 동안의 경험을 소개한다.

3. 2015, 핵심능력 펼치기

1) 핵심능력의 구체화
2015년에 담당하게 된 16명(5학년 남 8, 여 8)의 아동들은 대부분 기본 습관이 잘 정착되어 있었고, 아동들 간의 관계도 비교적 좋아 협

력을 통한 학급 운영에 큰 어려움이 없었다. 다른 친구의 생각과 선생님의 말씀을 존중하는 모습들도 있어 성장과 발달에 대해 이야기하는 것이 매우 순조로웠다.

핵심능력의 발달 지원을 하루라도 빨리 학급에 적용하고 싶은 마음이 굴뚝같았지만, 교사가 아동들에게 길러 주고자 하는 핵심능력이 정확히 무엇이고, 어떤 행동 장면으로 펼쳐 내어 적용할 것인가, 또 초등학교 학생의 수준에서는 어느 수준까지를 기대할 수 있을 것인가 등 핵심능력의 구체화가 먼저 이루어져야 했다. 핵심능력에 대한 자료가 그 당시만 해도 너무 부족하여, 일단 초등 적용인 4개(집중·기억·상상·협력) 능력을 대상으로 이따금 자료들을 모아 공부하고 어렴풋하게나마 그림을 그렸다. 가장 많이 참고했던 것은 발달에 대해 소개한 비고츠키 관련 서적이었다. 그리고 실제 적용하면서 아동들 속에서 관련 장면들을 찾아낼 수 있었다(아이들의 핵심능력 구체화에 큰 도움을 주었다).

구체화한 각 능력별 내용을 소개하면 다음과 같다. 또한 능력별로 특별히 더 주목했고 놀라운 발달의 모습을 보였던 아동들의 사례를 덧붙여 본다.

> 창의공감교육 핵심능력 1
> ## 집중능력
>
> 학습자가 추상적인 기호나 글말에 스스로 주의를 기울일 수 있는 능력. 그림이나 실물의 다름과 같음을 식별하는 활동이 전제됨. 놀이를 통해 집중능력의 기초가 형성됨. 학교에서 형성될 모든 능력의 기초

요즘 아이들은 특히 화려한 영상의 게임에 많이 노출된다. 집중능력에 대해 아이들에게 가장 많이 이야기했던 부분이 바로 게임이었다.

"여러분이 게임할 때는 정말 집중 잘하죠? 몇 시간도 움직이지 않고 게임에만 매달려 있을 테니까. 그런데 그것은 엄밀히 말하면 집중

하는 게 아니에요. 화려한 영상에, 재미있는 소리에 홀리는 거지. 이런 걸 우리는 수동적, 반응적인 집중[8]이라고 말해요. 그냥 나도 모르게 따라가는 거죠. 평소에 게임을 많이 하던 친구가 학교에서 수업하면 얼마나 지루하겠어요. 수업 시간은 게임보다 화려하지도, 재미있지도 않거든요. 어려운 내용을 배우기도 하고. 그래서 대부분 집중하지 못하고 힘들어해요. 그럼에도 불구하고 우리는 수업 시간에 선생님을 바라보고, 말씀을 듣고, 학습하는 내용에 집중하는 노력을 해야 하는 거잖아요. 선생님이 끊임없이 '여기 보세요.', '집중!' 하고 외치는 것도 다 그 때문이고. 내가 의지를 가지고 집중하려고 노력할 때, 그것이 정말 집중하는 거예요. 어려운 말로 능동적, 자발적 집중이라고 해요."

어린이는 시각적 대상의 지배를 받기 쉽다. 교실에서 학습을 하는 중에도 몰래 가져온 알록달록 색깔의 장난감에 눈과 귀가 쏠리고, 우스갯소리 하나에 수업의 흐름을 놓쳐 버리는 것도 매우 자연스럽다. 직접 관찰하면서 알게 된 것은 이런 반응적, 수동적인 집중의 모습이 저학년일수록 더 빈번하다는 사실이다. 고학년으로 올라갈수록 더욱 능동적, 의지적인 집중의 모습들이 나타났다.

아동이 보이는 집중능력은 수동적, 반응적 성격이 강하다. 그것이 자연스럽고 당연하다. 의식적이고 의도적인 교육활동을 통해 아동은 스스로 자신의 주의를 통제할 수 있는 수준으로 발달하게 된다. 따라서 아동의 집중능력 발달을 돕기 위해 개별 아동의 모습을 지속적으

---

8. 『관계의 교육학, 비고츠키』, 47~49쪽. 큰 경적을 울리며 달려가는 자동차는 어린이의 눈을 잡아끈다(수동적). 이때 어린이가 자동차에 집중하는 것을 비고츠키는 '반응적 주의'라고 한다. 그러나 어린이가 성장하여 자동차를 좋아하게 되면 자동차의 타이어만 보고도 자동차의 이름을 맞히는 경우가 있는데, 이때 자동차나 그 타이어에 스스로 집중하는 것을 '자발적 주의'라고 부른다(능동적). 박수 소리가 들리면 나도 모르게 쳐다보는 것이 '반응적 주의', 마음만 먹으면 작은 소리에도 주의를 기울일 수 있는 것이 '능동적/자발적 주의'다.

로 관찰하고 진단하여, 필요한 교육적 조치를 하고자 노력했다. 집중 능력은 다음과 같은 행동 장면으로 관찰, 진단할 수 있었다.

- 수업 시간 교과학습 활동에 보이는 집중도는 어떠한가? 배우려는 의욕이 있는가?
- 수업 시간에 의욕이 없거나 집중하지 못하는 이유가 있다면 무엇인가(학습 집중력 관련)?
- 활동의 목표가 주어졌을 때 이에 대한 이해와 몰입도는 어떠한가? 하고자 하는 의욕이 있는가?
- 문제 상황 해결을 위한 추진력과 성실성은 어떠한가? 좋지 않은 습관은 없는가?
- 다른 영역보다 특별히 더 집중하는 영역이 있는가?
- 교실에서 교사나 친구의 말에 어느 정도 집중하는가?
- 중요하지 않은, 관계없는 정보에 너무 반응을 보이지는 않는가(단절적 억제력[9] 관련)? 등

주의집중이 어려웠던 아동(B)이 있었다. 이전 학년에서 ADHD 진단을 받아 실제 약을 복용하기도 했었는데, 고학년이 되면서 혹시 좋아지지 않을까 하는 기대감에 약 복용을 멈추고 있다고, 3월 학부모 상담 때 부모님께서 걱정을 담아 이야기해 주셨다. 실제로 B는 주의력이 부족했던 탓에 학습결손이 누적되어 있었고, 무엇보다도 안타까웠던 것은 자신의 능력, 성취에 대한 믿음이 적었다. 그로 인해 선생님에 대한 거리감도 보였고, 친구의 말에 쉽게 상처를 받아 자주 눈물을 보였다.[9]

그런 B에게 가장 많이 했던 이야기는 "불필요한 소리, 정보 등은 무시할 수도 있어야 해요. 지금 공부하고 있는 내용, 학습하는 주제에 대해 집중해야 할 때는 다른 소리가 들리거나 돌발 상황이 있어서 잠깐은 시선을 뺏길 수도 있지만 금세 마음을 다잡고 하던 것에 집중하려

고 노력하는 것, 이제는 그걸 할 줄 알아야 돼요"였다. 그러면서 한마디 더 덧붙였던 것은 "'아니야, 나는 못해. 나는 원래 못했으니까 아무것도 할 수 없어'라고 말하지 마세요. 선생님도 이전에는 어떤 것을 잘 못했는데 시간이 지나고 나니 그걸 내가 하고 있더라고요. 포기하지 말고 의지를 갖고 노력해 보세요"라는 말이었다.

자기자신을 바르게 인지하고 있는가, 원래 자신의 낙담을 감지·인식하고 있는가 / 할 수 있는가를 볼 수 있었음. 몇 주전부터 (퇴장면에서)   이가 "스스로 한 수 없다며 생각하지 말아라. 선생님께서도 말씀하셨듯이 예전에 못쳤던것을 지금은 했수있다."라며 친구를 다독임. 엇져 !!
 ↓
4호

2학기 후반쯤 토론 수업을 하고 있는데 B가 상대편 친구에게 이런 말을 하고 있었다. 친구가 "저는 못해요. 저 같은 사람한테 '이런 것 해야 한다'고 말하면 너무 지나친 거예요"라고 말하자 "스스로 할 수 없다고 생각하지 마세요. 선생님께서도 말씀하셨듯이 나도 예전에 못하던 것을 지금은 할 수 있게 됐어요. 그러니 님! 포기하지 마세요." 하며 친구를 다독이는 것이다. 그 모습이 매우 흥미로워 웃음을 지었다. 시간이 갈수록 수업 시간에 참여도도 높아졌고 궁금한 내용을 질문하기도 하는 등 집중하는 모습들이 생겼다. 선생님과 친구들과의

---

9. 이명경(한국집중력센터 소장), 『집중력이 내 아이의 인생을 결정한다』. 집중력의 하위 개념을 제시했다.

하위 개념	설명
초점적 주의력	중요한 자극에만 선택적으로 반응하는 능력(반응의 중요 순위를 정해야 함)
지속적 집중력	하나의 과제에 계속적 주의를 기울이는 능력(동기와 관련, 휴식이나 피드백 필요)
학습 집중력	동시에 두 가지 이상의 자극을 접하면서 여러 과제를 동시에 수행해야 하는 경우에 요구되는 능력(선수 학습이나 사전 지식이 부족하다면 태도와 상관없이 학습 집중력이 낮음)
단절적 억제력	주의를 전환하거나 행동을 멈추는 능력(지시가 주어졌을 때 하고 있던 일을 멈추고 전환하는 능력)

관계도 좋아져 밝게 잘 지냈으며, 지금도 씩씩하게 잘 지내고 있다.

기억능력은 이해를 바탕으로 한 논리적이며 문화적인 능력으로, 의식적으로 내용과 개념을 정확하게 기억하는 능력임. 집중력과 연습에 의해 강화됨. 역사를 통해 발전된 다양한 문화적 기억 기법을 활용할 수 있어야 함

아동은 자연적 기억에 의존한다. 언어를 통해 논리적, 능동적 기억으로 발달하게 된다. 이에 대한 설명은 책의 내용으로 갈음한다. 이보다 더 적절한 설명은 없는 듯하다.

다섯 가지 감각기관을 통하여 지각한 것을 자연스럽게 기억하는 뇌의 기능을 '자연적 기억'이라고 부른다. 그러나 언어를 배우면서 고등정신기능이 발달하면 어떤 상황을 논리적, 능동적으로 기억하게 된다. 예를 들어 운전을 하면서 자주 다니는 길을 반복을 통해 기억하는 것을 자연적 기억이라고 한다면, 운전면허를 따려고 필기시험 문제를 암기하거나 운전 요령을 스스로 익히는 것은 '능동적 기억'이다. 똑같은 영화를 보고도 자연적 기억에 주로 의존하는 어린이들은 전체 줄거리보다는 특정 사물이나 장면(주인공이 쓴 모자의 색깔 등)을 세밀하게 기억하는 반면, 어른들은 세세한 장면은 잘 기억하지 못하지만 전체 줄거리는 잘 기억하곤 한다. 상황을 논리적으로 파악하여, 지각한 이미지가 아니라 관념, 생각, 논리적 관계를 기억하는 것이다.[10]

기억능력은 학습 내용에 대한 이해와 기억 정도, 현실에 대한 논리

---

10. 『관계의 교육학, 비고츠키』, 48쪽.

적·균형적 지각 등과 연관시켰다. 또 교실에서 학생으로서 수행해야 할 과제나 역할 등을 기억하고 자발적으로 실천하는 것과도 관련지어 관찰하고 지원했다.

- 학습한 내용, 배운 내용을 잘 기억할 수 있는가?
- 기억한 내용을 바탕으로 궁금한 점을 자연스럽게 도출할 수 있는가?
- 수업 시간에 학습한 내용을 생활에 연계시킬 수 있는가?
- 특별히 더 높은 기억력을 보이는 영역은 무엇인가?
- 자기가 보는 현실 또는 상황을 바르게, 균형적으로 지각하고 기억할 수 있는가?
- 기억한 내용을 구조를 갖춰 정리할 수 있는가?
- 자기가 가지고 있는 지식을 적재적소에 활용할 수 있는가?
- 학습 준비를 위해 자기가 해야 할 것, 준비할 것 등을 기억하고 수행하는 정도는 어떠한가? 등

방과 후에 아동 C가 나에게 "선생님, IS가 왜 그런 일을 저질렀는지 아세요?" 하며 다소 어려운 이야기를 시작한다. 그러면서 IS집단에 대해, 또 테러에 대해 자신이 알게 된 것들을 방대하게 펼쳐 내기 시작했다. 이야기의 소재가 꼬리에 꼬리를 물고 줄줄 이어지면서 여성부 이야기에, 위안부 이야기까지 정말 많은 이야기를 했다. 한참을 듣고 있다가 "그런데 C야, 너 그런 거 어디에서 알았어?" 하고 물었더니, "제가 관심이 있어서 자료를 찾아봤어요." 한다. C는 학습 내용에 대해서는 관심도 기억하는 정도도 많이 약했는데, 관심이 있는 주제에 대해서만큼은 방대한 지식을 가지고 있었던 것이다. 그런 모습을 수업

시간에도 종종 드러내서 모두를 놀라게 했었다. 문득 C가 정말 건전한 주제에 대해 관심을 갖게 된다면 놀라운 모습을 보이지 않을까 하는 생각이 들었다. 그래서 "역사에 대해 관심을 가져보면 어때? 요즘 TV 드라마 〈육룡이 나르샤〉를 하는데, 그런 걸 보면 역사에 흥미가 생길 수 있어. 은근히 재미있거든. 너는 좋아하는 주제를 깊이 파고드는 모습이 있으니까, 역사에 대해 파고든다면 역사 영역의 박사가 될지도 모르지." 하며 드라마의 일부를 보여 주었다. 그리고 학부모님께도 이 부분을 따로 말씀드렸다.

한 사례를 더 소개하면, 준비물이나 과제를 전혀 해 오지 않는 아동 D가 있었다. 신청서를 기일 내에 제출하는 일이 거의 없었고, 준비물, 과제는 더더욱 해 오는 일이 없었다. D 스스로도 이런 자신의 행동에 대해 걱정하고 의기소침했다. 당장 준비물을 가져오지 않으면 수업 시간에 당황하고 소극적으로 임하는 모습을 보여, 계속 마음에 걸렸다. 어떻게 하면 도와줄 수 있을까 고민하다가, '준비물 도우미' 역할을 해 볼 것을 제안했다. 일과 중 틈틈이 내일 준비해 와야 하는 것들을 칠판에 적고, 하교 전에 친구들에게 "얘들아, 내일은 이런 것들이 필요하니까 내일 꼭 가져와!" 하고 안내하며, 다음 날 친구들이 가져왔는지 확인하는 역할이다. 역할을 수행한 지 며칠 지나지 않아 D는 과제, 준비물을 스스로 챙기기 시작했고, 한두 달 역할을 지속해 보면서 '이제는 관심이 많이 생겼구나. 스스로 할 수 있겠구나.' 하는 믿음을 갖게 했다. 그래서 역할을 그만해도 좋다고 말했는데, "선생님, 저 그냥 계속할래요. 재미있어요." 하며 웃음을 보였다.

상상능력은 공상하는 능력과 현실을 파악하는 능력이 결합되어 발현되는 복합적인 능력. 상상하는 능력은 모든 교과 활동과 관련이 있으며 창의능력과 관련이 깊음. 시기별로 다른 영역에서 민감하게 발현됨. 예체능 교과와 독서교육을 통해 효과적으로 배양할 수 있는 능력

상상능력에 대한 자료들을 살펴보았지만, 솔직히 이해하기 어려웠다. 고민 끝에 '인간이 경험하지 않은 것을 상상하는 능력은 말을 통해 생긴다'[11]는 점에 착안하여 말 발달에 주목하기로 했다. 말 발달에 가장 강력한 것이 독서라고 보아 지속적인 독서 활동을 통해 아동의 상상능력 발달을 돕고자 했다.

또한 현실을 무시한 상상은 공상일 뿐이므로, 아동 스스로 자신이 접하는 현실에 관심을 갖도록 도왔고, 건강하게 지각하며 현실에 근거한 상상을 하는 경험을 자주 갖도록 했다. 학급에서 아이들이 흔히 겪는 문제들을 가지고 토의, 토론하며 해결책을 상상해 보는 것이 대표적이었다.

- 말 발달을 돕는 독서를 꾸준히 즐겨 하는가?
- 책을 읽고 알게 된 정보를 바탕으로 책의 내용을 요약할 수 있는가?
- 책을 읽고 자신의 삶과 연계 지어 생각하며, 이를 다양한 방법으로 표현할 수 있는가?
- 새로운 활동에 대한 흥미 정도는 어떠한가?
- 도전적인 문제 상황을 기꺼이 수용하고, 다양한 해결 방법을 생각할 수 있는가?
- 현실적인 상황(예: 학급생활 등)에 관심을 가지고, 어느 정도 정확하게 바라볼 수 있는가?
- 문제에 대한 타당한 해결 방법을 도출할 수 있는가(학급회의 참여 자세)? 등

---

11. 『관계의 교육학, 비고츠키』, 74쪽. 비고츠키는 인간이 경험하지 않은 것을 상상하는 능력은 말을 통해 생긴다고 말한다. 상상의 발달은 말 발달과 매우 밀접하게 연계 되어 있다는 것이다. … 말은 대상의 즉각적인 인상으로부터 인간을 자유롭게 해 주며, 한 번도 보거나 생각한 적이 없는 대상을 상상할 수 있게 해 준다.

상상능력의 발달을 돕기 위해 아이들이 책을 읽으면서 흥미를 느끼도록 부단히 노력했다. 교사가 다 줄 수 없는 지식이나 경험을 책을 통해서 얻을 것이고, 다양한 소재로 깊이 있게 사고하며 상상하게 하는 것이 곧 독서의 힘이라고 믿었다. 한 학기에 31권의 책을 교실에 전시하여 학생들뿐만 아니라 나도 같이 읽었다. 책에 대해 서로의 생각을 나누면서 더욱더 깊게 들어가고자 했다. 한 권을 정해 모둠 친구들이 머리를 맞대어 '우리가 함께 쓰는 독서록'을 작성해 보고, 책의 내용을 소재로 한 영화를 보며 책과 비교해 보기도 했다. 이를 통해서 아동 각자의 모습들을 더 많이 볼 수 있었다. "책장을 넘길 때마다 마치 영화를 보는 것처럼 다음 내용이 기대돼요." 하며 책에 깊게 빠진 E도 있었고, 책을 그토록 읽기 싫어하고 힘들어하던 F도 나중에는 숨소리도 나지 않을 만큼 집중하여 책을 읽었다. 또 역시나 책에는 흥미가 전혀 없던 G도 학년 말에는 손에서 책을 놓지 않고 흥미롭게 읽는 모습을 보였다. 전반적으로 독서량이 늘자 글쓰기나 말하기가 훨씬 유창해지고 논리적인 모습들이 나타났다.

> 창의공감교육 핵심능력 4
> **협력능력**

협력능력은 여러 가지 영역에서 문제를 발견하고 다른 사람과의 공감을 기초로 하여 해결방안을 모색하고 창조적으로 해결할 수 있는 능력임. 공동체 활동, 언어 활동과 관련 있음. 계획, 활동, 반성의 전체 과정

비고츠키는 발달에 대하여 이는 혼자 이루는 것이 아니라 누군가의 도움을 받아 이루어지는 과정[12]이라고 했다. 곧 다른 사람과의 협력이

---

12. 『관계의 교육학, 비고츠키』, 18쪽.

발달에 필수적임을 강조한 것이다. 그리고 협력의 과정을 두 차원으로 제시했는데, 아이들보다 성숙한 어른, 즉 교사나 양육자, 주변 사람들과의 협력이 한 차원이고, 또 하나는 동료와의 협력[13]이라고 했다.

나의 경험을 되돌아보면, 교실에서 아이들에게 "너희들끼리 의논해서 해 보세요." 하면 힘 있고 목소리 큰 아이 한둘이 자기 마음대로 해 버리거나, 잘하는 친구가 혼자 하는 등 무질서한 상황들이 많이 발생했었다. 교사가 그 과정에 함께 있다면 분명 아이들은 모두가 참여하여 더 좋은 방향으로 의견을 모았고, 활동의 목표를 달성할 수 있었다. (교사의 일방적 주도가 아닌) 교사가 함께 하면서 한두 마디씩 거들어 방향 설정에 도움만 주어도 아이들은 결국 잘 해냈다. 따라서 '교사와의 협력'을 먼저 강조한 비고츠키의 말에 더 열광하게 된다.

교사와 또래 친구들이 함께 생활하는 교실, 곧 학급은 아동의 발달에 더없이 중요한 공간이다. 협력능력을 발달시킬 수 있는 최적의 공간인 것이다. 이처럼 중요한 곳에서 일할 수 있다는 것이 참으로 감사하다.

- 모둠에서의 자신의 역할을 잘 감당하는가?
- 친구들과의 대화에 잘 참여하는가? 특별히 친한 친구는 누구인가?
- 자신의 의견을 고집하다가 분란을 일으키지는 않는가?
- 자신의 부족한 점을 알고 주변의 조언, 충고를 수용하여 보완하고자 하는가?
- 친구들의 다양한 생각을 중재하고 결론을 이끌어 낼 수 있는가?
- 주변의 사람들(교사, 어른 등)과 어느 정도의 협력을 이끌어 낼 수 있는가?
- 주변에 대한 따뜻한 시선과 여유 있는 마음을 가지고 있는가? 등

---

13. 『관계의 교육학, 비고츠키』, 23쪽.

H는 다소 까칠한 성격의 여자아이였다. 입도 거칠어서 몇몇 친구들에게 원성을 듣기도 했고, 선생님 앞에서는 착한 척, 친구들 앞에서는 제멋대로 군다 하여 '겉과 속이 다르다'는 평도 받고 있었던 친구다. H 스스로도 친구들이 자기를 그렇게 생각하는 것을 알고 있었다. 마치 '비뚤어져 버릴 테야.' 하는 것처럼 오히려 더 그런 모습들을 보였고, 더 강하게, 더 세게 굴려고 했다.

그런데 자세히 관찰하고 이야기를 나눠 보니 H는 마음이 한없이 여린 친구였다. 나름의 정의감도 있었고, 고운 심성도 엿보였다. 그동안의 모습들 때문에, 또 여전히 취하려고 하는 모습 때문에 친구들과의 관계가 원만하지 않았던 것이고, 이 점은 앞으로도 두고두고 문제가 될 것이었다. 그래서 모두가 가지고 있던 옛날의 기억들을 하나씩 깨뜨리고 새롭게 볼 것을 알리는, 매우 어려운 일을 시작해야겠다고 다짐했다.

H는 평소 말투가 워낙 강하고 웬만해선 생각을 굽히지 않아 누구와 말다툼을 해도 결코 지는 법이 없었다. H와 말다툼을 하는 친구들은 하나같이 자기가 이기지 못할 것이라는 생각을 갖는다. 그럼 결국 나오는 이야기가 "네가 예전에 이렇게 했었잖아." 하는 옛날얘기다. 그동안 H에게서 당했던 일들을 끄집어내는 것이다. 그럼 상황은 더 안 좋아지는데도 아이들은 계속 이렇게 해결해 왔던 거다.

교사인 내가 한 일은, 상황을 서로 이야기하도록 하고 무엇이 잘못되었을까, 문제의 원인은 무엇일까를 아이들이 스스로 생각해 보게 하는 것이었다. 어느 정도 이야기를 나눠 보면 아이들은 알게 된다, 무엇이 문제였는지, 또 어떻게 해야 하는지를. 머리로 이해했으면 다음은 감정을 해결하면 된다. '미안하다고 말해야 되는 건 알겠어. 그런데 말하기 싫어'가 대부분 갖는 감정이다. 이 부분이 해결되면 결국은 서로

화해하고 좀 더 성숙한 모습으로 만나고자 노력하게 된다.

이것이 보통 아이들 사이에서 발생한 문제 상황의 해결 방법이었는데, H와의 다툼에서는 한 가지를 꼭 덧붙였다. 바로 "옛날얘기는 하지 말자"였다. H에게 이전의 행동이 친구들에게 어떤 상처를 주었는지를 스스로 생각해 보게 하는 것은 당연히 먼저 밟아야 하는 순서였고, 다음으로 상대 친구에게 이렇게 부탁했다. "이제 H는 그 행동이 얼마나 너에게 상처를 주었는지를 알게 되었고, 앞으로는 조심하려고, 달라지려고 노력할 거야. 그러니 믿고 기다려 주자. 바로 바뀌지는 않을 수 있어. 하지만 H 스스로 고민하기 시작했고 문제라는 것을 느꼈으니 좀 더 믿고 기다려 주자. 옛날얘기를 다시 들려주는 것은 이제 하지 않아도 돼."

이런 대화를 나눌수록 H는 진심으로 노력하는 모습을 보였다. 달라지려고 노력했고, 습관적으로 취하던 날카로운 모습을 버리려고 노력했다. 또 선생님의 모습이나 주변 친구들의 모습을 보며 좋은 점을 배우려고 노력하기도 했다. 결국 H와 친구들과의 관계는 눈에 띄게 좋아졌고, 협력의 많은 모습들을 보이게 되어 모두의 성장과 발달에 긍정적인 영향을 주었다.

2) 아동과 학부모의 관심 불러오기

아이들과 능력 발달에 대해 많은 대화를 나누었다. 이 대화를 '동그라미 이야기'(책상을 동그랗게 모아서 앉아 함께 이야기하는 시간)라고 칭했다. 동그랗게 책상을 옮겨 앉으면 서로가 얼굴을 마주 볼 수 있었고 모두가 자신의 생각을 이야기할 수 있었다. 지속적인 대화를 통해 아이들이 머리로 능력에 대해 이해하고 필요성을 느끼게 하고 싶었다.

의식이 바뀌어야 행동이 근본적으로 변화하므로 '머리를 건드려 주기 위해' 많은 대화를 나누었다. 아동에게서 좋은 모습이 나타나면 이를 공개적으로 이야기하여 관심을 갖게 했다. 학년 말에는 아동 각자가 쓰는 자기 진단지를 작성하기도 했는데, 미리 안내하여 자기의 발달과 성장을 지속적으로 고민하게 했다.

핵심능력에 대한 학부모님들의 이해를 돕기 위해 가정통신문을 배부했다. 핵심역량, 핵심능력이라는 용어가 다소 생소할 수 있어 일반적으로 알고 있는 좋은 사고 기능들을 연결시켜 소개했다.

3) 어떻게 소통·협력할까?

교사는 아동 개별로 성장과 발달의 과정을 주목하여 보았고, 교육적 조치를 취했다. 일과 중에 나타나는 아동의 모습을 눈여겨보았고, 그 행동을 교육적으로 해석하고 고민하여 기록으로, 사진(영상)으로 남겼다. 교사로서 어떤 부분을 도와줄 수 있을까를 끊임없이 고민했고 행동으로 옮겼다. 그 결과 모든 아동들이 자기의 성향과 속도에 맞게 성장하고 발달해 가는 모습을 보여 주기 시작했다. 놀라움과 보람 그 자체였다.

마땅히 이 모든 과정들은 기록으로 남겨져야 한다는 생각을 했다. 아동이 성장하고 발달하는 이 과정을 교사 혼자만 알고 있다는 것은 참으로 아쉬운 것이다. 하여 이를 공개적으로 드러내는 작업을 하자 생각했고, 간단한 기록지 양식을 만들었다. 그리고 쓰기 시작했다.

기록지는 실제로 교사-아동-학부모의 소통을 활성화하고 협력을 이

자기 진단

2015년, 올해 나는 이렇게 달라졌어요!

작성일 : 2015년 12월 _____ 일   이름 : _____

집중능력 나의 의지로 스스로 집중하는 모습이 많아졌다.
(예: 불필요한 소리가 들리더라도 넘기고, 하던 일에 집중할 수 있다.)
□아직 어렵다. □좋아졌다. □많이 좋아졌다. □원래 할 수 있었다.

기억능력 수업시간에 학습한 내용을 잘 기억할 수 있게 되었다.
□아직 어렵다. □좋아졌다. □많이 좋아졌다. □원래 할 수 있었다.

기억능력 학급의 약속, 규칙 등을 기억하고 잘 지킬 수 있다.
(예: 점심시간 식사를 다 하면 받는 별풍선을 받기 위해 음식을 남기지 않으려고 노력했다.)
□아직 어렵다. □좋아졌다. □많이 좋아졌다. □원래 할 수 있었다.

기억능력 학급에서 맡은 나의 역할을 기억하고 "내가 스스로" 성실히 수행했다.
(예: 칠판 봉사로 쉬는 시간마다 칠판을 깨끗이 관리했다. 선생님이 말씀하시지 않아도 했다.)
□아직 어렵다. □좋아졌다. □많이 좋아졌다. □원래 할 수 있었다.

기억능력 과제 및 준비물을 빠뜨리지 않고 제대로 챙겨온다.
□아직 어렵다. □좋아졌다. □많이 좋아졌다. □원래 할 수 있었다.

상상능력 현실적 생각을 기반으로 상상할 수 있다.
(예: 토론활동에서 적합한 근거를 들어 주장을 내세울 수 있다.
토의 활동에서 주제에 적합한 좋은 의견을 제안할 수 있다.)
□아직 어렵다. □좋아졌다. □많이 좋아졌다. □원래 할 수 있었다.

상상능력 책을 읽는 것이 즐겁고, 누가 말하지 않아도 책을 읽으려고 한다.
□아직 어렵다. □좋아졌다. □많이 좋아졌다. □원래 할 수 있었다.

협력능력 친한 친구가 이전보다 많아졌다.
□아직 어렵다. □좋아졌다. □많이 좋아졌다. □원래 누구와도 잘 사귀는 편이다.

협력능력 모둠활동에서 친구들과 협력하여 활동할 수 있다.
□아직 어렵다. □좋아졌다. □많이 좋아졌다. □원래 할 수 있었다.

협력능력 선생님께서 해주신 말씀이 나의 태도나 생각이 성장하는 데 도움이 됐다.
□아직 잘 안 들린다. □도움이 됐다. □원래 말씀을 귀담아 듣고 나를 돌아보았다.

**이 외에 내가 달라진 점이 있을까요? 곰곰이 생각해보고 적어보세요.

학년 말 아동 자기 진단지

안녕하세요, 학부모님.
강원도가 추구하는 중점교육은 '창의공감교육'입니다. 이는 협력을 통해 학습자 개개인의 발달을 극대화하는 교육입니다. 올 한 해 우리 아이들과 창의공감교육의 취지를 십분 살려 지내고자 노력하였습니다.

창의공감교육은 미래 사회가 요구하는 다양하고 높은 수준의 능력에 관여하는 6가지 능력을 '창의공감 핵심역량'으로 선정하여, 강원도 학교 교육에서 기본적으로 다루도록 하고 있습니다. 아래 표는 '창의공감 핵심역량 중 초등학교 시기에 다루게 되는 내용들입니다.

구분	설명	특징	중점적용시기
집중 능력	학습자가 추상적인 기호나 글말에 스스로 주의를 기울일 수 있는 능력. 그림이나 실물의 다름과 같음을 식별하는 활동이 전제됨	놀이를 통해 집중능력의 기초가 형성됨. 학교에서 형성될 모든 능력의 기초임.	초등학교 저학년
기억 능력	기억능력은 이해를 바탕으로 한 논리적이며, 문화적인 능력으로, 의식적으로 내용과 개념을 정확하게 기억하는 능력	집중력과 연습에 의해 강화됨. 역사를 통해 발전된 다양한 문화적 기억 기법을 활용할 수 있어야 함	초등학교 고학년
상상 능력	상상 능력은 공상하는 능력과 현실을 파악하는 능력이 결합되어 발현되는 복합적인 능력. 상상하는 능력은 모든 교과 활동과 관련이 있으며 창의능력과 관련이 깊음	시기별로 다른 영역에서 민감하게 발현됨. 예체능교과와 독서교육을 통해 효과적으로 배양할 수 있는 능력임	초.중.고
협력 능력	협력 능력은 여러 가지 영역에서 문제를 발견하고 다른 사람의 공감을 기초로 하여 해결방안을 모색하고 창조적으로 해결할 수 있는 능력	공동체 활동. 언어활동과 관련 있음. 계획, 활동, 반성의 전체 과정	초.중.고

각 핵심역량들은 다양한 인지적·정의적·심리적 영역들이 종합적으로 영향을 주고받으면서 나타나게 되는 대표적 능력들로 해석할 수 있습니다. 따라서 한 해 동안 아이가 이 4가지 핵심역량을 발달시킬 수 있도록 진단 및 지원을 하고자 합니다. 부족한 점이 많지만 그 과정을 기록한 <u>일지(1차)</u>를 보내드립니다. 아이의 발달에 조금이나마 도움이 되기를 바랍니다.

염려가 되어 미리 말씀드립니다. 아이의 잘하고 있는 점을 위주로 쓰는 것도 필요하겠지만, 지금은 아이의 성장을 지원하기 위한 목적이기에, 최대한 솔직하게 작성하였습니다. 아이를 미워하거나, 제 스스로 아이에 대한 선입견을 갖는 것이라 생각하지 말아주시고, 여유로운 마음으로 지켜봐 주십시오.

아무런 선입견 없이, 차별하지 않고 모든 아이들을 사랑하며, 올 한해 아이들이 잘 성장하도록 열심히 돕겠습니다.

믿고 응원해주십시오. 감사합니다.

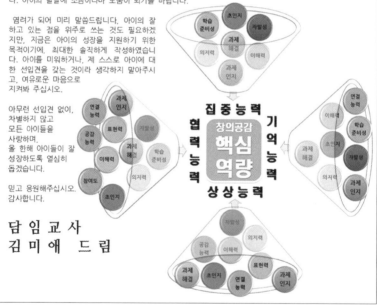

담 임 교 사
김 미 애 드 림

평가 관련 가정통신문

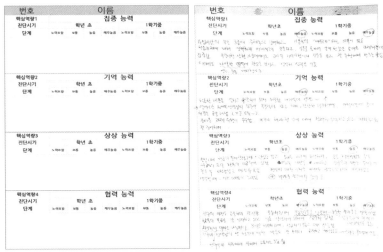

교사 기록지 1차

끌어 내는 좋은 수단이었다. 어디까지나 수단이기에 상황에 따라 얼마든지 모습을 달리했다. 앞으로도 계속 달라질 것이고. 1학기에 2회, 2학기에 1회를 운영하다 보니 각 능력별로 교사가 주목하여 보는 행동 장면들이 있었음을 알게 되었다. 이를 담아 4차 양식을 새로 구안했다.

3차까지는 능력별로 발달수준을 '노력요함-보통-높음-매우 높음'으로 제시했었다. 그러나 아동이 보이는 능력의 수준을 한 지점으로 확정하려고 할 때마다 고민했던 것은 '이 아이는 현재 발달을 위해 노력하고 있고, 계속해서 좋아질 텐데, 굳이 이렇게 확정하는 것이 의미가 있을까? 그리고 성장과 발달을 위해 이제 시작하는 아이들인데 이런 용어들이 너무 섣부르지 않을까?'였다. 아동이 어떻게 발달해 가고 있는지, 교사-또래 친구들과는 어떻게 협력하고 있는지, 그래서 어떤 모습들이 나타났는지가 더 중요하다는 생각을 떨칠 수가 없었다. 그래

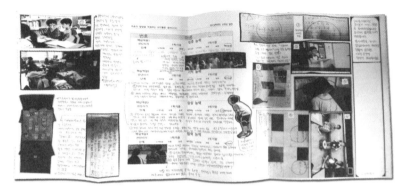

교사 기록지 2차

교사 기록지 3차

교사 기록지 4차

▶ 집중능력 기술 예

• 체육 시간 모습(체육 활동에 대한 집중력이 높고, 날아오는 모든 공을 잡고자 부지런히, 민첩하게 움직임. 활동량 ↑). 운동 실력이 뛰어나기도 하고, 신체로 표현하는 정도가 눈에 띔(예: 계단을 미끄러지듯 내려가는 발놀림, 체육관에서 덤블링을 하는 모습 등).

• 문제해결 시에 바로 해결하기보다는, 다른 것을 하느라(다른 생각에 빠져 있거나) 뒤늦게 함. → 학습해야 할 문제(학습 목표)를 ○○의 말로 설명하도록 한다면?

• 자발성, 열의가 약한 편이어서 → 모둠에 평소 활발하고 열의가 있으며 수업 집중도도 높은 친구들과 함께 배치함. 친구들의 모습에 영향을 받도록

• 안내 사항을 공지할 때, 교사를 주시하는 (몇 안 되는) 아이 중 한 명! 주의가 흐트러졌을 때도 교사의 말과 질문에 바로 답함.

• 수업 흐름에 따라 잘 따라오며(전체 흐름을 놓치지 않음), 교사의 발문에 즉각적으로 답을 잘함. 수업을 주도적으로 이끌고 참여함.

▶ 기억능력 기술 예

• 학급에서 자기가 맡은 역할을 잘 기억하고 성실히 수행함. 학급 규칙이나 약속에 대해 인지하고 있고 주변 친구들에게 알려 주며 함께 하도록 이끌어 줌. 4교시 체육 후 바로 급식소로 점심을 먹으려 이동하는 경우, 교실에 있는 체크표를 챙기지 못하면 다른 종이를 빌려서라도 체크표를 만들어 급식 확인 역할을 수행하는 모습! 책임감 大, 꼼꼼함.

• 급식 시간에 보이는 식습관에 개선이 필요하여 지속적으로 지도하고 있음 ⇒ 자신의 태도에 대해 생각하고 반성하며 이를 개선하기 위해 노력하는 자세가 좋음(요즘은 밥을 잘 먹어요! 열심히 먹어요!).

• 교과서, 준비물 등을 잘 챙겨 오지 않고 과제 수행도 아쉬움. 이에 대한 관심과 의지가 약함 → 다음 날 준비물, 과제를 알리고 취합하는 역할(준비 도우미)을 부여하여 다음 날 준비해야 할 것에 관심을 가지도록 함 ⇒ 준비 도우미 역할을 긍정적으로 받아들이고 성실하게 수행함 ⇒ 준비물 및 과제 수행도가 많이 좋아져 역할을 그만하는 것으로 함.

서 흔히 사용하던 이 용어 '노력요함-보통-높음-매우 높음'에서 벗어나고 싶었다.

▶상상능력 기술 예

• 〈책 속으로!〉 프로젝트를 진행하면서 한동안은 독서 시간을 싫어하는 내색을 솔직하게 하더니, 요즘은 독서 시간에 집중해서 책을 읽는 모습을 보이고 있음. 방과 후에도 스스로 남아서 책을 읽고 가기도 함. 책을 읽은 후 자기의 느낌을 자유롭게 이야기하기도 하고, 독서록에도 책의 주제에 대한 자기의 생각을 펼치면서 글을 쓸 줄 앎. 줄거리 요약도 우수하고 재미있게 글을 쓸 수 있음.

• 모둠 친구들 간에 대화를 나누는 과정에서 의견 차이가 종종 있고, 조율이 잘 안 되는 경우가 있어 모둠 구성을 바꾸지 않고 지켜보기로 함 → 시간이 지날수록 문제 상황을 빠르게 해결해 나가고 있고, 자기의 의견을 고집하기보다는 친구의 의견을 듣고(존중하고) 그 중간점을 찾는 경험을 하게 함.

• 현실(예: 학급의 문제 상황)에 관심을 가지고 살피며, 문제가 발생했을 시 이를 해결하기 위한 토의에서 의견을 제안하는 데 열심임. 다른 친구의 의견을 경청하고 좋은 점/아쉬운 점을 이야기할 수 있음. 현실에 대한 이해를 바탕으로, 이를 조합하여 가상의 것을 생각할 수 있음.

▶협력능력 기술 예

• ○○이가 스스로 선택하여 구성된 모둠 → 자유로운 선택이 존중받으려면 책임이 따름을 알고, 서로 원만하게 협력해야 함을 지속적으로 "강조"하고 있음. 11/4 모둠 친구들끼리의 사이가 좋은데 장난이 지나쳐서 결국 경고 5번을 받음. 무엇이 문제이며 어떻게 해결하면 좋을지 스스로 생각하여 쓰게 함. 그런 후 함께 모여 해결책을 의논하게 했더니, 서로의 짝을 바꾸어 장난을 줄이겠다고 함. 서로서로 챙길 것을 함께 약속함. "스스로 해결하는 경험을 갖도록 함."

• 협동 판화 작품을 제작하는데, 가만히 있어서 (결국 다른 친구가 밑그림을 그려 줌) 그 이유를 물었더니 롤러코스터 놀이기구를 그릴 줄 몰라서 그랬다고 대답 → "너의 그런 상황을 친구들에게 이야기해 줘. 안 그러면 그저 참여 안 한다고만 오해할 수 있어"라고 조언함. 문제 상황을 해결·대처하는 방법을 알려 주자.

• 선생님 또는 친구들의 모습을 눈여겨보는 경향이 있고, 그 모습을 스스로 해석하여 자기의 평소 생각이나 행동을 수정함으로써 점점 더 성숙한 모습을 갖춰 가는 친구임. 모범 사례나 좋은 본보기를 잘 보여 주면 무한히 성장할 수 있지 않을까?

비고츠키가 제시한 인간의 행동 발달단계[14]에 주목해 보니 아동의 능력 발달의 모습을 제시할 수 있겠다는 생각이 들었다. 인간의 발달이 자연적, 반응적, 수동적인 수준에서 능동적, 자발적인 수준으로 이루어짐을 참고하여, 다음에 나오는 표와 같이 능력별 발달단계를 제시했고 이를 4차 양식에 삽입하여 활용했다.

기록지에 대한 아이들의 반응은 대단했다. 선생님의 확인이 끝난 일기장을 돌려받으면 바로 가방에 넣지 않고 꼭 펼쳐 보며 선생님이 한마디라도 써 주시지 않았을까 기대하는 아이들인데, 자기에 대해 꼼꼼히 기록된 종이를 받으니 꽤나 좋았던 것 같다. 그래서 더욱 선생님의 말씀을 존중하고 대화 나누기를 좋아했을 것이다. 학부모님들도 뜨거운 반응을 보내 주셨다. 부모 자신에게는 더없이 특별한 아이를 담임선생님도 특별하게 보아준다는 사실에 많은 감동을 받으신 듯하다.

"지금까지와는 다른 통지표를 받으니 느낌이 남다릅니다. 선생님께서 써 주신 내용을 보니 웃음이 먼저 났습니다. ○○이의 집에서의 모습이 학교에서 그대로 보이는 듯해서요. ○○와 같이 통지표를 읽고 개선할 점에 대해 얘기도 나누었습니다. '아이 하나하나에 대해 많은 관심과 사랑으로 대해 주시는구나!'라고 느꼈

---

14. 『관계의 교육학, 비고츠키』, 39쪽. 비고츠키는 인간의 행동 발달단계를 '본능 → 관습 → 지성 (이성) → 자유의지'의 4단계로 구분한다. '본능'의 단계는 말 그대로 본능에 지배당하는 단계다. 배고프면 울고, 짜증 나면 화를 낸다. 아직 문화화가 안 된 아기 때의 행동이다. '관습'의 단계는 어떤 행동을 왜 그렇게 해야 하는지는 모르지만 정해진 규칙이나 타인의 명령에 따라 행동하는 단계다. 아직 스스로의 판단이 없다. '지성'의 단계는 이성적 판단에 기초하여 행동하는 단계로, 나름 합리성과 효율성에 의거하여 판단하고 행동하는 것이다. '자유의지'는 이성에 토대를 두지만 때때로 합리성, 효율성 등의 이성적 판단을 뛰어넘는다. 위험을 무릅쓰고 타인을 구하려 한다든지, 손해인 줄 알면서도 대의를 지향하려 한다. 이러한 발달과정을 비고츠키는 자유의 확대 과정으로 본다.

핵심역량 1	집중능력	진단 시기	학년 말

★스스로 의지를 가지고 집중할 수 있는가?★
반응적, 수동적 집중 수준 ⇨ 도움이 있는 경우 집중할 수 있는 수준
⇨ 능동적, 자발적 집중 수준

핵심역량 2	기억능력	진단 시기	학년 말

★학습 내용을 기억하고 활용할 수 있는가?★
자연적, 단순 기억 수준 ⇨ 도움이 있는 경우 논리적으로 기억할 수 있는 수준
⇨ 능동적으로, 논리적으로 기억하고 활용하는 수준

★학급규칙, 약속, 해야 할 과제(역할) 등을 기억하고, 행동까지 이어지는가?★
관심이 적고 행동이 어긋나는 수준 ⇨ 기억하고 있으나 알려 주면 행동하는 수준
⇨ 자발적으로 행동까지 이어지는 수준

핵심역량 3	상상능력	진단 시기	학년 말

★현실적 생각을 기반으로 한 상상을 할 수 있는가?★
자연적(공상, 망상) 수준 ⇨ 도움이 있는 경우 상상할 수 있는 수준
⇨ 스스로 현실 기반 상상이 가능한 수준

★독서를 통한 간접체험 확장 및 말 발달이 이루어지고 있는가?★
독서에 대한 관심이 적은 수준 ⇨ 도움이 있는 경우 독서하는 수준
⇨ 능동적, 자발적으로 독서하는 수준

핵심역량 4	협력능력	진단 시기	학년 말

★선생님 또는 동료와 협력할 수 있는가?★
협력이 어려운 수준 ⇨ 타의에 의한 협력 수준 ⇨ 능동적, 자발적 협력이 가능한 수준

습니다. 고맙습니다. 부족한 부분은 ○○와 또 상의해서 개선해
보도록 하겠습니다. 정말 마음에 드는 통지표입니다!" ○○ 어머니

아동의 핵심능력 발달을 주목하여 보고 지원하는 과정에서 나는
비로소 '성장과 발달을 위한 과정으로서의 평가'를 이해하게 되었다.

아동은 '성장하고 발달하는 존재'임을 다시금 되새기는 계기도 되었다. 또한 담임교사와 아동의 친밀한 관계가 아동의 성장과 발달에 지대한 영향을 미친다는 것을 인정하게 되었다. 아동과 학부모님 모두 '우리 선생님은 나에게(우리 아이에게) 관심이 참 많으시다'는 이야기를 해 주었고, 그 덕분에 교사의 조언이 진심으로 받아들여졌으며, 더 많은 발달의 장면들을 목격하게 되었다. 매일매일이 놀라웠다.

4. 2016, 능력 발달에 주목하기

1) 1학기: 모두가 핵심능력에 관심을 갖도록

2016년에 담당하게 된 16명(4학년 남 12, 여 4)의 학생들은 당시 학교에서는 가장 개성이 강하고, 개인주의적이며 남에 대한 배려가 턱없이 부족하다고 소문난 아동들로 구성되어 있었다. 당연히 모든 교사들에게 "지도하기 가장 힘든 꾸러기들"이었고, 이전 학년도 담임교사들은 하나같이 "아이들이 전혀 달라지지 않으니 스스로 교사로서의 자질을 의심했었다"고 회고했다.

학년 초 아이들과의 수업 장면을 기억해 보면 기본적인 학습 훈련이 갖추어져 있지 않았고, 교사의 말에 집중하는 학생은 손에 꼽을 정도로 적었으며, 교사의 발문과는 전혀 관련 없는 거칠고 엉뚱한 대답으로 수업 분위기를 흐려 버리는, 아니 망쳐 놓는 아이들이 참 많았다. 교사의 말도 존중하지 않을 정도니 또래 간의 존중은 당연히 기대할 수도 없었다. 공격적이며 폭력적인 남자아이들은 자기 말만 하려고 하고, 남과 대화를 하기보다는 으르렁대며 싸우고, 소리를 지르는 것이 일반이었다. 그리고 그 사이에서 스트레스를 받아 온 숨은 피해자

창의공감교육 핵심능력별 기준 및 발달단계

핵심역량 1 집중능력	스스로 의지를 가지고 집중할 수 있는가?
반응적, 수동적 집중 ⇨ 도움이 있는 경우 집중할 수 있음 ⇨ 능동적, 자발적 집중	

핵심역량 2 기억능력	학습 내용을 기억하고 활용할 수 있는가?
자연적, 단순 기억 ⇨ 도움이 있는 경우 논리적으로 기억할 수 있음 ⇨ 능동적으로, 논리적으로 기억하고 활용함	

핵심역량 2 기억능력	학급규칙, 약속, 해야 할 과제(역할) 등을 기억하고, 행동까지 이어지는가?
관심이 적고 행동이 어긋남 ⇨ 기억하고 있으나 알려 주면 행동함 ⇨ 자발적으로 행동까지 이어짐	

핵심역량 3 상상능력	현실적 생각을 기반으로 한 상상을 할 수 있는가?
자연적(공상, 망상) 수준 ⇨ 도움이 있는 경우 상상할 수 있음 ⇨ 스스로 현실 기반 상상이 초등학생 수준에서 가능함	

핵심역량 3 상상능력	독서를 통한 간접체험 확장 및 말 발달이 이루어지고 있는가?
독서에 대한 관심이 적음 ⇨ 도움이 있는 경우 독서함 ⇨ 능동적, 자발적으로 독서함	

핵심역량 4 협력능력	선생님 또는 동료와 협력할 수 있는가?
협력이 어려운 수준 ⇨ 타의에 의한 협력 수준 ⇨ 능동적, 자발적 협력이 가능함	

핵심역량 5 개념형성능력	수업 활동을 통하여 개념적 사고 형성에 힘쓰는가?
일상적 개념 수준 ⇨ 학교 학습을 통한 과학적 개념의 숙달에 힘씀 ⇨ 개념적 사고가 가능함(청소년기)	

핵심역량 6 의지능력	자신의 의지로 활동하고자 노력하는가?
의지가 약하고, 수동적임 ⇨ 도움이 있는 경우 의지를 발휘함 ⇨ 능동적, 자발적으로 자유롭게 의지를 발휘함	

들(상대적으로 조용한 아동들)은 '학교에 가기 싫다'는 소심한 표현들을 하고 있었다. 한마디로 올해 아이들과는, 배움이 일어나는 수업을 한다는 것이 하늘에 별 따기처럼 매우 어려운 일이었다. 그렇기에 핵심능력의 발달을 보겠다는 의지가 잘 버텨 줄지 걱정스럽기도 했다.

올해는 6개의 핵심능력을 모두 제시하고, 기준 및 발달단계를 더욱 명확히 제시하여 학급교육과정 안내 리플릿에 담아, 아동과 학부모의 이해를 도왔다. 아동의 발달을 지원하기 위한 학급교육과정을 운영할 것을 적극 알렸고 협력을 기대했다.

1학기 동안에는 대부분의 아동이 보이는 핵심능력의 발달수준이 자연적인 상태였다. 그리고 이에 머무르려는 성향들이 강했다. 어느 누구 하나 예외 없이 이에 대한 관심, 좀 더 구체적으로 표현하면 바른 수업 태도, 공동체 생활에서의 예의 등에 대한 관심이 너무도 적었다. 핵심능력의 발달에 대해 아동들 스스로가 관심이 없고 필요성을 느끼지 못한다면, 아무리 노력을 기울여도 행동이 변화되지 않을 것이기에, 1학기 내내 이에 대한 필요성 즉 '왜 집중해야 하는지, 왜 협력해

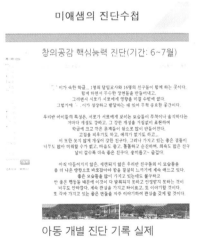

아동 개별 진단 기록 실제

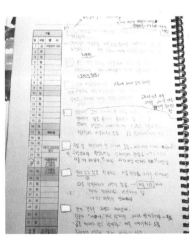

교사 업무수첩 일부

야 하는지 등'을 끊임없이 이야기했고, 지칠 정도로 대화를 나누었다.

지치고 힘들었던 이 과정을 통해 교사인 나도 성장했다. 아이들의 성장과 발달을 좀 더 여유를 가지고 바라보게 된 것이다. 이전에는 '왜 이걸 모를까? 왜 이렇게 행동하지 않을까?' 하며 답답해했었다. 교사이면서도 말이다. 그런데 이제는 '익숙하지 않아서 그렇구나, 몰라서 그랬구나, 더 도와주어야겠다, 더 가르쳐 주자.' 하며 기다린다. 계속 제자리걸음에, 쉽게 달라지지 않는 아이들을 보며 포기하고 싶을 때도 있지만, 그래도 계속 지원하고 격려한다. 의식이 바뀌어야 행동에 근본적인 변화가 이루어짐을 알기에, 꾸준히 '머리를 건드려 주고자' 아이들과 대화를 나누고, '좋아질 거예요. 잘하게 될 거예요.' 하며 진심 어린 격려를 보냈다.

아동 개별의 성장과 발달에 대한 기록은 지속하되, 방법을 달리하여 블로그(비공개)를 활용했다. 2015년에는 기록지를 이용했으므로 때와 장소에 관계없이 가지고 다닐 수 있었고 떠오르는 생각을 그때그때 작성할 수 있었는데, 블로그를 이용하니 그 점이 다소 아쉬웠다. 그래선지 언제부턴가 자꾸 업무수첩에 아이들에 대한 고민을 메모하고 있었다. 이전에는 업무사항에 대한 기록이 대부분을 차지했는데, 이제는 아이들에 대한 고민이 대부분임을 보며, 이것이 진정 담임교사가 해야 할 일이 아닌가 하는 생각에 몰입하게 됐고, '더 열심히 하자'라고 스스로 다짐하기도 했다.

2) 2학기: 개별 아동의 발달에 주목하여

1학기에는 핵심능력에 대한 아동들의 이해를 돕고, 발달의 필요성을 느끼도록 하는 데 주안점을 두었다면, 2학기부터는 아동 개별의 능력 발달에 주목했다. 여름방학을 지내고 온 아이들의 모습이 한층 의 정해져 있었고, 학년 초에 보였던 무질서한, 자연적인 상태의 모습들이 많이 사라져 있었기에 가능했다.

확실히 1학기 때와는 대조적으로, 아이들과 나누는 대화가 훨씬 깊어졌고, 아무리 긴 시간 동안 이야기를 해도, 아이들은 "선생님, 제 이야기도 해 주세요. 듣고 싶어요, 더 해 주세요."하며 자신들의 성장과 발달에 대해 이야기를 하고 싶어 했다. 1학기 때는 '잘하겠다'는 의지가 전혀 보이지 않던 아이들이었는데, 조금씩 조금씩 새로운 모습들을 보이기 시작했고, 언제든 나에게 와서 "선생님, 저는 잘하고 있나요?" 또는 "저 잘했죠?"하며 자신의 성장을 확인하고 싶어 했다.

또한 아이들과의 수업 모습도 많이 달라졌다. 학년 초에는 1~2명을 제외하고는 대부분 집중이 어려웠고, 학습 내용에 대한 기억 정도도 관심이 적어 힘들었는데, 1학기를 보내며 6~7명 정도가 나아지는 모습을 보이더니, 2학기 들어서는 대부분 좋아져서, 1~2명을 빼고는 대부분의 아이들이 집중을 하게 되었다. 우스갯소리, 엉뚱한 돌발 상황으로 수업 분위기를 흐리던 아이들도 많았는데, 이제는 '배우겠다'는 의지들이 보여, 그런 상황이 간간이 생기더라도 아이들 스스로가 덜 흥미를 보이고 바로 진지하게 학습에 임한다. 덕분에 교사로서 수업 준비를 더욱 열심히 했다.[15]

우리 반 아이들은 특히 하고 싶은 말이 많았다. 수업 시간에 무언가를 배우면, 그에 대한 자신의 경험, 생각들을 말하고 싶어서 정말

---

15. 비고츠키는 학령기 아동의 발달을 이끄는 선도 활동으로 '학교에서의 학습'을 강조한다. 학교 학습을 통해 아동은 일상적 개념과 과학적 개념의 결합을 경험하여 다음 시기인 청소년기의 개념적 사고 발달로 나아가게 된다.
[참고 1] 『관계의 교육학, 비고츠키』, 183쪽. "학령기 어린이에게 가장 큰 변화는 '학교에서의 학습'에서 초래된다. 학령기에 일어나는 여러 변화를 주도하는 것은 학교에서의 교수학습이고, 그 중심에는 기본적인 교과목들의 학습이 자리하고 있다."
[참고 2] 『생각과 말』, 467쪽. "글말은 어린이가 더욱 지성적으로 행동하도록 압력을 가한다. 그것은 말하는 과정 그 자체에 대한 의식적 파악을 요구한다."

마구 쏟아 내는 아이들이었다. 발언권을 얻지도 않았는데, 서로 말을 하려고 하니 수업은 소란함 그 자체였다. 늘 목소리 큰(힘이 넘치는) 아이들만 발표 기회를 독점하기도 했었다. 그래서 1학기부터 '하고 싶은 말이 있으면 손 들고 기다리기'를 계속 강조했는데도 잘 지켜지지 않았다. 2학기가 되어 아이들 스스로가 왜 이렇게 해야 하는지를 한층 심각하게 느끼도록 이야기했고, 문제 상황을 직접 꼬집어 주었다. 그러자 생각나면 바로 말하던 아이들이 손 들고 기다리기를 시작했고, 발표 참여가 거의 없던 아이들도 손을 들기 시작했다. 모두가 공평하게 발표하게 된 것이다. "와~! ○○의 생각이 정말 좋구나. 앞으로도 목소리 자주 들려주세요." 하며 그 모습을 존중했다.

이처럼 아이들 사이에서 생각해 볼 만한 소재들이 생기면, 이에 대해 아이들과 꼭 이야기를 나눴다. 현상에 대해 무의식적으로 넘기지 말고 진지하게 생각해 보도록, 또 자신의 모습을 좀 더 의식적으로

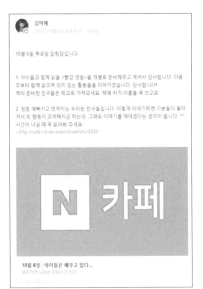

학급 카페, 알림장용 밴드 운영을 통한 소통·협력 강화

아동 개별 기록지를 통한 소통·협력 강화

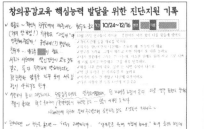

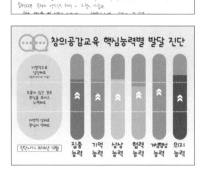

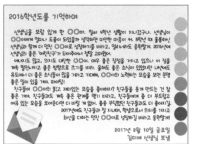

학년 말 성장 이야기를 통한 소통·협력 강화

바라보도록 하기 위해서였다. 그리고 그 결과를 온라인 카페에 교사 일기 형태로 게재한 후 매일의 알림장 안내 시 학부모님들과 공유했다. 학부모의 관심이 반드시 필요했기에 부지런히 글을 쓰고 또 썼다. 덕분에 공감을 얻을 수 있었고 아이들의 발달을 위해 협력할 수 있었다.

2학기에는 기록 방법을 인터넷 블로그(비공개) 활용에, 교사의 기록지를 더하여 진행했다. 업무수첩에 종종 메모로 남겼었던 고민들을, 별도의 양식에 자유롭게 기록하여 학생, 학부모와 공유하고자 했다. 기록지의 특성상 아동의 모습에 대한 고민을 즉각적으로 메모하고 그에 대한 지원 방법 등을 수시 기록으로 남길 수 있어, 언제 어디서든 활용할 수 있어 좋았다. 행동 장면에서 포착한 발달의 모습인 경우에는 사진을 이용했으므로, 이럴 때는 블로그를 활용했다. 통지 시기에 맞춰 기록지와 인쇄물을 함께 가정으로 보냈다.

학년 말에는 1년의 모습을 정리하며 마지막 기록지를 가정으로 보냈다. 덕분에 모든 아동에 대해 기억을 떠올리며 행복했고, 성장과 발달과정에 꼭 필요하다고 여겨지는 마지막 조언과 당부를 담았다.

3) 모두가 성장하고 발달한 교실

끝으로, K의 사례를 소개해 본다.

운동도 잘하고 활력 넘치고, 장난기 많은 짓궂은 남자아이 K에게는 매우 걱정스러웠던 부분들이 있었다. 이것이 K의 정상적인 학교생활을 방해했기 때문이다.

첫째, 자아 존중감이 지나치게 낮았다. 운동을 제외하고는 모든 활동에서 '못해요'라는 말을 습관적으로 하고, 자기감정이나 생각을 '몰라요'로만 답했다. 둘째, 자기중심적인 경향이 강했다. 남의 말은 듣지

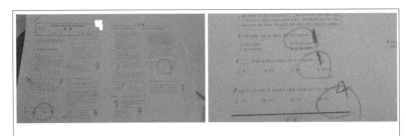

지난번에 이어 기초학력(3R) 중 읽기, 쓰기를 다시 평가해 보았는데 문제를 대충 풀고는 집에 가려고 해 자리에 앉히고 문제를 다시 풀게 했다. 한참을 교사와 실랑이를 해야 했고, 자기는 다 풀었다며 불쾌하다는 표현을 계속 보였다(턱을 책상에 대고 엎드려서 시험지를 쳐다보는 등). 국어 지문 중 첫 줄만 읽고 문제를 푸는 것 같아서 소리 내어 읽어 보라 해도 읽지 않고. 결국 소리 내지 않는 대신 지문을 충분히 읽기로 하고 문제를 다시 풀었다. 대부분 처음 쓴 답이 틀렸기에 그 위에 답을 새로 쓰는 형태를 보이고 있다.
　ㅇㅇ이의 잘하는 점, 특히 운동감각이 뛰어남을 이야기하며 그것 또한 머리가 좋아야 할 수 있다. ㅇㅇ이는 똑똑하다라고 이야기했는데 계속 고개를 절레절레했다. 공부에 관심을 가져야 한다고 일러 주고, 충분히 잘할 수 있다고 얘기해 준 후 집에 보냈다.

아동 개별 기록지 내용 일부 ①

않고 자기 하고 싶은 말만 해 버린다. 잘못을 이야기해도 인정하지 않고, 화가 나면 몸싸움을 일으키고 서로 사과할 것을 요구해도 이 아이 만큼은 끝내 사과하지 않고 뾰로통한 채 모든 활동을 망쳤다. 자기가 하고 싶은 것을 다른 친구가 하게 되면 불만을 표시하고 반항적인 모습을 보이기도 했다. 셋째, 학습에는 전혀 관심이 없었고 의지, 끈기가 너무도 약했다. 수업에 집중하지 않고 장난을 쳐서 전체 수업의 흐름을 흐트러뜨렸다. 학습문제 해결을 할 때는 '몰라요.' 하고는 포기하기 일쑤였다. 결국 학년 초 기본학력을 진단했을 때 부진으로 판별되어 기초학력진단을 해야 했는데, 평가를 하던 중 문제를 대충 풀고는 도망을 가 버리기도 했다. 참으로 지도하기 어려웠고, 좀처럼 좋아지지 않아 교사로서 심각하게 고민하게 만드는 아동이었다.

그러던 중 변화의 계기가 되는 사건이 벌어진다. 3월 말 체육 시간에 역시나 장난을 치다가 체육 선생님께 지적을 받았는데, 기분이 나쁘다며 불손한 태도를 보이다 결국 활동에서 열외가 되었다. 상황에 대해 이야기를 나누며 K가 스스로 이해할 수 있도록 애를 썼다. 대화 끝에 자기가 잘못한 것을 인정하기에 '그럼 체육 선생님께 잘못했다고 말씀드리자'라고 제안했다. 그러나 그 제안을 듣고 K는 다시 불만에 가득 차서 불손한 모습을 보이기 시작했다. 이야기를 나누면서 K는 한 번도 그래 본 적이 없었다는 것을 알게 되었다. 잘못했다고 스스로 생각은 해 봤어도 정중하게 사과를 해 본 적은 한 번도 없었단다. 그냥 버티면 끝난다고 생각했던 것이다. 결국 K는 체육 선생님께 찾아가 잘못을 말씀드리고 용서를 받았다. 물론 두세 시간의 길고 긴 설득이 필요했다. 용서를 빌고 나오는 K를 보니 울컥해서 끌어안고 '고마워. 내일은 웃는 얼굴로 만나자!' 말했다. 자기의 잘못을 인정하고 예의 있게 사과하는 것, 그것이 공동체 생활에서는 반드시 필요하기에 이를 K가 경험할 수 있게 해 주고 싶었다.

그런데 더 놀라운 일이 바로 다음 날에 벌어진다. 아침활동 시간에 K가 다른 날과 달리 실외로 나가지 않고 교실을 맴돌았다. 왜 그럴까

(오른쪽) 3월 31일 체육 시간에도 역시 앞에서 설명하시는 선생님의 설명을 듣지 않고 장난을 쳐서 이름이 3번 불려 결국 체육활동에서 열외가 되었다. 이야기를 나누며 ○○ 이의 행동에서 잘못된 부분을 같이 찾아낸 후에 "체육 선생님께 남자답게 '선생님 잘못했습니다. 다음부터는 그러지 않도록 노력할게요'라고 말씀드리고 체육 하자"고 제안했는데 결국 고집을 꺾지 않아서 체육을 하지 못했다. 수업을 마친 후 체육 선생님께서 다시 한 번 오셔서 ○○ 이에게 잘할 수 있는지를 물었지만 아무 답을 하지 않았다. 하루 종일 스스로도 마음이 불편했을 것이다. 방과후에 "잘못했습니다." 그것이 싫다면 "죄송합니다"라고 말하자고 설득, 또 설득을 했고… 긴 시간이 흘러서야 체육 선생님께 사과 말씀을 드리고 체육활동을 복귀할 수 있었다. "선생님께 그렇게 말해줘서 정말 고마워, ○○아." 안아 주고 "내일은 웃는 얼굴로 만나자!" 하며 보냈다. 다음 날 아침 교실에서 계속 주변을 맴돌았는데 기분이 어떨지 몰라 살펴보기만 했다. 그런데 1교시 수학 시간에 문제를 다 풀고는 선생님 책상 주변에 오더니 "어제 선생님이 웃으면서 만나자고 했잖아요. 그런데 왜 안 웃어요?" 하며 수줍은 듯 이야기한다. 아~~~ 그 모습에 눈물이 왈칵 나왔다. "미안해, 친구들이랑 얘기하느라 너랑 눈을 못 마주쳤어. 고마워!" 하며 다시 안아 주었다. 감동 ~~~

아동 개별 기록지 내용 일부 ②

궁금했지만 전날 일도 있고 해서 모르는 척하며 다른 아이들과 대화를 나누고 있었다. 그런데 1교시 중에 K가 옆으로 오더니, 몸을 비틀며(수줍어하면서) "어제 선생님이 웃으면서 만나자고 했잖아요. 그런데 왜 안 웃어요?" 하는 것이다. K가 그런 말을 하리라고는 전혀 생각할 수 없었기에 정말 놀라웠다.

그 이후부터 K는 거짓말처럼 달라진 모습을 보이기 시작한다. 수업 시간에 참여하는 태도도 좋아졌고, 문제를 해결할 때도 포기하지 않고 교사에게, 친구들에게 도움을 청하며 열심히 했다. 거의 매일 보이던 친구들과의 다툼도 눈에 띄게 사라졌고, 자기가 하고 싶은 말이 있으면 손을 들고 자기 차례가 돌아올 때까지 기다리려고 노력하는 모습도 보였다. 무엇보다도 눈에 띄었던 것은, 선생님에게 보이는 모습이었다. 이전에는 무관심하기도 했고 의심, 불만, 불손함이 있었는데, 이런 것들이 사라지고 예의 있게, 친근하게 다가오기 시작한 것이다. 또 선생님을 힘들게 할까 봐 자기를 돌아보기도 했다. "저 잘했죠?" 묻기도 한다. '잘하고 싶다, 잘하겠다'는 의지가 전혀 보이지 않던 K가 이제는 그 모습을 마구 보여 주고 있다.

담임교사는 학년 초에 아이의 모습을 대부분 파악해 낸다. 그런데 그 모습이 학년 말까지 그대로 가는 경우가 사실 많다. 적어도 나의 경우는 그러했다. 지금까지 내가 만났던 아이들은, 교사인 나를 만나

5월 19일 아침에 ~ 옆으로 오더니 "선생님, 그동안 선생님 힘들게 해서 죄송했어요. 앞으로 잘할게요." 하는 말을 갑작스레 꺼낸다. 부끄러웠는지 아님 기분이 이상했는지 온몸을 숙이고 어쩔 줄을 몰라 한다. 잘못 들었나 싶어서 "응? 뭐라고?" 물었다. "아니야, ㅇㅇ이 잘해, 정말 잘해. 잘하고 있어. 아주 잘해." 하며 잘한다는 말을 계속 반복했다. 선생님의 진심이 느껴졌을지 모르겠다. ㅇㅇ이에게 들은 그 말이 하루 종일 선물을 받는 것 같은 느낌을 갖게 했다. 점심시간에 "왜 갑자기 선생님한테 그런 말을 한 거야? 누가 말하라고 한 거야?" 했더니 아니라며 "선생님이 모를까 봐요."하며 대답을 했다. 정말… ㅇㅇ이가 큰 선물을 줬다. ^^ 고마워~~ ㅇㅇ아!!!

아동 개별 기록지 내용 일부 ③

그다지 성장하지 않았고 변화되지 않았다. 나는 아이 개별의 성장과 발달을 위해 포기하지 않고 끝까지 최선을 다하는 교사가 아니었기 때문이다. 참으로 미안하고, 교사로서 더없이 부끄럽다.

K를 비롯해 우리 반 모든 아이들이 학년 초에 진단한 모습보다 더 좋은 방향으로 성장, 발달해 갔다. 아이들 스스로도 본인을 그렇게 인지하고 있고, 학부모님들도 격려해 주었다. 나는 이것이 바로 '성장과 발달을 돕자'고 외치는 평가 혁신의 움직임들이 추구하는 그림이라고 확신한다. 아동을 서열화의 대상이 아닌 '성장하고 발달하는 존재'로서 존중하고 지원할 때 아동의 성장과 발달을 보게 된다. 그리고 더 나아가 학부모와 교사의 성장까지도 목격하게 된다. 평가의 혁신이 실현되는 것이다.

5. 마치며

"교사의 머릿속에는 모든 아동이 개별로 자리 잡고 있다. 아동별 맞춤 교육을 실천하고 있는 것이다."

언제부턴가 가장 많이 하는 말이다. 교사의 머릿속에 자리하고 있는 모든 아이들이 주는 무게감은 말로 다 표현이 안 된다. 그러나 이전에는 느낄 수 없었던 교사로서의 행복감, 만족감이 이를 충분히 보상하고도 남는다.

우리 교육 현장에서 '성장과 발달을 돕는 평가'가 이루어지려면 다음과 같은 조건들이 선행되어야 할 것이다.

1) 아동에 대한 인식 전환이 먼저

몇 년 전 학교교육과정 운영에 대한 감사를 받은 적이 있었는데, 그 당시 나를 포함한 몇 명의 교사들이 주의를 받아야 했다. 이유는 감사관이 학급 수행평가 성적 일람표를 확인했는데, 몇몇 성취기준에서 대부분의 아이들이 '잘함'이라는 평어를 받은 것이 '잘못'이라는 이유에서였다. "선생님들은 평가를 제대로 안 하신 겁니다. 어떻게 모든 아이들이 잘할 수 있습니까?"라는 감사관의 지적에 "담임교사로서 꼼꼼히 평가한 것입니다"라며 이의를 제기했지만, 결국 돌아온 응답은 이러했다. "모든 아이들이 잘해서는 안 된다. 골고루 나누어야 한다. 선생님이 제대로 평가를 안 했거나, 아니면 문제나 기준을 잘못 정한 것이다." 지금까지도 '모든 아이들이 잘해서는 안 된다'는 말이 기억에 또렷이 남아 있다. 사실 이는 평가의 목적이 서열을 짓는 것이어야 한다는 말이지 않은가.

아동을 서열화의 대상이 아닌 '성장하고 발달하는 존재'로 인식할 때에야 비로소 '성장과 발달을 돕는 평가'는 이루어진다. 아동을 바라보는 교사의 주된 관심은 '아동의 성장과 발달을 돕기 위해 무엇을 할까?'이어야 한다. 교사의 인식이 달라지면 그때부터 교사가 보는 장면은 교육적으로 해석되고, 아동의 모습은 무엇 하나 사소하지 않고 유의미하게 받아들여진다. 고민하는 교사는 행동으로 옮길 것이므로 당연히 아동의 행복 성장을 목격하게 될 것이고, 발달의 무수한 장면들을 보게 된다. '성장과 발달을 돕는 평가 혁신'이 이루어지려면 반드시 아동을 바라보는 인식의 전환이 먼저 이루어져야 한다.

2) 교사의 전문성＝인간 이해

비고츠키는 교사의 전문성을 '인간 이해'[16]에서 찾는다. 인간을 온

정적인 이해에서 더 나아가 발달적 관점에서 보고, 발달을 향해 나아가도록 돕는 것이 교사의 전문성이라는 것이다. 동료 교사들과 이야기를 나누다 보면, 대부분 자신에게 맞는 방식, 방법으로 아이들과 만나고 그들의 성장을 도우며 학부모와 소통하고 있다. 자신이 불완전하다고 느끼면 자기 연찬을 통해, 동료와의 대화, 공동 연구 등을 통해 이를 개선하려 노력하고, 더욱더 성장한 교사로 아이들 앞에 서고자 한다. 교사의 전문성을 바로 이런 자세에서 찾을 수 있지 않을까 생각한다.

발달에 대한 교사의 전문성을 이야기할 때 특정한 방법, 도구 측면으로 한정 짓는 시각이 있는 듯하다. 그러나 나는 (교사라면 이미 경험으로 알고 있듯) 어느 한 방법만이 최상이라는 환상은 버린 지 오래다. 교사의 전문성은, 아동의 발달을 돕겠다는 목적의식과 아동을 이해하고 지원하겠다는 의지가 있다면 이미 갖추어진 것이다. 내 경험으로는 아동의 발달을 돕겠다는 의지로 아동의 상황을 이해하고자 노력했을 때 담임교사로서 아동을 보는 시선이 달라졌고, 개별 아동의 발달을 진단·지원하는 방법들이 눈앞에 펼쳐졌었다. 교사의 진단, 지원이 다소 불완전하더라도 지향점만 확실하다면, 이는 충분히 의미가 있었다.

교사의 진단능력에 대한 헬름케[17]의 통찰력이 놀라워 소개한다.

"수업 중의 교사의 진단은 널리 퍼져 있는 통념과는 반대로 아주 정확할 필요가 없다. (…) 다만 교사는 자신의 판단의 부정확성, 잠정성 그리고 수정의 필요성을 분명히 의식하고 있어야 한

---

16. 『관계의 교육학, 비고츠키』, 117쪽.
17. 힐베르트 마이어, 『좋은 수업이란 무엇인가?』.

다. 중요한 것은 교사가 대체적인 진단을 내리고 그것을 수업의 진행 과정에서 지속적으로 검토하는 일이다. 교사의 진단은 중립적인 객관성이 아니라 교육적으로 유익한 선입견이라는 데에 특징이 있다."

교사는 직업상 낙관론자일 수밖에 없다. 따라서 학급 학생들 간의 성취 능력의 차이를 적절히 과소평가하고, 개별 학생 각각의 성취 능력을 적절히 과대평가하는 것이 교육적으로 현명하다.

3) 성장과 발달을 돕는 최고의 방법 두 가지

아이를 진심으로 돌봐 주는 '단 한 명의 어른'만 있으면 그 아이는 변한다.[18]

매 순간 아이들의 발달을 지원하기 위한 교육적 조치들을 생각하고 적용하면서 늘 '과연 효과적일까? 더 좋은 방법이 있지 않을까?'와 같은 고민을 했었다. 동료 교사들과 이야기를 나눌 때도 "이런 아이는 어떻게 해야 할까요? 선생님께서는 어떻게 지도하셨어요?" 하고 질문하며, 아이의 성장을 위해 무언가 특별한 방법, 특정한 비법이 있을 것이라 기대하곤 했었다.

아이들의 발달을 돕겠다는 다짐으로 수개월을 보내던 어느 날, 기회가 생겨 인근 학교 선생님들과 우리 반의 행복성장평가제에 대해 이야기를 나누게 되었다. 그때 한 선생님이 "우리 반에 자기 사물함을 정리하지 못하는 아이가 있어요. 늘 어지럽혀 놓는데 아무리 지도해

---

18. 조세핀 김, 『교실 속 자존감(SELF-ESTEEM IN THE CLASSROOM)』.

도 안 고쳐져요. 그런 아이는 어떻게 지도할 수 있을까요?"라는 질문을 하셨다. 그때 나는 이렇게 답변을 해드렸다. "우리 반에도 그런 친구가 있었는데, 좋아질 것이라는 믿음으로 계속해서 지켜보고, 왜 정리를 해야 하는지 지속적으로 알려 주었어요. 바로 행동이 달라지진 않았지만, 저는 좋아질 때까지 포기하지 않고 계속하여 알려 주고, 다독이고, 관심 가졌어요. 그러자 결국은 아이가 달라지더라고요. 스스로 정리할 줄 알게 된 자신을 뿌듯하게 여기고요."

나의 답변을 들은 선생님은 다소 실망하신 듯했고, 기대했는데 별 것 아니었다는 소감을 밝히셨다. 대화가 끝난 후 '그 아이에게 친구들의 사물함 정리 상태 확인하는 역할을 주기도 했는데, 그걸 이야기할 걸 그랬나?' 하는 생각이 들었다. 하지만 어떤 방법이든 지속적이지 않다면, 또 교사의 관심이 금세 시들해져 포기해 버린다면, 동시에 왜 그래야 하는지 아이 스스로가 이해하지 못한다면 아이의 행동이 근본적으로 바뀌지 않을 것이므로 내가 한 답변이 최선이라 생각했다.

이전에는 아이의 행동이 변하려면 특별한 처방, 매우 효과적인 그 무언가가 있어야 한다고 생각했다. 그러나 시간이 지날수록 경험이 늘어갈수록 인정할 수밖에 없는 사실은, 아이의 행동을 변화시키는 가장 좋은 비결, 곧 아동의 성장과 발달을 돕는 열쇠는 '교사와 아동의 관계'라는 것이다. 특정한 기법이나 소재를 초월할 만큼 이는 가장 강력했다. 교사와 아동이 발달이라는 지향점을 향해 깊은 관계를 맺고 함께 협력할 때 '관심이 관심을 낳는 기적'(교사가 자신에게 관심을 가지고 있다는 것을 경험한 아이들이 자기 자신에 대한 관심을 갖기 시작하고, 자신의 성장과 발달에 의지적인 노력을 기울이게 된다. 동시에 학부모의 인식에도 영향을 미친다)이 나타나는 것을 교실에서 지금도 경험하고 있다. 이를 알게 된 교사라면 교사로서의 사명을 더욱 충실히 감당해야 함을 인정하지 않을 수 없다. 교사는 관계 맺기가 가장 중요한 열쇠임을 잊지 말아야 한다.

비고츠키는 "수업 방법이나 기법, 소재는 대체적으로 좋다고 할 만한 것이 있을지 몰라도 절대적인 것은 없다. 이보다 우선적인 것은 관계로, 인간은 관계를 통해 발달해 나간다"[19]라고 강조했고, (앞서 소개한) "발달에서의 협력은 크게 두 차원에서 이루어진다. 아이들보다 성숙한 어른, 즉 교사나 양육자, 주변 사람들과의 협력이 한 차원이고, 또 하나는 동료와의 협력이다"[20]라며 '교사와 아동의 관계(협력)'가 아동의 발달에 매우 중요함을 거듭 강조했다. 교사는 이토록 매우 중요한 존재다.

여기에 한 가지를 덧붙이고 싶다. 바로 '교사의 열정'[21]이다. 우연한 기회에 대구의 한 초등학교에서 '성장과 발달을 돕는 평가'에 대한 연수를 하게 되었는데, 그때 우리 반 아이들의 성장·발달 이야기를 하면서 나는 매우 흥분했었다(사실 매번 흥분한다).

"아이들 한 명 한 명을 자세히 보고 알게 된 점, 지원한 내용, 아이의 달라진 모습 등을 기록으로 남기는 것이 정말 즐거웠습니다. 수업이 끝나고 아이들이 하교하면 그때부터 쓰기 시작하는데, 퇴근 전까지 다 못 하니 집에 가서도, 밤을 새워서라도 했습니다. 아이가 선생님의 이야기를 이해하고 존중하며 스스로 노력하기 시작하면, 담임교사로서 그 모습을 보는 것은 매우 흥분되는 일이었습니다. 이 일이 저에게는 매우 가슴 벅찬 일이어서, 이렇게

---

19. 『관계의 교육학, 비고츠키』, 124쪽.
20. 『관계의 교육학, 비고츠키』, 23쪽.
21. 열정(熱情): 어떤 일에 열렬한 애정을 가지고 열중하는 마음. 열성, 열의, 정열.

말할 때마다 자꾸 흥분합니다."

나의 말이 끝나자 여기저기서 술렁거리는 소리가 이어졌다. '저렇게까지 해야 하는 거냐?'며 손사래를 치는 모습도 보였고, 행복해하는 내 모습에 공감의 웃음을 보이는 선생님도, '해 보고 싶다'는 말을 서로 나누는 몇몇 선생님들도 보였다. '나는 그 정도까지는 못해요. 그런데 우리 반 아이들을 다시 한 번 봐야겠어요.' 하며 겸손의 소감을 남긴 선생님도 계셨다. 연수를 마치고 돌아오는 길에 선생님들의 반응을 떠올리며 나는 이런 생각을 하게 됐다.

'내가 미쳤구나. 미치지 않았다면 이 일을 할 수 없었겠구나.'

교사 생활을 하면서 처음으로 내가 미칠 수 있는 일을 발견했고, 이 일이 아이들의 성장과 발달을 돕는, 매우 가치 있는 일임을 알았기에,

늘 시간에 쫓기다보니 아이들에게 빨리빨리를 외치며 다그치며 살기만했네요. 짧은시간에 행동변화를 원하다보니 강압적이기만했던것 같습니다. 여자형제들 틈에서 칭찬보다 혼나는게 더 많았던 우리웅이에게 정말 미안해지네요. 선생님의 진단과 지원이 우리웅이와 제게 로드맵이 된것같습니다. 엄마되는법을 즘더 배워야겠습니다. ^^

gotnr6666 🐾 채팅
아이들이 선생님 마음을 너무나 잘알고 있는듯해요 그렇기때문에 죄송한줄도 알고 .. 또 민망해서 선뜻 말도못하다 울기도한 .. 선생님이 포기하시지 않기에 아이들이 달라질거라고 저도 희망을 가져봅니다~~

ij8274 🐾 채팅
선생님에교육관이늘존경스럽습니다..아이들도아마 선생님을존경하고나중에커서라도생각나는그런샘이 되시지않을까싶습니다~~
2016.10.06. 14:45 신고

행동 및 창의공감 핵심능력 발달상황 진단 2차 결과물을 보고 지은이에게 어떤생각이 드냐구 물어봤더니 "선생님께서 나를 많이 좋아하시는것같아" 합니다..^^ 전 개인적으로 우리아이가 반아이들과 불협화음만 없어도 좋겠다고 생각했거든요. 장난이 심한 남자아이들 때문에 언제나 속상하고 집에서는 눈물도 보이길래 고민도 좀 했었는데 요녀석이 이렇게 커나 싶기도 하고 대견하기도 했습니다.. 내성적인 성격에 싫어도 싫단소리를 못해 항상 울먹거리던 지은이의 모습은 없어진것같요.. 하지만 수업태도와 선생님 말씀하실때 집중하는건 좀더 노력하자고 얘기했습니다.. 책임감 있고 예의바른 지은이가 되도록.. 선생님께 항상 놀라는거지만 다시한번 이런 결과물을 보내주셔서 감사드립니다.. 사실 우리아이 엄마가 생각하는것보다 훨씬 잘 자라주는것같아 고맙구요.. 좋은 하루 되십시요~^^

학부모님들의 의견

나는 이 일이 너무도 좋았다. 그래서 내가 쏟을 수 있는 모든 열정을 다 부으려고 했다. 그냥 그렇게 되어 버렸다. 앞으로도 나는 계속 이 일을 할 것이고, 내가 쏟을 수 있는 모든 노력을 다 기울이고 싶다. 지금도 나는 아이들을 주의 깊게 바라보고 함께 시간을 보내며 '어떻게 하면 도와줄까?'를 고민한다. 이왕 교사로서 살기로 했으니 이 일에 온 열정을 쏟을 것이다. 반드시 그래야 한다고 스스로에게 외친다. '교사가 열정을 쏟을 때 아이들의 성장과 발달을 도울 수 있다'라고.

4) 성장과 발달을 위한 모두의 협력이 이루어지도록

2017년 올해 내가 맡고 있는 아동들은 2학년 학생들로, 더욱 자연적이고 반응적이며 수동적인 모습들을 숨김없이 마구 보여 주고 있다. 아이들의 무질서하고 자기중심적인 모습을 볼 때마다 한숨을 짓다가도, '몰라서 그럴 거야. 알려 주자.' 하는 생각으로 이야기하고, 지속적으로 알려 주고 있다. 덕분에 1년이 지나가는 이 시점에서 모든 아이들이 '많이 컸구나.' 실감하며 감사하고 있다.

올해 더 필요하다고 느낀 것은, 학부모와의 소통이다. 저학년 아동들이기에 학부모들의 관심이 높기도 했고, 그만큼 협력도 절실했기 때문이다. 여전히 학급 온라인 카페(밴드)에 교실에서 있었던 일들을 교사 일기 형태로 게재하여, 아이들과 어떻게 고민했으며 대화했고 무엇을 배웠는지 등을 공개하고 있다. 또 주간학습예고안을 작성할 때에도 학급에서 주목해 볼 장면을 담아 모두가 교육적으로 고민하도록 돕고 있다. 분기별로는 아동 개별의 행복 성장 이야기를 가정으로 보내 함께 소통하고 협력을 이끌어 내고 있는데, 기록지에는 아동이 보이는 현재의 모습이 '잘못된' 것이 아니고 지극히 '자연스럽다'는 내용을 의도적으로 실었다. 아동의 성장과 발달을 위해 교사-학생-학부모의 협

집중 · 상상 · 협력 능력의 성장 · 발달 이야기

핵심능력 발달 진단·지원	기간	5/8 ~	번호	3	이름

핵심능력 1
집중 능력   스스로 의지를 가지고 집중할 수 있는가?

대부분의 2학년 아동들은 반응적, 수동적 집중의 모습을 보입니다. 담임선생님과의 수업, 또래와의 협력과 같은 '도움'을 통하여 아동은 왜 집중해야 하는지를 알게 되고, 필요성을 느끼는 등 집중능력의 기초를 다지게 됩니다. 능동적, 자발적 집중의 모습은 청소년기에 갖추게 될 것입니다. 능력의 발달 모습들을 기록으로 남겨 봅니다.

핵심능력 2
상상 능력   독서를 통한 간접체험 확장 및 말 발달이 이루어지고 있는가?

독서에 대한 관심이 적은 것은 자연스러운 현상이라 생각합니다. 교실에서의 다양한 독서활동('도움')을 통해 독서에 관심을 갖고 간접체험 확장 및 말 발달을 돕겠습니다. 능력의 발달 모습을 기록으로 남겨 봅니다.

핵심능력 3
협력 능력   선생님 또는 동료와 협력할 수 있는가?

처음부터 배려하고 존중하는 아동은 많지 않습니다. 그것이 자연스러운 일입니다. 자기중심적이었던 아동은 학교에서 선생님, 또래친구의 만남을 통해 협력을 배우고 경험하면서 자유롭고 주체적으로 성장해갈 것입니다. 능력의 발달 모습들을 기록으로 남깁니다.

2017학년도 아동별 성장·발달 이야기 결과물

2017 교동초 2학년 1반
6월 1주 ~ 6월 2주 주간학습예고안

남자/여자 팀으로 나눠 〈우리 집〉 동요 가사에 맞춰 율동을 만들어보는 활동을 했습니다. 3~4명이 아닌 더 많은 친구들과 함께 생각을 맞추고 결과물을 만들어 내야 하는 도전 과제였습니다. 아니나 다를까 첫날에는 서로 자기 생각을 이야기하느라 무언가 결과물이 나오기 어려웠습니다. 결국 활동을 잠시 멈추고 무엇이 문제였는지, 왜 잘 안 되는지를 이야기해보도록 했습니다. 아이들이 생각한 원인은 정확했습니다.
(유림이의 생각) "여러 아이디어가 나오는데, 한 사람의 아이디어로만 하려고 해요. 계획을 먼저 짜고 난 다음 동작을 만들어야 하는데"
(소윤이의 생각) "아이들이 딴 짓만 해요."   (나은이의 생각) "서로 대장 노릇(대장짓)을 해요."
(찬이의 생각) "다 각자 아이디어를 생각하고 다 싫다니까 짜증이 나고 자기 생각만 하니까 시간이 오래 걸려요." (남자들의 생각) "자꾸 장난을 치려는 친구가 있어요."
이야기를 마친 후 "문제가 무엇이었는지 알았으니 내일은 완성할 수 있겠죠?" 하며 다짐을 했습니다. 다음 날 아이들은 자신들만의 힘으로 결과물들을 만들어 냈고 발표를 했습니다. 직접 경험을 하면서 아이들은 성장하며 발달할 것입니다. 더 잘 해낼 것입니다. 응원합니다!

주간학습예고안

학급 온라인 카페 글 게재

력을 이끌어 낼 수 있는 또 다른 소통의 창구가 있다면 앞으로도 계속 확장해 나갈 것이다.

5) 교사에게는 시간이 필요하다

아동 한 명 한 명을 살피고 해석하며 지원을 계획하는 평가가 이루어지려면, 당연히 교사에게는 시간이 필요하다. 아동을 관찰하고 행동 장면을 포착하며, 이를 깊이 생각하고 해석할 수 있는 개인적이면서 '조용한 시간'이 반드시 확보되어야 한다.

그러려면 교사가 업무를 하는 사람이기에 앞서 아이를 보는 사람이어야 한다는 인식이 넓게 확산되어야 할 것이다. 교원 업무 정상화로 교사 본연의 업무를 회복하려는 노력들이 이어지고 있는데, 아쉽게도 학교마다 체감의 정도는 다르다. 아동 지도, 학급 관리 외의 업무들에 대해서는 더욱더 과감한 살 빼기가 필요할 것이다. 또 교사들은 본연의 업무에 대해서만큼은 철저히 지키고 몰두해야 한다. 아동의 성장과 발달을 지원하는 이 일만큼은 가볍게 여기면 안 된다.

아무쪼록 교사가 아이를 보고, 아이의 성장과 발달을 돕는 일에 전 념할 수 있는 여건이 조성되기를 바란다. 아이를 보는 데 더 많은 시 간을 할애할 때 '교사가 아이의 성장을 돕는' 진정한 교육적 장면이 만들어질 것이며, 학생과 학부모의 신뢰도 회복될 것이다.

6) 성장과 발달을 돕는 평가의 시작

2015~2016년에 같은 학교에 근무했던 한 선배 선생님을 기억한다. 선생님이 맡으신 학급의 아이들은 그 당시 학교에서 가장 말썽이 많 다, 통제가 안 된다는 평을 받고 있었다. 모든 교사가 혀를 내두를 정 도였다. 그런데 이 아이들이 선생님을 만나 완전히 변화되었다. 교사의 말을 깊이 존중하는 사랑스러운 아이들이 된 것이다. 어느 날 선생님 께 찾아가 변화의 비결을 여쭈어 보았다.

"매일매일 '내일은 더 좋아질 거야.' 믿으며 아이들을 만났어 요. 모든 아이와 진심으로, 인격적으로 깊이 만났고, 대화를 통해 의식이 달라지도록 애썼지요. 그래야만 아이들의 행동이 근본적 으로 변화되니까요. 아이에게서 부정적인 행동이 발견되고, 반드 시 그 행동을 고쳐야 한다고 판단이 되면 학부모님께 정확히, 진 심으로 문제점을 이야기하여 고칠 수 있도록 도왔어요."

아동은 '성장하고 발달하는 존재'이므로 모든 아동을 인격적으로 존중하고 저마다의 성장과 발달이 이루어지도록 지원하신 선생님의 모습에서 나는 이것이 '성장과 발달을 돕는' 평가의 한 장면이자 발달 교육이 이루어지고 있는 현장이라고 확신했다.

아동에 대한 인식의 변화가 이루어지지 않는다면 제도나 방법의 변화만으로는 어떤 것도 기대할 수 없다.

아동을 '성장하고 발달하는 존재'로 인식하고 깊이 공감하여 성장과 발달을 지원하는 교사, 곧 아동의 발달에 거룩한 책임감을 갖고 고민하며 열정을 쏟는 교사가 더욱 많아지길 바란다. 교사들이 깨어난다면 분명 우리 교육 현장은 달라질 것이라 믿는다.

끝으로 위로부터의 거대한 움직임도 중요하지만 아래로부터의 자발적인 실천들도 유의미함을 잊지 않고, 나부터 늘 고민하며 실천하는 교사, 성장과 발달을 돕는 평가 혁신을 위해 걸음을 멈추지 않는 교사가 될 것을 다시 한 번 다짐한다.

● 참고 문헌

비고츠키. 배희철, 김용호 옮김(2011). 『생각과 말』. 살림터.
힐베르트 마이어(2011), 『좋은 수업이란 무엇인가?』. 삼우반.
초등교육과정연구모임(2011). 『행복한 혁신학교 만들기: 비고츠키 교육철학으로
　　본 혁신학교 지침서』. 살림터.
박현숙(2012). 『교사는 수업으로 성장한다』. 맘에드림.
배희철(2012). 『비고츠키와 우리 교육』. 이픕코리아.
제인 넬슨, 린 로트, 스티븐 글렌(2014). 『학급긍정훈육법:친절하며 단호한 교사
　　의 비법』. 에듀니티.
V. V. 다비도프(2014). 『발달을 선도하는 교수학습: 비고츠키 학파의 이론·실험
　　심리학적 연구』. 솔빛길.
조세핀 김(2014). 『교실 속 자존감(SELF-ESTEEM IN THE CLASSROOM)』. 비
　　전과리더십.
초등평가방법개선연구회(2014). 『2014학년도 초등평가방법개선연구회 연구 결과
　　보고서』.
2015 충청남도교육청 연구용역 최종보고서(2015). 『학생성장발달 책임교육제 운
　　영 매뉴얼 개발 연구』. 충청남도교육청.
진보교육연구소 비고츠키교육학실천연구모임(2015). 『관계의 교육학, 비고츠키』.
　　살림터.
앤디 하그리브스·데니스 셜리(2015). 『학교교육 제4의 길』. 21세기교육연구소.
초등행복성장평가혁신연구회(2015). 『2015년 창의공감교육정책연구 협력수업을
　　이끄는 발달중심평가 방안』. 강원도교육연구원.
배희철(2016). 『비고츠키와 발달교육 1-비고츠키를 아시나요?』. 솔빛길.
김해경 외(2016). 『성장과 발달을 돕는 초등 평가 혁신』. 맘에드림.
정창규·강대일(2016). 『평가란 무엇인가: 초등교사를 위한 평가 길라잡이』. 에듀
　　니티.
『강원교육정책연구 초등행복성장평가제 운영 실태 분석 및 활성화 방안 연구』
　　(2016). 강원도교육연구원.
초등행복성장평가혁신연구회(2016). 『2016년 창의공감교육정책연구 학생의 성장
　　과 발달을 돕는 진단』. 강원도교육연구원.
폴김, 함돈균(2017). 『교육의 미래, 티칭(teaching)이 아니라 코칭(coaching)이
　　다』. 세종서적.

7

초등 국어과 학습자 중심 교과서 구성 방안

허경덕(춘천 소양초등학교)

문화역사적 발달 중심 단원 모형(안)

모형의 성격

▶ 글쓰기 상황에서의 자기주도학습이란? 학습자의 흥미와 관심을 기반으로 하여 글쓰기 활동을 전개할 수 있는 정의적 능력

▶ 비고츠키의 발달 이론에 의거하여 이론적 배경 수립

• 문화적 발달이란? 인간이 공동체의 문화적 유산을 계승하여 자기 것으로 만들고, 능동적·주체적·창의적으로 활용하게 되는 과정

• 문화적 발달의 일반적 순서: (1차 발달: 즉자적) 학습자와 함께 행동하는 타인들이 존재, 학습자와 타인 간 상호작용 → (2차 발달: 대타적) 학습자는 타인을 향해 행동 → (3차 발달: 대자적) 자신을 향해 행동

▶ 문화역사적 산물인 쓰기는 협력이라는 방법적 도구를 이용하여 모방(타인, 어른과의 사회적 접촉)과 자기숙달 과정을 거침으로써 발달

▶ 문화역사적 상황을 고려하여 학생들의 삶과 연결되어 쓰기 활

동이 전개될 수 있도록 단원 구성

▶ 프로젝트 학습PBL과 스토리텔링story telling을 적용하여 학습자
의 자기주도적 학습능력을 높이는 단원 구성

▶ 단원 전개: [도입] 문화적 도구 인식 → [전개] 문화적 도구 모
방 → [정리] 문화적 도구 숙달

▶ 각 차시 단계: [계획] 생각 깨우기 → [실천] 생각 펼치기 →
[반성] 생각 거두기

※ 차시 3단계는 배희철(2016), 『비고츠키와 발달교육』 3부 9장 협력 수업 모형에서 가져옴.

『문화·역사적 발달중심 단원 모형』에 따른
국어 교과서 구성(안) ※ 학년 및 교과서 구성 영역: 3학년 1학기, 국어과 쓰기

● 도입

문화적 도구 인식	1. 문제 제시하기 - 단원 도입 및 수행할 문제 제시 「탐험대원을 찾아라!」 - 프로젝트 문제(과제)를 학습의 흐름, 사고의 흐름에 따라 스토리텔링으로 제시 - 대단원 학습 목표 도출	교과서 구성 예시 ⇨	
	2. 문제 파악하기 - '탐험'이라는 가상 상황 인식하기 - 문화적 도구 사용 필요성과 방법 숙달의 필요성 인식하기 - '만약 내가 탐험을 한다면?' 탐험 상황에서 필요한 것에 대해 생각해 보기 - 탐험지 정하기, 탐험대원을 구해야 하는 필요성 인식하기		

● 전개

문화적 도구 모방	1. 학습계획서 작성하기 -idea, facts, issues 찾기 - 학생 스스로 단원 학습계획 작성하기 - 구인광고 만드는 방법 알기 - 다양한 유형의 광고를 비판적으로 살펴보고, 장단점 및 추가할 내용 등 확산적 사고하기 - 탐험대원을 모집하는 광고 만들기 - 광고 홍보하는 말하기 활동	교과서 구성 예시 ⇨	
	2. 문제 해결 방법 찾기 - 문화역사적 소개하는 글 쓰는 방법 익히기 - 소개하는 글의 정의와 특징 알기 - 소개하는 글이 포함해야 하는 내용, 형식 등 일반화된 글 쓰는 법(원리) 알기 - 다양한 예시 글(학생 글) 비판적으로 분석하기 - 글 쓰는 방법 자기숙달하기 - 탐험대원으로서 나를 소개하는 글 쓰기 - 수업 외 활동: 학생 주도 자율 활동, 예비 탐험대원 인터뷰 및 면접, 관찰 - 스스로 평가		

문화적 도구 모방	3. 문제 해결하기 – 소개하는 글 쓰는 방법 숙달하기 – 소개하는 글 쓰는 방법 상기하기 – 선발된 탐험대원 소개하는 글쓰기 – 글의 개요 짜기 및 길게 글쓰기 – 교사 평가	교과서 구성 예시 ⇨	

● 정리

문화적 도구 숙달	1. 발표 및 평가하기 – 최종 합격 탐험대원 소개하는 글 발 표하기 – 게임 활동: 탐험대원 맞히기. 누구 일까요? – 역할극 활동: 탐험의 시작부터 탐험 대원을 모집하여 선발하는 과정을 역할극으로 꾸며 발표하기 – 상호 평가	교과서 구성 예시 ⇨	
	2. 발달(도약)하기 – 문화적 도구 자기숙달을 통해 발달 (도약)하기 – 단원 학습 활동 정리 및 마무리 – 소개하는 글 쓰는 방법 나의 입말로 정리하고 내면화하기 – 친구에게 소개하는 글 쓰는 방법을 설명하며 자기숙달 과정 실천하기 – 단원 학습 내용 스스로 평가 – 마무리 심화 글쓰기: 탐험지에서 있 었던 일 상상하여 글쓰기		

탐험대원을 찾아라!

좌충우돌

_____ 의 탐험 이야기

다양한 유형의 설명하는 글을 써 봅시다.

소개하는 글을 쓰는 방법을 알고, 소개하는 글을 써 봅시다.

만약 내가 탐험을 한다면?

그림: 이태수

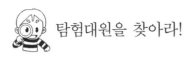 탐험대원을 찾아라!

● 생각 깨우기

저는 _____ (탐험대 이름) 탐험대 대장 _____ (자기 이름) 입니다.
제가 탐험하려고 하는 곳은 _____ (탐험할 장소) 입니다.
저와 탐험을 함께할 대원을 찾습니다.
공정한 면접과 철저한 능력 평가를 통해 대원을 선발할 것이
며, 최종 합격자 발표 이후 탐험을 떠나게 됩니다.

● 생각 펼치기

탐험해 보고 싶은 곳을 떠올려 볼까요?

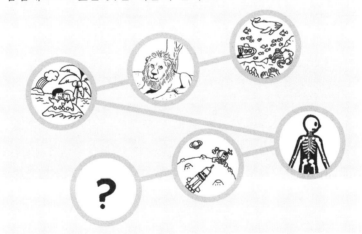

● 생각 거두기

내가 정한 곳에서 탐험하는 상상을 하며, 탐험 계획을 머릿속
으로 그려 봅시다.

탐험 계획서를 세워 봅시다.

● 생각 깨우기

구체적으로 탐험 계획을 세워 볼까요? 탐험대의 이름도 짓고, 함께 탐험을 떠날 대원도 찾아봐야겠어요. 무사히 탐험을 마치려면 대원이 어떤 능력을 갖춰야 할까요? 면접과 관찰을 통해 대원의 능력을 꼼꼼하게 따져 봐야겠어요. 탐험을 떠나 꼭 해 보고 싶은 일들도 생각해 볼 거예요.

● 생각 펼치기

탐험 계획서를 세워 볼까요?

탐험대장 이름			
탐험 장소			
탐험대 이름			
탐험대원의 자격조건	어떤 능력이 필요한가?		
학습 계획	일자	과제 수행 내용	예비 팀원 이름
	탐험 중에 해 보고 싶은 일은 무엇인가요?		

● 생각 거두기

탐험 계획이 구체적으로 세워졌나요? 그럼 이제부터 계획을 실천해 봅시다.

탐험대원을 모집하는 광고를 만들어 봅시다.

● 생각 깨우기

멋진 탐험대원들과 함께 탐험을 하는 상상을 해요. 탐험을 떠나려면 우선 탐험대원을 모집해야겠죠? 탐험할 곳, 그곳을 탐험하면 좋은 점, 면접 장소와 날짜 등을 글과 그림으로 소개할거예요. 탐험대원을 모집하는 광고를 만드는 거죠. 많은 친구들이 제 탐험대의 대원이 되고 싶어 하면 좋겠어요.

● 생각 펼치기

탐험대원을 모집하는 광고를 만들어 볼까요?

1. 사람을 구하는 광고를 만드는 방법을 알아봅시다.
   1) 사람을 구하는 광고에 포함되어야 할 내용은 무엇일까요?
   2) 사람을 구하는 광고의 특징은 무엇일까요?

> * 사람을 구하는 광고 만드는 법
> ① 광고를 만드는 이유에 대한 글을 쓰거나 그림을 그린다.
> ② 자격조건, 모집 인원, 모집 분야, 신청 방법 등 세부 내용을 쓴다.
> ③ 기타 궁금한 점을 물어볼 수 있는 연락처를 쓴다.
> ④ 사람을 구하는 기관(곳)을 쓴다.
> ⑤ 기타

2. 광고 만드는 법을 바탕으로 예시 광고를 비판적으로 살펴봅시다. 광고의 잘된 점, 부족한 점, 보충하고 싶은 점 등을 찾아 말해 봅시다.

질문 1

단원 신청 자격조건은 무엇인가요?

질문 2

광고에서 잘된 부분을 찾고, 보충하고 싶은 점을 말해 봅시다.

질문 1

모집 인원은 몇 명인가요?

질문 2

광고의 내용 중 부족한 점을 찾고, 보충하고 싶은 점을 찾아 말해 봅시다.

질문 1

궁금한 점이 생기면 어떻게 해야 하나요?

질문 2

잘된 점, 부족한 점, 보충하고 싶은 점을 찾아 말해 봅시다.

질문 1

광고 속 소개하는 글을 읽어 봅시다.

질문 2

내가 만약 이 광고를 만든다면 어떻게 만들고 싶은지 말해 봅시다.

3. 탐험대원을 모집하는 광고를 만들어 봅시다.

탐험대원을 모집합니다

탐험대원의 자격조건	
모집 인원	○○명
궁금한 사항 문의	탐험대 대장

● 생각 거두기

흥미롭고 매력적인 광고를 만들었나요? 공정하게 탐험대원을 선발해야 해요. 쉬는 시간 또는 방과 후에 탐험대의 대원이 되고 싶어 하는 친구들을 관찰해요. 그리고 정해진 날에 만나 이야기를 나눠 보고 탐험대원으로 가장 적합한 친구를 선발해요.

탐험대원을 어떻게 선발해야 할까?

1. 탐험대원이 되려고 하는 친구들에게 지원서를 받을 수 있어요.
2. 탐험대원이 되려고 하는 친구들이 직접 대장에게 찾아와 말로 지원할 수 있어요.
3. 수업 시간 외 시간을 활용해서 친구들이 잘할 수 있다고 말했던 것을 직접 해 보게 해요. 또는 질문을 통해 지원자들의 능력을 확인해요.
4. 그 외 여러 가지 다양한 방법들로 탐험대원으로 적합한 친구인지 확인할 수 있어요. 어떤 방법이 있을까요?

지원서 | 탐험대원이 되고 싶습니다	
이름	
잘할 수 있는 것	
탐험대원이 되고 싶은 이유	
기타	

소개하는 글 쓰는 방법을 알아봅시다.

• 생각 깨우기

탐험대원을 모집하는 광고를 살펴보니 제가 탐험대원이 되어 함께하고 싶은 탐험대가 있어요. 꼭 그 탐험대의 대원이 되고 싶어요. 탐험대원으로 뽑힐 수 있도록 면접에서 제 소개를 잘 해야겠어요. 제 성격은 어떤지, 잘하는 것은 무엇인지, 왜 탐험 대원이 되려고 하는지 등을 말할 거예요. 말을 잘하려면 먼저 글을 써 보는 게 좋을 것 같아요. 어떻게 해야 소개하는 글을 잘 쓸 수 있을까요?

• 생각 펼치기

소개하는 글을 쓰는 방법을 알아볼까요?

1. 소개하는 글 쓰는 방법을 알아봅시다.

  1) 소개하는 글은 이렇게 써요.

> ① 대상을 있는 그대로 꼼꼼하게 관찰한다.
> ② 대상의 특징(이름, 모습, 성격, 관련된 일, 좋아하는 것 등)이 잘 드러나게 자세하게 쓴다.
> ③ 대상을 소개(설명)하는 까닭이나 대상과 관련된 특별한 사건 등도 소개(설명)한다.
> ④ 글의 형식(처음-중간-끝)에 맞게 쓸 내용을 적절하게 나누어 쓴다.
> ⑤ 낱말, 맞춤법 등을 알맞게 쓴다.

  2) 소개하는 글 쓰는 방법을 친구(짝)에게 말로 설명해 봅시다.

3) 소개하는 글 쓰는 방법에 추가하고 싶은 내용은 무엇인 가요?

4) 소개하는 글이 무엇인지 한 문장으로 정리해서 써 봅 시다.

2. 소개하는 글 쓰는 방법을 바탕으로 예시 글을 분석해 봅시 다. 각 소개하는 글을 읽고, 질문에 해당하는 내용을 찾아 밑줄을 긋거나 소리 내어 읽어 봅시다.

우리 선생님

경산 부림초 3학년

우리 선생님 이름은 '이', '호' 자, '철' 자이시다.

3학년 2반 담임을 하신다.

얼굴은 못생기기도 하고, 잘생기기도 했다. 머리가 희다. 눈이 크고 길며 둥글다. 눈동자는 말똥말똥하다. 코는 넓적하고 펑퍼졌다. 잠깐, 이런 말을 해도 되는지 모르겠지만, 우리 선생님 입은 연못에서 금방 나온 오리의 튀어나온 입 같다. 또 고생을 많이 하셔서 입술이 부르터 껍데기가 붙어 있다.

성격은 무서울 때는 무섭고 안 무서울 때는 인자하시다. 그리고 성질이 났다 하면 무엇이든지 날아갈 판이다. 그리고 무슨 일이든지 빨리하고 꼭 해내신다. 학급신문 만드시는 걸 보면 남자가 꼼꼼하시다.

나는 우리 선생님을 사랑한다. 최고로 좋다.

출처: 이호철(2015), 『갈래별 글쓰기 교육』, 보리

1. 선생님의 모습(생김새)은 어떠한가요?

2. 선생님의 성격은 어떠한가요?

3. 글의 내용과 형식을 비판적으로 살펴보고 잘된 점, 부족한 점을 말해 봅시다.

4. 내가 만약 '선생님'이란 주제로 글을 쓴다면 어떻게 쓰고 싶은지 말해 봅시다.

세실리아 아줌마

경산 성암초 4학년

세실리아 아줌마의 본래 이름은 '이정순'이고 나이는 51세다. 세실리아라는 세례명은 성당에서의 본명이다. 아줌마는 눈이 크다. 그런데 눈에 견주면 코는 작다. 또 안경을 썼다. 약간 뚱뚱하다. 우리 엄마는 아줌마가 웃을 때 보면 귀엽다고 한다. 왜냐하면 웃을 때 약간 수줍어하기 때문이다.

아줌마는 몸이 불편한 아저씨가 있으면 그 아저씨의 아침밥을 챙겨 주는 일을 한다. 그래서 날마다 아침에 일찍 밖에 나간다. 아침에 학교 가려고 친구 예진이를 기다리고 있을 때 세실리아 아줌마와 자주 마주친다.

아줌마의 좋은 점은 언제나 그렇게 잘 웃는다는 것이다. 웃는 걸 보면 나도 기분이 좋아지고 보기에도 좋다. 또 웃으면 아주 착한 사람처럼 보인다. 무엇보다 아줌마는 모두에게 친절하게 대해 준다.

출처: 이호철(2015), 『갈래별 글쓰기 교육』, 보리

1. 세실리아 아줌마의 본래 이름은 무엇인가요?

2. 세실리아 아줌마의 좋은 점(잘하는 것)은 무엇인가요?

3. 글의 내용과 형식을 비판적으로 살펴보고 잘된 점, 부족한 점을 말해 봅시다.

4. 내가 만약 '아줌마'란 주제로 글을 쓴다면 어떻게 쓰고 싶은지 말해 봅시다.

우리 집 냉장고

경산 성암초 6학년

냉장고의 '모델명은 SRS689LMS'이며, 이름은 지펠이다. 전체 용량은 684L다. 냉장실은417L, 냉동실은 267L다. 폭은 1미터 15 센티미터, 깊이는 1미터다. 높이는 1미터 85센티미터다. 색깔은 은백색으로 가끔 햇빛이 비치면 반짝반짝 빛이 나서 처음 샀을 때는 "이야, 멋있네!" 하고 온 식구들이 감탄했다. 냉장고 문은 두 개다. 왼쪽은 냉동실, 오른쪽은 냉장실이다. 그런데 냉장실 쪽이 약간 더 넓고 문도 더 크다. 문을 여는 손잡이는 은색이며 거울처럼 얼굴이 비친다. 또 냉장실, 냉동실 문 가운데 가로 50센티미터, 새로 45센티미터의 작은 문이 달려 있는데, 그곳은 우유나 물, 음료수를 넣어 두는 곳이다. 또 큰 문을 열어서 보면 안쪽에 투명한 플라스틱 바구니가 달려 있는데 바구니 뚜껑을 열면 작은 문으로 넣었던 것을 다시 꺼낼 수 있다.

출처: 이호철(2015), 『갈래별 글쓰기 교육』, 보리

1. 냉장고의 모습을 상상하여 머릿속에 그림을 그려 봅시다.
2. 글의 내용과 형식을 비판적으로 살펴보고 잘된 점, 부족한 점을 말해 봅시다.
3. 내가 만약 '냉장고'란 주제로 글을 쓴다면 어떻게 쓰고 싶은지 말해 봅시다.

강아지 인형

경산 성암초 6학년

우리 집에 있는 인형 중 내가 가장 아끼는 인형은 작은 강아지 인형이다. 왜냐하면 동물 중에서 강아지를 가장 좋아하기 때문이다. 그 인형이랑 똑같이 생긴 조금 큰 인형도 있지만 나는 작고 귀여운 강아지 인형을 더 좋아한다.

강아지 인형은 노란색 옷을 입고 있다. 옷에는 모자도 달려 있다. 몸 색은 하얀색에 갈색이 조금 섞여 있다. 귀는 갈색이고 얼굴과 몸은 하얀색이다. 꼬리는 짧고, 코는 아주 진한 검정색이고, 눈은 하얀 털에 가려서 작아 보인다. 털을 예쁘게 빗어서 눈을 잘 보이도록 하고 보면 눈은 아주 크고 진한 검정색이다.

지난번에 인형을 가지고 놀다가 모르고 먼지가 많은 옷장 위에 던져 버렸다. 겨우 내려 보니까 인형에 먼지가 다 묻어 있었다. 그래서 먼지를 씻기는 김에 우리 집 인형을 다 씻긴 일이 있다. 다 씻긴 후에 말려서 옷을 입히는데 아빠가 옷을 잘못 입혀서 다른 강아지와 옷이 바뀌었다. 옷이 바뀌니까 더 귀여운 것 같아서 옷을 바꿔 입히길 잘했다는 생각도 들었다.

출처: 이호철(2015), 『갈래별 글쓰기 교육』, 보리

1. 글쓴이의 강아지 인형에게 어떤 일이 있었나요?
2. 글의 내용과 형식을 비판적으로 살펴보고 잘된 점, 부족한 점을 말해 봅시다.
3. 내가 만약 '인형'이란 주제로 글을 쓴다면 어떻게 쓰고 싶은지 말해 봅시다.

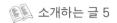

○○ 컵라면 조리 방법

경산 성암초 6학년

1. 뚜껑을 열고 면 위에 분말수프만 넣고 표시선까지 물을 부은 다음,
2. 뚜껑 위에 참치 파우치를 올려 두고 4분간 기다립니다.
3. 조리 후 참치 파우치의 내용물을 넣어 면과 함께 섞어 드십시오.

* 나트륨(식염 등) 섭취를 조절하기 위하여 기호에 따라 적정량의 수프를 넣어 드십시오.

1. 위 소개하는 글은 어떤 상황에 쓰이나요?
2. 글의 내용과 형식을 비판적으로 살펴보고 잘된 점, 부족한 점을 말해 봅시다.
3. 내가 만약 '조리 방법'이란 주제로 글을 쓴다면 어떻게 쓰고 싶은지 말해 봅시다.

저를 소개합니다

최영대

4월 어느 날 아침, 3학년 4반으로 전학을 왔어요. 이름은 최영대. 나이는 10살. 교실문을 열고 들어서니 앉아 있던 친구들이 제가 신기한지 이리저리 살펴보아요. 시골에서 전학 온 제가 낯설고 신기한가 봐요.

몸은 매우 말랐고, 키가 작아요. 그래서 맨 앞자리에 앉아요. 눈은 좀 작은 편이고 눈꼬리가 처졌어요. 그래서 사람들이 순하고 착해 보인대요. 입술은 두툼하고 붉은빛을 띠어요.

엄마가 돌아가시고 난 후부터 어두운 색의 옷만 입어요. 누군가 죽으면 어른들은 검은 옷을 입더라고요. 실내화를 신으면 발이 답답해요. 그래서 교실에서 실내화를 신지 않아요. 그런데 아이들은 실내화를 신지 않는 것이 이상한가 봐요. 자꾸 쳐다봐요.

제가 잘하는 것은 울지 않는 거예요. 그리고 화를 내지 않는 거예요. 친구들이 아무리 놀리고 괴롭혀도 울거나 화를 내지 않아요. 한번은 아주 큰 일도 있었어요. 저를 벽에다 세워 놓고 남자아이들이 모두 한 대씩 때리는 거예요. 물론 선생님이 안 계실 때예요. 왜 때리냐고 여자아이들이 말렸지만 남자아이들은 아랑곳하지 않았어요. 코피도 터지고 눈 주위에 시퍼런 멍도 들었지만 울지 않았어요. 하지만 노려보기는 했어요. 노려보면서 속으로 친구를 때리고 골려주는 것은 옳지 않다고 말했어요. 제 마음이 전달되었는지 남자아이들의 괴롭힘은 멈췄어요.

저는 말을 하는 것보다 혼자 생각하는 것을 더 좋아해요. 그래서 말을 많이 하지 않아요. 그러다 보니 주위 사람들이 저보고 매우 조용하대요. 게다가 차분하고 조심성 많은 성격이라 행동이 조용하고 느려요. 천천히 조용하게 걸어 다니고, 밥도 소리 내지 않고 먹어요. 그런데 아이들이 제 이런 모습들을 보고 바보라고 놀려요. 전 바보가 아니에요. 그저 행동과 말이 조용하고 느릴 뿐이에요. 아이들이 제 모습을 있는 그대로 인정해 주고, 놀리는 일이 없었으면 좋겠어요.

출처: 각색 허경덕, 원작 채인선(1997), 『내 짝꿍 최영대』, 재미마주

1. 글의 형식에 따라 내용을 정리해 봅시다.

		어떤 내용이 쓰여 있나요?	
	특징	구체적인 내용	
처음	이름		
	나이		
가운데	모습		
	잘하는 것		
	있었던 일		
끝	꿈 또는 바람		

내 짝꿍 '최영대'

채인선

[처음]

4월 어느 날 아침, 더벅머리를 한 남자아이가 교실 문을 열고 들어왔어요. 헐렁한 웃옷에 다 해어진 운동화를 신은 꾀죄죄한 아이였어요. 아이들은 그 애의 모습이 신기한 듯 이리저리 살펴보았어요. 선생님이 아이들에게 그 애를 소개했어요.

[가운데]

이름은 최영대. 여기서 멀리 떨어진 어느 시골 학교에서 전학 온 거래요. 영대는 아주 조용했어요. 공부를 할 때도 조용하고 쉬는 시간에도 조용했어요. 그 애는 행동도 조용조용했어요. 천천히 소리 안 나게 일어나서는 소리 안 나게 걸어 다녔어요. 그래서 그런지 굉장히 느렸어요. 글씨 쓰는 것도 느리고 밥 먹는 것도 느렸어요. 누가 자기 흉을 보아도 잠자코 있었어요. 아이들은 영대를 놀렸어요. "굼벵이 바보! 쟤는 말도 잘 못한데. 아마 듣지도 못할 거야." 영대는 언제나 같은 옷을 입고 왔어요. 몸도 잘 씻지 않는지 영대가 지나갈 때면 지독한 냄새가 났어요. 실내화도 없이 가방은 바닥에 질질 끌고 다니고 준비물은 하나도 안 가져왔어요. 여자아이들은 영대와 같이 앉기 싫다며 선생님을 졸랐어요. 그래서 여름방학이 다 되도록 영대는 맨 뒤에 혼자 앉아 있었어요. 아이들이 그러는데 영대는 엄마가 갑자기 돌아가시고 난 다음부터 거의 말을 안 하고 지냈대요. 그래서 지금은 할 수 있는 말이 몇 안 된대요. 그리고 옷차림도 지저분해졌대요. 다른 식구도 없이 아버지와 단둘이 산다는데, 생각해 보면 불쌍한 아이였지만 우리는 모두 영대를 따돌렸어요.

[끝]

　그래도 영대는 울지 않았어요. 웃지도 않고요. 몇 번 노려보긴 했지만 그것으로 다예요. 그래서 더 바보 소리를 들었어요. 남자 아이들은 걸핏하면 영대 가방을 빼앗아 교실 밖으로 던져 버렸어요. 또 어느 때는, 우유를 먹는 시간이었는데 일부러 그 애 팔을 흔들어 우유를 다 쏟게 한 일도 있어요. 그러고는 선생님께 이르는 거예요. "선생님, 영대가 우유를 엎질러 제 책상이 다 젖었어요. 혼내 주세요." "선생님, 영대를 복도로 쫓아내요, 냄새가 나요." 하지만 영대는 가만히 있었어요. 그래서 더 바보 소리를 들은 거예요. 아이들은 무슨 일만 있으면 영대를 괴롭혔어요. 선생님이 아이들을 벌주면 아이들도 영대를 벌주었어요. 누가 물건을 잃어버리면 분명히 영대가 가져갔을 거라며 영대 가방을 교실 바닥에 쏟아 놓고 샅샅이 뒤졌어요. 우리 반 화장실이 더러운 것도 바로 영대 때문이라고 날마다 화장실 청소도 시켰어요. 선생님이 몇 번 야단을 쳤지만 나중에는 선생님도 그냥 내버려 두었어요.

출처: 각색 허경덕, 원작 채인선(1997),『내 짝꿍 최영대』, 재미마주

1. 단락 내용별로 어떤 특징이 쓰여 있는지 정리해 봅시다.

	어떤 특징이 쓰여 있나요?
처음	
가운데	
끝	

2. 나도 '○○ 탐험대' 탐험대원이 되고 싶습니다. 탐험대원으로
   최종 합격할 수 있도록 나의 특징이 잘 드러나게 자기소개
   서를 써 봅시다.

1) 자기소개서에 써야 할 내용 정리하기

	어떤 내용을 써야 할까요?
처음	
가운데	
끝	

2) 정리된 내용을 바탕으로 긴 글로 풀어서 써 봅시다.

자기소개서 | 탐험대원이 되고 싶습니다!

● 생각 거두기

쓴 글을 발표하고 평가해 볼까요?

1. 내가 탐험대원으로 뽑힐 수 있을까요? 자기소개서를 발표해
   봅시다.

평가 기준	평가 척도		
1. 소개하는 글을 쓰는 방법을 이해했다.	잘했어요	보통이요	노력이 필요해요
2. 나의 특징이 드러나게 소개하는 글을 썼다.	잘했어요	보통이요	노력이 필요해요

2. 스스로 평가해 봅시다.

탐험대원을 소개하는 글을 써 봅시다.

● 생각 깨우기

함께 탐험을 떠날 탐험대원이 결정되었어요. 탐험대와 잘 어울리는 멋진 친구예요. 어떤 친구가 탐험대원이 되었는지 소개해 드릴게요.

● 생각 펼치기

최종 합격한 탐험대원을 소개하는 글을 써 볼까요?

1. 소개하는 글을 쓰는 방법을 떠올려 봅시다.

> *소개하는 글을 쓰는 방법
> ① 대상을 있는 그대로 자세하게 관찰한다.
> ② 대상의 특징(이름, 모습, 성격, 관련된 일, 좋아하는 것 등)이 잘 드러나게 자세하게 쓴다.
> ③ 대상을 소개(설명)하는 까닭이나 대상과 관련된 특별한 사건 등도 소개(설명)한다.
> ④ 글의 형식(처음·중간·끝)에 맞게 쓸 내용을 적절하게 나누어 쓴다.
> ⑤ 낱말, 맞춤법 등을 알맞게 쓴다.

2. 탐험대원으로 선발된 인물을 소개하는 글을 쓰려고 합니다. 소개하는 글에 포함되어야 할 내용을 정리하여 써 봅시다.

1) 탐험대원을 소개하는 글에 써야 할 내용을 정리해 봅시다.

	어떤 내용을 써야 할까요?
처음	
가운데	
끝	

2) 정리된 내용을 바탕으로 긴 글로 풀어서 써 봅시다.

탐험대원 최종 합격자를 소개합니다

• 생각 거두기

내가 쓴 글을 평가해 볼까요? 선생님과 함께 평가해 봅시다.

평가 기준	평가 척도		
1. 글의 형식에 맞게 내용을 정리했다.	잘했어요	보통이요	노력이 필요해요
2. 대상의 특징이 드러나게 소개하는 글을 썼다.	잘했어요	보통이요	노력이 필요해요

함께 탐험을 떠날 대원을 발표해 봅시다.

● 생각 깨우기

두근두근! 콩닥콩닥! 최종 합격한 탐험대원은 누구일까요?
다섯 고개를 넘어야 맞힐 수 있어요. 한 고개 넘을 때마다 실
마리를 드릴 거예요. 잘 듣고 누구인지 말해 보세요.

● 생각 펼치기

최종 합격한 탐험대원은 누구일까요? 다섯 고개를 모두 들은
후에 맞혀 보세요.

> * 누구일까요?
> ① 한 고개: 모습을 소개한 내용을 읽어 주세요.
> ② 두 고개: 성격을 소개한 내용을 읽어 주세요.
> ③ 세 고개: 좋아하거나 잘하는 것에 대해 읽어 주세요.
> ④ 네 고개: 탐험대원으로 선발한 이유를 읽어 주세요.
> ⑤ 다섯 고개: 더 소개하고 싶은 내용이 있으면 읽어 주세요.

● 생각 거두기

친구들의 발표를 듣고 소개하는 글을 잘 썼는지 평가해 볼까요?

평가 기준	평가 척도			
	친구의 이름을 적어 주세요			
1. 대상의 특징이 드러나게 소개하는 글을 썼나요?	☆☆☆	☆☆☆	☆☆☆	☆☆☆
2. 바른 자세로 발표를 했나요?	☆☆☆	☆☆☆	☆☆☆	☆☆☆

탐험 준비 이야기 역할극을 해 봅시다.

● 생각 깨우기

탐험대원도 뽑았고, 탐험 준비도 끝났어요. 이제 곧 출발이에
요. 출발할 생각을 하니 설레기도 하고, 두렵기도 해요. 새로운
일에 도전한다는 것은 역시 떨림이에요. 그런데 제가 어떻게
탐험대원을 뽑았는지 궁금하지 않으세요? 지금부터 탐험 준비
과정을 보여 드릴게요.

● 생각 펼치기

탐험 준비 이야기 역할극을 해 볼까요?

---

* 역할극 활동 안내
① 나와 탐험대원이 함께 역할극을 꾸며요. 어떤 내용으로 꾸밀지
  이야기를 나눠요.
② 대원 모집 광고, 대원 소개글, 수업 외 시간에 있었던 면접과 관
  찰 상황 등을 참고해서 역할극 내용을 구성해요. 대본을 꼭 쓰지
  않아도 괜찮아요. 하지만 필요하면 대본을 작성해도 좋아요.
③ 역할극 내용 예:
  −탐험대장: 저는 보물섬을 탐험하려고 합니다. (광고지를 보여
       주며) 보물섬을 탐험하기 위해 이러한 조건을 가진
       대원이 필요합니다. 저와 함께하실 분은 지원서를
       작성해서 제출하거나 저에게 와서 말로 지원 신청
       을 해 주시기 바랍니다.
  −지원자 1: 저는 수영을 잘하기 때문에 위급한 상황에 당신을
       구할 수 있습니다.
  −지원자 2: 저는 조금 먹어도 살 수 있기 때문에 식량 걱정 없이
       탐험할 수 있습니다.
  −탐험대장: (면접 상황을 보여 주며) 그럼 면접을 하겠습니다.
       최종 합격한 대원은 ○○○입니다. (간략하게 대원
       을 소개함)
④ 탐험대별로 순서를 정해서 발표해요.
⑤ 진지한 태도로 이야기를 경청하고, 역할극을 관람해요.

● 생각 거두기

탐험 이야기 잘 들었나요? 무사히 탐험을 마친 우리 모두에게
격려와 박수를 보내요.

 단원 마무리

● 단원에서 배운 내용을 정리하여 봅시다.

1. 탐험하는 동안 있었던 일 중에서 가장 기억에 남는 사건, 탐험 과정 등을 실감 나게 써 봅시다. 어떤 사건의 한 장면을 집중적으로 쓰거나 탐험의 전체 과정이 모두 드러나도록 써도 좋아요. 또는 탐험을 마치고 난 후 느낌을 표현해도 좋아요. 꼭 글이 아니라도 괜찮아요. 그림, 만화, 이모티콘 등 자유롭게 형식을 선택해 보세요.

2 소개하는 글 쓰는 방법을 기억하나요? 짝 또는 모둠 친구들에게 소개하는 글 쓰는 방법과 소개하는 글을 잘 쓸 수 있는 나만의 비법을 설명하는 말하기를 해 봅시다.

3. 이번 단원에서의 배움을 스스로 평가해 봅시다.

평가 기준	평가 척도		
1. 설명하는 글(소개하는 글) 쓰는 방법을 이해했다.	잘했어요	보통이요	노력이 필요해요
2. 탐험 중 있었던 일을 소개하는 글을 실감 나게 썼다.	잘했어요	보통이요	노력이 필요해요
3. 바른 자세로 발표를 했다.	잘했어요	보통이요	노력이 필요해요
4. 다른 친구의 발표를 귀 기울여 들었다.	잘했어요	보통이요	노력이 필요해요

8

교실에서 근접발달영역 살펴보기

최애영(남양주 송촌초등학교)

1. 들어가며

초등교육과정모임 여름 워크숍에서 비고츠키의 교육에 대한 이야기를 처음 접했다. 교육 월간지에 소개된 핀란드 교육과 비고츠키에 대해 궁금해하고 있던 차였다.

비고츠키가 말한 교육철학이 지금 우리 아이들의 성장과 교육을 설명할 수 있다는 말을 들었을 때는 더욱 호기심이 생겼다. 아이들의 발달과정의 핵심인 그 이름도 생소했던 근접발달영역에 대해 조금만 공부하면 알게 될 것이라 생각했지만, 3년이 넘어가도록 딱 떨어지게 설명하기가 쉽지 않다. 얼마 뒤, 비고츠키의 저작 『생각과 말』이 번역되어 출간될 즈음 모임 회원들과 강독하며 비고츠키 교육학에 대해 더 깊이 있는 공부를 했지만 그때도 지금도 여전히 알 듯 모를 듯 어렵기만 하다.

교육활동이 어떤 것이어야 하는가에 대해 많은 교육학자들이 말해 왔고, 좋은 수업에 대해서 많은 교사들이 연구를 했다. 그중에 많은 것들에 공감이 갔지만 그래도 의문은 계속 남아 있었던 시점에, 비고츠키는 인간을 어떻게 이해해야 하는가에 대한 답을 주었다. 그리고 어린이의 발달과 교수-학습의 관계는 어떠해야 하는가에 대해서도 강한 인상을 남겼다.

그냥 느낌으로 남겨 두는 것보다 그동안 공부한 것을 한 번쯤 정리하고 넘어가야겠다는 생각도 들고, 나처럼 어렵다고만 생각하고 멀리하게 될지도 모를 초심자들에게 이해한 만큼만 이야기보따리를 풀어놓고자 한다. 마침 참교육연구소의 현장연구모임에서 비고츠키와 학교현장을 관련지어 생각해 볼 기회를 갖게 되었다.

2. 비고츠키의 '근접발달영역' 개념의 이해

비고츠키의 교육이론은 어느 한 개념도 간략히 설명하기가 만만하지 않다. 발달, 근접발달영역, 과학적 개념과 일상적 개념, 생각과 말의 관계, 도구와 기호 등….

그중에 아이들 발달의 구체적 모습이라고도 할 수 있고, 교수-학습 방법의 기초로 사용되고 있는 비고츠키의 이론인 '근접발달영역' 개념을 이해하는 것은 교육활동에 많은 도움을 주리라 믿는다.

비고츠키는 근접발달영역이 교수-학습과 발달의 관계를 규명하기 위해 필요한 개념이라고 밝히고 있다. 아이의 발달이 일어나도록 하기 위해서는 교사가 학생의 지적 수준보다 높지만 그것보다 너무 높지 않은 과제를 제시해야 한다고 보았다. 그런 방식일 때만 아이는 새로운 문제를 해결하려는 높은 도전의식을 갖게 되고, 아이 자신의 지적 수준보다 높아지도록 충분히 자극을 받게 된다고 한다.

비고츠키는 또 학교에서 해야 할 중요한 일 두 가지를 제시하고 있다. 첫째는 개별적인 아이의 지적 수준을 신중하게 확정해야 한다는 것, 둘째는 아이의 지적 수준보다 높지만 그것보다 너무 높지 않은 과제들과 문제들의 범위를 확정해야 한다는 것이다.

비고츠키는 위의 두 가지로 학교에서 아이들의 지적 잠재력을 측정할 수 있다고 말했다. 이전에는 아이의 지적 수준을 독립적으로 해결할 수 있는 문제들의 수와 형태를 파악하여 측정(IQ 측정)했었다. 그러나 비고츠키는 아이가 독립적으로 문제를 해결할 때와 다음에 아이가 더 능력 있는 파트너와 문제를 해결할 때를 검사함으로써 진행되는 아이의 지적 수준을 측정하는 방법을 제시했다. 비고츠키의 관점에 따르면 자신보다 더 능력 있는 파트너의 도움으로 더 많은 이익을 얻는 어린이는 더 많은 지적 잠재력을 지니고 있다는 것이다. 이것은 자신보다 더 능력 있는 파트너의 행위를 파악하거나 모방하는 능력이 어린이 자신의 지적 이해력에 대해 적지 않은 것을 말해 주기 때문이다.

"어린이의 근접발달영역은 독립적으로 해결한 문제를 통해 확립된 어린이의 실제적 발달수준과, 성인의 안내나 혹은 더 지적인 파트너와의 협력으로 어린이가 해결한 문제를 통해 확립된 어린이의 가능한 발달수준의 차이이다." 『레프 비고츠키』, 153쪽

"근접발달영역은 아직 성숙하지 않았지만 이제 성숙의 과정에 있는 기능들, 내일 성숙하겠지만 지금은 여전히 초기 형태에 머물러 있는 기능들, 발달의 열매라 칭해질 수 없지만 발달의 새싹으로, 발달의 꽃으로, 즉 이제 막 성숙하고 있는 것으로 칭해질 수 있는 기능들이다. 실제적 발달수준이 성공적인 발달 결과, 어제까지의 발달 결과를 보여 준다면 근접발달영역은 내일 펼쳐질

정신 발달의 특징을 나타낸다." 비고츠키, 1933년 연설 내용

이러한 비고츠키의 말을 들어 보면 아이의 현재 발달수준에서 더 나은 발달을 이끌어 줄 교사의 역할이 얼마나 중요한지 절실하게 느껴진다. 교사의 준비된 안내나 또래 아이들의 협력과 상호작용은 그 아이의 근접발달영역이 최대한 많은 부분 창출되도록 하는 데 목표가 있다. 교실 안에서 아이들이 습득해야 하는 기능들의 근접발달영역을 최대화하기 위해 교사와 아이들과의 협력이 더욱 중요하다고 하겠다.

이제 학급 아이들의 근접발달영역을 관찰한 사례를 미약하나마 이해한 만큼 설명해 보고자 한다.

3. 교실 속에서 근접발달영역을 관찰해 보다

근접발달영역에 대해 이해한 것을 내가 만나고 있는 아이들과의 교육활동 속에서 찾아보고자 하였다.

교실에서 발견하는 근접발달영역은 어떤 모습일까? 근접한 발달의 영역, 눈에 보이지도 않고 자세히 관찰한다고 해도 단번에 관찰될 수 있는 것도 아니기에 이 발달의 영역을 이해하고 설명하기란 쉽지 않다.

그래도 근접발달영역이라는 개념을 어렴풋이나마 이해하고 나니, 교실 속 아이들 모습을 바라보는 시각이 달라지기 시작하였다. 그 변화가 어떤 지점에서 시작되었는지 좀 더 자세히 정리해 보고자 한다.

1) 아이들과 아이들 속에서-아이들이 수업을 준비하는 태도

　(문제해결능력, 관계 맺기)

2학년 1학기 통합 '나2' 시간에 나의 몸에 대해서 배우고 정리하면서 '병원놀이'를 한다. 먼저, 각자 역할을 나누어 맡아 필요한 도구를 만들어 놀이를 시작한다. 자신의 역할에 맞는 도구를 준비할 때 아이들은 각자 다른 수준으로 준비하게 된다.

혼자서 필요한 도구를 만들거나 집에서 적절한 것을 찾아오는 아이, 부모님의 도움을 얻어 준비하는 아이, 학교에 와서 친구에게 빌려오는 아이, 어떻게 할지 몰라서 그냥 오는 아이 등 준비과정에서 아이들은 작지만 준비 정도의 문제해결능력 차이를 보인다.

역할놀이를 할 때도 친구와 협조하며 서로 필요한 것과 도와줄 내용에 대해 인지할 수 있는 아이가 있는가 하면 어떻게 시작해야 할지도 모르는 아이도 있다. 교사는 역할놀이를 하기 전에 각자의 역할을 한 번씩 해 보고, 역할을 바꾸어서도 해 보라고 이야기해 준다. 그러면 아이들은 누구랑 먼저 바꿀 것인지에 대해 서로 의견을 나눈다. 그러면서 자신의 역할에서 주의할 점들을 자연스럽게 이야기하게 된다. 이때 역할놀이 준비물이 부족했다거나 놀이에 소극적인 아이들도 어쩔 수 없이 또는 친구의 도움을 받아 좀 더 놀이에 적극적으로 참여하게 된다.

이렇듯 문제해결능력(역할놀이를 위한 준비물 챙기기), 관계 맺기(친구와 대화를 나누며 역할놀이 하기)는 각자 차이가 있는 상태에서 시작하게 된다.

놀이의 시작은 그러했지만 놀이가 끝나갈 즈음엔 처음에 잘 몰라 어리둥절했던 아이들이나, 준비물이 잘 갖추어져 있지 않았던 아이들도 어느새 서로 얽혀 역할놀이에 열중해 있는 모습을 보인다. 왁자지

껄 놀이에 흠뻑 빠져서 신나게 놀이하면서 아이들은 각자의 수준을 끌어올리는 과정에 있는 것이다. 즉, 자신의 근접발달영역을 조금 더 높여 나가는 과정이 아닐까 생각해 본다.

처음 놀이를 시작할 때 아이들마다 준비 태도에 차이점이 분명하게 드러난다.

또 처음 놀이를 시작할 시점보다 놀이를 한참 하고 있을 때는 좀 더 앞서 나간 모습이지만, 개개인의 모습을 살펴보면 서로 다른 수준을 보인다.

구체적으로 설명하면 다음과 같다.

> A양은 처음에 역할놀이 준비물을 잘 챙기고 놀이에도 적극적이며 관계도 주도해 나간다.
> B군은 처음에 역할놀이 준비물을 잘 챙기지 못했고, 소극적이었으나 놀이에 즐겁게 참여한다.

두 사람은 시작한 순간에서 끝나는 시점까지 같은 수업 시간에 참여했지만, 수업이 끝난 후 '발달의 도착 지점'이 같다고 할 수는 없다. 그러나 분명히 놀이활동을 통한 수업에서 각자의 시작점과 다른 도착점에 도달했다고 볼 수 있는 것이다. 즉 교사와 아이들은 하나의 같은 수업 속에서 학생 수만큼이나 다른 교육과정을 가르치고 배우고 있다.

또한 아이들만이 아니라 교사도 변화의 과정을 겪게 된다.

아이들이 놀이에 참여할 수 있도록 교사는 준비도가 부족한 아이를 배려하여 준비물 빌려주기, 친절하게 알려 주기, 역할 바꾸어 놀이하기 등 상황을 봐 가며 적절한 안내의 말을 해 준다. 처음엔 준비도가 다른 아이들을 보며 수업을 잘 이끌어 갈 수 있을까 우려했지만

발달의 내용 (정신기능)	교육 활동	실제적 발달수준	잠재적 발달수준 (근접발달영역)	도움을 준 사람, 또는 내용	두 아이의 차이점 및 변화된 것
문제해결 능력과 관계 맺기	장면 1. 모둠별로 발표하기	A: 정리 내용을 안내에 따라 친구들 앞에서 큰 목소리로 발표함	이끎이가 되어 모둠 친구들을 한 줄로 인사시키고 자신의 내용을 발표함 학교 축제 때 사회자 역할을 맡아 잘 해냄	교사: 발표 형식 안내 모둠 친구들: 발표 내용 제안 및 정리 학급 전체: 경청하기	친구들 앞에서 자신의 작품이나 생각을 발표하는 것에 자신감을 가지게 됨. 아나운서의 꿈을 향해 더욱 노력하게 됨
		B: 모둠 친구들이 나올 때 나오기를 거부하며 자리에 앉아 있다가, 친구들의 재촉에 어쩔 수 없이 나와서 다른 친구들 발표 시에 땅을 바라보고 서 있음	자신의 내용을 옆 사람만 알아들을 수 있는 목소리로 아주 간단히 말함 이후 모둠별 발표 시에 칠판 앞에 자연스럽게 나옴 자신의 작품이나 생각을 간단히 설명함	교사: 격려의 박수 유도 모둠 친구들: 진지하게 잘 발표하라고 말해 줌 학급 전체: 박수를 주고 '잘해'라며 격려함	친구들 앞에 나와 서 있는 것이 어려웠지만 여러 번 반복하며 격려를 받은 결과, 앞에 나와 웃음을 지으며 간단히 발표할 수 있게 됨
	장면 2. 모둠별로 역할놀이 하기	A: 병원놀이를 할 때 역할을 나누어 맡을 수 있음	교사의 안내에 따라 병원놀이에 필요한 도구를 준비해 올 수 있음	교사: 놀이에 필요한 도구 안내 부모님: 놀이 도구 만드는 데 필요한 것을 준비해 줌 짝꿍: 자신이 만들 것에 대해 미리 구상한 것을 이야기하며 정보 나눔	놀이에서 맡은 역할에 맞는 도구를 잘 준비하여 적극적으로 놀이에 참여함
		B: 병원놀이를 할 때 역할을 친구들이 대신 말해 줌	자신의 역할에 맡는 준비물을 안내받았으나 준비물을 만드는 데 어려움이 있음	교사: 역할에 맡는 준비물을 안내함 짝꿍: 자신이 만들 것에 대해 미리 구상한 것을 이야기하며 정보 나눔	놀이에서 역할에 맞는 준비물을 잘 챙기지 못했으나 친구에게 빌려서 놀이에 즐겁게 참여함

아이들 상호 간에 도움을 주고받으며 즐거운 놀이로 이끌어 가는 모습들을 보며 성공적인 수업에 흡족해할 수 있다.

역할놀이 활동에 참여하기 어려워하는 B군

친구들과 역할을 바꿔 가며 놀이에 적극 참여하고 있는 B군

모둠별 발표하러 앞에 나왔으나 쑥스러워 하는 B군

모둠별 발표에 적극 참여하고 있는 B군과 돕고 있는 모둠 친구들

2) 교사와 아이 사이에서-낯선 선생님과의 수업을 대하는 자세
   (자기규제, 자기표현)

'사랑' 모둠 아이들은 모두 4명이다. 이끎이를 하는 A양은 아이들 사이에서 주도적으로 이야기를 이끌며 자신 있게 의견을 낸다. 나눔이를 하는 B군은 친구들이 모둠활동을 할 땐 주로 혼자서 책에 그림을 그리거나 딴청을 피운다. 모둠 발표를 하러 칠판 앞으로 모두 나가게 될 때는 어쩔 수 없다는 듯 나가서 혼자 떨어져서 고개를 푹 숙이

곤 한다.

　이것이 3월의 모습이었다. 다그치거나 꾸중은커녕 그냥 발표 순서대로 호명한 것조차도 B군에게는 큰 부담인 듯 보였다.

　그런데 반복하여 모둠별 발표를 연습할수록 B군의 태도가 아주 조금씩 달라졌다. 친구들과도 발표하는 것에도 익숙해졌기 때문이라 생각되었다.

　그렇게 1학기를 마치고 2학기도 한참 지난 11월, 창체 시간에 우리 반 아이들은 영어체험 수업을 들으러 교실을 이동했다. 아이들이 수업 시작하는 것을 보고 나와 교실에 있는데 조금 지나서 B군이 심상찮은 표정으로 교실 문을 열고 들어왔다. 영어 선생님이 영어로만 말을 하니 도통 알아들을 수가 없다면서 중얼거리는 것을 살짝 들었고, 고개를 숙이고 울상을 지었던 모습을 뒤로하고 나왔던 터라 어느 정도 짐작이 되었다. 수업 도중에 학습지를 구겨 던지며 좀 더 큰 소리로 어렵다면서 울상이 된 아이를 영어 선생님이 교실로 보낸 것이다. 순간 많이 당황했지만, 이 상황을 어떻게 할 것인가 생각해 보았다. 2일간의 수업이었는데, 첫 시간에 이런 상황이 발생했으니 2일간 다른 것을 할 것인가, 달래서 보낼 것인가 고민하다가 상담 선생님에게 도움을 요청했다. 상담 선생님을 먼저 만난 아이는 마음이 어느 정도 안정이 된 것 같았다. 그런 아이에게 "앞으로 어려운 일이 닥칠 때마다 뛰쳐나갈 거야? 오늘 힘들다고 여기에서 포기하면 앞으로 어떤 것을 할 수 있을지 생각해 봐"라고 말하고, 스스로 판단하기를 기다렸다. 한참을 생각하던 아이는 "수업에 들어갈래?"라고 묻자 고개를 끄덕였다.

　그 순간에 나는 기쁨이랄까 감격했다고 해야 할까? 아이도 대견하고, 아이에게 생각할 기회를 주는 질문을 한 나 자신도 기쁘고 안도가 되었다. 아이는 잠시 후에 다시 수업에 참여했고, 2일 동안 다른 아

발달의 내용 (정신기능)	교육 활동	실제적 발달수준	잠재적 발달수준 (근접발달영역)	도움을 준 사람, 또는 내용	두 아이의 차이점 및 변화된 것
자기규제 및 자기표현	장면 1. 영어 체험학습 시간	A: 원어민 영어 선생님을 집중하여 바라보며 수업에 잘 참여함	수업에 잘 참여하고 발표도 하며 간단한 영어표현에 자신감을 가짐	교사: 대답할 기회를 주며 칭찬함	낯선 교사와 교육환경을 접했지만 호기심과 자신감을 가지고 자기표현을 함
		B: 원어민 영어 선생님의 말을 이해하지 못하여 고개를 숙이고 울먹거리며 짜증을 냄. 결국 수업에 방해가 되어 교실로 오게 됨	담임교사의 격려로 다시 영어교실로 돌아가서 끝까지 잘 참여함	교사: 대답할 기회를 주면서 기다리며 격려함	낯선 교육환경에 처했을 때 자신의 감정과 태도를 처리하는 능력이 조금은 향상됨
	장면 2. 통합교과 중 즐거운 생활 (그리기)	A: '가을풍경'이라는 주제에 맞게 스케치하여 색을 알맞게 사용함	가을풍경에 맞게 단풍이 든 모습과 즐거워하는 사람들의 모습을 그렸고, 조언에 따라 색을 더 추가하고, 사람을 더 그려 넣으며 적극적으로 참여	교사: 단풍의 색깔을 화면으로 보여 주며 다양한 색이 있음을 안내함	작품을 더욱 완성도 높게 마무리하고 자신 있게 설명함
		B: '가을풍경'이라는 주제에 맞는 스케치하기를 어려워함	갈색을 화면 전체에 칠하여 가을 분위기를 나타냄	교사와 모둠 친구들: 가을에 어울리는 색을 안내함. 작품 설명 시 더 칭찬함	작품의 구성력은 떨어지나 끝까지 완성하고 작품 설명을 함

이들과 똑같이 신나고 즐겁게 영어 수업에 참여했다.

A양이나 다른 친구들도 영어로 수업하는 선생님의 이야기에서 이해하지 못한 부분이 많았을 것이다. 어떤 아이는 그 어려운 상황에서 집

중하고 이해하려고 노력하고, 수업에 참여하려고 시도할 것이다. 그러나 어떤 아이는 낯선 상황에 처했을 때 어떻게 자신을 조절하고 상대방을 대해야 하는지 자기규제에 대해 모를 수 있다.

B군이 3학년이 되어 영어체험 수업을 듣게 된다면 이번 일과 같은 상황은 벌어지지 않을 것이다. B군은 다음번에는 그런 상황이 되었을 때 울거나 종이를 구기지 않겠다고 스스로 다짐을 했기 때문이다. B군의 자기규제에 관한 근접발달영역은 이렇게 한 걸음 더 나아갔다고 생각한다.

3) 자기 스스로 공부하게 하는 받아쓰기 시험
  (기억력, 주의집중능력, 의지)

받아쓰기 시험은 2학년 전체 아이들이 매주 1회씩 보기로 하였다.

우리 반은 시험 전날 한 번을 쓰면서 공부하기로 약속했다. 아이들에 따라 두 번을 써 오는 아이, 엄마와 미리 시험을 보고 점수를 매겨 오는 아이, 숙제를 깜빡 잊고 학교 와서 한 번을 겨우 쓰는 아이, 그냥 숙제를 안 한 채로 있는 아이 등 다양한 모습을 보였다.

A양은 늘 한 번을 숙제로 했고, 거의 매번 10개 모두 맞춤법에 맞게 잘 썼다.

B군은 받아쓰기 시험 시간이 되면 무척 긴장해서 고개를 푹 숙이고 공책을 가렸다. 걷어서 검사를 해 보면 불러 준 문장 10개 중 두세 글자만 소리 나는 대로 써 놓았다.

'순이가 뛰어갔습니다'라면 '수니가' 정도를 써 놓았다. 한글 해득을 위해서 어떻게 지도해야 할까 고민이 되었다. 일단 틀린 것을 답을 보고 고치고, 똑같이 두 번을 쓰도록 했다. 그러나 답지를 보고 고치는 것은 그 아이에게 너무나 어려운 일이었다. 10문제를 순서를 바꾸어서 불렀기 때문에 정답을 찾는 것조차 몹시 어려워했다. 그래서 그냥 답지를 보고 두 번을 쓰기로 했는데, 답지를 보고 쓰는 것도 맞춤법이 틀린 것이 생기거나 두 번을 성실하게 쓰지 않거나 하면서 시간이 지났다. 매번 비슷한 장면이 되풀이되기에, 그 아이에게는 고치기와 두 번 쓰기 숙제를 내지 않고 그냥 한 번 써 오도록 했다. 이후에 숙제는 잘해 오는 편이었다.

그렇게 1학기가 지났고 2학기가 되자 10문제 모두 문장 전체를 써서 냈다. 맞춤법은 틀렸지만 '산꼭대기에 올라가 나무를 꺾었습니다'라면 '산꼬대기에 오라가 나무르 꺼거스니다' 이런 정도로 소리 나는 대로 적어서 제출했다. 받침이 없는 쉬운 문장은 맞춤법에 맞게 적기도 했다. 물론 교육과정은 겹받침이 들어가는 단어들도 등장하는 텍스트로 구성되어 있다. 2학기엔 짝꿍끼리 바꾸어서 스스로 답을 매기라고 했는데, 짝꿍의 답을 매겨 주기도 했고 자신의 틀린 답을 스스로 고치기도 했다. 성실하게 진행되지는 않았다. 그 아이를 다그치거나 놀림의 대상이 되지 않도록 최대한 드러나지 않게 배려했다. 그런 B군을 잘 이해해 주는 아이들이 주로 짝꿍이 되었으므로 큰 갈등이 일어나지는 않았고, 받아쓰기 시험으로 놀리거나 하는 일은 일어나지 않았다.

B군의 모습을 1년 동안 지켜보았을 때 국어의 기초 쓰기 능력은 크게 향상되지는 않았다. 그러나 쓰기를 포기하지 않고 소리 나는 대로라도 문장을 완성해서 시험에 대처하고 있다는 데에 큰 의미를 두고 싶다. 그 아이의 이러한 능력은 교사의 포용적인 태도와 짝꿍이 되었던 아이의 도움을 받아 현재에 도달했다고 생각한다. 만약 그 아이에게 다른 아이들과 동일한 과제를 제시하고 해결하기를 강요했다면 아이와 나와의 관계는 지금만큼 원만하지 않을 수도 있을 것이다. 또한

기억력, 주의집중능력, 의지

발달의 내용 (정신기능)	교육 활동	실제적 발달수준	잠재적 발달수준 (근접발달영역)	도움을 준 사람, 또는 내용	두 아이의 차이점 및 변화된 것
기초적 읽기, 쓰기 학습능력 (기억력, 주의 집중력, 의지)	장면 1. 받아쓰기 시험	A: 받아쓰기 시험 전에 정확히 보고 쓸 수 있음. 받아쓰기를 맞춤법에 맞게 잘 씀	받아쓰기 답지를 보고 스스로 틀린 글자를 찾아내어 고쳐 쓸 수 있으며, 다른 친구의 틀린 곳을 잘 찾아내어 고칠 수 있음	교사: 격려와 칭찬 모둠 친구들: 칭찬	받아쓰기를 어려워하는 친구에게 도움을 주려고 함
		B: 받아쓰기 시험 전에 보고 쓰는 것을 할 필요성을 잘 못 느낌. 받아쓰기할 때 한 문장을 불러 주면 맞춤법이 틀리지만 맨 앞에 한 단어를 씀	받아쓰기할 때 한 문장을 불러주면 맞춤법이 틀리지만 문장 전체를 씀	교사: 격려와 칭찬 모둠 친구들: 놀리거나 웃지 않고 격려함. 친절하게 맞는 답을 안내함	집중하여 교사가 불러주는 문장을 끝까지 받아 적으려는 의지를 가짐
	장면 2. 수업 시간 중 발표하기	A: 손을 들고 지목을 받아 자신 있게 발표함	수업 시간에 더욱 집중하고 발표를 자주 하려고 함	교사: 칭찬과 격려, 어려운 문제를 낼 때 A양을 지목함	수업 시간에 집중하는 태도가 늘 바름
		B: 발표하는 데 어려움이 있음	발표하려고 손을 드는 시도를 하고 발표를 함	교사: 칭찬과 격려, 쉬운 문제를 낼 때 B군을 지목함 또래: B군이 작은 목소리지만 답을 말하는 순간 큰 박수로 격려	수업 시간에 집중하는 때가 많아짐. 수업 시간에 그림을 그리거나 딴청을 피우는 자세가 줄어듦

친구들이 받아쓰기 시험을 준비하고 스스로 고치는 모습을 지켜보면서 포기하지 않고 자신도 노력해야겠다는 의지를 표현하고 있다고 생각한다.

그런 의지들은 스스로에게서도 형성되었겠고, 학급 친구들에게 영향을 받았다고 볼 수 있다.

많은 짝꿍들이 몇 번 이야기해 주다가 잘 못 알아듣거나 짜증을 내면 곧 포기하거나 말싸움이 되기도 했는데, A양은 '○○아, 이건 이렇게 하는 거야'라며 친절하게 또박또박 알려 주었고, B군은 그것을 미소 띤 얼굴로 잘 받아들이곤 했다. A양은 B군에게 꼬마 교사였던 것이다.

그리고 B군의 받아쓰기 공부에 대한 의지는 다른 태도에도 영향을 주었다. 수업을 듣는 태도 면에서 집중하는 시간이 늘어났고, 교사의 지시나 안내에 바로 행동으로 옮기게 되었다. 심지어 수업 시간에 교사의 발문에 손을 들어 답을 말하는 경우도 생기게 되어 학급 친구들로부터 큰 박수를 받기도 했다. 시간이 더 걸리기는 했지만, 아직은 조금 더 성숙해야 하지만 수업에 집중하려는 태도나 받아쓰기를 100점 맞겠다는 의지는 다른 아이들과 비슷한 수준으로 되어 가고 있다고 본다.

4) 아이들은 아이들에게서 배운다

겨울방학을 며칠 앞둔 어느 날 A양이 다가와 말했다.

"선생님, ○○이가 많이 변했어요." 하길래 어떤 것이 변했느냐고 물었다.

"○○이가 옛날에는 선생님이 뭐를 하라 하면 짜증을 냈는데 이제는 짜증을 안 내요. 모둠 발표를 옛날처럼 짜증을 내면서 안 해 버리는 일도 없고, 선생님이 발표를 하라고 할 때 잘해요. 또 옛날보다 친절해졌어요." 한다.

학급마무리잔치 때 발표할 내용을 한 가지도 정하기가 어려워하는 아이들이 많았는데, A양은 세 가지를 발표하고도 더 못해서 아쉬워했다. 그리고 사회자 역할을 하면서 B군의 발표를 도와주는 일까지 1인 3역을 해냈다. B군이 학급마무리잔치에 장기자랑으로 인형극을 준비한 것에 기뻐하며 기꺼이 도와주었다.

1년을 돌아보면 B군은 교사와 또래 친구들의 도움으로 잠재능력이 그 누구보다 많이 발현된 아이라는 생각이 든다. 또래 친구들의 도움을 받아 혼자서 노력한 것의 몇 배쯤 효과를 가져왔다. A양도 B군을 도와주며 성숙함과 동시에 자신감을 가지고 스스로의 능력을 숙련시키는 과정이었을 것이고, B군의 변화된 모습을 발견하는 기쁨까지 맛보게 되었다.

모둠 발표에 참여하고 있으나 친구 뒤에 숨어 있는 B군

B군이 앞을 보고 바로 서도록 안내하는 친구

스스로 준비한 장기자랑 준비물을 책상 위에 올려 두고 순서를 기다리는 B군

학급마무리잔치에서 장기자랑으로 인형극을 하고 있는 B군과 도와주는 두 친구

처음에 B군의 수업을 대하는 태도 때문에 긴장했다가 학급마무리 잔치 때 장기자랑에 참여하는 B군의 모습을 보며 뿌듯해했던 내 모습을 그 아이의 눈에서도 발견했다면 지나친 억측일까? 조금 부족한 친구를 도와 함께 성장했다는 뿌듯함을 느낀 아이가 있었다는 것 또한 큰 기쁨이었다.

서로 도와주려는 태도와 도움을 받아들이는 태도 등의 상호작용이 결국은 그 두 아이와 우리 반 전체 아이들에게 긍정적 효과를 가져올 수 있었다고 생각한다.

4. 나오며

아이들과의 교육활동 속에서 근접발달영역으로 보이는 지점들을 찾아보고 아이들과 나의 변화된 모습을 살펴보았다.

교실에서 발견하는 근접발달영역은 매우 다양하고 역동적인 모습이다. 아이들마다 다른 시작점을 가지고 각기 다른 도달점에 이르는 이 영역은 한 시간에도 몇 번씩, 하루에도 수십 번씩 출현할 것이다. 발달의 순간 지점인 이 영역들이 누적되면서 아이가 발달한다고 볼 수 있는데, 교사는 아이의 이러한 지점들이 수없이 생겨나도록 안내해야할 것이다. 그리하여 아이는 모방하고 창조하게 될 것이다.

교사가 교실에서 아이들의 근접발달영역을 인지하고 관찰하며 적절한 수준의 문제를 제시하고 안내하는 것은 수업에서 가장 중요한 일이 아닐까 생각해 본다.

지금까지 이해하기 어려웠던 아이들의 말이나 행동들을 조금 더 여유 있게 바라보고 수용할 수 있게 되었다는 것은 큰 깨달음이 되었다.

그동안은 좋은 교사가 되는 것은 어떻게 멋진 수업을 하는가에 달렸다고 생각했고, 그 멋진 수업은 새롭고 정교한 교수 방법으로 교사가 능수능란하게 아이들을 이끄는 것이라고 여겼었다.

최근에는 학생이 중심인 수업으로 바뀌며 수업을 바라보는 관점이 변화하고 있고, 나 자신도 수업 안에서 아이들이 질문에 맞는 답을 아느냐보다는 어떠한 변화된 모습을 보이는지, 서로 어떻게 소통하며 알아가는지에 대해 더 관심을 두게 되었다. 아이들의 작은 변화를 어떻게 관찰하며 적절히 제시해 나갈 것인지에 관심을 두고 수업을 준비하니 훨씬 신이 나고 생각을 많이 하게 되었다.

아이들의 그런 모습에 초점을 맞추다 보니, 아이들의 행동에서 이해가 되는 면들이 더 많아졌고, 화를 낼 일도 줄어들고 다급하게 재촉하는 일도 잦아들었다. 아이들을 더 사랑하게 되었다고 할 수 있지 않을까? 조금은 이해하게 된 근접발달영역에 대해 앞으로 더 알아 가며 아이들 간의 상호작용이 잘 일어나도록 교실 활동을 준비해야겠다.

"아동이 오늘 협력활동으로 할 수 있었던 것을 내일은 혼자서 할 수 있을 것(Vygotsky, 1987: 211)"이기 때문이다.

9

자발적인 협력 ZPD^{근접발달영역} 창출 사례

최혜영(서울 위례별초등학교)

이 이야기는 2011년에 개교한 강명초등학교(서울형혁신학교)에서 2013년까지 3년 동안 해마다 우리 반에서 반복적으로 일어났던 일에 관한 것이다.

1. 3년 동안 반복적으로 일어났던 일

이 글은 우리 반에서 3년 동안 반복적으로 일어났던 어떤 일에 대한 기록이다. 교단일기 형식으로 시간의 흐름에 따라 2011년부터 2013년까지 차례로 정리해 보았다.

1) 2011년, 명진들꽃사랑마을 돕기

시작은?

4학년 사회 시간, 그날은 다양한 가족의 형태에 대해 배우는 시간이었다. 조손가정, 한부모가정 등과 함께 입양가정이라는 말이 나왔다. "입양이 뭔지 모르겠어요." 하고 한 학생이 말했다. 늘 해 오던 것처럼 우리는 사전을 찾으며 그 뜻을 알아보았다. 알아낸 뜻을 단어장에 적고 있는데 누군가 "입양되는 아이들을 어디서 데려오나요?" 하고 물었다. 그래서 고아원, 보육원 같은 시설에 대해 이야기를 나누게 되었다. 그러자 다음 질문이 이어졌다. 그 아이들은 어떻게 먹고살며 학교는 다니느냐고… 나는 그러한 시설에서 사는 아이들은 정부의 지원금과 외부의 후원금으로 살아간다고 답하면서, 살림살이가 여유롭지는 않을 것이라고 귀띔해 주었다.

돕자는 제안

그때 여러 학생들이 '우리가 돕자'는 이야기를 했다. 우리와 똑같은 아이들인데 어렵게 살아간다고 하니 바로 돕자는 생각을 한 것이다. 다들 같은 의견이냐고 물으니 고개를 끄덕인다. 이제 우리가 어느 단체(시설)를 어떤 방법으로 도와야 할 것인가를 고민해야 한다.

우선 우리 동네(상일동) 근처에 어떤 시설이 있는지 알아보기로 했다. 다음 날 아이들이 찾아온 곳은 고아원이나 보육원 같은 시설이 아닌 지역 공부방들이었다. 그와 같은 시설은 우리 동네 가까이에는 없고 좀 먼 동네인 천호동에 있었다. 그래서 우리는 가까운 동네 공부방을 돕기로 결정했다.

그러면 어떻게 도울 수 있을까. 일단은 그곳에 어떤 도움이 필요한지를 알아야 한다. 전화로 연락을 해 보니 도움이 필요한 것은 맞지만 부담스럽다고 했다. 그 공부방에 우리 학교 학생들이 다니고 있기 때문이란다. 미처 거기까지는 생각하지 못했었다. 아이들에게 사실대로 이야기하며 상처를 덜 받을 수 있는 다른 시설을 찾아보기로 했다. 아이들은 누군가를 돕는 게 그리 쉬운 일은 아니라는 것을 알게 되었다. 그다음에 여러 곳을 알아보고 나서 결정한 곳이 '명진들꽃사랑마을'이었다.

명진보육원에서 명진들꽃사랑마을로…

'명진들꽃사랑마을'에 연락을 해 보니 예전 이름이 명진보육원이었는데, 고아원이나 보육원이란 이름의 이미지가 하도 나빠서 요즘엔 그런 표현을 쓰지 않는다고 했다. 이것 역시 미처 몰랐던 점인데 공부하게 되었다. 아이들에게도 이 사실을 알리며 다른 사람을 돕는 일이 얼마나 조심스럽고 섬세해야 하는지에 대해 더 깊은 이야기를 나누었다.

명진들꽃사랑마을은 후원금이 절실한 시설이었으므로 아이들과 의논한 끝에 전교적인 모금 활동을 전개하기로 결정했다. 모금함을 만들어 전교를 돌면서 우리의 취지를 설명하기로 했는데, 그러자니 학년별 담당을 정해야 했다. 당시 4학년이었던 우리 반 아이들은 저학년이나 고학년에 가는 것을 두려워했다. 저학년은 아주 쉬운 말로 설명을 해야 하고, 고학년은 무서운 선배들의 눈빛을 감당하는 것이 부담스럽다는 이유에서였다. 그래서 교실에서 일종의 리허설을 해 보고 각 교실로 가기로 했다.

진정한 말하기 수업

1학년 팀부터 연습을 시작했다. 우리 반을 1학년 교실이라 생각하고 모금함을 들고 들어와 선생님을 만나고, 1학년 아이들에게 설명하는 것까지 모두 연습했다. 나머지 아이들은 1학년 역할을 해 주었고 나는 까다로운 1학년 담임 역할을 했다. 중간중간 모르는 말이 나오면 그에 대한 질문도 하면서 벌어질 법한 모든 상황을 예상하여 준비했다.

고학년에게는 겸손해야 한다고 생각했다. 선배로서 후배들이 먼저 좋은 일을 하니 좀 부끄러운 기분이 들어 지나치게 자신감 있는 태도로 말하면 거부감을 느낄 수도 있겠다는 판단 때문이었다. 그러면서도 전체적으로 신뢰감을 주는 태도가 필요하니 진지하게 말하는 게 좋겠다는 이야기를 했다.

학생뿐 아니라 교사들에게도 모금을 독려하기 위해 교사를 상대로 하는 홍보 연습도 했다. 꼬치꼬치 캐묻는 선생님, 무관심한 선생님, 무서운 선생님까지 다양한 선생님의 모습을 아이들이 직접 연기해 보았다. 그러면서 어떤 게 부족하고 보완해야 할 점은 무엇인지 자연스럽게 알게 되었다. 그렇다고 아이들이 준비한 만큼 실제로도 다 소화하는 것은 아니다. 그럼에도 교과서로 배우는 말하기와는 사뭇 다른 풍경이었다.

불우이웃돕기에서 나눔으로

며칠을 돌면서 모금 활동을 하는 동안 여기저기서 격려와 지지의 글이 쏟아졌다. 그중에서 문제가 하나 제기되었다. 학교 이곳저곳을 돌며 모금 활동을 하면서 "불우한 이웃을 도웁시다"라고 표현했는데 그것이 좀 문제라는 것이다. 어려운 이웃도 아니고 '불우하다'고 표현하니 그 당사자들 입장에서는 정말 상처가 될 것이라는 지적이었다. 요즘엔 '불우이웃돕기'보다는 '나눔'이라는 표현을 쓰고 있다는 조언까지 덧붙여 주었다.

그러한 의견도 아이들에게 바로 전달했다. 곧바로 "명진들꽃사랑마을을 도와주세요"로 멘트가 바뀌었다. 끊임없이 뭔가가 달라진다. 너무 쉽게 생각했나 보다. 나눔이 이렇게나 신경 쓸 것이 많고 복잡할 줄이야…

모금액 결산, 이번엔 수학이다

약 한 달간의 모금 활동을 끝내고 드디어 모금함을 뜯는 날이다. 통마다 십 원짜리 동전부터 만 원권까지 참으로 다양했다. 아이들에게 어떻게 합계를 내면 좋을까 물으니 같은 단위의 돈끼리 모아서 세자고 하였다. 그에 따라 각자 팀을 정해 돈의 개수를 셌다. 만 원권처럼 개수를 그대로 액수로 쓰면 되는 게 있는가 하면, 오백 원이나 천 원권 등은 개수에다 곱셈을 해야 액수가 나온다. 큰 수의 곱셈이 필요한 시점이다.

하나 더. 돈이 얼마나 모였는지 칠판에 크게 적어 두고 함께 보고 싶은데, 표를 어찌 만들까도 문제였다. 아이들에게 표를 어떻게 만들면 좋겠는지 물었다. 몇몇 아이들이 앞으로 나와 이런저런 표를 만들어 봤다. 수학책을 참고하자며 갑자기 안 보던 수학책을 펼치는 아이들도 있다. 각 칸마다 제목이 필요하고, 단위를 나타내는 말을 미리 써 놓으면 매번 칸마다 다시 써야 하는 불편함이 없는 것도 알아냈다.

그렇게 기록을 해 보니 76만 원가량의 큰돈이었다. 어른인 나에게도 큰돈이었는데 초등학교 4학년 아이들에게는 얼마나 큰돈이었을까? 우리는 뿌듯해하며 서로 따뜻한 눈빛을 주고받았다.

누가, 어떻게 전달할 것인가?

이렇게 큰돈을 놓고 다음 논의가 시작되었다. 이 돈을 가지고 누가, 어떻게 찾아가야 할까? 처음에 나는 수업 중에 방문하기에는 번거로운 점이 많으니 수업 끝나고 시간이 되는 사람 몇이 같이 가면 괜찮겠다 싶었다. 내 생각을 말하자 바로 반대 의견이 쏟아진다. 비슷한 또래의 아이들이 그곳에 살고 있는데 우리가 거길 가서 이 돈을 주면 그 아이들이 상처받을 수도 있다고. 그동안 아이들도 생각이 꽤나 깊어진 모양이다.

그래서 그날 수업 후 가까운 은행을 찾아가 무통장 입금을 했다. 그리고 명진들꽃사랑마을에 입금 확인을 해 보시라고 전화 연락을 했더니 여러 번 고맙다는 인사를 해 주셨다.

마무리

처음 시작한 건 우리 반이지만 우리를 믿고 모금에 동참해 주었던 많은 사람들에게 어떻게 결과를 알려 주면 좋을까도 함께 고민했다. 학교마다 사용하는 메신저가 있는데 그걸 이용해서 모금 결과를 안내하고 고맙다는 인사를 하기로 했다. 아이들과 함께한 일이므로 메시지 문구도 함께 만들었다. 컴퓨터 화면을 크게 틀어 놓고 아이들의 최종 승인을 받은 후에야 전교에 뿌릴 수 있었다.

속상한 마음, 그것이 성장이었네!

며칠 후 명진들꽃사랑마을에서 편지가 왔다. 그곳 아이들이 고마움을 담은 편지를 우리 반 아이들에게 보낸 것이다. 그런데 우리 반 아이들의 표정이 밝지 않았다. 왜냐고 묻자 자신들은 이런 편지를 받고 싶지 않았다는 것이다. 이 편지를 쓰느라 고생하고 자존심도 조금은 상했을 그 아이들을 생각하니 마음이 아프다고 했다. 나도 깜짝 놀랐다. 아이들이 이렇게나 마음이 깊어졌을 줄이야!

이번 활동을 진행하는 동안 아이들이 듣고 배운 많은 것들이 이렇게 속 깊은 아이들을 만든 것이리라. 이런 경험을 통해 나도 하나 배운다. 나눔은 남을 위해 하는 것이 아니라 나를 위해 하는 것이라는 생각!

2) 2012년, 호펜 기부

시작은?

4학년 사회 시간, 서울의 도시문제와 해결 방법을 배우는 시간이었다. 아이들은 주변 사람들에게 설문한 자료를 바탕으로 가장 중요한 문제가 무엇인지 통계를 내고 있었다. 결과는 예상대로 '환경문제'였다. 이제 이 문제를 해결할 방법이 있느냐가 우리가 풀어야 할 과제였다. 쓰레기를 더 이상 만들지 않기 위해 '아나바다'를 해 보면 어떠냐는 제안이 나왔다. 좋은 의견이라고 칭찬을 했다.

그때 한 녀석이 '호펜hopen'이라는 단체를 떠올렸다. 호펜은 가난한 나라의 아이들에게 학용품을 보내 주는 청소년 단체이다. 학교에도 가지 못하고 학용품도 없어 공부하는 데 어려움이 많은 동남아시아의 아이들에게 기부받은 학용품을 보내 주는 의미 있는 활동을 벌인다.

생전 처음 들어 보는 단체 이름에 나도 아이들도 모두가 어리둥절했다. 어떻게 알았는지 물었더니, EBS 방송에서 인터뷰하는 걸 봤단다. 참 대단한 기억력이다.

그 단체 믿어도 되나?

그 단체에 대해 자세하게 알아볼 차례다. 수업을 멈추고 컴퓨터 앞에 둘러앉았다. 호펜이란 'HOPEN=HOPE+PEN'을 조합하여 만든 단어로 '배움을 찾는 세상의 친구들에게'라는 뜻이라고 한다. 이미 몇몇 고등학교 학생들을 중심으로 진행되고 있었고 감동적인 사진도 볼 수 있었다.

아이들 입에서 우리도 하자는 이야기가 바로 나왔다. 솔직히 귀찮은 마음도 들었지만 아이들이 먼저 하자고 하니 기분 좋게 맞장구를

칠 수밖에….

그날부터 호펜 기부를 위한 활동이 시작되었다. 각자 집에 가서 기부할 만한 물건을 찾아오는 것이다. 과연 얼마나 가져오려나?

더 많은 사람들과 함께해요

아이들이 가져온 물건을 보니 이것만으로 호펜에 보내기는 부족한 듯했다. "어쩌지? 그냥 이것만 보낼까?" 하니 아이들이 전교를 돌면서 기부 물품을 받는 게 좋겠다고 한다. 다들 좋은 생각이라며 작년에 4학년 선배(현재 5학년)들이 하는 것을 봤다고, 우리도 그런 식으로 하자고 한다.

일이 커졌다. 이건 돈만 걷는 일과는 차원이 좀 다른데…. 호펜에서 기부를 받는 물건은 조건이 까다로웠다. 그렇기에 전교적인 기부 행사로 진행하자는 아이들의 말에 내가 먼저 부담스러워졌다. 하지만 어쩌랴!

뭐가 이렇게 복잡해!

호펜에서 기부를 받는 물건은 비행기나 배를 타고 외국으로 가야 하므로 날카롭거나 뾰족한 것은 무조건 금지였다. 충전을 해서 써야 하는 샤프도 안 되고, 받는 사람의 기분을 상하게 하는 쓰던 물건도 금지 목록에 있었다. 먹거리도 안 되고, 책도 받지 않는다. 무조건 쓸 만한 학용품이어야 한다.

이쯤 되니 아이들 입에서 한숨이 나왔다. 너무 복잡해서 다른 사람에게 설명하기가 곤란하단다. 그래서 그만둘까 물었더니 여전히 해 볼 생각이란다. 그때부터 우리 반 아이들은 호펜 기부를 받기 위해 전교를 돌았다.

리허설은 언제나 국어 수업

작년에 아이들이 진행했던 대로 학년별 담당을 정해 움직이기로 했다. 그러니 학년마다 아이들의 눈높이에 맞춰 발언을 준비해야 했다. 조건이 워낙 까다로우니 차분하게 조목조목 설명하는 일이 쉽지 않았다. 이때 발표 팀 말고 들어주는 팀의 리액션이 매우 중요했는데, 금지 목록에 대해 못 알아듣겠다는 식으로 여러 차례 묻고 또 물었다. 그리고 이건 되느냐, 저건 되느냐 하고 물으며 자신들 스스로 완성도를 높여 가는 과정도 거쳤다. 그렇게 몇 번의 리허설을 마치고 각 교실로 출발했다.

교실이야? 문방구야?

작년에 이어 비슷한 활동을 펼쳐서인지 생소한 단체 이름에도 불구하고 큰 의심 없이 자연스럽게 기부하는 아이들이 많았다. 우리 반 아이들이 각 교실로 직접 방문했는데도 혹시 못 만나게 될까 봐 직접 교실까지 찾아와 전달하는 아이들도 많았다. 다들 따뜻한 마음을 모아 주었다. 교실 한쪽에 무슨 문방구처럼 학용품이 쌓여 있었다.

이 기부 물품을 호펜에 전달하기만 하면 된다.

수집품 분류하기

이제 기부 물품을 한눈에 보이도록 정리하여 결과를 공지하는 일이 남았다. 어떤 물품이 얼마큼 모아졌는지 통계표를 만들어야 하는데, 기부 물품이 너무 다양한 것이 문제였다. 얼핏 보면 종류별로 쉽게 묶어질 것 같은데 생각보다 쉽진 않았다.

예를 들면 공책, 수첩, 메모장, 스케치북 같은 비슷한 물건들을 어떻게 묶고 풀어 줘야 하는지를 결정해야 하는 어려움이 있었다. 크기도 제각각인 데다가 종류별로 수량이 1~2개만 있는 것들도 많아서 분류하는 어려움이 정말 컸다. 그래도 여러 명이 머리를 맞대니 대략적인 목록표가 만들어졌다. 기특한 것들!

우체국 택배를 이용하다

통계 결과를 감사 인사와 함께 전교에 공지했다. 이제 호펜으로 어떻게 보낼 것인지를 의논할 차례다. 호펜지기가 있는 서울국제고 기숙사로 배달해야 하는데, 무거워서 직접 들고 갈 수도 없고 걱정이었다. 이 많은 것을 누가, 어떻게 전달해야 할까?

그날 수업 후 가까운 우체국을 찾아가 택배로 전달하고, 호펜지기에게 그동안의 진행 과정과 결과를 메일로 보내기로 했다. 우선 대표로 메일을 쓸 아이가 우리 반 컴퓨터 앞에 앉아 초안을 쓰면, 다른 아이들이 화면을 보면서 이렇게 저렇게 고치라고 피드백을 해 준다. 이렇게 많은 이들의 잔소리를 들으며 쓰인 메일은 바로 호펜지기에게로 전송되었다. 수업 후 우리들은 손에 상자 하나씩 들고 우체국으로 줄줄이 걸어갔다. 마치 피난민처럼….

마무리

메일을 받은 호펜지기는 초등학생이 그런 생각을 한 것이 기특하다며 답장을 보내왔다. 우리 반 모두는 그 글을 함께 읽으며 좋아했다. 나는 어떤 말로 마무리를 하면 좋을까 고민이 되었다. 별로 멋진 말이 떠오르지 않았다. 그래서 그냥 담백하게 말하기로 했다.

"좋은 생각을 하기란 쉽지만 그것을 실천으로 옮기는 일은 참으로 어렵단다. 그런데 너희들이 그걸 해냈구나! 너희들 참 대단해!"

3) 2013년, 윤봉길기념관 돕기

시작은?

5학년 사회 시간에는 1년 내내 역사를 배우게 되어 있다. 나는 아이들에게 뉴스에서 역사와 관련된 내용이 나오면 관심을 가지고 봐 달라고 당부를 했다. 그날 아침도 한 아이의 뉴스 이야기로 시작되었다. 뉴스에 윤봉길기념관이 폐쇄 위기에 처했다는 기사가 나왔다고 한다. 냉난방이 제대로 되지 않아 전시된 유품들이 곰팡이가 피거나 훼손되고 있으며, 전기세와 수도세 같은 공과금도 제대로 내지 못해 기념관 안이 어두컴컴하다고 한다.

몇몇 아이들이 자기도 봤다며 거들었다. 윤봉길이 누구냐고 묻은 아이들도 몇 명 있었지만, 대개는 윤봉길 의사를 알고 있었기 때문에 대부분은 분노하는 모습이었다. 그러자 작년에 나와 같은 반이었던 아이가 윤봉길기념관 돕기를 하자는 제안을 했다.

회의가 시작되다

솔직히 좀 귀찮은 생각이 들어 못 들은 척할까도 했지만, 이런 역사 공부가 또 어디 있으랴 하는 마음에 학급회의를 열기로 했다. 우선 제안자가 상황을 설명하고, 구체적인 방법은 아직 모르겠지만 모금을 해서 돕는 게 어떨까 하는 제안을 했다. 찬반토론 시간이 주어졌고 많은 돈을 모으기가 힘들다는 반대 의견이 있었지만 찬성 쪽의 압도적 지지를 받으며 원안이 통과되었다.

이제 어떻게 도울 것이냐를 의논할 차례다. 사람들에게 이 사실을 알리는 일과 금전적인 도움을 주는 것이 필요하다는 의견이 나왔다. 한 아이가 모금 활동을 펼치면 자연스럽게 알리는 효과가 있으니 모금을 하면 된다는 의견을 냈다. 다른 아이들도 모두 좋다고 했다.

윤봉길기념관은 어떤 곳?

그러면서도 우리는 궁금하고 걱정이 되었다. 윤봉길기념관에서도 그런 걸 원하는지를 전혀 알 수 없었던 것이다. 초등학생들이 모아 주는 작은 돈 몇 푼이 도움이 되긴 하는지, 그쪽에서 그런 돈을 원하는지 자신이 없었다. 이 문제를 어찌 처리할까 물었더니, 애초 제안자가 직접 전화를 걸어 물어보겠다고 했다.

다음 날, 전화 통화 내용이 궁금했던 우리는 그 아이가 등교하기만을 기다렸다. 조금 늦게 교실에 들어온 그 녀석이 기념관 쪽에서 아주 좋아했다고 전했다. 그리고 초등학생한테 연락 온 건 처음이라고 기특하다고 했단다. 우리도 괜히 우쭐해지는 기분이었다.

관심을 받고 싶다

모든 게 정리가 됐으니 이제 모금운동에 돌입하는 일만 남았다. 담당 학년을 정해서 피켓과 모금함을 만들었다. 학년에 따라 어떻게 다르게 말해야 할지를 연습하고 아침 시간마다 해당 학년에 들어가 모금운동을 펼쳤다. 그런데 예상 밖으로 반응이 시큰둥하고 돈이 모이지 않았다.

재작년에 했던 명진들꽃사랑마을의 경우 70여만 원까지 모았는데 이번 모금에는 뭔가 분위기가 만들어지지 않는 느낌이었다. 일주일이 넘었는데도 10만 원 정도가 모였을 뿐이다. 뭔가 대책이 필요했다. 그래서 다시 긴급 대책회의를 열었다. 무엇이 문제일까? 어떻게 하면 사람들이 주머니에서 돈을 꺼낼 수 있을까?

전략이 필요해!

아이들의 분석은 이랬다. 역사라는 것이 사람들의 관심 밖의 일이라는 점이 가장 큰 문제라고 지적했다. 그리고 저학년의 경우는 집에 가서 부모님께 잘 말씀을 드려야 돈을 가져와 낼 수가 있는데, 내용이 어려워서 쉽게 전달하기 어렵다는 것이다. 아주 적절한 분석이라고 생각했다.

그럼 어떻게 하면 그 문제를 조금이나마 해결할 수 있을까 물으니, 저학년 부모님들이 학교에 오시는 때를 노려 선전전을 하자는 얘기가 나왔다. 저학년 하교시간인 점심시간을 이용해서 밥을 빨리 먹고 교문 앞에서 피케팅을 하자는 거였다. 또 학교 곳곳에 대자보를 붙여 방문하는 부모님이 쉽게 볼 수 있도록 하고 학생들의 관심도 더 높이자고 했다. 모두 다 좋은 의견이었다. 이렇게 머리를 맞대니 좋은 생각들이 쏟아지는구나, 칭찬도 듬뿍 해 주었다.

포스터를 만들어 붙이니 학생들이 옹기종기 붙어서 내용을 읽는 모습이 눈에 띄었다. 분명 관심이 생긴 것이다. 실제로 모금함의 돈도 더 불어났다. 전략회의 결과가 효과를 보인 것이다.

잘 설명하고 싶어서…

그런데 윤봉길이 어떤 사람인지, 왜 기념관이 그 모양이 되었는지를 사람들 앞에서 설명하는 일이 쉽지는 않았다. 그걸 설득력 있게 잘 설명해야 모금함이 얼른 불어날 텐데, 윤봉길이 나오는 일제강점기는 아직 배우지 않은 부분이었다. 게다가 기념관 지원과 관련한 국가보훈처와 서울시의 의견 대립 문제를 아이들이 잘 설명하기는 어려웠다.

결국 새로운 공부가 필요했다. 윤봉길이 어떤 사람인지에 대한 조사 학습이 시작되었다. 옆 반 아이들은 조선 시대를 배우고 있었지만 우리 반은 일제강점기를 공부해야 했다. 윤봉길의 도시락 폭탄만 알고 있었는데 물통 폭탄까지 공부하게 되었다. 당시 윤봉길 의사는 투척용 폭탄과 자결용 폭탄 두 개를 들고 갔었다는 사실도 조사를 통해 새롭게 알게 된 점이었다. 이렇게 공부를 하면서 모금 활동을 다니니 아이들도 조금은 더 자신감이 생긴 듯했다.

모금액 결산

약 한 달간의 모금이 끝난 후 드디어 모금함을 열었다. 세어 보니 40만 원 정도의 돈이 모였다. 모금의 성격을 고려하면 나름 큰 수확이었다. 우리들은 예상보다 많은 모금액을 몇 번이고 세어 보며 흐뭇해했다. 그날 가까운 은행에 가서 모금액을 모두 보냈다. 돌아오는 길에 아이들에게 아이스크림을 사 줬다. 그걸 먹으며 아이들과 함께 길을 걷는 기분이란….

아직 끝난 게 아니다

이제 지금까지의 상황을 정리하여 전교에 알리면 된다. 예전처럼 전교 메신저로 날려도 크게 상관은 없었지만, 그랬을 때 교사만 수신자이기 때문에 뭔가 부족하다는 생각이 들었다. 모금에 참여한 사람 대부분은 아이들인데 그들에게 직접 공지를 해야 한다는 생각이 들었다. 우리 반 아이들에게 이런 고민을 이야기했더니, 모두들 맞는 말이라며 이번에는 결과를 공지하는 글을 써서 붙이자고 했다.

대자보의 내용에 대해 간단한 회의를 하고 나서, 모둠별로 붙일 장소를 정하고 제작에 들어갔다. 제목을 정하고, 주요 상황과 모금액을 썼다. 모금된 돈을 언제, 어디로 보냈는지도 적었다. 마지막에는 함께 해 주어서 고맙다는 인사까지 놓치지 않았다. 마무리가 깔끔하다.

'어린이답지 않다'는 칭찬

일이 진행되는 동안 가장 많이 들었던 말은 '어린이답지 않다'는 말이었다. 주변 사람들에게 물어보니 처음에는 다들 교사가 먼저 제안해 추진하는 일이라고 생각했단다. 그런데 그것이 아이들에게서 시작되었다고 하니 다들 놀라면서 그렇게 말했다. 내가 봐도 참 대견한 녀석들이다. 아이들은 어쩌다 이렇게 기특한 생각과 행동을 할 수 있었을까?

2. 특징과 의미 찾아보기

이제 위에서 일어난 일들의 공통점을 찾아보려 한다. 물론 가장 큰 특징은 누군가를 돕는 일이었다는 점이다. 여기서는 소위 '나눔교육'이라는 관점에서 서술할 것이 아니므로 그 점은 제쳐 두고자 한다.

이것을 빼고서도 몇 가지 공통적인 특징을 찾을 수 있다. 우선 세 번의 일 모두 교사의 입을 통해서가 아니라 아이들의 자발적 움직임이었다는 점이 가장 주목할 만하다. 일을 나누고 진행해 가는 과정에서 매우 체계적이고 조직적으로 굴러간 점, 일이 진행되는 중간중간 어려운 문제가 생기기도 했는데 그걸 공동의 지혜로 슬기롭게 해결해 나갔다는 점도 돋보인다. 협력의 과정을 통해 새롭게 변화(발달)해 가는 아이들의 모습도 흥미로웠다. 그러면서도 끝까지 포기하지 않던 끈질긴 생명력 등이 위 사건의 공통점이다. 물론 이런 것 말고도 흔히 말하는 '학급 행사'와 수업이 뒤섞여 있는 점, 시간표라는 벽이 허물어진 것, 교과서 없이 수업이 진행된 점 등도 들 수 있겠다. 또 교실을 벗어나 전교적으로 일을 펼친 것이나 학교를 벗어난 사회 참여 등도 일상적이지 않은 모습이다.

이제 이러한 특징들 중에서 몇 가지 의미 있어 보이는 점만을 잡아 조금 더 자세하게 정리해 보려 한다.

1) 자발성과 비의도성

2011년의 명진들꽃사랑마을 돕기나 2012년 호펜 기부 모두 사회 수업 중에 벌어진 일이다. 그것도 본 차시 목표와는 다소 동떨어진 내용이 누군가의 '끼어들기'로 시작되었다. "그게 무슨 말이에요?", "우리 동네에도 그런 데가 있나요?", "저 그거 텔레비전에서 봤어요", "우리 그런 거 해 봐요" 등과 같이 갑작스럽게 터져 나온 말과 함께 일이 커진 형태다. 2013년의 윤봉길기념관 돕기도 아침에 한 아이가 뉴스를 본 이야기가 시초가 되어 갑작스럽게 진행되기는 마찬가지였다.

공식적 교육활동이 일어나는 교실에서 차시 목표와 교과 간의 벽을 깨기란 실제로는 쉽지 않은 일이다. 게다가 수다처럼 끼어든 말이 정식 교육과정이 되도록 하는 것은 더욱 어렵다. 또 아이들의 입에서 뭔가를 해 보자는 제안이 나오기도 오늘날의 교육 현실에서는 쉽지 않다. 아마 교사가 먼저 이런 걸 하자고 제안했으면 다들 귀찮아하며 거부하지 않았을까? 그런데도 위의 일들은 교사의 의도적 지시가 아닌 아이들의 입을 통해 시작된 자발적 활동이었고 끝까지 그 자발적 성격은 꺾이지 않았다

2) 체계적이고 조직적인 활동

세 번 모두 교실을 벗어나 전교적으로 벌어진 일이었으므로 분명한 업무분장이 필요했다. 어떤 일을 해야 할지, 그 일을 어떤 순서로 진행해야 할지 등을 논의하고, 누가 그런 일들을 할 것인지로 이어졌다.

대표적으로 정해야 하는 것이 학년별 담당 팀을 정해 움직이는 일이었다. 윤봉길기념관 돕기의 경우는 모둠을 구성하는 과정에서 역사에 대해 잘 설명할 수 있는 한 사람, 성격이 대범하여 남 앞에서 말을 잘할 수 있는 한 사람이 공동대표가 되어 모둠을 구성했다.

일이 진행되는 동안 아이들은 아침 일찍 등교를 했다. 아침 시간을 활용한 홍보 활동이 안정적이면서도 가장 효과가 좋다는 것을 알았기 때문이다. 간혹 점심시간이나 하교시간 등을 고려해 홍보를 하기도 했다. 자신들이 맡은 반과 따로 약속시간을 정해 그때마다 모금 활동을 하러 가는 경우도 많았다. 이것은 담임인 나는 전혀 알지 못하는 자기들만의 스케줄이었다.

또 해당 학년의 발달수준에 맞추어 말하는 태도나 방식도 바꿨다. 이것은 사전에 교실에서 다양한 경우를 가정하며 리허설을 거쳤다. 저학년에게는 이해하기 쉽게 설명하고, 고학년에게는 어려운 어휘를 써도 되지만 지나친 자신감은 부작용이 될 수도 있다는 점 등을 생각하며 준비했다. 물론 전체적으로 신뢰감을 주는 것을 가장 큰 목표로 하여 말하기를 연습했다. 이 과정은 다른 것에 비해 교사의 도움이 많이 필요한 부분이었다. 우리의 목표가 무엇인지를 확인하며 그 과정에서 흔들리지 않는 것, 앞으로 우리에게 어떤 일들이 일어날 수 있는지를 가정하여 그것에 대처할 수 있게 하는 것은 경험이 많은 교사의 조언이 큰 힘이 되었다. 물론 이것 또한 완벽할 수는 없지만 어느 정도 마음의 준비를 할 수 있게 해 주었다. 예를 들어 교실에 들어갔을 때 호의적인 반응이 나오지 않거나 심지어 출입을 거부당할 수도 있다는 얘기를 해 주었다. 그랬더니 아이들도 무관심이나 소란스러운 반응에 크게 상처를 받지 않는 것 같았다.

이렇게 체계적인 준비와 조직적인 움직임에도 구멍은 많았다. 하지만 아이들은 무엇인가를 도모한다는 것의 어려움과 거기에는 성실한 책임감이 따른다는 사실, 그리고 보람이라는 기쁨까지 골고루 느꼈다.

3) 또래보다 높은 수준의 활동

초등학교 4~5학년 아이들에게는 쉽지 않은 일들이 벌어졌다는 점도 주목할 만하다. 다른 학년 교실에 들어가 홍보 활동을 전개했다는 것, 기부 물품의 까다로운 조건을 학년 수준에 맞게 설명했던 것, 전략적 고민으로 포스터 형식의 대자보를 만들어 게시하는 등의 활동은 또래 아이들이 보여 주는 발달보다는 한 차원 더 높은 수준이라고 말할 수 있겠다.

다양한 활동이 진행되는 동안 집단적인 생각 상승이 일어난 점도 의미 있었다. 특히, 명진들꽃사랑마을을 돕는 활동에서는 누군가를 도울 때는 상처를 받지 않게 하면서 도움을 줘야 한다는 생각까지 갖게 되었다. 이것은 어른들도 쉽게 하지 못하는 생각이다. 그럼에도 활동이 전개되는 과정에서 아이들은 자연스럽게 그런 부분까지도 깊이 있는 성장을 하게 되었다.

윤봉길기념관 돕기가 무관심과 외면으로 성과가 좋지 않자 긴급 전략회의를 통해 홍보 시간을 바꾼 점, 대자보를 붙여 관심을 유도한 점 등도 또래들이 쉽게 만들어 가기는 어려운 활동이라고 생각한다. 실제로 이러한 방식의 변경은 효과를 내면서 아이들에게 성취감을 주었다.

4) 협력을 통한 역동적 해결

모든 일이 애초에 예상했던 대로 순탄하게 풀릴 것이라고 기대하는 것은 어리석은 일이다. 누구나 그런 바람으로 출발하곤 하지만 어려움은 우리가 모르는 구석구석에 깨알같이 숨어 있다. 우리의 일 또한 그랬다.

돕는 것은 좋은 일이라고 생각했는데, 학교 근처에 있는 시설일 경우 같은 학교 친구들이 있으니 조심해야 한다는 점을 알게 되었다. 당연히 동네에서 먼 곳을 새롭게 찾아야 하는 번거로움이 있었다. '보육원'이나 '불우이웃 돕기' 같은 표현이 주는 반인권성에 대해서도 뜻하지 않게 공부하게 되었다. 이 일로 포스터 문구와 홍보 멘트까지 모두 수정해야 했지만, 그러면서 모금한 돈을 상처받지 않게 전달하는 방법은 뭘까를 고민하는 일까지로 생각이 깊어졌다. 주변의 지적을 통해 알게 된 이런 점들로 인해 우리는 끊임없이 고민했고 한 발짝 떼는 것도 조심스러웠다. 다시 말해 우리가 하고 있는 활동을 '불편'하게 만드는 일이었다. 하지만 누구 하나 그만두자고 하지 않고 늘 어떻게 해결해 나갈 것인가로 초점이 모아졌다.

모금한 돈의 합계를 어떤 식으로 내야 할지, 기부받은 물건들은 어떻게 분류하면 좋을지, 돈이나 물건 등을 어떤 식으로 표로 정리할 수 있을지, 반응이 시원치 않을 땐 어떻게 다가가면 좋을지, 더 좋은 전략은 없는지, 마무리는 어떻게 해야 깔끔하고 아름다울지 등을 고민해야 했다. 어떤 경우에는 그런 단체가 정말 있기는 한 것인지, 그 단체가 우리의 도움을 원하는지와 같은 아주 기본적인 내용을 확인하는 것조차도 문제가 되었다. 결국 하나하나가 문제의 연속이었다.

이런 어려움에 대처하는 아이들의 방식은 포기나 회피가 아니었다. 이런저런 아이디어를 내면서 매번 더 좋은 방안을 찾아갔다. 계획부터 실행까지 전 과정에서 역동적으로 집단적으로 문제를 해결하는 모습이 참으로 아름다웠다. 이것은 긍정적인 상호작용을 통해 높은 수준의 협력과 예기치 못한 발달이 일어난 것이라고 말할 수 있다.

3. 이것이 가능했던 이유와 조건은?

어떻게 이런 수준 높은 일이 일어났을까? 여기에는 분명 몇 가지 이유가 있을 것이다. 충분하고 명확하게 풀 자신은 없지만 몇 가지 조건들을 살펴보겠다.

1) 문화적 토대—상시적 회의를 통한 민주적 학급 문화

어떤 일이 벌어졌을 때 우리 반은 항상 회의를 하였다. 보통 회의 시간은 따로 정하지만, 대개는 그 일이 벌어졌을 때 바로바로 회의를 소집했다. 교사가 마음대로 정하는 것이 아니라 아이들과 대화를 통해 가장 좋은 방안을 모색하는 과정을 거쳤다. 회의의 결론은 때로는 교사가 처음 생각한 것과 같거나 더 나쁘기도 하여 비효율적이라고도 생각되었지만, 이것이 진정한 민주시민교육이라 생각하며 포기하지 않았다.

그러다 보니 자연스럽게 생활밀착형 회의들이 이루어졌다. 우유는 어떤 식으로 처리할까부터 점심을 골고루 먹는 문제, 청소, 짝 정하기, 숙제 문제나 다툼 등에 이르기까지 아이들의 생활과 밀착된 주제들이 안건이 되어 토의되었다. 때로는 수업 방식이나 내용에 관한 것까지 함께 정했다. 다소 거칠거나 도발적인 이야기들도 크게 나쁜 의도만 없다면 기꺼이 함께 의논해 주었다. 또 그렇게 해서 통과된 내용은 교사도 예외 없이 성실하게 지켰다. 물론 그렇게 지내다가도 불편하게 느끼면 언제라도 회의를 통해 수정해 갔다.

이런 문화 속에서 아이들이 자신의 의견을 이야기하는 것은 어려운 일이 아니었다. 그러다 보니 교사에게 꾸중을 듣는 순간에도 문제 제기를 하는 당당한(?) 모습을 보게 될 때도 있다. 가끔은 교사로서 황당한 마음이 들었지만 그것을 아이들이 발달해 가는 소중한 과정이라 생각하며 기쁘게 받아들였다.

분석의 과정을 거치면서 어떤 말이든 쉽게 내뱉을 수 있는 허용적인 교실의 문화는 무엇보다도 중요한 토대 요소가 아니었을까 하는 결론을 내리게 되었다. 자연스러운 대화, 그로 인한 긍정적인 상호작용이 수업과 생활을 통해서 일관되게 실천되었던 점은 아이들의 고등정신기능을 키우는 핵심적 요소라고 감히 말할 수 있겠다. 왜냐하면 활동이 진행되는 과정에서 아이들이 보여 준 집중력, 자발성, 협력과 의사소통, 비판적 성찰, 창의력 등은 모두 고등정신기능의 주요한 요소이기 때문이다.

2) 상황 요인-협력성을 높이는 '상황발생적' 문제

일상생활에서 갑작스럽게 발생하는 문제는 미처 준비할 수 없는 영역이다. 미리 예견하기도 쉽지 않지만 설령 그렇다 해도 그 답은 매 상황마다 다르기 때문에 모범답안이란 것을 설정해 두기가 어렵다. 이런 점에서 위에서 일어난 일들의 자연발생적이고 상황발생적이라는 성격은 집단적인 해결 과정에서 협력성을 최고조로 올릴 수 있는 조건이 된다.

이러한 '상황발생적' 성격은 협력성이 높아질 수밖에 없는 여러 조건들을 가지고 있다. 아이들에게 해결해야 할 공동의 과제가 생긴 것이고, 그런 경험은 아직 누구도 해 보지 않았다. 혹 다소 유사한 경험이 있다 하더라도 상황이 매우 다르기 때문에 누구에게나 새롭고 어려운 문제일 수밖에 없다. 이 문제를 해결해 가기 위해서는 여러 사람의 도움이 필요하다. 기본적으로는 서로의 아이디어를 교환하여 더 좋은 방안을 찾아야 하고, 각자 잘할 수 있는 부분에서 역할을 해 주어야 일이 원활하게 진행된다. 아무래도 사람이 많을수록 유리하다.

누가 시키지 않은 우리 안에서 터져 나온 요구였다. 그런데 이런 문제들은 사전에 교육받을 데가 따로 없다. 또 우리 모두에게는 낯선 이 과제를 잘 해결하고 싶다는 집단적 요구가 있다. 이런 것들이 협력을 끌어올리는 데 매우 필요한 조건이 된 것이다. 이런 분석을 하고 보니 치밀하고 섬세하게 잘 짜인 교수-학습이 아이들의 발달과 협력을 오히려 더 저해할 수도 있지 않을까 하는 반성이 든다.

3) 교육과정 요인-재구성을 통한 여유, 늘어난 자율성

교사가 교육과정을 재구성하는 이유는 여러 가지가 있을 것이다. 나는 그중 하나가 교실의 평화를 위해서라고 자신 있게 말할 수 있다. 교과서의 차시 목표에 매여서 많은 활동을 하느라 허덕이다 보면 분명 그 교실의 평화는 깨지고 만다. 따라오지 못하는 아이들이 있고, 구성원 사이의 여유 있는 대화는 불가능해진다. 이런 교실에서의 대화는 수업을 방해하는 잡담이고, 어려움을 겪고 있는 아이는 부진아일 뿐이다. 교사가 계획하지 않은 모든 것은 수업을 방해하는 요소일 뿐이어서 교사도 학생도 동시에 상처받는 일이 많다.

그러나 재구성을 하면 조금 양상이 달라진다. 재구성의 핵심은 통합이기 때문에 해야 할 활동은 줄어들고 깊이가 생기기 마련이다. 그러다 보면 대화를 통한 의미 있는 상호작용이 늘고 어떤 일이든 여유 있게 진행할 수 있다. 이 여유로 교사 자발성의 영역이 커지면서 적절한 도움 주기가 가능해진다. 그렇기 때문에 교육과정 재구성은 교실의 평화를 위해서도 꼭 필요한 일이다.

그런데 교육과정을 재구성하기 위해서는 교육과정 자체에 대한 충분한 이해와 학생의 발달에 대한 이해가 선행되어야 한다. 그럴 때에만 교사는 상황발생적으로 벌어진 문제들을 교육과정 내용에 접속시킬 수 있다. 교사 자신의 계획에만 매몰되어 수업은 수업대로, 일상은 일상대로 따로 돌아간다면 교육은 언제나 2차원의 평면에 머무를 수밖에 없다. 이런 관점에서는 교사 전문성도 달라질 수 있다. 언제, 어떤 일이 벌어지더라도 그것을 공식적 교육과정으로 엮어 갈 수 있는 능력이 교사 전문성이 되는 것이다. 이 과정에서 구성원들의 발달과 협력은 높아지리라는 것이 이번 경험을 통해 얻은 교훈이다.

4. 나오며

지난 3년 동안 반복적으로 일어났던 일들을 정리해 보니, 근접발달영역, 그것도 매우 자발적이면서도 집단적인 근접발달영역 창출의 사례가 될 수 있겠다는 생각이 들었다. 높은 수준의 복합적인 집단 활동이 있었고, 그 일이 소규모가 아닌 학급 전체라는 규모에서 진행되었다. 이 과정에서 아이들은 끊임없이 도전적인 과제를 만나는데 그때마다 역동적으로 상호작용하며 그 문제들을 해결해 나간다. 아이들은 서로를 자극하고 또 성장한 것이다. 바로 근접발달영역이 만들어진 것이다.

10

비고츠키로 풀어 본 어린이 발달

김형숙(서울 서래초등학교)

> 어린이는 자기 발달의 주요 근원인 환경으로부터 인격적 특성
> 을 추출하며, 이 경로에서 사회적인 것이 개인적인 것으로 된다.
>
> 『연령과 위기』, 100쪽

홍이와 민이는 5학년 무지개반에서 일 년 내내 티격태격 싸우던 아이들이다. 또래에 비해 학습이 더디고 어리게 행동하던 둘은 학교 수업이 끝나면 서로를 밀치며 교실 밖으로 뛰어나가거나 교문을 나서는 것마저 경쟁하는 등 자주 다투는 모습을 보였다. 누가 먼저랄 것 없이 서로를 놀리거나 때리고 튀는 식으로 저학년이나 할 만한 행동을 하는가 하면 서로가 괜한 짜증이나 화풀이 대상이 되곤 했다. 그러면서도 짝 활동을 할 때면 자연스레 남은 둘이 짝이 되곤 했다.

올해 6학년이 된 두 아이는 놀이시간에 서로의 교실을 기웃거리더니 동아리 활동을 함께하며 베스트 프렌드임을 과시한다. 이전 방식의 다툼 대신에 담소를 나누는가 하면 나를 보고는 유쾌하게 인사를 던진다.

"쌤! 오랜만이에요."

'짜식들! 작년에 그렇게들 좀 우아하게 놀 것이지. 할퀴고 싸우고

단추까지 다 뜯어 놓더니만 …….'

  매년 3월이면 이전 학년에 만났던 아이들이 훌쩍 자란 것에 놀라곤 한다. 키만 큰 것이 아니라 언행과 마음 씀씀이도 성장한다. 교사로서 뿌듯한 순간이다. 이 아이들의 성장과 발달에 교사로서 얼마간 기여를 했다는 자부심 때문이다(혼자만의 착각일 수도 있겠지만). 그런데 과연 그들 행동의 진화 동인은 무엇이었을까? 인간은 생물학적 연령에 따라 일정한 시간이 지나면 저절로 그 나이에 걸맞은 행동을 하게 되는가? 아니면 지속적인 교육을 통해 사회문화적으로 발달함에 따라 성숙한 행동을 하게 되는 것인가?

  비고츠키에 의하면 인간 발달에서 생물학적 진화는 토대가 되며 문화적 발달은 원천이 된다. 그는 "어린이 발달이 시작될 때 발달의 최종 형태는 이미 환경에 있다"고 말한다. 여기서 환경은 존재와 무관한 외적인 배경이 아니라 어린이가 근접발달영역을 창출할 수 있는 '사회적 관계'의 장이다. 부모, 교사, 또래 친구 등 무수한 타인들과의 상호작용이 곧 환경인 것이다.

  이 글에서는 비고츠키 교육학에 터하여 초등학교 어린이의 발달적 특성을 생각과 말, 입말과 글말, 놀이 등을 중심으로 살펴봄으로써 발달을 선도할 만한 교육활동 구상의 바탕을 마련하고자 한다.

1. 비고츠키와의 만남

레프 비고츠키(1896~1934)는 러시아 혁명기에 열정적으로 활동했던 심리학자이자 교육학자로서 '문화-역사적 이론'의 원조가 되는 학자이다. 후대 학자들은 그의 학문적 탁월성에 착목하여 '심리학의 모차르트'라 칭하기도 한다. 그의 문화-역사적 이론은 인간의 정신적 삶에 대한 문화의 역할을 연구하는 분야인 문화심리학을 비롯해 심리언어학, 심리신경학, 장애학, 정신검사에서의 역동적 평가, 활동이론 등 다양한 교수학습이론의 토대가 되고 있다.

비고츠키 교육학은 교육 선진국으로 불리는 핀란드, 스웨덴 등 북유럽뿐만 아니라 쿠바의 교육에 기반이 되어 왔으며, 최근에는 국내의 혁신학교 운동이나 유아교육과 특수교육에서도 큰 영향을 발휘하고 있다. 핫하지만 어려운 비고츠키 교육학을 함께 공부하려는 자발적인 모임들이 곳곳에 만들어지고 있다.

인간을 자율적이고 능동적인 존재로 보는 비고츠키의 관점은 스탈린주의의 전체주의적 시각과는 판이하게 달랐으며, 이에 따라 스탈린 집권 후 학문적 파문을 당하게 된다. 비고츠키의 복권은 1950년대 말 스탈린 사후에서야 이루어지며 그의 저작들이 유럽과 미국 등지로 알려진 것은 1970년대부터이다. 국내에 그의 이론이 소개되기 시작한 것은 1990년대 무렵이었는데, 필자가 그의 이름을 처음 보았던 것은 1994년 『Language Art』라는 언어교육론 관련 책자에서였다.

그렇다면 비고츠키 교육학의 강점은 무엇인가? 80여 년 전의 교육학이 현재의 교육 현상을 설명하고 새로운 교육 방향을 설정하는 근거가 되는 까닭은 무엇인가? 단적으로 말하자면, 비고츠키 교육학은 교육적 본질에 충실한 이론이기 때문이다. 여기서 교육의 목적은 '인간 발달' 그 자체에 놓인다. 그리고 '협력'은 인간 발달에서 필수적이자 발달과정에서 성취되는 고등정신기능으로 강조된다. 사회 안의 무수한 타인들과의 만남과 관계의 역사 속에 지금의 내가 있다는 것이다.

그러나 그러한 인식 자체가 저절로 주체로 하여금 타자와 소통하려는 마음과 의지를 갖게 하거나 협력을 담보하는 것은 아니다. 지속적인 협력에의 경험과 실천이 필요할 것이다. 왜냐하면 우리는 혼자 해결하기 어려운 난제에 직면했을 때 비로소 누군가를 찾게 되고, 그와 머리를 맞대고 힘을 모으기 때문이다. 그러나 이 과정이 매끈하지만은 않다. 예기치 않았던 갈등이 생겨나고, 그러한 갈등을 헤쳐 나가며 '협력'이라는 기능을 비로소 체득하기 시작한다. 이 과정에서 참여 주체는 함께 자라는 성장의 기쁨을 조금씩 맛보게 되고, 이것이 미래의 또 다른 협력을 이끈다.

이처럼 인간 발달의 문화역사적 원천, 고등정신기능의 형성과 발달, 생각과 말의 관계, 교수-학습의 관계, 근접발달영역의 창출, 발달을 이끄는 선도 활동 등 교육에 대한 과학적인 설명력이 비고츠키 교육학이 확산되는 근원적 힘이라 하겠다.

2. 발달을 어떻게 볼 것인가?

1) 환경에 대한 주체의 능동적 적응

인간의 변화를 나타내는 것으로 성장, 성숙, 발달이라는 용어가 있다. 성장과 성숙이 각각 신체적인 것과 유기체 내면의 변화를 가리키는 것에 국한되는 데 비해 발달은 인지적, 정서적, 신체적인 것을 포괄하는 총체적인 변화를 뜻한다. 비고츠키에게 인간 발달은 기본적으로 생물학적 존재가 사회적 관계를 토대로 하여 문화역사적인 인격적 주체가 되어 가는 과정이다. 그는 어린이 발달의 특성을 씨눈 속 배아의 발달이 아니라 동물종의 진화에서 찾는다.

어린이 발달은 외부의 영향으로부터 보호를 받는 정형화된 과정과 전혀 다르다. 어린이 발달과 변화는 환경에 대한 살아 있는 능동적 적응에서 발생하기 때문이다. 이 과정 속에는 미리 존재하던 사슬을 단지 전형적으로 재연결하는 것에 그치지 않는 새로운 형태가 있다. (……) 즉 선행 단계에서 내재된 잠재력의 전개로 나타나는 새로운 단계를 통해서가 아닌, 유기체와 환경 사이의 진정한 직면과 살아 있는 환경에 대한 적응을 통해서 발생한다.

『역사와 발달 1』, 456쪽

이러한 발달은 단지 양적인 누적이 아니라 전환점과 위기, 혁명적 변화를 포함하는 질적인 전환의 성격을 띤다. 비고츠키는 생물학적 계통발생, 문화역사적 발생, 개체발생, 미소발생이라는 발달과정들이 중층적으로 결합하고 상호작용하면서 인간의 발달 국면을 이루는 것으로 설명한다. 그러므로 발달은 인간의 전 생애에 걸쳐서 일어나는 총체적이고 역동적인 과정이며, 학령기 어린이 발달도 그 속에 놓인다.

저차적 영역에서 고등한 영역으로 발달하는 동안, 발달 역사에서 더 오래된 영역은 단지 사라지는 것이 아니라 더 고등한 영역의 권한에 종속되어 함께 작용한다. (……) 오히려 그것은 새로운 단계 안으로 들어가 거기에 남아 있음으로써 새로운 것으로 바뀌었으며, 그 속에서 변증법적으로 부정되었다. 바로 이러한 방식으로 본능은 파괴되지 않고, 새로운 기능들 가운데 고대 뇌의 기능으로 조건 반사 속에 지양된다. 마찬가지로 조건 반사 또한 존재하는 동시에 존재하지 않으면서 지성적 활동 속에 지양된다.

『역사와 발달 1』, 469~471쪽

비고츠키에게 고등정신기능 발달의 역사는 그와 대응되는 기초기능의 직접적인 연장이나 향상이 아니다. 오히려 발달적인 흐름의 근본적인 재편성이자 완전히 새로운 방향으로 한층 더 나아가는 움직임인 것이다. 이에 대한 그의 언급과 해석자들이 정리한 도표를 살펴보자.

고등정신기능들은 기초 과정들 위에 상부구조나 추가된 층으로 세워지는 것이 아니라 기초기능들의 짜임이 포함되는 새로운 심리체계를 나타낸다. 기초적 기능들은 새로운 체계 안에 포함됨으로써 새로운 법칙에 따라 작용하기 시작한다. 따라서 각각의 고등정신기능은 본질적으로 여러 가지 기초적 기능들이 새로운 전체 속에서 고유하게 결합됨으로써 결정되는 통합된 고차적 체계를 나타낸다.

『도구와 기호』, 193쪽

고등기능 고등형태	논리적 기억	자발적 주의	창조적 상상력	개념적 생각	고등 감정	사전 계획 숙고 예측
저차적 기능 저차적 형태	기계적 기억	비자발적 주의	재생적 이미지	기술적 생각	저차적 감각	충동성

『역사와 발달 I』, 45쪽

인지 발달의 지질학을 연상케 하는 비고츠키의 발생적 발달론에서 인간 발달은 고등정신기능의 내재화이다. 그리고 이는 각 기능들의 질적인 구조 변화로 가능하다. 논리적 기억은 내용을 논리적으로 구조화하여 기억하는 고차 기능이다. 그런데 이 기능은 반복을 통해 각인

되는 기계적 기억이라는 저차적 기능을 토대로 발달하는 것이지만 단지 기계적 기억의 양적 축적만으로 획득되는 것이 아니다. 논리적 기억은 체계적인 교수-학습을 통해 주체가 자발적 주의와 의지적 노력을 기울임으로써 갖게 되는 고등정신기능인 것이다.

2) 발달의 위기와 신형성

고등정신기능 발달의 기원은 '사회'이다. 사회적 관계가 인간 발달의 기초가 되는 것이다. 우리가 우리 자신이 되는 것은 타자를 통해서이다. 이는 개별 기능의 역사에도 적용되는 법칙으로 모든 정신기능은 처음에 사회적이었기 때문에 반드시 외적 발달단계를 거쳐야만 한다. 비고츠키에 따르면 "아동의 문화적 발달에서 어떠한 기능도 두 개의 무대, 두 개의 국면으로 나타난다. 첫 번째는 사회적 국면으로, 다음에는 심리적 국면으로 나타난다."

그런데 환경(사회적 상황)에 대한 주체의 능동적인 반응은 단선적이기보다는 불연속적이며 혁명적인 돌출과 도약을 감행한다. 요컨대 인간의 발달과정에는 '위기'가 있는 것이다. '위기'를 병리적인 것으로 간주했던 이들과 달리 비고츠키는 위기를 짧지만 강렬한 혁명기에 빗대어 발달과정에서 중요한 전환기이자 질적 도약기로 설정한다.

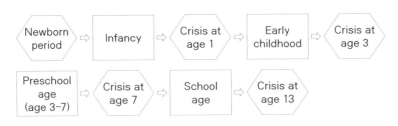

김용호, 「비고츠키와 정서」, 『왜 비고츠키인가?』에서 재인용

육각형은 위기를, 사각형은 비교적 안정된 시기를 나타낸다. 1세는 주변인과 나의 구분이 없던 '원시적 우리'라는 영아기의 안정이 깨지고 의사소통 수단으로 옹알이를 구사하는 때이다. 3세는 주변인과의 관계에서 독립된 활동을 지향하며 '자아해방'의 발현으로 '아니오'를 연발한다. 부정성, 고집, 완고함, 자기 본위나 독선, 저항-반항, 비난, 독재-질투를 표출하는가 하면 일시적으로 야뇨증, 말더듬 등 신경증적 반응을 보이기도 한다. 비고츠키는 감정과 의지가 분화되는 3세 위기의 특성을 '하이포불리아(원시적 의지)'로 명명한다. 3세 위기를 체험한 어린이에게 비로소 관계가 출현한다.

자기로부터 비롯된 일에 사로잡히는 7세는 의지의 변덕과 참을성의 감소 속에서 무차별적으로 많은 가면을 쓰는 시기이다. 이 시기의 징후는 순진함과 자연스러움의 상실, 우쭐댐, 익살스러운 표정, 인위적이며 부자연스러운 행동으로 드러나는데, 이는 어린이 인격의 내적, 외적 분화에서 비롯된다. 그리고 의미적 지각이 발달함에 따라 자기의 체험을 발견하게 된다. 즉 "나는 기쁘다", "나는 슬프다"라고 말하는 것이 의미하는 바를 이해하기 시작한다.

13세에 어린이는 시각적 도식으로부터 이해와 추론으로 태도가 변화하며 사회가 요구하는 규범에 대해 비판적으로 따져 묻기 시작한다. 신형성은 이러한 위기 국면에서 출현한다. 그것은 위기에 직면한 주체가 능동적으로 적응하는 중에 생성되는 이전에 없던 새로운 것이다.

연령기의 신형성은 인격과 그 활동을 구성하는 새로운 유형, 그리고 신체적 사회적 변화를 의미한다. 이 변화는 주어진 단계에 처음으로 나타나며, 어린이의 의식과 환경의 관계, 그의 내적, 외적 삶 그리고 주어진 시기의 모든 발달 경로를 가장 크고 기본적으로 규정한다.

『연령과 위기』, 67쪽

이 시기 신형성은 이행적 특성을 보인다. 그것은 다음 연령기에 그대로 보존되지 않으며 후속 발달과 직접적인 연결도 없다. 후속 연령기의 시작과 함께 사라지지만 그 속에 잠재적 형태로 존재하며 발달의 지하 경로에 참여할 뿐이다. 1세의 옹알이가 2~3세의 안정적인 언어 발달의 토대가 되고, 3세의 '아니오'가 무의식적인 자아의 발아로 의지의 씨앗이 되는가 하면, 7세의 자기애는 자존감과 자아 형성의 밑거름이 된다.

낡은 것의 소멸과 새로운 것의 출현이 교차하는 위기적 연령기에는 학습능력의 저하, 인격의 내적 구조의 부조화, 부정적이고 저항적인 행동 등이 나타나 기능의 퇴화나 정체, 혹은 역발달로 보이기도 한다. 하지만 이는 어린이 인격 내부에서 극심한 변화가 일어나고 있다는 표징이다. 그러므로 이 격렬한 시기에는 교육적인 배려와 이해, 그리고 여유로운 기다림이 필요하다.

발달의 시기마다 인격은 총체적으로 변화하는데 각 시기마다 변화를 추동하는 선도 활동을 레온티예프는 다음과 같이 정리한다.

교육 단계	선도적 교육활동
유아원	정서적 반응 / 대상 중심적 활동
유치원	사회 역할극 / 놀이활동
초등학교	학교에서의 학습활동
중·고등학교	동료와의 협력활동
대학과 직장	직장에서의 노동활동

『관계의 교육학』, 172쪽

3. 무엇이 어떻게 발달하는가?

1) 생각과 말

비고츠키는 생각 발달의 핵심적인 기제를 '말'의 기능과 발달에서 찾는다. 그러나 발생적으로 볼 때 생각과 말은 별개로 출현한다. 둘은 제각기 발달하다가 대략 2~3세경 서로 교차하면서 영향을 주고받으며 비약적으로 발달한다. 말은 지적으로 하게 되고 생각은 언어적으로 하게 되는 것이다. 생각 발달과 말 발달은 서로 연관되면서 질적으로 다른 일련의 단계를 거치며 개념적 사고의 형성으로 연결된다.

인간의 생각 발달은 〈혼합체적 심상-복합체적 생각(의사개념)-개념적 사고(진개념)〉로 진행된다. 혼합체 상태에서 어린이는 사물들을 뭔지 모르는 것들이 마구 뒤섞인 상태로 인식하며 이들을 주관적으로 묶는다. 복합체에서는 경험과 시각적인 특성을 중심으로 사물을 복합된 상태로 인식하며 부분적인 객관성에 기초해 사물을 범주화한다. 이후 명확한 뜻은 모른 채 맥락 속에서 개념을 사용하는 의사개념을 거쳐 추상적 사고가 가능한 개념적 사고에 이르러서야 진개념을 성취하는 것이다. 이 과정에서 사고의 실현체인 낱말의 의미도 함께 발달한다.

말 발달은 의사소통 수단으로서 '외적 말'에서 출발하여 외형적으로는 외적 말이나 내용적으로는 내적 말인 '혼잣말' 과정을 거쳐 말로 하는 생각 단계인 '내적 말'로 이어진다. 생각과 말 사이의 상호 전환은 내적 말에서 가장 역동적으로 일어나며, 복잡하고 추상적인 개념적 사고를 가능하게 한다. 내적 말은 생각 자체도 아니고 말 자체도 아닌 생각과 말의 역동적 상호작용이 일어나는 지점으로, 생각이 말로 맺어지고 말이 생각을 자극하는 과정이기 때문이다. 이처럼 생각 발달은 언어라는 기호를 매개로 이루어지는데, 이 과정에서 심리기능도 함께 발달한다.

심리 발달단계	말 발달	생각 발달
원시적 단계	지능 이전의 말	말 이전 국면의 지능
단순 심리 단계	외적 말	혼합체적 사고 / 언어 발달 〉 사고 발달
외적 기호 사용	혼잣말	복합체적 사고 / 의사개념
기호의 내재화	내적 말	복합체 및 의사개념 지속(학령기) → 개념 형성(청소년기)

『관계의 교육학』, 96쪽

외적 기호 사용 단계에서 전학령기 어린이는 생각과 행동을 하는데 혼잣말의 도움을 받고, 수를 셀 때 손가락을 이용한다. 학령기에 이르러 어린이는 손가락의 도움 없이 암산을 하기 시작하고 내적 말을 쓰면서 생각 훈련을 하며 개념 형성의 토대를 쌓아 간다. 그리고 교사(선도적인 협력자)와 함께하는 학교에서의 체계적인 교수-학습이 이를 이끈다. 학생들이 일상생활에서 알게 된 일상적 개념은 교사가 제시하는 과학적(학문적) 개념과 만나 상호작용하면서 발달의 다음 영역을 창출한다. 요컨대 과학적 개념 학습이 학생들의 일상적인 생각 구조 자체를 재구조화하는 것이다. 비고츠키의 말을 빌려 표현하자면, 과학적 개념은 의식적 고양의 문을 열어젖힌다.

2) 입말과 글말

말은 일상생활 속에서 자연적이고 비의지적으로 익힐 수 있는 반면 글말은 의식적인 학습과 의지적인 숙달을 통해 습득되고 발달한다. 즉 말과 글은 그 발달과정이 상이하다. 따라서 말을 능숙하게 하는 어린이라도 글을 능숙하게 구사하기까지는 많은 노력과 의지가 필요하다. 글말은 언어의 대수이자 말의 가장 확장된 형태이기 때문이다.

어린이가 글말을 배우는 것은 단지 소리를 글씨로 옮기거나 쓰기 기능을 익히는 것이 아니다. 글말 발달은 아주 낮은 단계에서조차 높은 수준의 추상화(소리 및 대화자의 추상화)가 요구된다. 글말은 스스로 대화 상황을 창조하고 사고로 표현해야 하므로 구체적인 상황으로부터 훨씬 자유롭고 창조적이며 의지적이다.

글말로의 이동은 지각적 사고에서 추상적 사고로의 이동이다. 어린이는 입말의 음성적 구조에 대해 인식하고 그것을 분해하여 의식적으로 시각 기호로 재구성해야 한다. 이러한 글말은 내적 말을 전제로 하면서도 그것과 가장 다르다. 내적 말은 생략과 축약의 언어이고, 글말은 이를 최대한 자세하게 기술하고 완성된 형태로 명확하게 표현한다. 이것이 어린이들이 글말 익히기를 어려워하는 까닭이고, 글말의 의도적인 조작 과정에서 고등정신기능이 역동적으로 발달하는 이유이기도 하다.

글말의 발달은 긴 역사를 가지며 극도로 복잡하고 어린이가 학교에 들어가 쓰기를 배우기 전부터 시작된다. 비고츠키는 상상놀이와 그리기가 서로 다른 지점에서 생겨났지만 총체적인 글말 발달의 선역사라고 말한다. 그 시초는 아기가 무언가를 가리키는 제스처이다. 이는 아기의 잡는 행위의 실패와 타인(양육자)의 의미 부여에서 비롯되는 일

글말의 선역사

몸짓(제스처)	허공에 쓴 글
그리기(낙서)	연필로 보여 주는 몸짓의 고정
상상놀이	대상에 이름 붙이기 / 사물 글쓰기

종의 기호인 것이다.

어린이는 어른들의 행위 모방에서 시작하여 그림문자적 쓰기와 표의문자적 쓰기 단계를 거쳐 출발점인 '말 그리기'의 관념으로 돌아가 진정한 의미에서의 쓰기를 배운다. 비고츠키는 전 학령기에 쓰기 학습을 시작하는 것을 옹호하는데, 이는 문화적 활동으로서의 쓰기에 주목하기 때문이다. 이에 따라 그는 글말의 전 단계로 상상놀이와 그리기 등 자연스러운 방법을 찾을 것과 어린이가 내면적으로 글말의 필요성을 느끼도록 가르칠 것을 제안한다.

3) 놀이

비고츠키에 의하면 어린이 발달에서 놀이의 영향은 지대하다. 놀이는 정신적으로나 신체적으로 어린이들을 양육하는 살아 있는 학교인 것이다. 어린이는 놀이에서 외적 사물이 제공하는 유인체계에 의해서가 아니라 내적 의도와 동기에 의존하는 인지 영역 속에서 행동하는 것을 배운다. 아주 어린 아이들은 사물들이 자기에게 행동을 지시한다고 여기는데, 놀이 상황에서는 행동이 사물이 아닌 생각에 의해 결정된다.

> 놀이에서는 어떤 대상이 다른 대상을 대신하여 기호가 됨으로써 그것을 쉽게 대체한다. …… 여기서 장난감과 그것이 나타내는 대상 간의 유사성의 많고 적음은 크게 중요하지 않다. 더욱 중요한 것은 기능적 사용, 즉 그것을 가지고 표현적 몸짓을 수행하는 능력이다. …… 이것이 바로 어린이 놀이의 상징적 기능을 이해하는 핵심이다.
>
> 『역사와 발달 Ⅱ』, 85쪽

놀이에서 막대기가 말이 되는 것은 어린이가 그것을 다리 사이에 끼울 수 있고, 말을 가리키는 몸짓을 할 수 있기 때문이다. 상징 놀이는 특정한 장난감의 가치를 나타내고 가리키는 몸짓을 수반하는 매우 복잡한 일종의 말 체계이자 이야기하기이다. 여기서 대상은 상징적 몸짓을 위한 작용점이 된다.

어린이는 놀이를 통해 사물로부터 의미를 떼어 낼 수 있다. 막대기는 진짜 말馬로부터 말의 의미를 떼어 내기 위한 매개가 되며, 어린이들은 그 의미들을 가지고 논다. 어린이는 자신이 그렇게 하고 있다는 걸 알지 못하면서 개념이나 사물의 기능적 정의를 획득하게 되고, 단어는 사물의 일부가 된다.

상상적 상황의 창조는 어린이가 상황적 제약으로부터 자유를 획득하는 첫 조짐이다. 놀이 상황에서 어린이는 실제 상황과 분리된 의미를 사용한다. 또한 어린이는 놀이의 즐거움을 위해 최대한의 자기 의지로 규칙을 준수한다. 본능적인 끌림을 극복하는 과정에서 자기 절제라는 내적 규제가 이루어지는데, 그것이 이른바 '욕망이 돼 버린 규칙'이다. 비고츠키는 어린이의 가장 큰 성취들이 놀이에서 이루어지며 이러한 성취들이 이후에 실제 행동과 도덕의 기본 수준이 된다고 단언한다.

상상적 상황과 상상적 영역 속에서의 행동, 의도적 계획의 수립, 실제 삶의 계획과 의지적 동기의 형성, 이 모든 것이 놀이에서 나타나 놀이를 취학 전 활동의 최고 수준으로 만든다. 이것은 근본적으로 놀이활동을 통해서 앞으로 나아간다. 오직 이러한 의미에서 놀이는 아동 발달을 결정하는 선도적인 활동으로 간주될 수 있다.

『마인드 인 소사이어티』, 160쪽

놀이와 컴퓨터 게임은 얼핏 비슷해 보이지만 많이 다르다. 게임이 '자극-반응'과 즉각적인 피드백에 의존하여 아이들을 수동적으로 만들어 버리는 데 반해 놀이는 어린이들이 자신을 놀이 규칙에 자발적으로 묶어 둔다는 점에서 능동적이고 의지적인 주체를 형성하는 기제가 된다. 그러므로 놀이 중에 어린이들은 항상 자기보다 머리 하나는 더 큰 능력을 발휘한다. 성숙 중인 기능들이 드러나는 것이다.

미발달과 발달 지체로 유치원생 같은 초딩들과 초딩 같은 중딩들이 출몰하는 요즈음 비고츠키 교육학은 다시금 현실에 발을 딛고 학생들이 처한 사회적 상황을 직시할 것을 요청한다. 그리고 동시에 인간 발달에 관한 과학적 이론의 학습을 통해 제대로 된 교육적 설명과 예측을 할 것을 권고한다.

11

글말 훈련의 중요성[22]

이성우(구미 도량초등학교)

나는 글을 즐겨 쓰는 교사다. 나의 일상에서 제일 중요한 두 가지 과업을 말하자면, 학교에서 아이들 가르치는 것과 집에서 글을 써서 페이스북에 올리는 것이다. 나의 경험을 토대로 글쓰기의 중요성과 글쓰기 실천 요령, 그리고 글쓰기 교육의 의의에 관해 이야기하고자 한다.

페이스북에서 거의 매일 글똥을 누고 있는 나는 학창 시절에는 글을 써 본 기억이 거의 없다. 글쓰기라곤 초등학교 때 숙제로 일기 쓴 것이 전부일 것 같다. 그런 내가 인터넷 시대의 도래와 함께 온라인 공간에 이런저런 글을 남기면서 글쓰기에 재미를 붙여 갔다. 글쓰기를 음악 연주에 비유하자면, 청중 없이 혼자 악기를 연주하면서 어떤 고상한 미적 쾌감을 느낄 수도 있고, 자신의 연주를 매개로 여러 사람과 그 기쁨을 나눌 수도 있다. 나의 경우는 후자에 해당한다. 즉, 인터넷 공간에서 시작한 나의 글쓰기는 처음부터 독자를 염두에 두고 썼으며 독자와의 대화를 통해 발전해 왔다.

읽는 이를 염두에 둔 글이든 자기 독백의 글이든 글쓰기는 결국 독

---

22. 이 글은 교육 계간지 『민들레』 107호(2016. 9)에 게재되었던 글이다.

자를 향한다. 독백 형식의 글은 자기 자신이 독자다. 우리가 글을 쓰는 이유 가운데 자기 내면을 밖으로 드러내고자 하는 자기표현의 욕구가 있다. 청중이 없는 연주를 생각할 수 없듯이, 독자가 없는 글쓰기 또한 생각할 수 없다. 글쓰기는 독자를 향해 자신의 이야기를 늘어놓는 것이다. 속에 담고 있기엔 갑갑한 어떤 비상한 감정이나 의견을 표출함으로써 정신의 항상성恒常性을 꾀하는 것, 이것이 글쓰기의 첫 번째 이점이다.

흔히 사람들은 마음속에 있는 이런저런 생각들을 글말written speech이 아닌 입말verbal speech을 통해 바깥으로 표출하며 정신의 항상성을 유지해 가곤 한다. '수다'라는 이름의 이 후진 욕망의 배설과 글쓰기가 차원이 다른 것은 말할 필요가 없을 것이다. 한 번 뱉고 나면 허공으로 사라져 버리는 입말과 달리 글말은 기록으로 남는 것이 큰 장점이다. 글쓴이는 자기 글의 독자가 되어 자신의 생각을 응시할 수 있다. 거울에 비친 모습을 보며 얼굴에 묻은 불순물을 지우듯이, 자기 글을 모니터링하면서 비고츠키의 용어로 자기조절self regulation을 꾀할 수 있다. 뿐만 아니라, 글말 속에는 입말과 달리 얼굴 표정이나 억양, 톤이 없으며, 말하는 이와 듣는 이 사이에 맥락의 공유가 이루어지지 않기 때문에 최소 수준의 이해를 위해서라도 높은 수준의 추상화와 정교화가 요구된다. 사람들이 글쓰기를 기피하는 것도 이런 점 때문이지만, 바꿔 말하면 이 과정을 통해 글 쓰는 이의 사고력이 증대된다. 글쓰기는 성찰적 태도와 사고력을 키우는 최고의 방법이다.

어떻게 하면 글을 무난하게, 그리고 잘 쓸 수 있을까?

이에 대한 나의 첫 번째 대답은 "일단 쓰자"는 것이다. 일단 쓰고 볼 일이다. 글의 주제와 관련해 마치 눈 감고도 자기 집을 찾아갈 수 있을 정도로 훤히 알고 있는 일상의 이야기라면 글을 쉽게 쓸 수도 있을 것이다. 그러나 정교한 사고와 짜임새를 요하는 글이라면 쉽게 써지지 않는다. 이 경우 한 번 만에 글을 완성하려 하지 말고 일단 쓰고 난 뒤 쓴 글을 여러 번 곱씹으면서 계속 고쳐 나가는 것이 좋다.

쉽게 써지지 않는 글은 쓰고 나면 마음에 안 들기 마련이다. 이를테면 아이디어는 좋지만 논리의 전개나 글의 짜임새가 어설프다는 생각이 들 것이다. 글쓴이는 자신의 글에서 어떤 점이 부족하다는 사실을 어떻게 알 수 있을까? 글을 썼기 때문에 알 수 있는 것이다. 수영을 배우기 위해선 물에 뛰어들어야 하듯이, 글을 잘 쓰기 위해선 일단 글을 써야만 한다. 쓰고 난 뒤 마음에 안 드는 부분을 차츰 고쳐 나가면 된다. 기본 아이디어가 괜찮으면 그 글을 정교하게 다듬는 일은 그리 어렵지 않다. 그것은 시간이 해결해 준다. 일단 썼기 때문에 그 해결이 가능한 것이다. 자신이 쓴 글을 열 번이고 스무 번이고 거듭 읽으면서 고치고 또 고쳐 가라. 교정의 손길이 많이 닿을수록 글의 완성도는 높아진다. 그리고 가능하면 글 고치는 시간 간격을 많이 둬라. 글을 쓰고 나서 이내 훑어볼 때는 보이지 않던 결함이 그다음 날은 보일 수 있고, 열흘 뒤에는 또 새로운 문제가 포착될 수도 있다. 술이 그러하듯, 글도 오래 묵힐수록 좋은 작품이 나온다. 또한 컴퓨터로 글 작업을 한 뒤에 컴퓨터 화면으로 검토하지 말고 반드시 종이에 인쇄해서 읽어야 한다. 내가 쓴 글의 독자가 되어 책을 읽듯이 검토하면서, '독자의 입장에서 이 말이 어떻게 다가갈 것인가' 하는 생각을 해 봐야 한다.

글을 일단 쓰고 봐야 하는 또 다른 이유는 우리의 이성과 감성이 작동하는 원리와 관계있다. 흔히 우리는 데카르트에서 연유하는 이분법적 사고에 익숙해진 결과, 이성과 감성을 따로따로 생각하는 경향이 있다. 이를테면 어떤 사람이 이성적이라거나 감성적이라는 식이다. 그러나 인간의 이성과 감성은 수레의 나란한 두 바퀴처럼 언제나 함께 작동하는 법이다. 글쓰기에서 이성 못지않게 감성의 작동은 매우 중요하다. 어떤 대상에 대해 문제의식이나 감동을 느껴 글감으로 포착하는 것은 감성의 힘이 큰데, 이 감성은 글쓰기 작업이라는 자동차를 움직이는 엔진과 같다. 그런데 감성으로 야기된 통찰, 즉 영감은 찰나적으로 다가오는 것이어서 시간이 흐르면 사라져 버린다. 그때는 글을 쓰려고 해도 마치 점화 플러그가 탈 난 자동차처럼 글쓰기의 시동이 걸리지 않는 것이다. 이런 점에서 글짓기는 음악가들이 곡을 쓰는 것과도 같다. 곡이든 글이든 영감이 떠올랐을 때 바로 써야 한다.

좋은 글을 쓰기 위한 조건으로 글에 관한 배경지식을 생각하지 않을 수 없다. 글을 쓰기 위해선 배경지식이 준비되어 있어야 하지만, 거꾸로 글을 쓰면서 그 지식이 채워지는 면도 있다는 것을 말하고 싶다. 글을 쓰기 전에 우리는 생각을 정리하고 머릿속으로든 지면으로든 개요를 짠다. 비고츠키의 용어로 이것은 어디까지나 '접힌folded 사고'이다. 접힌 사고를 막상 글로 펼쳐 보면 글이 어색하다. 글이 어색한 이유는 해당 주제에 관한 지적 역량의 부족과 관계있다. 즉, 우리는 어떤 주제와 관련해 그 지적 수준만큼 글을 쓸 수 있는 것이다. 내 삶과 직접 연결되어 익숙한 주제의 글은 쉽고 빨리 쓸 수 있지만, 추상적인 사상언어로 채워야 하는 깊이 있는 주제의 글은 쉽게 써지지 않는다. 따라서 이런 글을 쓰자면, 정교한 배경지식을 갖추기 위해 자신이 읽었던 책도 뒤적여 보고 인터넷 검색도 하면서 글의 내용을 살찌우는 별도의 노력이 요구된다. 그러한 과정을 통해 나의 지성이 발전해 간다. 글쓰기는 가장 훌륭한 자기교육self-education의 방법이라 하겠다.

계속해서, 좋은 글을 쓰기 위한 요령을 논하기 전에 글이 어디에서 나오는가를 생각해 보자. 글은 삶에서 온다. 교육작가인 나의 글은 교육 현장에서 아이들과 부대끼면서 생성된다. 현장에서 교사로 있더라도 학급 담임을 떠나 교과전담을 맡을 때에는 글감이 현저히 줄어든다. 글감의 원천인 교실과 멀어져 있기 때문이다. 학급 담임을 맡지 않아도 이러한데, 만약 교실을 떠나 교장실에 홀로 남겨진다면 아이들에 관해 쓸 글이 거의 없을 것이다. 글은 삶에서 오는 법이므로 좋은 글을 쓰려면 좋은 삶을 살아야 한다. 교사에게 좋은 삶이란 학교 안팎의 사회적 모순에 분노하고 아이들과 동료들과 치열하게 부대끼는 삶을 말한다. 정직한 삶은 정직한 글쓰기로 이어진다. 글쓴이의 삶의 진정성과 비례하여 독자의 마음을 움직이는 감동적인 글이 만들어진다.

낯선 곳에서 길을 물을 때 길을 가르쳐 주는 사람은 매우 쉽게 말하지만, 듣는 사람 입장에선 굉장히 어렵게 다가와 당혹스러웠던 경험을 누구나 한 번쯤 해 봤을 것이다. 예전에 외딴 산속에 위치한 어떤 건물을 찾아갈 일이 있었다. 중간중간에 만나는 지역 주민들에게 길을 물으니 한결같이 "차를 타고 조금만 가면 나온다", "연못을 지나면 보인다", "길이 외길이니 찾기 쉽다"는 식으로 대답했다. 그런데 '조금만'이라는 거리는 초행자의 입장에서 굉장히 먼 거리이고, 때는 건기여서 물이 말라 있었으며, 무엇보다 밤이어서 연못이라는 것이 식별이 잘 안 되었다. 그리고 외길이라는 길도 막상 가 보니 중간에 두 갈래로 나뉘어 있었다. 매일 다니는 사람 입장에선 자명한 풍경이겠지만 낯선 이방인의 입장에서 산속의 밤길은 암흑천지와도 같은데, 그들은 순전히 자기 입장에서만 길을 묘사한 것이다.

이 이야기로부터 학생 교육에서 글쓰기의 중요성에 대해 생각해 보자.

초등학교 저학년생의 일기를 읽다 보면 아이가 무슨 말을 하는지 이해하기 힘든 경우가 종종 있다. 아이가 논리에 어긋나는 문장을 구사해서가 아니다. 자신의 주관적 입장에서 보면 다 맞는 말이고 이해하기 쉬운 내용인데, 자신의 생각을 대상화, 즉 상대방의 입장에서 객관적으로 기술하지 못해서 그런 것이다. 가장 흔한 오류가 '내 동생이랑' 할 것을 '○○이랑' 하는 식으로 이름을 거론하는 것이다.

비고츠키는 입말과 글말의 차이를 의사소통을 위한 사회적 상호작용 경험의 차이로 설명했다. 어린아이의 경우 친밀한 공동체적 관계망 속의 인물들과 소통을 하기 때문에 '○○이'라 해도 뜻이 다 통하는 것이다. 그러나 학교에 와서 교육을 받으면서 글쓰기라는 특별한 경험을 하게 되면 이야기가 달라진다. 친밀한 상대와 말할 때는 아주 쉽게 말할 수 있는 내용도 불특정 다수를 대상으로 한 글쓰기에서는 고도의 추상화 능력이 요구되기 때문이다. 바로 이 과정에서 인간의 사고가 발달한다. 비고츠키가 말했듯이, 입말과 글말은 완전히 별개의 능력의 문제이다. 말로는 누구한테도 지지 않는다는 사람에게 글쓰기를 시켜 보면 형편없는 글이 나올 수 있고, 이것이 그 사람의 사고 역량을 가늠해 준다. 반면, 글말로 소통을 잘하는 사람은 입말로도 잘할 수 있다.

내뱉는 즉시 사라져 버리는 입말과 달리 기록으로 남는 글말의 성격으로 인해 글쓰기는 학생의 사고력은 물론 정서와 인성 발달에도 큰 도움이 된다. 학생은 자기 글의 독자가 돼서 자신의 생각을 들여다보며 이른바 메타인지meta-cognition를 꾀할 수 있다. 아이든 어른이든 사고의 발전, 정신의 성숙은 자기성찰을 통해서만 가능한데, 글은 그러한 자기검열(자기조절)의 훌륭한 매개체가 되는 것이다.

개인적으로 비고츠키를 공부하면서 그의 통찰 가운데 가장 훌륭하다 싶었던 것이 '혼잣말private speech' 개념이다. 피아제는 이를 '자기중심적 언어'라 일컬었는데, '자폐성' 운운하면서 부정적인 속성으로 치부했다. 이런 피아제와 대조적으로 비고츠키는 어린아이가 혼잣말을 통해 사고를 키워 가며, 이 혼잣말이 나중에는 사고 속으로 들어가 '내적 언어'를 이룬다고 했다. 즉, 내적 언어의 수준만큼 사고력이 형성된다는 것이다. 비고츠키의 혼잣말 개념이 놀라운 것은, 어린아이의 경우 생각을 한 다음 말(입말)을 하는 것이 아니라, 말을 하면서 생각을 한다는 사실이다. 따라서 혼잣말을 많이 하는 만큼 아이의 생각은 발전하게 되고, 혼잣말을 하지 않으면 아이의 사고력은 성장하지 않는다.

혼잣말이 유아의 생각을 발전시키는 것과 마찬가지로, 초중등 학생이나 성인은 글쓰기를 통해 사고를 발전시킬 수 있다. 유아가 생각을 한 뒤에 혼잣말을 내뱉는 것이 아니라 말을 하면서 생각을 키워 가듯이, 우리는 일단 글을 쓰면서 우리 내면에 잠재된 '접힌 사고'를 글로 펼쳐 내면서 우리의 사고를 좀 더 정교하게 다듬어 갈 수 있다.

외딴 건물을 찾아 헤매던 그날 밤, 내게 길을 설명해 준 그 사람들은 아마 평생 글 한 편 써 보지 못했을 가능성이 높다. 이방인에게 길을 설명하기 위해선 자신의 입장이 아닌 초행자의 입장에서 설명을 해 줘야 한다. 자신에겐 너무나 쉬운 이야기가 이방인에겐 얼마나 어려운 것인지를 알 때 그 사람은 "유능한 화자speaker"가 될 수 있다. 때문에 글쓰기 능력은 곧 사회적 공감 능력과도 연결된다. 공감과 소통 능력 기르는 데 '글쓰기'보다 더 중요하고 효율적인 교육도 없다.

CLASSIFICATION OF ABILITIES
BY O. DIACHENKO & N. VERAKSA

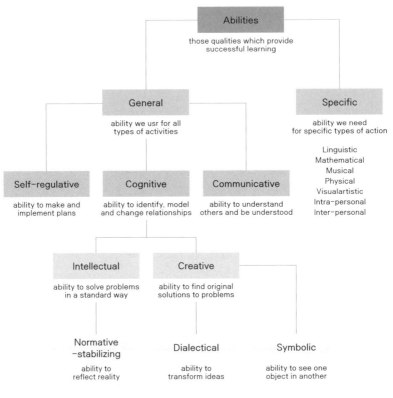

Galina Dolya(2007).
Vygotsky in Action in the Early Years: The 'Key to Learning' Curriculum

가을

12
이 책을 준비하면서,
두 번째 이야기

배희철(홍천 남산초등학교)

1. 2017년 봄 자료집을 돌아보며

봄에는 지난 과거를 돌아보며 반성한 내용을 언급했습니다. 독자를 배려하고 장기적 전망을 견지하겠다고 다짐했습니다. 최근에 비고츠키를 학습하신 초등 선생님의 글로 자료집을 만들었습니다. 10년 동안 추진해야 할 장기 과제로 협력으로 학생의 성장과 발달을 추구하는 교육을 제시했습니다.

2. 2017년 가을 자료집을 준비하며

이번에는 중등 선생님의 글로 자료집을 만들었습니다. 봄과 다른 점입니다. 하지만 더 근본적인 차이점이 있습니다. 필자들의 비고츠키 학습 내공이 상당하다는 것입니다. 정확하게 표현하면, 저와 함께 2007년 진보교육연구소에서 비고츠키 학습을 시작했습니다. 10년 전 첫걸음을 시작했습니다. 여러 면에서 저보다 수준이 높습니다.

천보선 선생님과 손지희 선생님은 진보교육연구소에서 비고츠키 연구를 이끌고 있습니다. 여러 자료에서 확인할 수 있듯이 그 결과를 세상에 지속적으로 알리고 계십니다.

이두표 선생님은 비고츠키 원작을 번역하여 출판하는 작업에 참여하고 계십니다. 비고츠키 선집은 현재 9권까지 나왔습니다. 일련의 비고츠키 원작을 가장 잘 이해하는 전교조 조합원 선생님입니다.

이형빈 선생님은 중간에 학교를 떠났습니다. 곽노현 교육감과 함께 했으며, 그 후에는 대학원에서 박사과정을 밟았습니다. 강원도교육연구원에서 교육정책연구를 담당하고 계십니다. 교육과정, 수업, 평가의 관계를 새로운 지평에서 조명하였습니다.

전교조 내 비고츠키 연구 1세대의 높은 수준입니다. 진정한 의미로 전교조에서 비고츠키 연구를 처음으로 시작했던 분들입니다. 글의 깊이가 상당합니다. 동료 교사와 같이 읽기를 권장합니다. 그리고 각자의 첫걸음을 준비하셨으면 좋겠습니다.

3. 발달교육을 향한 첫걸음을 예비했던 글

2015년 강원도교육연구원에 근무했습니다. 창의공감교육정책연구위원을 독자로 상정하고 작업한 글입니다. 원문 그대로 옮기겠습니다.

발달 중심 교육을 향한 첫걸음

정책연구의 위상
● 2015년 창의공감교육정책연구를 진행하면서 정책연구의 위상을

어떻게 잡아야 할 것인지 고민을 함

- '강단 교육학'과 '강호 교육학'의 중간에 위치시키고 '강호 교육
  학'에 가까운 것으로 '장학 교육학'의 위치를 정리해 보았음
- '강단 교육학'은 대학에서 교수들이 담당하는 학문적 교육학, 이
  론적 교육학
- '강호 교육학'은 학교현장에서 교사들이 행하는 실행 교육학, 실
  천적 교육학
- '장학 교육학'은 교육청에서 장학(연구)사가 담당하는 지도 교육
  학, 종합적 교육학
- <u>창의공감교육정책연구는 '장학 교육학'의 형식과 내용</u>을 담아야
  할 것 같음

• 대한민국 교육학의 현실 지형
- 수천, 수만 개의 아름다운 진주(개별 실천 사례)가 자루에 담겨
  진 형국
- 한두 개의 진주도 제대로 묶어 내지 못하는 목걸이속줄(논문)만
  진열된 지경
- 실천 사례는 실천 사례로, 추상은 추상으로 가공하지 않고 유통
  시키는 상황
  → '구슬이 서 말이라도 꿰어야 보배'라는 조상의 지혜를 시금석
    으로 삼아야
  → 이론이 없는 실천은 맹목적이고, 실천이 없는 이론은 공허하
    다는 철학적 금언 명심

---

1. '강단 교육학'과 '강호 교육학'이라는 분류 기준은 페이스북 친구인 경기도 소속 오재길 연구사의
   아이디어임.

- 장학 교육학이 가야 할 길
- 이론적 지향이 강한 '강단 교육학'과 실천적 지향이 강한 '강호 교육학'을 종합
- 다양한 개별 실천 사례(구체)를 체계적인 틀을 갖춘 원리, 법칙, 이론(추상)과 연결
- 현장에서 행해진 실천의 의미를 판단하여, 확산할 사례를 체계적인 내용으로 제시
- 올바른 원리와 이론을 현장에 적용할 수 있도록 다듬어진 풀어낸 내용으로 제시
- 이론과 실천을 연결하는 역할, 그러한 능력을 소유한 교원을 확대

왜 비고츠키가 쓴 『역사와 발달 Ⅱ』인가?

- 우리가 하려는 과업의 성격: 교육의 본질을 구현하는 '장학 교육학' 정립

우리나라는 해방 이후 40여 년간 여러 가지 원인들로 인하여 지식교육에 편중한 결과 도덕성이나 정서, 공동체의식 등의 사람을 사람답게 하는 인간교육은 소홀히 했었다. 거기에다가 60년대 이후의 산업화 과정에서 팽배해진 이기주의와 배금주의는 교육의 본질적 가치는 묻어 버리고 편의주의에 맡겨 버림으로써 학교교육은 점차 그 설 땅을 잃어가고 있다. 청소년의 정서는 메마르고 윤리의식은 극도로 타락하고 있다. 이러한 교육과 도덕의 위기를 극복하기 위해 교육의 위상을 바로잡아야 하겠다는 합의가 곧 교육의 본질을 추구하는 데로 모아지고 있는 것이 아닌가 한다. 그렇다면 교육에서의 본질이란 무엇을 말하는 것인가?

사람을 사람답게 키우는 것이 교육의 본질이다. 교육을 통하여 어떤 인간상을 길러 낼 것인가 하는 내면적 가치를 존중하는 것이다. 인간 개발의 차원에서 사람을 쓸모 있게 키울 것인가, 아니면 폭넓은 인간화라는 차원에서 가치 있는 '사람됨'을 키울 것인가라고 할 때, 사람 됨됨에 교육의 목표를 두는 것을 교육

의 본질이라 할 수 있다. 다시 말하면, 인간이 미래를 지향하고 현재를 창조적으로 이끌어 갈 수 있도록 그 인간의 성향을 바람직한 방향으로 변화시키는 것을 교육의 본질적 기능이라고 하는 것이다.

이와 같이 본질적 기능에 있어서의 "교육은 인간 변화를 전제로 하는 개념이지만, 그것은 개체 인간의 부분적인 특징의 변화로서 만족되는 것이 아니며 전체로서의 인간, 즉 전인적 변화를 상정하는 것이다. 훈련, 도야, 교수, 설득 등에 의하여 능력이 계발되고 심성이 단련되고 지식이 획득되고 태도에 변화가 일어났다고 하더라도, 그것이 인간의 균형과 조화를 파괴한다면 그러한 변화를 교육의 이상과 목적에 맞는 변화라고 평가할 수 없다. '전인교육'이라는 말은 교육의 원리를 나타내는 것으로서 별로 의미 있는 것이 아니라고 여기기도 한다. 그러나 '전인교육', '균형 있는 성장', '조화로운 발달' 등은 그 자체의 의미상의 특징으로는 매우 모호하지만, 그런대로 교육의 대상을 포괄적으로 나타내는 기능을 하고 있음을 우리는 간과해 버릴 수가 없다. 왜냐하면 교육은 단순히 단편적 지식의 주입이나 개별적 습관의 형성이나 특정한 능력의 훈련으로 설명될 성질의 것이 아니며, 인간의 전체를 상정하는 개념이기 때문이다."

이돈희(1987), 『교육철학개론』, 교육과학사, 161~164쪽

… 이런 무리한 외압들로 인한 굴절 현상을 정원식 문교부 장관의 취임사를 빌려 다음과 같이 정리해 볼 수 있다.

"지금까지 우리 교육은 여러 교육 외적인 조건에 의해서 더러 오염되거나 침해당하는 경우가 있었던 것이 사실입니다.

이제 우리는 어떤 일이 있더라도 교육 본연의 궤도 이탈을 막고, 교육의 본질적인 위상과 자세를 확립하는 일에 힘을 쏟아야 하겠습니다.

혹시 우리 교육이 정치적으로 오염되어 있었다고 하면, 과감히 정치적인 중립을 선언함으로써 그 영향에서 벗어나 교육의 본질적인 목적과 이념을 추구하는 데 우리의 역량을 결집해 나가야 할 것입니다."

……

교육에서의 본질 추구는 보다 근본적인 것, 인간 형성에 집중되어야 한다. 때문에 교육 본질의 추구는 첫째, 인간화교육이 되어야 한다.

"인력교육에서 인간교육으로의 회귀는, 첫째 종래 교육에서 말한 전인교육의 새로운 조명을 의미한다. 종래 전인교육 사상은 전통적인 학교교육에서 지나치게 지적 교육만을 강조하는 것을 지양하고, 신체적, 정서적·사회적·도덕적인 측면의 교육도 아울러 강조해야 한다는 뜻으로 해석되어 왔다. 오늘날 전인교육으로의 회귀는 그것과 동시에 좀 색다른 뜻에서 필요하다. 그것은 교육은 한 나라의 경제적 발전만 아니라, 정치적·도덕적·문화적인 발전도 중요함을 다시 인식하며, 학생에게도 (공부한다)는 것의 경제적 가치만 아니라 스스로의 넓

은 지적, 예술적, 도덕적 자아실현에도 필요하다는 것을 깨닫게 하고, 그런 넓고 둥근 교육이 도리어 특정한 일에서도 가장 크게 효능을 발휘하는 인력으로도 작용한다는 인식으로의 회귀. 이런 교육의 근저에는 다양한 인간의 욕구 구조를 전체 조화론적으로 파악하고 대처해야 한다는 인식이 있는 것이다.

다음, 인간교육으로의 회귀는 이른바 고등정신능력을 길러 내는 교육의 실현을 의미한다. 이것은 종래 자주 주장되어 왔지만 실제에서는 종래의 교육 타성으로 보아서 쉬운 일이 아니라는 것, 그러나 고도산업사회, 정보화 사회에서는 기필코 이루어야 할 일이라는 것부터 새삼 인식해야 할 것이다."

정범모(1989), 『미래의 선택』, 나남출판사, 67쪽

교육의 본질을 추구하기 위하여 두 번째로 생각해야 할 것은, 이러한 인간화 교육이 제대로의 실효를 거두기 위해서는 교육과정의 운영이 정상화되어야 한다는 것이다.

현재 우리나라의 각급 학교가 입시 준비에 중점을 둠으로써 교육과정이 파행적으로 운영되어 학교교육의 본질적인 목적과 기능이 오도되고 있는 것이 사실이다. 학교교육의 목적이 지(知)·덕(德)·체(體)의 조화로운 발달을 통한 전인교육에 있음에도 불구하고 입시를 위한 단편적인 지식 암기만이 강요되어, 학교교육을 통하여 길러져야 할 창의력·비판적 사고·분석력 등 고등정신능력의 신장이 제약을 받고 있다. 따라서 교육과정은 기본 방향을 가지고 사문화되지 않는 효율성을 지녀야 할 것이다.

......

'공부도 좋지만 먼저 사람이 되어라' 하는 극히 상식적인 말을 음미하면서, 우리의 교육이 당장 눈앞에 닥친 현실적 문제 해결이나 단기적인 필요에만 관심을 가지고 기초적인 학문이나 가치 있는 문화유산을 꾸준히 가르치는 일을 소홀히 하면, 문화적 쇠퇴나 정신적 빈곤을 면할 수 없을 것이다. 때문에 교육의 인간화(人間化)를 추구하는 교육과정의 바른 실천이야말로 교육의 본질적 기능이나 수단적 기능을 함께 충족시킬 수 있는 길이 될 것이다.

* 이덕호(1990), 「교육의 본질이란」, 『교육연구정보』 제1집(특집: 교육학적 이론과 교육현장과의 연계), 44~50쪽.

– 이론과 실천을 종합하려는 강원도교육청의 의도적 행위가 『교육연구정보』 창간으로

– 25년 전, 종합을 위한 발판으로 교육의 본질, 전인교육, 인간화교

육을 확립

- 핵심 개념으로

　① 사람됨(든 사람, 난 사람, 된 사람으로 나아가는 과정)

　② 인간 형성(구성이 아닌, 지난한 노력으로 이룩되는 과정)

　③ 고등정신능력(전면적 발달의 내용과 목표)을 제시했음

- 학교교육과정의 중요한 역할 강조

● 사반세기 동안 이론과 실천에서 진척이 미비한 까닭

- 의식적인 실천을 방해한 현실 조건과 실천에서 이끌어 낸 반성적 사유의 결과 부족

- 사람됨의 변화 과정을 설명할 수 있는 이론 결여

- 특히나, 전제가 되는 인간에 대한 인식 수준이 구시대적이었음. 인간을 식물(자연주의)에, 동물(행동주의)에, 생물학적 인간(구성주의, 인지주의)에 비유했음. 인간을 문화적 인간(문화역사적 이론)에 비유하는 담론이 취약했음

- 학교교육에서 담당해야 할 고등정신능력을 구체화하는 작업이 진행되지 않았음. 2015 교육과정에 능력을 중심으로 학교교육의 과제를 처음으로 제시하게 될 것 같음

● 왜 비고츠키인가?

- 사람됨의 변화 과정을 체계적으로, 종합적으로, 구체적으로 설명한 최초의 학자

- 한국에서 이러한 시도를 행한 학자나 연구 성과물을 찾지 못했음

- 유네스코의 추천, 지난 세대 동안 세계 교육계의 정상에 군림. 서

구의 사회적 구성주의와 소비에트와 동구의 활동이론도 비고츠키를 원조로 추대

- 최근 한국에도 비고츠키를 기반으로 교육 실천을 분석할 수 있는 저작과 결과물 등장

● 정교한 학력 개념을 정립하려면
- 학계의 연구 성과를 철저하게 분석해야 함

학력은 '학(學)'의 배움에 대한 요소와 '력(力)'의 능력에 관한 속성의 두 가지 요인으로 구성된다. '학'은 학생이 학교에서 배우는 것, 학습하는 것, 사회가 학교를 통해 교육하려는 것을 지칭하며, 학교(또는 사회, 국가)가 학습자의 성장을 위해 지원하는 제반 교육적 노력을 통해서, 학습자가 성취하기를 바라는 경험적인 내용을 강조하는 요소들이다. 흔히 교육 내용, 교육과정이라고 지칭하며, 그 사회와 시대가 강조하고자 하는 문화 내용, 경험의 내용이 응축되어 있다. 따라서 '학'의 개념에는 변화하는 시대와 상황 속에서 생존, 발전하기 위해 필요한 갖가지 정보, 지식체계, 기능, 습관과 태도 가치와 도덕적 규범 등이 포함되어 있다. 따라서 학력 구인화 작업을 위한 첫째 요소는 '교과 내용의 학습'에 있다. 교과 내용을 초월한 개념의 학력은 허구적 수사이거나 낭만적 환상의 기대가 섞인 표현일 뿐이다. 학력 요소는 문화 의존적이고, 경험 의존적이며, 내용 의존적인 성질을 명시하는 것이다(황정규, 2001).

반면, '력(力)'은 능력과 힘을 표현하는 요소이며, 공부하는 근원적이고 본질적인 능력, 힘, 재능을 의미한다. 학습 내용, 문화 내용, 경험 내용에 보편적으로 적용되는 '일반화된 능력'을 말하며, 배우는 능력, 학습하는 능력, 모든 학업 성취에 기여하는 보편적 능력 및 발현 가능한 잠재적 능력이다. 이러한 의미의 '력'은 비교적 장기간을 통해 발달하고 형성되는 능력으로서, 비교적 안정성이 있고 보편화된 능력이다. 능력이 뛰어난 학습자는 많은 종류의 교과 학습, 문화 내용의 학습에서 우수한 성취 결과를 보일 것이라 가정된다(황정규, 2001). 따라서 '학력'은 '학교에서 배운 것을 토대로 학생이 습득한 문화적 능력'이라고 할 수 있겠다.

그러나 일반적으로 '학력'을 갖추었다고 함은 공식적 학교체제를 통해서 길러지는 주로 지적 능력의 속성을 의미할 뿐 원칙적으로 그것 자체가 성공적 삶의 유지에 대한 예견력을 갖지 못한 데 반하여, 역량을 갖추었다고 함은 학교를 비롯한, 인간생활의 여러 국면에서 길러지는 지적 능력 이상의 복합적인 능력

으로서 그것 자체가 소유자의 성공적인 수행(performance)을 예측하는 준거가 될 만한 표식이라고 볼 수 있다(김안나 외, 2003).

*이현주 외(2004), 『KEDI 종합검사도구 개발을 위한 기초연구』, 연구보고 RR 2004-18. 한국교육개발원, 14쪽.

▶능력Ability: 학교에서 배워 익힌 높은 수준의 정신 능력

장기간에 걸쳐 발달하고 형성됨

안정적이고 보편적임

문화, 경험, 내용에 의존적임

▶역량Competency: 수행을 예측하게 하는 행동 능력

복합적임

기술 능력skills의 합으로 간주될 수 없음

미래의 성공적 삶을 예측할 수 있음

– 학력 패러다임의 전환을 명확히 인식해야 함

▶지식의 누적, 지식의 활용 → 개념 형성과 개념 체계

▶인지적 능력 중심 → 전인적 능력 중심

▶경쟁 → 협력

▶성공적 삶을 위하여 사회에서 요구하는 능력 → 사람됨을 위하여 학교에서 가르쳐야 하는 능력

● 왜 『역사와 발달 Ⅱ』인가?

– 사회에서 요청하는 능력(예를 들면, 창의성)에 대해 기술한 책은 많지만,

– 전인적 발달에 필요한 능력을 체계적으로 설명한 한글로 된 책은 하나뿐임

- 부분적으로라도 능력에 대해 설명한 자료가 있다면 공유하고 심층적으로 연구해야 함

우리는 『역사와 발달 II』를 읽으며 무엇에 주목해야 하는가?

● 학력의 변별과 기원
- 학교에서 목적의식적으로 교수학습해야 할 학력을 선별
  ▶입말, 글말, 산술 조작, 주의, 기억, 인격, 세계관, 개념 형성은 학력이어야 하나?(후에, 핀란드 교육과정과 비교하며 세부적인 학력의 목록을 작성해야 함)
- 선별한 학력을 급별로 분류
- 각 능력이 어떻게 발생하고 발달하는지 정리

● 능력 발달의 단계
- 개체발생에서 어떤 단계를 거치는지 정리
  ▶사회(인간관계)에서 → 주변 사람에게 → 자기(심리관계)에게
- 개통발생에서 어떤 단계를 거치는지 정리

우리는 발달이 네 가지 주요 단계를 경과한다는 것을 파악했다.
첫 번째 단계는 원시적·자연적 단계이다. 여기에 해당하는 것이 전지적 말 단계와 말 이전의 생각 단계이다.
다음 단계는 소박한 심리학의 단계이다. 자신을 둘러싼 대상들, 사물들, 도구들의 영역에서 그리고 신체의 물리적 속성의 영역에서 이루어진 어린이들의 소박한 경험에 근거한 단계이다. 이러한 단계는 어린이에 의한 도구 사용과 어린이의 실행 정신에 의한 최초 조작을 결정하는 소박한 경험이 지배하는 단계이다. 여기서 어린이는 개별적인 정신기능들을 의지적으로 통제하지 못한다. 즉 각적인 상황에 응답하는 듣고 따라 하기 같은 활동이 전개되는 단계이다.

세 번째 단계는 <u>외적 기호의 단계</u>이다. 소박한 심리 경험의 누적과 (도구와 암기 기법을 사용하는) 외적 조작의 도움으로 어린이가 특정한 심리 내적 기능을 사용하여 과업을 해결하는 단계이다. 말 발달에서 혼잣말을 사용하는 단계가 여기에 해당된다. 수 개념 발달에서 가리키며 세기와 손가락으로 세기가 이 단계에 속한다. 장바구니 목록 적기, 메모하기, 노트 필기하기, 숫자막대를 사용하여 계산하기, 대상을 기호로 표시하여 계산하기 따위도 여기에 속한다.

마지막 단계를 우리는 비유적으로 <u>내적 변혁의 단계</u>라고 했다. 이는 무엇보다도 외적 조작이 내적 조작이 되고 심대한 변화와 연결되면서 외적 조작이 정신 안에서 작동한다는 사실에 의해 특징지어지기 때문이다. 암산으로 산수 계산하기, 논리적 기억, 말 발달에서 내적 말 단계가 여기에 해당된다.

비고츠키(2011), 『생각과 말』, 4-3-16~4-3-22 요약.

- 능력과 능력의 관계
- 서로 다른 기원을 가진 능력들이 어떻게 하나의 능력으로 새롭게 출현하는지 정리
  - ▶생각과 말의 관계
  - ▶고등정신능력의 일반적 성질
- 동일한 활동에서 능력과 능력의 관계가 변화하는 과정을 정리
  - ▶그리기와 의미의 관계

모방 형태	말 발달	행동 사례	뷜러의 행동 단계
단순 베끼기	활동 〉의미	반사, 신체 움직임, 즉각적인 감정표현, 습관적 반응, 자극에 대한 반응	본능, 습관(타자의 의지적 행동에 대한 소박한 모방 포함)
복합적 모방	의미 〉활동	문제해결, 역할놀이, 게임하기, 말하기, 산술, 쓰기(작문), 문화적 행동	습관(지성적, 의지적 행동 포함), 자발적 고등행동(의지)

비고츠키(2013), 『어린이 자기행동숙달의 역사와 발달 Ⅰ』, 432쪽

● 능력 발달의 핵심 기제

- 논리적 모방, 체계적 협력

- 근접발달영역 내에서만 작동

● 참고 문헌

루리야(2013). 『비고츠키와 인지 발달의 비밀』. 살림터.

배희철(2013). 『비고츠키 협력의 교육학』. 울산광역시교육청 특수분야 직무연수
　교재.

비고츠키(2011). 『생각과 말』. 살림터.

비고츠키(2013). 『어린이 자기행동숙달의 역사와 발달 Ⅰ』. 살림터.

비고츠키(2014). 『어린이 자기행동숙달의 역사와 발달 Ⅱ』. 살림터.

이덕호(1990. 9). 「교육의 본질이란」. 『교육연구정보』, 제1집(특집: 교육학적 이론
　과 교육 현장과의 연계). 강원도교육연구원.

이현주 외(2004). 『KEDI 종합검사도구 개발을 위한 기초연구』. 연구보고 RR
　2004-18. 한국교육개발원.

13

비고츠키 복권 선언[2]

천보선(서울 독산고등학교)

1. 변증법적 유물론에 입각한 진보적 교수학습론의 창시자

변증법적 유물론과 역사적 유물론에 대한 심리학적으로 적절한 적용은 비고츠키의 고등심리과정들에 대한 사회문화적 이론의 정확한 요약.

코일, 『사회 속의 정신』 서론, 23쪽, 조희숙 외 옮김

비고츠키는 마르크스주의적 사고를 가치 있는 과학의 토대로 보면서 변증법적 유물론과 역사적 유물론을 자신의 심리학에 적용하였다.

한순미(1999), 『비고츠키와 교육』, 교육과학사, 17쪽

한국에서는 주로 사회적 구성주의자로 알려져 있지만 비고츠키는 마르크스주의 교육학자로서 변증법적 유물론과 사적 유물론에 기초한 교육심리학과 발달이론을 발전시켜 나간 선구자이다. 비고츠키 이

---

2. 『진보교육』 33호, 기획.

론은 '인간과 사회의 역동적 상호작용', '기호(언어), 실천의 매개(중재)적 역할', '고등심리기능에 대한 역사, 사회의 근본적 규정', '인간정신의 점진적 확장과 질적 비약' 등 온통 변증법적 유물론과 사적 유물론의 관점과 개념들로 채워져 있다.

그는 사회의 역사적 변화와 물질적인 삶이 인간성(의식과 행동)의 변화를 낳는다는 변증법적 유물론의 테제를 구체적인 심리적 문제에 적용하여 성공한 최초의 교육학자로서 '노동과 도구'에 대한 엥겔스의 분석을 인간정신 영역으로 확장하였다. 그의 시도는 인간정신 발달에 대한 설명력을 비약적으로 확대, 심화시켰고 마르크스주의 교육학의 새로운 지평을 연 것이었다. 그렇지만 비고츠키 교육학은 그의 사후 은둔과 왜곡의 두 과정을 겪는다. 하나는 은둔의 과정으로 소비에트에서는 그의 이론이 정치적 탄압을 받으면서 후학들에 의해 주로 '활동이론'이라는 방법론적 논의로 전개된 과정이다. 또 하나는 왜곡의 과정으로 1960년대 이후 서구에 소개되면서 월치 등에 의해 사회적 구성주의의 시조로 추대되고 그의 논의가 구성주의적 방식으로 채택, 왜곡되어 온 과정이다. 한국에서는 후자의 모습으로 나타나고 있다.

2. 왜 비고츠키는 구성주의일 수 없는가?

비고츠키 이론이 마르크스주의에 입각했다 하더라도 구성주의의 한 부분으로 설정할 수 있지 않을까라는 의문이 들 수 있다. 그러나 비고츠키 이론이 기반으로 한 변증법적 유물론과 구성주의는 가장 근본적인 지점인 '인식론'에서 대립적이기 때문에 결코 구성주의가 될 수 없다.

구성주의는 한마디로 "지식은 발견되기보다 구성되는 것"이라는 명제로 특징지을 수 있다.

조용기(1998), 「구성주의교육의 조절」, 『구성주의 교육학』, 교육과학사

구성주의는 기존 객관주의적 인식론에 대한 대안적 인식론, 곧 상대주의적 인식론을 바탕으로 하여, 객관주의적 인식론의 여러 문제점을 극복하려는 데로부터 시작한다.

강인애(1998), 「문제중심학습」, 『구성주의 교육학』, 교육과학사

구성주의가 아무리 다양한 모습을 지닌다 하더라도 구성주의일 수 있는 근본적 정체성은 '상대주의적 인식론'에 있는데, 변증법적 유물론은 구성주의가 적대시하는 '객관주의'의 범주에 해당한다. 변증법적 유물론 역시 구성주의의 인식론인 '상대주의'에 대해 철학적 비판과 투쟁을 줄곧 전개해 왔다. 둘의 지식관은 완전히 다르다. 변증법적 유물론의 인식론은 '유물론적 실재론'으로 지식은 '객관적 실재'에 근거하는 것이며, '진리'에 대한 '인식 가능성'을 전제한다. 반면 구성주의에서 지식은 '주관적 구성'(조영남, 「구성주의 교수-학습」, 1998)의 산물이며 '진리'는 알 수 없거나 존재하지 않는 것이 된다. 진리 대신 '수행성' 혹은 '적합성'이 그 자리를 차지한다. 사회적 구성이라 하더라도 '주관들의 합의'에 불과하다.

비고츠키와 구성주의의 관계를 다루는 데서 인식론의 차이는 매우 근본적인 지점이다. 왜냐하면 구성주의의 핵심적 정체성이 바로 인식론의 문제이고 또한 교수학습이론에서 인식론은 가장 근본적 출발점이기 때문이다.

'사회'라는 말의 의미도 다르게 쓰인다. 비고츠키에서 '사회'란 근본

적으로 '역사적 실체로서의 사회적 총체'이지만, 구성주의에서는 주로 '개인을 둘러싼 상호 의존적 결사체'(이종일, 「사회적 구성주의」, 1998)로서의 의미를 지닌다. 비고츠키에서도 개인을 둘러싼 소집단이 설정되지만 사회적 의식이 중재되는 통로인 반면 구성주의에서는 지식을 구성하는 경험, 맥락을 제공하는 환경의 의미를 지닌다. 비고츠키는 결코 구성주의가 아니다. 사회적 구성주의가 급진적 구성주의를 비판할 수 있는 근거로 쓰였을 뿐이며 자신의 의사와 상관없이 잘못 분류되었을 뿐이다.

3. 비고츠키를 구성주의자로 둔갑시킨 이유와 조건들

사회적 인식 발달에 대한 과학적 설명력

비고츠키가 결코 구성주의가 될 수 없음에도 구성주의자들이 비고츠키를 사회적 구성주의의 원조로 삼은 이유는 무엇인가? 그것은 무엇보다 지식 발달의 사회적 과정에 대한 비고츠키의 뛰어난 설명이 필요했기 때문이다.

> 월치는 비고츠키를 사회적 구성주의의 창시자로 제시하였다. 물론 월치가 비고츠키를 사회적 구성주의의 토대적 근거로 제시하였다고 해서 비고츠키가 바로 사회적 구성주의가 되는 것은 아니다. … 단지 월치가 사회적 구성주의의 근거를 찾는 가운데 비고츠키의 이론이 자신이 추구하는 사회적 구성주의의 맥과 거의 같았기 때문이라 할 수 있다.
>
> 이종일(1998), 「사회문화주의와 구성주의」, 『구성주의 교육학』, 교육과학사

지식의 사회적 발달에 대한 비고츠키의 분석과 설명은 매우 탁월한 논의이다. 비고츠키는 변증법적 유물론에 입각하여 당시 발달하기 시작한 언어학과 심리학의 성과를 받아안으면서 인간의 인식이 발달하는 과정을 역동적으로 묘사하였다. 구성주의의 발전과정에서 구성주의 내부에서는 개인적 혹은 급진적 구성주의라 불리는 초기 구성주의의 극단적 경향과 문제를 보완할 필요가 있었는데, 비고츠키의 이런 뛰어난 분석과 설명은 큰 힘이 되었다. 비고츠키 이론을 채용하여 급진적 구성주의를 비판하고 사회적 구성주의를 체계화한 월치와 코일은 아예 스스로의 위치(실제로는 바로 그들이 거겐Gergen과 함께 사회적 구성주의의 원조라 할 수 있다)를 포기하면서까지 비고츠키를 사회적 구성주의의 시조로 위치시켰다. 그리고 한국 교육학계는 이들의 분류를 비판적 검토 없이 받아들였다.

인식 주체의 능동성 강조

또 하나의 이유는 비고츠키는 '낱말 의미의 발달' 등 인식의 '능동적 변화 과정'을 중시했는데, 이를 구성주의에서는 지식의 주관적 구성으로 오해한 것으로 보인다. 그러나 '인식 주체의 능동성'과 '주관적 구성'은 전혀 다르다. 전자에서 지식은 여전히 사회문화적인 것으로 규정되지만, 후자에서는 개인의 주관에 의해 만들어지는 것이 된다. 그럼에도 양자가 혼동되면서 구성주의로 포섭된 것이다.

변증법적 유물론에 불철저한 이해와 비고츠키 자체에 대한 무지

뛰어난 설명력을 가져올 필요성과 오해의 여지가 있다 하더라도 사회적 구성주의의 시조로 잘못 제시되고 그러한 규정이 널리 퍼지게 된 것에는 또 다른 이유들이 있다. 우선, 비고츠키를 구성주의로 분류한 일부 학자들이 변증법적 유물론에 대한 철학적 이해가 철저하지 못한 때문인 것으로 보인다. 인식론의 근본 차이에 대한 이해가 부족한 채 '인식 발달에 사회적 영향이 매우 크다'라는 설명과 주장의 단면만을 채용한 것이다.

그리고 본래의 비고츠키와 그의 이론이 제대로 알려져 있지 않은 것도 왜곡이 퍼진 중요한 조건이었다. 비고츠키 교육학은 1960년대 이후에야 서방에 조금씩 소개되기 시작했고, 구성주의가 확산될 때에도 비고츠키와 그의 이론을 제대로 접한 사람들은 거의 없었다. 본래의 비고츠키를 알 수 없는 대부분의 사람들은 왜곡이나 오류 여부를 판단하기 어려웠고 '구성주의자 비고츠키'는 소문처럼 자연스럽게 퍼져나갔다.

4. 잘못된 규정의 결과: 문제점과 효과(?)

1) 문제점

구성주의자로의 왜곡은 필연적으로 비고츠키 이론과 내용의 왜곡, 교육학적 취지와 방법론의 왜곡으로 연결된다. 해설서에서는 주요 개념들과 강조들이 빠지기도 하고 본래의 의미와 다른 해석과 설명이 덧붙여졌다. 심지어 '비계' 등과 같이 나중에 다른 사람이 고안한 개념이 비고츠키 이론으로 소개되기도 하였다. 그 결과 현재 이해되고 있는 비고츠키는 본래의 비고츠키와는 상당히 다르다. 마치 역사 드라마에서의 인물 왜곡과도 비슷하다.

비고츠키 교육학의 상대주의로의 둔갑

사회적 구성주의에 대한 개론서들은 대부분 가장 중요한 이론적 근거로 비고츠키 이론을 소개한다. 사회적 구성주의자로 규정됨으로써 유물론적 실재론에 서 있는 그의 이론은 실제와는 정반대로 구성주의의 상대적 인식론을 정당화하고 심화하는 것으로 왜곡된다.

> … 개인적 구성주의와 사회적 구성주의로 대별될 수 있다. 비록 개인적 대 사회적으로 구성된 앎과 지식의 성질이 분명하지는 않지만 분명한 것은 이들 두 이론 모두가 반실재론의 입장을 취하고 있다는 점이다.
>
> 이명숙(1998), 「구성주의의 심리학적 근저」, 『구성주의 교육학』, 교육과학사

주요 관점의 변질 그리고 덧붙임

'사회'라는 의미가 다르게 쓰였음은 앞서 지적한 바 있다. 이 외에도 주요 개념의 변질과 축소가 수반된다. 비고츠키는 사고기능의 '발달'을 중시했으나 구성주의에서는 지식 '구성'이 핵심이 된다. 비고츠키는 중재된 '간접 경험'의 의미도 중요시했으나 구성주의에서는 개인적 '직접 경험'만 중시된다. '근접발달영역'과 관련해서는 '협력'과 발달 대신 '비계'와 학습이 자리를 차지한다. 결국 사회적 의식이 언어와 실천을 매개로 주체적 인식과 발달로 전화하는 비고츠키의 역동적 분석과 묘사가 사상되고 '개인 간 상호작용', 즉 '사회적 상호작용'이라는 부분적 단면으로 거의 축소되어 버린다.

구성주의의 시장주의 옹호와 결합

주관적 상대주의를 기반으로 한 구성주의는 기본적으로 교수론이

기보다 학습론이며 개별화 교육을 지향한다. 그리고 철저한 중립주의를 명분으로 헤게모니에 순응한다. 이 때문에 시장주의와 상당한 친화력을 지니며 시장주의 교육의 엘리트 중심, 조기교육론, 수준별 교육 등을 옹호한다. 경쟁 역시 마찬가지다(암기식, 주입식 교육에 대해서만 적대적이다). 사회적 구성주의라 하더라도 본질적으로 다르지 않다. 상호작용을 강조하지만 초점은 여전히 개인이다. 구성주의의 이 같은 교육적 관점과 지향이 비고츠키를 내세우면서 표현되는 것은 엄청난 이론적, 실천적 아이러니다.

2) 파생적 효과들

또 다른 아이러니지만 비록 왜곡, 편집되었다 하더라도 비고츠키 이론의 광범한 소개는 앞으로 통합적이고 진보적인 교수학습론을 펼칠 수 있는 조건을 확대한 것이라 할 수 있다. 사회적 상호작용으로 축소, 변질되었지만 인식의 사회적 과정에 대한 핵심 개념을 널리 확산시켰고 변증법적 유물론의 방법론적 우월성을 확인시켰다. '선도 활동'과 '협력', '교수와 학습의 통일' 등 의미 있는 개념들이 널리 퍼진 것 역시 기반이 된다. 그런 점에서 앞으로 구성주의의 상대주의적 인식론을 극복하고 변증법적 유물론에 입각한 논의들을 새롭게 발전시킨다면 진보적 교수학습론의 새로운 지평을 더욱 빠르고 용이하게 열 수 있다.

5. 복권을 위하여

비고츠키는 변증법적 유물론의 관점에서 마르크스주의 교육학의 지평을 거대하게 열어젖힌 선구자이다. 왜곡은 오래갈 수 없다. 비고츠키에 대한 구성주의적 덧칠이 시정되고 마르크스주의 교육학자로서 새롭게 조명되어야 한다.

비고츠키를 구성주의가 아닌 별도의 흐름으로 보는 시각은 이번이 처음은 아니다. 월치 등의 분류에도 불구하고 세계 교육학계에서는 21세기 들어서면서 비고츠키를 더 이상 구성주의자로 보지 않는다. 한국에서도 소수지만 사회문화주의로 별도로 취급한 시각도 있었다. 최근에는 유럽과 미국에서 구성주의와 구별되는 '비고츠키 교육학'이라는 독자적 흐름의 확대로 나타나고 있다. 이 같은 흐름은 한때 세계 교육학의 주류를 형성했던 구성주의의 패퇴 흐름과도 맥락을 같이한다. 핀란드 교육의 이론적 지주가 되고 있는 '활동 시스템 이론'의 선구자인 엥게스트롬은 자신의 이론이 기반하고 있는 '비고츠키의 문화-역사적 관점과 사회적 구성주의는 냉전시대 미국과 소련만큼 거리가 멀다'고 말하고 있기도 하다.

Psychology and Marxism

"Psychology is in need of its own *Das Kapital* – its own concepts of class, basis, value etc. - in which it might express, describe, and study its object". Lev Vygotsky, The Historical Meaning of the Crisis in Psychology.

Vygotsky (first row, 3rd from left) and Luria is 2nd from left.

The purpose of this subject section is to serve as a reference point in exploring the relationship between Marxism and Psychology. Marxism and Psychology will consist of three types of works:

Marxist Works: Authors whose writing on or about psychology were influenced by Marxism.

Reference Works: A chronological collection of classics of psychology which are important reference material in understanding the Marxist works.

Commentary: Articles by contemporary authors who help clarify important concepts that were addressed by Marxist writers.

Further reading:

Terminology of Marxist Psychology
Marx / Engels Archive
Laboratory of Comparative Human Cognition
The Value of Knowledge
Hegel by Hypertext

This archive was created in 2000 by Nate Schmolze.
Please email all questions, suggestions, and additions to Andy Blunden.

Select Author ∨ | Select Section ∨

Subject Archive | M.I.A. Library | Reference Writers

그렇지만 한국에서는 여전히 구성주의가 대세이고, 비고츠키 역시 구성주의자로 왜곡된 상태로 있다. 이는 구성주의가 미국 교육학계의 대세였던 1990년대의 흐름에서 벗어나지 못했기 때문이다. 아직까지 비고츠키에 대한 왜곡된 규정이 거의 그대로 남아 있는 한국적 상황에서 왜곡을 바로잡고 비고츠키 교육학을 제대로 소개하고 연구하는 것은 교육을 진전시키는 중요한 현안 과제이다.

비고츠키 복권 작업은 앞으로 크게 세 가지 부분으로 진행되어야 한다고 본다.

첫째, 변증법적 유물론에 입각한 마르크스주의 교육학자로서 비고츠키의 이론과 성과를 올바로 소개하는 것이다.

둘째, 구성주의에 의해 왜곡된 개념과 내용을 취지에 맞게 해석하고 표현하는 것이다.

셋째, 진보적 교수학습이론의 출발점으로서 의의를 분명히 하면서 그 성과를 계승하는 한편 한계와 미진한 부분을 보완, 발전시켜 새로운 논의들로 확장해 나가는 것이다.

14

경계선 아이

손지희(서울 증산중학교)

1. 애매한 아이들

학교현장에서 분명히 문제는 있는데 이들의 존재가 중요하게 인식되지 않은 채 '학교 안 외딴섬'으로 존재하는[3] 아이들이 있다. 이들은 누구인가? 대학 시절 교육심리학 시간에 배운 '지진아'가 이 아이들이란다. 그때만 해도 지능이 떨어져서 문제이지 다른 것까지 문제가 되리라는 것은 상상도 하지 못했다. 교직 초반에는 이런 아이들의 존재를 느끼지도 못하고 살았다.

실제로 없어서였는지 천박한 지식과 감수성 탓에 몰랐던 건지는 확실치 않다. 보통의 학교교육과정을 따라가기 힘든 아이들의 규모가 결코 적잖은 실정이지만, 이들은 특수교육 대상자가 아니라서 필요한 교육적 지원을 받지도 못한 채 방치되고 있다. 가시적으로는 그저 좀 모자란 아이이기 때문에 구박과 무관심 속에 방치되기 쉽다. 청소년기에 접어들면 학업에서 더욱 뒤처지면서 더 큰 문제행동으로 이어지는 경우도 흔하다. 그런데 아직 이 아이들에 대해 교사와 학교는 정확한 진

---

3. 강옥려(2016), 「경계선급 지능 아동의 교육: 과제와 해결 방안」(서울교대 『한국초등교육』 제27권 제1호).

단도구도 없고 대처 방법도 모르기 때문에 그저 골치 아픈 일로 여기기 쉽다. 이런 아이를 놓고 특수교사에게 맡아라, 안 된다 실랑이가 벌어지기도 한다.

　최근 접한 한 아이는 그 정도가 매우 심해서 그야말로 학교에서나 집에서나 '외딴섬' 같은 존재다. 정서, 행동, 지능, 사회성 등 어느 하나 괜찮은 것이 없다. 자존감도 바닥이다. 중학교 시기 두 차례 지능검사를 했는데, 한번은 70, 한번은 85가 나왔다고 한다. 학교에서 이 아이가 섞일 만한 집단은 없었다. 지능은 낮지만 특수학교에 입급시킬 정도로 낮지 않다. 일반 학급에서 지내기엔 여러모로 부족했다. 등교를 하고 수업 시간에 앉아 있는 것을 매우 힘들어해서 교실에서 생활을 하지 못했다. 제시간에 학교에 와서 수업 시간에 앉아서 있는 것조차 힘겨워하며 어느 틈엔가 귀신같이 사라져 버리는 게 일상이었다. 이 아이는 초등학교 때는 특수학급 소속이었다가 중학교에 진학하면서 본인과 부모의 희망으로 일반 학급에서만 지내게 된 경우다. 문제행동도 심각해졌다. 흡연, 음주 외에 이를 넘어선 범죄적인 일탈 행동을 다반사로 벌였고, 의사소통이 원활하지 않아 지도 불능의 상태로 중학교 시기를 보냈다. 남을 괴롭힐 의사는 없이 충동적 욕구를 즉각적으로 해결하는 일을 반복할 뿐이지만 주변의 사람들은 이 아이의 행동으로 고통을 받는다. 본인도 행복할 리는 없었다. 지능도 지능이지만 (그리고 지능과 무관하지는 않겠지만) 이 아이의 결정적인 문제는 충동조절능력의 결여였다. 몇 분 뒤의 일조차 스스로 계획하고 통제하지 못했다. 주체적 의지라는 것이 존재하지 않는다. 담이 보이면 담을 넘었고 화장실을 갔다가도 학교 밖으로 나가고 싶어지면 그 즉시로 나가 버렸다. 욕구 충족을 위해 뻔한 거짓말을 종종 했다. 먹는 것에서도 자제란 없었다. 먹어 보고 맛있다 싶으면 한자리에서 허겁지겁 먹어치웠다. 어쩌다가 욕구 충족에 외적 제지를 받으면 불안해하고 폭력적이 되기도 하며 자신의 몸에 위험이 닥칠 행동도 서슴지 않았다. 거친 무리의 학생들에게 이 아이는 호구였다. 이 아이를 통해 쉽게 담배와 돈 따위를 구할 수 있었으며 더 나쁜 행동을 할 때도 이 아이는 이용하기에 안성맞춤이었다. 친구라 할 만한 상대가 없었던 이 아이는 이 무리 아이들에게 양가적인 감정 상태였다. 피하고 싶고 두려우면서도 의존하기도 했고(그중 힘이 센 한 아이를 '나를 쉴드 쳐 준다'고 표현) 같이 어울리고 싶은 마음도 없지는 않다. 그 아이들의 범위를 벗어난 요구를 들어주었고 때로는 자기가 먼저 제안하고 뭔가를 주어 그 아이들의 환심을 사려고 했다. 그러다가 요구가 잦아지고 무리하다 싶으면 힘들어하고 이리저리 피해 다닌다. 그 아이들은 이용한 것뿐이었다. '바보잖아요'라고 이들은 스스로 인정했다.

그간 만난 이런 부류의 아이들 때문에 교사로서 힘들지 않았다고 한다면 그건 거짓말이다. 어찌해야 좋을지 모르겠던 상황들이 여러 차례 있었고 시한폭탄을 안고 지내는 기분이었다. 말을 안 듣고 반항하고 규칙을 어기는 등의 '다루기 힘든' 아이들과는 한참 달랐다. 무엇보다 교실 내에서 다른 아이들과 잘 지내지 못한다는 것이 가장 큰 고충이었다.

어릴 때 앓았던 병력으로 뇌에 물리적 손상이 생겼을 것으로 추정되는 한 아이가 있었다. 자신의 생각을 잘 수정하지 못했다. 얼핏 보면 남의 말 안 듣고 자기 말만 하는 고집쟁이다. 그러다 보니 친구들과의 갈등과 다툼이 잦았다. 다른 아이들 역시 아직 어리다 보니 무조건 이해하고 참으라고 해도 소용이 없었고 이런 요구는 무리였다. 겉으로는 멀쩡하고 속으로 부족하다는 점을 이용하는 경우도 있었다. 짓궂은 장난도 치고 무시하는 마음으로 대하다가 다툼이 벌어지면 재나

나나 똑같은데 왜 재만 봐주느냐고 억울함을 호소하고 평등을 주장했다. 어린 맘에 모든 것에서 열외이고 선생님들이 이 아이를 너그럽게 봐주는 것이 못마땅했을 것이다. 중1이었을 때 만난 이 아이는 학년이 올라가면서 그래도 나아졌다. 다른 아이들도 철이 들어서인지 이 아이를 도발하지는 않았고 이 아이도 학교에 적응해 가고 있었다.

얼마 전 이 아이로부터 전화를 받았다. 대학생이 되었다며 갑자기 생각이 나서 전화를 했단다. 지금도 여전히 소통이 자연스럽지 않고 대화 내용은 종잡을 수 없었다. 그동안 공부가 힘들었던 모양이다. '고등학교는 전쟁터였'고 이야기했다. 대화 상대자의 상황은 아랑곳없이 통화 중에 갑자기 옛날 앨범을 가져오고 이런 이야기 저런 이야기 떠오르는 대로 하고 싶은 말만 일방적으로 하는 대화라고 할 수 없는 통화가 한참이나 이어졌다. 이 아이의 부모는 학력이 높고 경제적으로 여유가 있는 편이었다. 어머니는 아이를 위해 집에서 항상 대기할 정도로 케어에 적극적이었으며 교사들과 협조적인 관계를 가지려고 애썼다. 다른 아이들의 짓궂은 장난으로 도저히 제어가 안 될 정도로 아이가 몸부림치고 울며불며할 때 요청하면 즉시 달려왔다. 이미 나한테 실컷 혼이 나고 겁도 난 가해자(?) 아이들이 어머니를 보고 눈물을 흘리자 이들을 혼내기는커녕 위로하며 안아 주었다. 자기 자식에게도 끝없는 인내심을 가지고 대했다. 잠깐의 통화조차 견디기 힘들어했던 나에 비하면 20년간 이 아이를 인내한 어머니가 정말 대단하다는 생각이 들었다.

그래도 이들은 시간이 흐르면서 대체로 학교생활과 관계에 적응을 하며, 다른 아이들도 이런 아이들에게 적응을 해 나간다. 주변 상황(양육자와의 관계와 양육자의 돌봄 능력, 학급 구성원의 관계와 특성, 교사들의 수용과 대처 양상 등)에 따라 상태 자체가 놀랄 만큼 나아지는 경우도 있다. 내가 만난 우울증 아이는 지적 기능은 정상적이었고 우수하기도 했다. 학습에 대한 욕구와 끈기도 있었다. 다만 정서적으로 크게 불안했다. 이 아이는 심한 우울증에 시달렸는데 부모의 고통도 극심했다. 우울증으로 정상적인 생활이 힘들었는데, 하필 중2 때 만난 반 아이들과의 관계가 엄청나게 적대적이었다. 서로 간에 미워하고 싫어했다. 별 이유도 없다. 그때 억세고 거친 아이들의 무리 측에서 먼저 이 아이가 전학 오자마자 마음에 들지 않는다고 찍어 놓고 함부로 대했다. 이 아이도 가만있지 않았다. 욕설은 물론 심한 몸싸움도 불사할 정도로 갈등이 심했다. 담임선생님은 하루가 멀다 하고 벌어지는 다툼과 사건으로 극심한 스트레스를 받았다. 그런데 이 아이가 3학년 말쯤 되었을 때 언제 그랬냐는 듯 착하고 다정다감한 아이로 변해 있었다. 물론 극도의 우울감에 빠지는 일이 줄어들긴 했어도 없어지진 않았고 벌어지지 않은 일에 대한 망상으로 불안감도 남들보다 여전히 심했지만, 아이들과 마찰을 빚는 일은 거의 없었고 친구들과 잘 지내기까지 했다. 그때 이 아이가 이겨 내고 좋아질 수 있었던 가장 큰 동력은 같은 반 친구들이었다. 반 아이들 전부는 아니지만 여학생 대부분과는 우호적인 관계를 형성했다. 철도 들었던 데다가 착하기까지 했던 그 반 아이들은 이 아이를 잘 보듬어 주었다. 나는 이 아이의 2학년 때 행동들을 떠올리며 속으로 너무 놀라 우울증을 넘어 정신분열이 아닌지 의심할 정도였었다. 그때에 비하면 엄청난 변화가 일어난 것이다.

한번은 수학을 4단계로 수준별로 이동수업을 시행하는 학교에 갔을 때의 일이다. 학교를 옮긴 첫해에 성취도가 가장 낮은 반을 맡았다. 그냥 성적만 나쁜 게 아니라는 것을 그때 절실히 깨달았다. 성적이 높든 낮든 평범한 중학생이면 별 무리 없이 수행하는 기능이 부족한 정도를 넘어 아예 없는 아이들조차 있었다. 예컨대, 내가 칠판에 (아주 천천히 설명하면서) 이등변삼각형을 그리고 꼭지각의 이등분선을 그리고 같이 그리는 과정에서 한 아이는 전혀 따라 하지를 못했고, 완성된 그림을 보면서 왼쪽에서부터 선을 하나씩 보고 그리고 보고 그리고… 기계적으로 베낄 뿐이었다. 중2인데도 추상적, 논리적 사고가 아예 안 되는 상태였다. 수업 도중에 느닷없이 싸움이 벌어지는 일도 있었다. 서로의 잘못을 차분하게 일깨워 주려 해도 소용이 없었다. 그저 서로 간에 분노에 떨며 눈물을 뚝뚝 흘리고 내가 있건 없건 욕설을 하고 소리를 질렀다. 몸은 중학생인데 하는 행동과 생각 수준은 유치원생 꼬마 같았다. 타인들이 자신을 부족한 존재로 인식하고 있다는 점을 역으로 이용하는 아이도 있었다. 첫 시간에 보고 너무 이상해서 개별적으로 매우 쉬운 질문(예컨대, 1, 2, 3 그다음이 뭐니?)을 해도 '몰라요'만 반복해서 특수반에 안 가고 왜 여기 있나 생각했었다. 일부러 그렇게 반응했다는 사실을 안 것은 한 달쯤 지나서였다. 어느 정도는 연출된 무기력, 바보스러움이었다. 그래서 포기하지 않고 뭐라도 시키려고 혼을 내 보고 했는데 소용이 없었다. 이 아이에겐 수치심이 형성되어 있지 않기 때문에 혼을 내도 소용이 없다는 걸 또 한 달쯤 지나서 깨달았다.

그런 아이들이 무리를 이루어 지내는 경우도 있다. 비슷하게 부족한 아이들 대여섯 명이 중학교 3년간 무리를 이루어 같이 밥도 먹고 장난도 치면서 지냈다. 싸움과 갈등도 그들 사이의 일이었다. 다른 아이들과의 교류랄 것은 거의 없었다. 각자의 교실에서는 외딴섬처럼 있다가 쉬는 시간이나 점심시간에 모여서 자기들만의 놀이를 했다. 학교라는 공간에서 혼자는 힘드니 무리를 만들지만 '우정', '배려' 이런 감정은 없어 보였다. 장난도 주로 몸을 가지고서 했다. 다툼이 벌어질 것이 뻔했다. 대부분은 때리기였다. 늘 뛰어다니고 늘 엉켜 있곤 했다. 때리고 욕하면서 놀다가 감정이 상하면 싸우고 일러바치러 온다.

그들 중 한 아이의 담임이 되었다. 수업 시간에 떠들지는 않지만 주의력이 매우 부족하고 항상 뭔가(지우개, 펜 등) 만지작거린다. 못하게 해도 스스로 통제하지 못하고 집착을 한다. 얘기를 나누다 보면 답답하다. 같은 단어를 쓰는데 사용하는 의미는 참 다르다. 답답한 이유도 한참 뒤에 깨달았다. 추상적인 의미로 낱말을 쓰지 않았다. 주관적으로 경험한 구체적인 상황을 지칭할 뿐이었다. 아이는 열심히 얘기를 하지만 계속 듣고 있기 힘든 경우도 많다. 어떤 일로 혼이 나서 주의를 단단히 주어도 다음에 유사한 잘못을 저지른다. '일반화'를 하지 못하기 때문에 자기가 보기에 이전과 똑같은 짓만 아니면 괜찮다고 여기는 것 같았다. 있었던 일을 쓰게 해 보았다. 중3인데도 소리 나는 대로 쓰거나 엉뚱한 받침을 쓰곤 했다. 가정환경과 자라 온 과정을 대충 알게 되었다. 연령에 비해 유치한 행동양태, 바닥까지 내려앉은 자존감, 학습에서의 극도의 무기력과 부진이 어디에서 비롯되었는지 짐작이 갔다. 아이로서는 어쩔 수 없는 상황이다. 언어 발달과 정서 형성의 결정적 시기에 돌봄을 제대로 받지 못했고(아이가 어릴 때 말을 걸어도 무시하거나 화만 냈다는 어머니의 이야기를 나중에 들었다. 잘해 주고 싶지만 그러지 못했던 어머니의 힘든 상황도 이해가 갔다), 전학령기에는 가정 문제로 관심과 돌봄을 받지 못했으며, 초등학교 때는 어린 동생이 생기고 사춘기 누나가 겪은 심각한 문제 때문에 중간에 낀 이 아이는 방치되었다. 삶에 찌든 부모와 누나는 체구마저 왜소한 이 아이에게 중학생이 되어서도 폭력적으로 대했다. 살아남기 위해 비슷한 아이들과 어울려 지내면서 그들만의 고립된 섬에 안주했던 그 무리 아이들은 3년간 유치한 행동을 반복하며 지냈다.

변명 같지만 교사 개인이 이런 아이에게 전문적인 케어를 해 주는 것은 무척 힘들다. 생물학적 결핍에 의한 장애가 아니라 가족관계와 환경에 의한 <u>문화적 결핍으로 인한 발달 지연과 미발달</u>이 상당 정도 지속된 경우들이다.

이와 같은 아이들은 좀 극단적인 미발달, 발달 지연 사례들이긴 하지만 당연하게 여겼던 고차적 정신기능과 인간적 감정들, 자유의지가 결코 당연하고 자연스럽게 때가 되면 생기는 게 아니라는 비고츠키의 가르침을 이 아이들 덕에 현실에서 만날 수 있었다. 보통의 아이들도 마찬가지다. 어느 누구든 어느 하나 저절로 얻는 법은 없다. 이것을 몰랐을 때는 그저 답답할 뿐이었는데, 그 아이들과 지내느라고 고생은 적잖이 했지만 나에게 소중한 깨달음을 준 그 아이들이 이제는 고맙다. 이런 깨달음을 계기로 불과 한 해 두 해 사이에 하지 못하던 것을 혼자서 해내게 되고 새로운 인격체로 성장해 가는 평범한 아이들의 비범함에 대해 생각하게 되었으며 모두를 대단한 존재로 여기기로 마음먹었다. 물론 마음만 그렇다. 매일매일 아이들로 인해 일희일비하는 교사들에게 이 아이들같이 느린 학습자들, 애매한 아이들은 정말 힘든 존재일 것이다. 하지만 이들을 통해 모든 인간 존재는 지난한 과정을 거쳐 "고등정신기능"을 형성해 왔고, 지금 내 앞의 아이들도 그런 인생 역정의 와중에 있다고 생각하면 조금의 위로나마 얻게 된다. 하지만 이런 생각과 애매한 아이들의 문제는 또 별개이다. 이런 아이들은 이런 아이들에게 맞는 교육적 대처를 할 수 있어야 한다. 교육학 쪽에서는 이런 아이들에 대해 어떻게 접근하고 있을까?

2. 교육학의 접근-"경계선급 지적 기능"

교육학자들은 이 아이들에게 많은 이름을 붙였다. 느린 학습자, 유령 아동, 애매한 아이들, 저성취 아동, 교육적으로 저능 아동, 결함 아동, 경계선급 정신지체, 경도 인지적 손상, 일반적인 학습장애 등 다양한 용어로 불리다가, 최근 학계에서는 "경계선급 지능 아동" 또는 "경계선 지적 기능 아동(약칭 BIF, Borderline Intellectual Functioning)"이라는 용어로 지칭하는 게 일반적인 듯하다(이 역시 통일된 상태까지는 아니다).

오래전부터 이론적인 차원에서 이들을 판정하는 도구는 지능검사였다. 연구자에 따라 조금씩 다르기는 하지만 지능지수IQ 70~85 사이에 속하는 아이들을 '경계선급 지능 아동'이라는 명칭으로 부른다. 이들은 감각적 또는 신체적인 이상은 거의 찾아볼 수 없으나 추상적 사고 등이 전체적으로 떨어지며 학업 면에서 뒤지고 공부하기를 싫어한다. 이런 특성은 보통의 학업부진아나 가성假性 정신지체아와 혼동하기 쉽기 때문에 전문가들은 발달과정을 장기적으로 종단 추적할 필요가 있다고 조언한다.

이들에게 애매한, 경계선 등의 수식어가 붙는 이유는 이들이 정신지체의 연속선상에 있지만 장애로 구분될 정도는 아닌, 일반 아동과는 다른 특성을 보이기 때문이다. 앞서 처음에 기술한 아이가 경계선급 지능 아동의 전형으로 보인다. 지능의 정규 분포상으로는 13.59%에 달하는 규모로 특수교육 대상자의 6배에 달한다. 아직 정확한 실태 조사는 없으나 2014년 EBS 뉴스에 의하면 학령기의 경우 학급당 3명, 전국 80만 명에 달할 것이라고 추정한다. 지적 장애만큼 가시적이지 않기 때문에 적절한 교육 프로그램과 지원이 사회적으로 마련되어 있지 않아 대부분 방치되고 있는 실정이다. 최근에서야 관심이 높아져서 '느린 학습자 지원법'이 발의되기도 했다.

일차적 특성은 앞서 말한 대로 지적 기능이 떨어진다는 것이다. 그런데 지적 기능의 부족으로 끝나지 않는다. 이들은 학습에서 어려움을 겪는 데 그치지 않는다. 이들은 인지뿐 아니라 사회성, 정서와 행동 등 여러 면에서 어려움을 겪는다. 당연하다. 지성, 정서, 의지는 총체적으로 연결되어 있으니 말이다. 이들은 추상적인 개념을 이해하거나 일반화시키는 것을 어려워하며 주의력이 부족하고 구두 표현과 듣기 기능 역시 떨어진다. 학습 동기가 저조하고 사회성이 부족한 데다가 행동이 어눌하기 때문에 또래들로부터 잦은 놀림 대상이 되곤 된다. 이는 자연스럽게 정서적 손상으로 이어지게 되어 있다. 신체적으로 문제는 없으나 움직임이 서툴고 협응력이 부족하다. 일반적으로는 학년이 올라갈수록 학업 성취가 더 떨어져 심각한 학업 실패에 처하게 될 가능성 크다. 이들에겐 학교가 생지옥이 될 수도 있다. 이들의 문제 특성과 각각에 대한 대처 방안을 강옥려는 아래와 같이 정리하였다.

1) 추상적인 개념 이해의 어려움: 추상적인 것보다는 구체적인 것을 선호하며, 자료가 추상적일수록 이해하는 데 어려움이 있고 학습 동기가 저하된다. 그래서 추론적인 이해를 요구하는 사회 과목의 문제나 수학의 문장제 문제를 풀 때 추상적인 사고에 많은 어려움을 보인다. 따라서 이들에게는 정신적 조작보다는 물리적 조작이 가능한 기회를 제공하는 것이 더 적합하고 가능하면 구체적인 자료를 사용해야 한다.

2) 지식 조직의 문제: 새롭게 배운 정보와 이미 배운 정보 간의 관계를 파악하는 데 어려움을 나타낸다. 정보를 저장할 때 비효과적으로 저장하여 잊기 쉬우며 순차적으로 정보를 습득하는 것이 더 느리고 어려울 수밖에 없다. 이들에게는 이미 배운 정보와 함께 새로운 정보를 명시적으

로 가르쳐야 하고 체계적으로 통합시키는 것을 가르쳐야 교육의 효과를 향상시킬 수 있다.

3) 일반화의 어려움: 보통 지능을 지닌 일반 아동들은 일반 교육을 받고도 배운 개념이나 전략을 일반화할 수 있는 반면, 이들은 일반화하는 데 어려움을 지니고 적용하는 능력에서 지극히 비효율적이다. 기계적으로 기억하는 것은 할 수 있지만 깊이 있게 완전학습을 하지 못하기 때문에 적용을 필요로 하는 고부담 학업성취도 검사나 시험에서는 실패하기 쉽다. 기계적 암기는 보통 정도로 할 수 있기 때문에 기본적인 개념과 사실을 외우는 데 시간이 더 필요하다기보다는 개념을 완전히 이해하고 적용하는 데 일반 아동보다 더 많은 연습을 하도록 해야 하고, 배운 개념의 이해와 적용이 분명하게 될 수 있도록 적용의 예들을 가지고 과잉 학습을 할 수 있게 하는 것이 필요하다.

4) 주의력 부족: 주의집중 기간이 비교적 짧고, 집중하는 능력 혹은 강도가 약하다. 언어로만 설명하는 수업에 30분 이상 집중할 수 없다. 이들의 주의집중능력과 시간을 높이기 위해서는 교육 매체를 사용한다거나 구체적인 학습 자료를 사용하고, 구체적인 상황을 통해서 정보를 제시하는 것이 필요하다.

5) 구두 표현과 듣기에서의 어려움: 적절한 단어를 찾고 결합하는 데 어려움을 갖고 있으며, 이런 미숙함과 심리적 위축은 이들이 적절한 구두 표현을 못하게 하는 중요한 이유 중의 하나가 되고 있다. 다른 사람들이 말하는 것을 듣고 이해하는 능력과 메시지를 기억하는 능력이 부족해서 결과적으로 자신의 생각을 분명하게 표현하는 데 어려움을 보인다. 따라서 이들에게 상대방이 무슨 말을 하는지 귀담아듣고 잘못 이해했다면 다시 물어본 후 자신감을 갖고 자신의 생각을 말할 수 있는 연습을 시키는 것이 필요하다.

6) 학습 동기의 부족: 학년이 올라갈수록 일관된 패턴을 보이는데, 학교에 들어가서 처음에는 열심히 노력을 하지만 학업에서의 잦은 실패와 좌절을 경험하게 된다. 몇 년 후에는 실패와 좌절의 누적으로 시도하는 것 자체를 그만두게 된다. 결국 학급에서 배우고자 하는 동기가 없고 무기력해져서 게으르거나 나태한 학생으로 보일 수 있다. 이들의 수준에 맞는 과제를 제시하여 성공감을 맛보게 하는 것이 중요하다.

7) 사회성과 정서 및 행동에서의 어려움: 흔히 조용하고 부끄러움을 많이 타고 친구를 사귀는 데 문제를 보이고 자신감이 부족하다. 추상적인 사고의 어려움, 주의집중의 부족, 부끄러움 등이 이들로 하여금 자신감을

갖지 못하게 하는 원인이 된다. 또한 다른 아이들에게 거절당하거나 본인에게 맞지 않는 부적절한 교수, 부모의 잘못된 관리 등으로 인한 부적절한 느낌은 정서 및 행동 문제를 갖게 될 수도 있다. 결과적으로 이들은 정서적, 사회적, 행동적으로 좋지 않은 것의 악순환을 밟게 되고 이러한 상황들이 서로 상호작용하여 점점 더 복잡해지고 어렵게 될 수 있다. 일반 교실에서 충분한 관심을 못 받고 시험에서 자주 실패하여 학교를 중단하는 경우도 있고, 심한 정서적 스트레스와 자존감의 상실을 경험하며, 청소년기에는 정신 혹은 행동 문제의 위기에 처하기도 한다. 이것은 이들의 문제가 일차적으로는 지적인 문제이지만 이들의 사회성 및 정서, 행동에도 여파가 미친다는 것을 의미한다.

1)부터 6)으로만 범위를 좁히면 여기에 속하는 아이들은 매우 많다. 그리고 이 정도 증상으로는 실제 학교생활에서 큰 문제로까지 발전할 일은 아니다. 그냥 공부를 못하는 아이일 뿐이다. 경계선급 지능 아동이 문제가 되는 것은 현실적으로는 7) 때문이다. 공부를 못한다, '학습에 취미가 없다' 정도에서 멈추는 것이 아니라, 지적인 영역부터 시작해서 정서, 사회성, 행동 등 전 영역으로 여파가 미치고 별다른 조치 없이 방치되면 나중에는 어디서부터 손을 대야 할지 모를 상황에 도달한다. 잘못하면 반사회성 인격 장애로 이어질 가능성도 배제할 수 없다.

어린이 청소년 시절, 어느 집단에도 끼지 못한 채 경계선에서 애처로이 부유하는 아이들은 성인이 되었을 때가 더 큰 문제일 수 있다. 이들은 성장 과정에서 무관심 속에 방치되었거나 반대로 적절치 못한 무리하고 일방적인 강제적 학습으로 문제가 심각해지는 경우도 있다. 방치도 강제도 답은 아니다. 호의적이고 협력적인 관계 속에서 교류를 넓혀 나가야 그나마 개선이 되는데, 이들의 문제는 교류의 수단이 매우 저차적인 상태에 머물러 있는 경우가 많고 양육 환경 자체가 이들의 발달에 비우호적인 경우가 많아서 개선이 쉽지가 않다. 앞서의 사례에서 본 대로 홀로 고립되어 있지는 않을지라도 비슷한 아이들끼리만 어울려도 교류의 욕구는 어느 정도 보상되겠지만 상태는 결코 나아지지 않았다. 그러한 교류 속에서는 근접발달영역이 창출되지 않는다. 결국 발달적으로 의미 있는 변화가 일어나지 않고 오히려 성장하는 보통 아이들 집단과 비교해서는 퇴행적이다.

한편 이런 아이들의 규모가 절대적인 수준에서 증가했는지는 생각해 볼 여지가 있다. 앞서 살펴본 대로 현재의 판정 기준은 정규 분포를 전제하는 표준화 검사의 일종인 지능검사이기 때문에 필연적으로 일정한 규모가 경계선으로 분류될 수밖에 없다. 이는 통계기법상의 문제일 수도 있다. 왜냐하면 기준을 어디로, 얼마만큼으로 잡느냐에 따라 특수와 일반, 경계선의 규모는 왔다 갔다 할 여지가 있다. 그래서 한때 40% 정도가 경계선으로 분류되는 사태까지 벌어졌었다고 한다. 이런 측정도구의 문제도 없지는 않겠으나, 교사들이 이런 아이들이 늘고 있다고 인식하고 있음을 간과해서는 안 된다. 그리고 현재의 경계선 아이들은 지능으로 다 설명되지도 않는다. 우울증 아이처럼 지적인 문제는 없으나 정서적, 사회적인 문제가 근본적인 원인으로 작동해서 심각한 학교 부적응에 이르는 경우도 적지 않다. 따라서 먼저 판정에서 지능검사를 전적으로 따를 것이 아니라 현실적으로 존재하는 다양한 경계선적 특성을 보이는 아이들을 연구하는 것이 필요하다.

3. 발달에서 환경의 문제

앞으로 우리는 원하든 원치 않든 이런 아이들을 더 많이 만나게 될 것이다. 또 그런 어른들도 더 많이 출현할 것이다. 지금 한국 사회의 조건에서 이런 아이들의 증가는 어찌 보면 필연적이며, 이미 피할 수 없는 교육적 과제로 부상해 있기도 하다. 가정, 학교, 그리고 더 큰 지형에서의 사회적 관계가 적대적이고 왜곡되어 있는 우리 사회는 이러한 아이들의 발달에 결코 호의적이지 않으며, 교육과정과 교육정책 또한 이런 아이들의 적응을 더 힘들게 만들고 이런 아이들을 양산할 가능성을 배태하고 있다. 기본적인 읽기, 쓰기, 셈하기 정도로 그럭저럭 학교생활을 하던 시대가 이미 아니다. 이를테면 치밀한 상대평가제이고 학습으로부터의 이탈을 부추기는 조건이다 보니 학습으로부터 조기에 이탈할 가능성이 큰 편이고, 일단 학습 부진아로 낙인이 찍히면 다각도로 못살게 군다. 그런데 학습 부진의 원인은 다양하기 때문에 일률적으로 교과에 대해 반복 학습을 시키는 것은 무의미하다. 따라서 학교에서는 경계선 아이마다의 유형에 맞는 개별화 교육 시스템을 갖추어야 하지만 지금은 몇 푼의 돈으로 교사들에게 국·영·수 부진아 보충학습을 강제로 실시하게 하는 형편이다. 여유가 없는 교사들에게 이것은 부가적인 잡무로 취급되기 쉽고 개별 지도를 할 여건도 못 된다.

어느 한 순간의 어긋남만이 아니라 지속적으로 누적되어 온 것이어서 경계선 상태에 있는 아이들을 현재적으로 당장 개선하는 것은 결코 쉽지 않으며, 그럴 수 있는 대단한 방법이 따로 있어 보이지도 않는다. 방법이 당장 떠오르지는 않더라도 원인을 알게 되면 문제의 해결책에 도달할 가능성이 커진다. 전문가들은 원인을 알려면 종단 추적해 보아야 한다고 주장한다. 맞는 말이다. 과거를 바꿀 수는 없지만 이런 결과를 낳게 된 과정을 알게 된다면 이러저러한 시도라도 해 볼 수 있다. 이 문제를 개개인의 교사에게 맡기는 것은 말도 안 되는 일이지만 위에 언급한 사례와 이후 경계선 아이에 대한 교육학적 접근에서 몇 가지 단초를 얻어 보고자 한다. 앞서의 사례들을 돌이켜 보자.

우선, 언어 발달의 지연 장기화이다. 필자가 경험한 경계선 아이들 중 지적 영역에서의 발달 지연이 확연한 아이들 대부분은 언어 발달의 결정적 시기 무렵 언어 발달에 호의적이지 못한 상황에 노출되었다. 비고츠키에 따르면 정서, 지성, 의지 등의 발달과 언어 발달은 매우 직접적인 관계가 있다. 추상적, 논리적 사고로 나아가지 못하는 아이들을 보면 구사하는 말이 외형상으로는 같을지라도 내적 의미는 주관적이고 구체적인 경우가 많다. 그래서 상호 소통에 어려움이 많다. 일단은 언어 발달에 대한 정확한 진단부터 해야 한다.

둘째, 언어기능과 관계형성기능은 서로 맞물린다. 이 아이들은 현재는 관계형성능력을 결여한 상태인데, 올바른 관계를 능동적으로 형성해 주는 상호작용의 경험이 결핍된 채 자라 왔기 때문이다. 그런데 그게 원래 그랬는지는 모르는 일이다. 다시 말해 유전적 요인 때문인지 환경적 요인 때문인지, 혹은 둘 다인지는 따져 봐야 될 문제다. 그래서 이 아이들 개개인의 발달과정을 추적할 필요가 있다. 아무튼 관계형성능력의 결여는 언어능력의 결여와 서로서로 원인이 되기도 하고 결과가 되기도 한다. 악순환이 반복되어 왔을 가능성이 크다.

셋째, 정서적 측면과 지성적 측면은 항상 결합된다는 사실이다. 그리고 이 둘이 아이마다 어떻게 결합되어 있는지를 볼 필요가 있다. 지능은 정상이거나 높은데 공감기능은 매우 낮은 사례도 있다. 이 경우도 관계 형성에서 실패를 자주 경험하고 친구들과 선생님들로부터 우호적인 반응을 얻지 못하는 경우가 반복되면 고립되기 쉽다. 또 정서적 문제에서 비롯되었을지라도 지적인 측면까지 여파가 미치기도 한다. 그 반대는 이미 앞에서 살펴본 대로이다. 처방 역시 정서 치료를 할지 지적 치료를 할지 어느 하나만 선택할 일이 아니기도 하다. 발생적 원인을 아는 것도 중요하지만 현재로서는 발생적 원인을 제거할 수도 뒤바꿀 수도 없으므로 현재 맞이하는 아이에게는 정서와 지성을 모두 아우르는 처방이 필요하다.

넷째, 섣불리 이 아이들의 미래를 예단해서는 안 된다. 이들도 발달해 나갈 수 있다는 가능성에 대해 신뢰를 가질 필요가 있다. 경계선 아이가 경계선 어른이 된다고 단언할 수는 없다. 현실의 사례도 그러하다. 한 사람 한 사람의 어린이, 청소년은 자기 나름의 발달의 역사를 가진다. 역사의 본질은 변화이다. 초등학교 때는 특수아였다가 중학교 때는 경계선 아이로, 고등학교 때는 일반적인 청소년이 될 가능성을 배제해선 안 된다. 그 반대의 경우도 마찬가지다. 연구에 따르면 이런 아이들은 좋은 환경을 만나면 상당히 좋아질 수 있다. 물론 지금의 한국 사회에서 이는 좋은 환경이 '운'에 달린 일이기 때문에 문제인 것이다.

장기간 누적된 결과인 상호작용 능력 결여와 발달에 우호적이지 않은 가족관계를 일순간에 극복하기는 매우 어려운 일이다. 사례마다 차이는 있으나 그나마 호전되어 고립되지 않고 사회적 접촉을 지속하면서 살 수 있게 된 경우는 그 답을 '관계'에서 찾을 수 있다. 일개 교사가 비록 가족관계를 바꿀 수도 없고 결핍된 언어기능을 일순간에 향상시킬 수는 없지만, 이런 아이들도 살아갈 수 있는 관계라는 환경을 조금이나마 조성해 줄 수는 있다. 아무리 그래도 교사는 교실 내에서 아직은 '갑'이니 말이다. 지금도 한 아이를 보며 '내가 감싸 안아 볼까? 아니야 이건 내 능력을 벗어난 일이야'라면서 왔다 갔다를 수도 없이 반복하는 중이고, 아이가 미웠다 불쌍했다 감정도 매일매일 요동친다. 또 여전히 풀리지 않는 문제는 생물학적 결핍으로 인한 장애와 달리 이런 아이들은 유전 때문인지 환경 때문인지 상당히 모호하다. 다만 분명한 것은 이후 그 아이가 어떤 인격으로 성장했을 때 미미할지라도 나는 그 아이의 인격 형성에 영향을 미친 환경 중의 일부가 되어 있을 것이다. 지금까지 그랬듯이 나는 그 아이의 의지(고집)에 의해 꺾이기도 하는 그 아이가 처해 있는 사회적 환경의 일부이며, 그 아이는 나라는 환경을 만나면서 변화되는 구석이 생길 수 있을 것이다.

그래서 우리 서로는, 각각 '자기 자신'이 되어 가는 발달의 역사에서 서로서로 영향을 미치고 서로를 만들어 나가는 데 언제나 유의미한 존재들이다.

15

청소년 발달론이
중등 교과교육과정 논의에 주는 시사점

손지희(서울 증산중학교)

　전교조의 교과교육에 대한 집단적 고민과 연구 그리고 성과의 확산은 맹목적 교과 서주의와 교사 중심의 일제식 교실 수업에 신선한 충격과 변화를 일으켰지만 어느 순간 정체된 감이 없지 않다. 겉보기에 교과수업 개선에 대한 교사들의 욕구와 외부로부터의 압력은 강해 보이지만 내적으로는 교과교육은 정체성 혼란 속에 있으며 지식교육의 가치에 대한 회의도 존재한다.

　현재 교육과정은 지식교육을 절대적 중심으로 하고 있으면서도 한편으로는 지식교육의 가치를 깎아내리기 바쁘다. 잘못된 지식교육을 바꿀 생각은 하지 못하고 이를 보완한답시고 창의인성교육, 체험활동(동아리, 봉사, 진로 등) 등을 덧붙인 누더기 꼴이다. 전체 그림이 이상할 수밖에 없다. 현재의 교육과정 구성 원리는 아무거나 되는 대로 막 집어넣어도 좋은, 혹은 아무리 좋고 훌륭한 것을 넣어도 쓰레기가 되어 버리는 쓰레기 처리 시스템 같다. 쓰레기통 속에서 각각이 상호 유기적으로 아동과 청소년의 발달을 위해 구실을 할 리 만무다. 그리고 이러한 교육과정을 감당해야 하는 교사들과 학생들이 행복하기란 참으로 쉽지 않은 일이다.

　이 글은 2000년대 중반 무렵부터 정체되기 시작한 교과교육운동의 활로를 함께 모색해 보자는 의미에서 제출하는 글이다. 괴물이 살고 있는 미궁에 빠진 듯 교사들은 별다른 무기도 없이 저마다 교육 위기와 싸우고 있다. 교사들은 국가교육과정 실행을 떠맡을 뿐 구상으로부터 소외되어 있다. 미사여구로 치장된 총론은 안드로메다 얘기일 뿐 당장 진도 나가고 시험 보기 바쁜 일상의 교실 수업. 숨이 턱 막힐 정도로 과도한 양과 난이도에 시달리지만 마음대로 고르고 줄여 가르치는 건 왠지 찜찜하다. 아이들은 대들지 않으면 다행이다. 수업의 자율성은 한결 낫지만 입시에 별다른 영향력이 없는 '주변부 교과' 시간에 아이들은 대놓고 '이딴 거 왜 하냐'고 반문하고 전혀 긴장도 하지 않아서 수행 점수로 협박하는 일도 적지 않다. 시수마저 팍팍 줄어들어 설자리마저 위태롭다.

　이 글에서는 '청소년 발달론'을 '아리아드네의 실'처럼 붙잡고 미궁에서 빠져나와 의미 있고 여유 있게 교과교육과정을 주체적으로 설계해 보자는 이야기를 하고자 한다.

1. 교육과정과 교과교육과정

1) 교육과정curriculum이란?

'교육과정'이라는 용어에는 다양한 의미와 상황이 담긴다. 시대에 따라 강조점도 바뀌고 지칭하는 대상도 변화를 겪은 것이 교육과정이라는 용어이다. 인터넷 백과사전에서는 교육과정의 뜻을 "교육 목표를 달성하기 위하여 선택된 교육 내용과 학습 활동을 체계적으로 편성·조직한 계획"이라고 소개한다. 이에 따르면 교육과정은 교육 목표가 있어야 하고 이에 따라 교육 내용을 선별하고 학습 활동을 조직하는 것으로서 체계적이고 계획적이라는 특징을 갖는 것으로 보면 되겠다.

적용 대상과 범위, 구성 주체에 따라 공식적인 학교교육활동의 계획인 학교교육과정, 선별된 교육 내용을 교과로 체계적으로 조직한 교과교육과정, 학생들이 교육의 과정에서 접하게 되는 경험 전체를 아우르는 교육의 과정 전부로 구분한다.

① 좁은 뜻으로는 학교를 비롯한 교육기관에서 교육 계획에 따라 시간표를 정하고 일정한 교과목을 학생들에게 교육하도록 하는 활동의 조직을 가리킨다. 초등학교 교육과정의 경우, 국어가 1주일에 12시간이라고 할 때의 뜻이다. 그 의미가 명백한 장점이 있지만 학교의 시간표에 정해 놓지 않은 학생들의 활동이 소홀해지는 단점이 있다.

② 수학·국어·사회 등의 교과는 학교에서 가르치는 교육 내용 중에서 가장 중요한 것으로 보고 이들 교과의 체계적인 조직을 교육과정으로 본다. 교과 중심 교육과정 또는 교과과정이

라고 말해지는데, 인류의 문화유산인 지식을 체계적으로 교육
할 수 있는 장점이 있으나 주지주의 교육으로서 학생들의 폭
넓은 경험을 무시하는 단점이 있다.[4]

③ 학생들이 교육과정에서 가지게 되는 모든 학습 내용이나 생활
경험의 조직을 가리킨다. 이때는 교과에 관한 활동뿐만 아니
라 현장학습·수학여행·친구와의 토론 등 생활 경험이 모두 포
함되는데, 오늘날의 학자들은 교육과정을 대개 이러한 뜻으로
쓰고 있다.

교육과정은 학교교육체제에서 교사들과 학생들의 삶을 규정한다.
위와 같은 교육과정의 의미 구분에 따라 한국의 교육과정을 세 가지
영역에서 간단히 살펴보자.

①은 한국의 학교교육에서는 국가교육과정이 정한 바에 따라 구성
하여 교과별, 교사별로 시수를 배정한 "시간표"와 시간표에 따라 진행
되는 교과교육 외에 일 년 단위의 교육활동 전체의 계획을 담은 "학사
일정표"라고 보면 되겠다. 학교교육과정은 교사들과 학생들의 학교생
활에 대해 기본적인 규정력을 가진다.

②는 교과교육과정으로서 과거의 전통적인 학교교육에서의 교육과
정은 곧 교과교육을 일컫는 것이나 다름없었을 정도로 그 위세와 비
중이 대단했지만, 한국의 경우 공식적인 교육과정 문서에서는 비교과
영역을 점점 강조하는 추세이다. 교과교육과정이 과거에 비해 전체 교
육과정에서 차지하는 지위가 약화된 것은 사실이지만 입시 때문에 여
전히 절대적인 중요성을 가지며 동시에 입시전형에 비교과 영역까지

---

4. 필자 주: 교육과정의 중심되는 내용을 교과로 하는 교육과정 형태로서 역사적으로 가장 오
래된 전통을 가지고 있는 교육과정이다

포함되다 보니 '스펙 쌓기' 열풍마저 벌어지고 있다.

③은 교과교육과정뿐 아니라 생활 경험 등 학교에서 이루어지는 모든 교육활동을 포괄하는 넓은 개념으로 현대 교육학에서 공교육의 확대와 새로운 교육철학의 도전에 따라 교과교육=교육이라는 전통적 도식이 허물어지면서 교육과정의 개념을 확대한 결과이다. 한국에서는 『학교교육 계획』이라는 두꺼운 책자에 담긴 수많은 내용들이 이에 해당하는 문서상의 계획이라고 볼 수 있겠다.

2) 교과 중심의 전통적 교육과정에서 21세기의 역량 중심 교육과정까지

교과교육과정이라 부르는 ②는 중등 교과교사의 노동 가운데 절대적인 부분을 차지하는 것으로서 교과라는 형태로 체계화된 선별된 지식들을 바탕으로 하여 이루어지는 수업과 평가 등이 여기에 해당된다. 그 의미는 '지식교육'에 가까우며 전통적인 교육 형태가 주로 이것이다. 시대와 사회에 따라 교과체계와 각 교과에 담기는 지식은 물론 다르다. 주지주의, 전통주의라고 비판과 도전을 받아 온 교과 중심 교육과정은 가장 오래된 역사적 전통을 지녔다.

교과의 교육적 가치를 정당화하는 오래된 논리는 '형식도야 이론'이다. 형식도야 이론은 "교과 설정의 근거에 대한 역사상 최초의, 또 가장 오랫동안 받아들여 온 이론으로서, 교과는 지각·기억·추리·감정 등과 같은 몇 가지 기본적인 정신기능을 개발하는 수단이며, 이러한 정신기능을 개발하는 데 적합한 교과가 따로 있다고 하는 이론"[5]이다. 전통적인 학교교육에서 학교교육은 곧 교과교육이었던 반면 현대 교육학에서는 듀이를 필두로 형식도야 이론이 교과를 정당화하는 핵심 근거였던 '전이'를 부정하고 비판하면서 그 세력이 많이 약화된 것이 사실이다. 아울러 교과를 중심에 두는 교육과정에 대해서는 '주지주의[6]라는 비판이 함께 따라다닌다.

20세기에는 전통적인 교과 중심의 교육과정이 절대적인 지위를 잃으면서 전통주의 교육에 대해서 대안적인 의미의 교육과정 사조들이 등장과 퇴장을 반복했다. 학생의 경험을 중시하는 1930년대 진보주의 교육자들의 경험 중심 교육과정, 교과의 개념·법칙 등 구조를 중시하는 1970년대의 학문 중심 교육과정이 큰 반향을 일으켰고, 이 외에도 사고력 등 인지능력을 중시하는 인지과정 중심 교육과정, 개인의 의미를 중요시하는 인간 중심 교육과정, 몇 개의 교과목을 통합하여 주제나 경험 중심으로 구성하는 통합교육과정 등 교육과정은 시각과 관심에 따라 기존의 교육과정 사조를 부정하고 비판하면서 자리를 다투어 왔다. 가장 최근에 세계적으로 부상하고 있는 교육과정 기조는 '역량 중심(혹은 역량 기반) 교육과정'이다. 한국에서는 2009년 '미래형

---

5. formal discipline theory. 예컨대, 고전어(古典語)와 수학은 기억과 추리를 기르는 데에 적합하며 음악은 감정을 기르는 데에 적합하다는 식이다. 교과를 통하여 개발되는 지각이나 기억은 특정한 '내용'과는 관계없이 일반적으로 적용되는 '형식'을 나타낸다. 그러므로 형식도야 이론은 '훈련의 일반적 전이(轉移)'를 받아들인다. 이 이론은 20세기 초기에 전이에 관한 심리학 실험의 결과로 일반적 전이가 부정됨과 동시에 듀이(J. Dewey)가 그것에 대해 비판을 가함으로써 오랫동안 누렸던 세력을 잃어버렸다. 그러나 교육을 통해 습득된 정신적 특징이 어느 정도는 전이된다고 가정할 수밖에 없으며, 따라서 형식도야 이론이 완전히 잘못되었다고 볼 수는 없다. 형식도야 이론이 특정한 이론가에 의하여 세밀히 설명된 일이 없으면서도 그토록 오랫동안 받아들여진 이유가 바로 여기에 있다고 말할 수 있다[출처: 『교육학용어사전』(1995), 서울대학교 교육연구소, 하우동설].

6. intellectualism. 지성 또는 이성이 의지나 감정보다도 우위에 있다고 생각하는 철학상의 입장으로 인간의 마음은 지·정·의로 구성되었다고 보고 이 중에서 지적인 것, 즉 지성·이성·오성이 지니는 기능을 감정이나 의지의 기능보다도 상위에 있다고 보는 입장이다. 감정을 상위에 두는 주정주의(主情主義: 情緒主義)나 의지를 상위에 두는 주의주의(主意主義)와 대립된다. 특히 중세 스콜라 철학에서는 지성과 의지의 관계가 문제되었고 지성의 우위를 주장한 T. 아퀴나스가 대표적인 주지주의자이다. 이 경향은 좀 더 거슬러 올라가 아리스토텔레스의 그리스 철학, 그 후의 B. 스피노자나 G. W. F. 헤겔의 범논리주의(汎論理主義)에서 찾아볼 수 있다. 또한 인식이 감관(感官)에 의한 것이 아니라 지성에 의해서 생긴다고 보는 합리론(合理論)도 넓은 뜻의 주지주의이며 J. F.헤르바르트처럼 모든 심적 현상(心的現象)을 지적인 표상(表象)으로 환원해서 이해하는 것은 심리학에서의 주지주의로 생각할 수 있다. 논리학에서는 감정을 배제하고 냉정한 지성적 통찰과 숙고(熟考)에 입각해서 의지를 규정해야 한다는 것이 주지주의적 입장이며, 이것은 있는 그대로의 감정이나 의지의 작용을 중요시하는 비합리주의와 대립된다[출처: 류은주 외(2003), 『모발학 사전』, 광문각].

교육과정'에서 이를 교육과정을 이루는 근간의 원리로 삼겠다고 공식 선언한 바 있다. 물론 여기에는 '쓸모 있는 노동력 생산'의 차원에서 '역량'을 강조했다는 혐의가 없지 않다. 문화역사적 주체로서의 역량 형성의 과정보다는 경제적 가치를, 교육의 과정보다는 결과를 중시하는 감이 있으나 많은 양의 지식을 우격다짐으로 쏟아붓는 교육에 대한 반성과 현재의 지식 습득 여부 자체를 중시하는 교육이 미래 사회의 전망을 밝히는 데 적절하지 않다는 위기감도 포함되어 있다. 한편 기존의 교육 방식과 무관하지 않은 '교육 불가능'의 쓴맛을 세계 각국이 경험했기 때문이기도 하다.

하지만 교육과정 철학이 요동치고 도전을 받으면서도 교과교육이라는 '전통적' 교육 형태는 없어지지 않고 큰 비중으로 꾸준히 유지되어 왔다. 없애고 싶어도 이를 대체할 마땅한 대안이 없었던 것인지 아니면 그 정당성이 인정된 결과인지는 확언하기 어렵다.

문제는 철학적으로 흔들리고 사회적 도전을 받으면서도 교육과정에서 절대적인 지분을 차지하며 유지되어 온 교과교육과정의 현실화 과업은 오롯이 현장 교사들이 감당해 내야 할 몫이라는 사실에 있다. 한국의 중등 교과교사들이 풀어야 할 숙제는 너무도 많다.

2. 중등 교과교육의 위기

1) 입시-진도교육 체제와 교실 위기

한국에서는 입시가 아니면 지탱될 이유도 근거도 없어 보이는 교과교육이 학교교육에서 주인 노릇을 해 왔다. 하지만 실제로는 늘 위기 상황에 놓여 있었다. 강력한 입시 경쟁 체제에도 불구하고 다수의 학생은 교과교육으로부터 이탈하고 소외되고 있다. 수업 상황은 아슬아슬하다. 이 위기가 왜곡된 교육 현실에서 비롯된 문제인지 아니면 교과교육 그 자체에서 비롯된 문제인지는 물론 꼼꼼히 따져야 한다.

실제로 교과교육의 실효성 논란은 일선 교사뿐 아니라 교육철학자들을 괴롭히는 꽤 오래된 문제이다. 교과의 가치를 내재적 가치와 외재적 가치로 구분해서, 전통주의적인 형식도야론자들은 외재적 가치보다 내재적 가치 때문에 교과의 필요성을 주장한 반면 실용주의 철학자들은 외재적 가치가 확인되지 않는, 다시 말해 실생활로의 전이轉移가 불확실한 교과교육과정의 가치에 의혹을 제기했다.

입시라는 현실에 더해 교육 이론적으로 넉넉히 해명되지 않은 문제인 만큼 전교조 역시 중등 교과교육에 대해 똑 부러지는 방향성을 제시하지는 못했다. 현실을 바꾸리라는 의지와 희망보다는 패배감이 깊었고, 교과교사로서의 정체성과 자부심을 북돋워 줄 철학이나 이론도 없었다. 무기는 취약했다. 참교육 이념은 대안적인 교과교육과정 논의의 준거가 되기엔 허술했고, 전교조가 교과교육의 정체성 확립에 투여할 역량은 부족했다.

개별적 참교육 실천에는 자유주의 교육 담론과 진보적 교육 담론이 섞여 있었다. 관계에서는 '학생 중심', 수업에서는 '경험과 활동 중심'이었다. '주체화'를 지향한다는 점에서는 기본 성격상 진보적이라고 볼 수 있지만, 이를 구체화하고 정당화할 만한 철학과 이론이 없었던 까닭에 20세기를 지배하던 교육 담론과 이론에서 자유로울 수 없는 것은 당연했다.

입시 경쟁과 부적절한 교육과정에 의해 획일적인 주입식 교육을 강요받는 상황에서 개별적인 참교육 실천이 자유주의 담론으로부터 자유로울 수 없었다는 것은 충분히 납득할 만한 일이다. 혼란은 파시즘적 교육체제가 허물어지고 신자유주의 개편이 시작되면서 본격적으로 시작되었다. 대안적인 철학과 이론이 없는 상태에서 학습자 중심주의를 전면에 내세운 구성주의는 기존의 참교육 이념, 실천과 별로 다르지 않아 보였다. 구성주의는 겉보기에 주체의 자율성을 매우 강조하는 것처럼 보이기 때문에 기존의 참교육에 대립된다는 판단을 곧바로 내리기는 쉽지 않았다.

현재 한국 교육 현실에서 교과교육은 교사들로서는 피하고 싶은 고통이다. 교과교육은 한국 교육 현실에서는 진도 나가기와 시험 보기를 반복하는 기계적 과정일 뿐이다. 학생이나 교사나 서로 괴롭고 고통스러운 과정이므로 관심은 '벗어나는' 것에 쏠려 있다고 해도 과언이 아니다. 올바른 교과교육에 대한 적극적 지향은 없다시피 했다. 더군다나 지금과 같이 교실 상황이 여의치 못한 상황에서는 수업에 대한 고민에서 아예 벗어나 다른 길(예컨대, 진로교사, 상담교사, 승진, 명퇴 등)을 모색하는 교사들도 적지 않다. 이처럼 입시-진도교육 체제에서 교과교육과정은 학생들과의 참된 만남을 방해하는 요소로 간주되기 일쑤다.

2) 반지성주의와 실용주의[7]

교과교육과정은 점점 더 강화되고 복잡한 체계로 발달해 온 듯 보이지만 실상 철학적·이론적으로는 매우 허약하기 그지없다. 이런 상황이 낳은 불행한 사태는 '반反지성주의'의 만연이다. 입시-진도교육 체제에서 교과교육과정은 교사들에게 고통을 가져다주기 때문에 이는 쉽게 반지성주의로 나아간다. 한국 청소년의 발달 정체와 발달 왜

---

7. 이에 대한 좀 더 자세한 논의는 『진보교육』 48호 「인간발달과 교과교육」 참조.

곡, 관계의 적대화와 공동체 파괴의 원인은 입시-진도교육 체제로 인한 왜곡된 지식 전달 교육이다. 하지만 한국 사회에서 일부 전통주의자를 제외하면 지식교육이 이런 현상들을 낳는 근본 원인이라고 파악하는 듯하다. '지식교육보다 인성교육이 먼저', '지식교육이 인성을 망친다', '지금의 교과교육과정 대신에 아이들이 원하는 것(이를테면 춤, 게임, 요리 등등)으로 교육과정을 바꾸어야 한다' 등의 주장은 전문가, 비전문가, 교육계 안팎을 막론하고 일상다반사로 나온다. 중등 교사들은 자기 교과에 대해 '이런 거 가르쳐서 뭐 하나'라고 자조하고, 아이들은 '(입시와 직접 관련이 없는 교과일 경우엔 더 노골적으로) 이딴 거 왜 해요?'라고 선생한테 대놓고 반문하기도 한다.

이렇게 교과교육과정은 한국에서 교사나 학생에게나 학부모에게나 국민에게나 천덕꾸러기 취급을 받는다. 그리고 그 밑바닥에 깔린 관념은 소극적으로는 '반지성주의'이고 적극적으로는 '실용주의'이다. 반지성주의를 바탕으로 지식교육에 대한 비판적 교육과정 담론들이 생산, 유통되는 동시에 시험을 위한 극단적인 형태의 주지주의적 지식교육이 전개되고 있다.

이분법적 구도와 관점에서 반지성주의에 대한 비판을 바라볼 경우 이는 주지주의와 다를 바 없어 보일 수도 있다. 경험 중심이냐 지식 중심이냐의 대립 구도에서 현재의 반지성주의는 두 경향 모두에서 나타나고 있으며 양쪽 모두의 기저에 깔려 있다. 이는 '지성화'라는 개념을 통해 이분법을 벗어날 전망을 찾을 수 있을 것으로 보인다.

지성화는 "인간적 가치를 실현해 가는 과정의 핵심"적 특성이다. 주요 정신기능인 지각, 주의, 기억, 사고가 충동적·수동적·직접적인 반사의 생물학적 상태로부터 자율적이고 능동적이고 간접적(즉 매개된)인 의식적·주체적 대응의 상태로 나아가는 것이 지성화이다. 이는 정서, 도덕성에서도 마찬가지다. 심미적 정서, 도덕적 판단과 실천은 지성화를 전제로 형성된다. 따라서 지성에 대한 강조는 인간 고유의 가치를 의미하는 것이며 지성화의 과정은 지식교육만으로, 이와 반대로 경험의 양적 누적만으로 이루어지지 않는다. <u>올바른 지성화는 경험과 지식, 구체와 추상, 일상의 경험적 지식과 체계적 교육에 의한 과학적이고 추상적인 지식체계가 결합되고 주체 내에서 통일되는 것을 전제로 한다.</u> 따라서 반지성주의 비판은 경험주의와 주지주의라는 이분법과 어느 하나로 귀속시키는 환원주의적 경향에 대한 지적과 비판인 셈이다.

한국 교육 현실에서 이러한 이분법을 모태로 하는 반지성주의는 보편적 양상으로 나타난다. 인성교육과 지식교육은 별개라는 생각, 도덕성의 발달과 지성의 발달은 상관이 없다는 잘못된 상식은 한편으로는 프레이리가 말한 은행저금식의 주지주의적 교과교육으로 나타나며, 이러한 교과교육의 폐해를 여러 체험학습 프로그램, 별도의 인성교육 프로그램을 교육과정에 누더기처럼 덧붙이면 된다는 발상의 실천으로 나타난다. 구체와 추상, 삶과 앎, 경험과 지식의 결합과 통일이 일어날 수 있도록 교과교육과정을 재구성하는 것이 '인간다움의 실현'의 다른 이름인 '지성화'를 위한 과제이다.

3) 교과교육의 정체성 혼란

교과교육은 왜 해야 하는가? 정당화할 만한 철학과 과학적 근거가 허약하고 입시-진도교육 체제하의 교실 내에서 이루어지는 교과교육은 '고통스러운 일'이라는 것이 경험적인 진리인 양 되다 보니, 개별 교과들이나 교사들은 "왜"라는 문제에 대해 막상 교과 구조조정이 임박했을 때에 자기 교과의 필요성과 정당성을 주장하려면 궁색하지 않을 수 없었다. 그래서 결국은 '실용성'의 차원에 머물게 된다. 교육의 본질인 '인간 발달'의 관점에서 이를 해명하는 작업은 현장이든 이론에서든 발전이 없었다. 게다가 한국의 교과교육은 곧 시험을 위한 준비과정이었다는 점에서 교과교육과정이 갖는 '교육적 가치'를 찾는 것은 무척이나 어려운 여건이었다.

가치를 부여하지 못하는 일에 열정을 투여하기란 쉽지 않다. 하지만 교과교육과정은 중등 교사들에게 피할 수 없는 삶과 노동의 현실이기도 하다. 따라서 이미 피하려야 피할 수 없는 교과교육과정의 활로를 모색하려면 '교과교육이 어떤 면에서 왜 가치로운가'를 해명할 수 있어야 한다. 그래야만 교과교육과정을 올바르게 실현할 방도도 찾을 수 있다.

3. 전교조 교과교육과정 논의와 실천: 중등의 답보와 초등의 진전

전교조의 중등 교육과정 논의는 수업지도안 생산과 공유, 대안 교과서 만들기, 7차 교육과정 투쟁을 거쳐서 공교육 개편안 제출(2004년), '교육과정 새판짜기'(2006년), '대한민국 교육혁명'(2012년) 등을 통해 진보적인 교육과정 대안을 제출하는 데까지 다다랐고, 나아가 입시폐지 대학평준화 담론을 퍼뜨리기도 했지만 교과교육과정에 대한 구체적이고 세부적인 논의는 답보 상태에 머물러 있다. 커다란 방향성은 찾았지만 각론의 부재 혹은 각론 생산 역량의 부재 상황이라고 할 수 있겠다.

이의 근본적인 원인은 정부의 교육과정과 입시 정책에서 찾아야 하겠지만, 현장에서 가능한 실천 내용과 양식의 생산도 어느 순간 정체된 감이 없지 않다. 7차 교육과정에서 시작된 정부의 교육과정 정책은 교과 구조조정의 성격을 띠고 진행되었으며, 근래에는 선택형 입시와 맞물려 국·영·수를 제외한 대부분의 교과들은 기존의 입지마저도 매우 축소된 형편이다. 주로 교육과정 개편 시기가 되어 교과의 입지가 축소되는 경우에 논의가 활성화되는 양상이었고, 국·영·수 등 전체 교육과정에서 확고한 입지를 가진 교과들은 그나마 교과 정체성과 필요성 논의도 미미했다. 구조조정이 우려되는 상황에서 교과의 존립 근거를 '이 교과가 가진 실용성'에 기대어 호소하는 것은 자연스러운 것이었고, 선택교과로나마 기존 교육과정 체제에 진입하기 위해서 끌어오는 논거 역시 주로 '실용성'이었다고 해도 과언은 아니다. 교과교육의 정체성, 개별 교과의 정체성에 대한 논의가 이와 같이 부분적, 산발적으로 있었지만 정체성 논의를 이끌 만한 철학적, 이론적 준거는 확실하지 않았던 것으로 보인다.

교과 정체성 논의가 계기를 통해 활성화되는 성격을 가졌다면 일상적인 수업 실천과 관련된 자료 생산과 사례 전파는 비교적 활기를 띠고 진행되는 영역이었다. 하지만 최근에는 이마저도 제도권에 주도권이 넘어간 듯하며 자료들은 점점 상업화되고 있다. 한편 최근 전교조의 중등 교과 자료들을 보면 대체로 수업이나 평가 사례 및 좋은 수업 소재가 될 만한 것을 소개하는 것이 대부분이다. 교과서의 내용을 전달이 용이하게 가공하거나 학습자의 흥미를 유발할 만한 소재나 활동을 소개하는 형태가 주를 이룬다. 가치 있는 자료이긴 하지만, 냉정하게 말해서 소재가 새롭고 기법이 신선한 자료가 좀 더 늘어난다 해서 논의와 실천의 답보를 극복할 돌파구가 찾아지지는 않을 것 같다. 교육청에서 배포하는 자료만 해도 차고도 넘친다. 지금의 답보 상태는 자료 부족의 문제가 아니다. 중등 교과교육에서 교과서를 뛰어넘는 일은 전체 교육과정이 주는 압박도 압박이려니와 현장에서도 막상 이를 실천하기는 어려운 문제이다. 그럼에도 불구하고 포기할 일이라고 단정을 지을 수도 없다. 현 교육과정과 입시체제가 바뀌지 않는 한 현장의 실천은 제한적이고 유보적인 상태에 머무를 수밖에 없기 때문이다. 그래서 어떻게 해서든 기존의 방향을 뛰어넘을 궁리를 함께해야 하는 것이다.

이러한 궁리에 도움을 주는 것이 초등에서 최근 몇 년간 이어진 교과교육과정 논의와 실천이다. 초등에서는 최근 몇 년간 중등보다 훨씬 더 활발하게 교육과정이 논의되고 있고, 혁신학교 사업도 중등에 비해 훨씬 활기가 넘친다. 현재 초등 교육과정 논의를 이끌고 있는 '초등 교육과정연구모임'은 2006년 국가수준 교육과정 개정 반대 투쟁을 계기로 모임을 만들어 '서울형혁신학교'의 기본 틀을 제공했고, 『교과서를 믿지 마라』, 『행복한 혁신학교 만들기』, 『초등 교육을 재구성하라!』 같은 책을 함께 써서 펴내는 등 실천의 성과를 확산시키는 단계에 도달해 있다. 2006년 교육과정 개정 반대 투쟁 이후 초등은 체험학습 등 일제고사 반대 투쟁의 중심 역할을 맡았고, 투쟁이 끝난 뒤로도 흩어지지 않고 꾸준히 연구실천 활동을 벌여 모범이 되고 있다.

중등은 교육과정 개정 반대 투쟁이 별다른 성과를 얻지 못하고 일제고사 투쟁도 활기를 잃어 가자, 활동이 급속히 식어 버렸다. 중등교과연합은 요즘 새로운 활동의 돌파구를 찾지 못한 채 해체된 상태다. 개별 교과모임은 유지되고 있지만 '중등 교육과정'을 함께 논의하고 실천할 근간 조직이 없으니 이를 다시 일으켜 세워야 한다. 과거에는 오랫동안 중등을 중심으로 교육과정이 논의·실천됐고, 7차 교육과정 투쟁의 주축도 중등이었던 사실을 떠올리면 적막강산이라는 느낌이 절로 든다.

이렇게 중등 교육과정 논의가 구체적인 교과교육과정 논의와 실천으로 이어지지 못하는 이유가 무엇일까? 거꾸로 초등은 녹록지 않은 현실 속에서도 갈수록 활발하게, 구체적인 수준에서 교과교육과정을 논의하고 실천까지 벌이게 된 동력은 무엇인가?

무엇보다도 초등과 중등이 놓인 객관적 처지의 차이를 무시할 수 없다. 교과교육과정의 실제를 좌우하는 요지부동의 현실은 입시入試다. 중등에 견줘 상대적으로 입시와 느슨한 관계에 놓여 있는 초등은 실천의 여지가 얼마쯤 있다. 혁신학교 사업만 봐도 중등에 비해 초등이 훨씬 활발하다. 일반적인 학교의 경우도 초등은 교사들이 교실 수업에서 자율성을 발휘할 여지가 중등에 비해 훨씬 높다.

하지만 이것만이 전부라고 보기는 어렵다. '객관적 조건의 차이가 전부'라면 중등은 더 이상 할 수 있는 일이 없다는 결론에 다다른다. 사소해 보이지만 2006년 이후, 다른 행보를 보인 초등과 중등의 차이는 주체 역량이 발휘될 영역에서도 찾을 수 있다. 초등 교과교육과정 논의가 '도약'한 계기로 작용한 것은 발달론과 교과교육과정 논의의 결합이다.

초등교육과정모임은 '발달단계에 맞는 교육'이라는 대전제에 공감하고 주된 발달론을 함께 공부한 끝에 '발달과 협력'을 초등 교육과정 총론의 핵심으로 결론 내린 뒤, 이를 학교 교과교육과정 논의에 바로 접목했다. 최근에는 어린이 발달과정을 고려한 교과교육과정의 구체 내용이 교과별로 제출되고 있다. 이론 검토를 다 한 뒤, 대안을 내걸고 실천에 들어간 게 아니다. 이론과 만나자마자 곧장 이를 들이대 실천 사례를 만들고 책을 펴내고 연수 주제로 적극 활용한 것도 빠른 성과를 얻어 낸 비결이었다. 초등교육과정연구모임의 '선전善戰'에서 눈여겨볼 대목은 발달론과 교과교육과정 논의의 결합 덕분에 논의와 활동, 성과물의 생산이 활발해졌다는 점이다.

지금 초등 교과교육과정 논의와 실천이 이처럼 활기를 띠게 된 것은 교육과정 논의의 '준거점'을 찾은 데서 기인한 것으로 볼 수 있다. "이 내용을 가르치는 것이, 이 방식을 도입하는 것이 과연 의미 있는가?", "이 연령의 어린이에게 이것은 적절한 활동인가?"라는 판단의 준거를 찾기까지 시간이 걸렸지 그 이후 구체적 논의는 매우 빠르게 진행되었다.

『초등 교육을 재구성하라!』(2013, 초등교육과정연구모임)의 첫 장 제목은 '어린이의 성장과 발달을 돕는 초등 교육과정'이다. 어린이의 성장과 발달이 초등 교육과정의 가장 본질적이고 포괄적인 목표임을 명시한 셈이다. 필자들은 분석적인 형태로 제시하고 있지는 않지만 초등학생 발달과정의 특성을 두 개 학년씩 묶어서 신체적, 인지적, 언어적, 측면으로 나누어 간략하게 제시한다. 어떤 것이 할 수 있는 상태이며 이를 바탕으로 어떤 '능력'들이 형성되기 시작하는지 밝히고, '발달적 관점에서' 어떤 활동이 유의미하고 필요한지 명쾌하게 못 박았다. 선도하는 이론과 교사들의 축적된 경험이 한데 어우러져 더욱 의미 있는 실천으로 나아갔다.

3, 4 학년 때는 신체 활동이 활발하여 친구들과 충돌이 많아지고, 이를 감각적으로 해결하는 방법도 스스로 익히기 시작하며, 규칙을 지키는 운동을 곧잘 하게 된다. 3학년부터는 세상과 나를 조금씩 떼어 내서 이해하는 때라서 자기 출생에 대한 궁금증이 생기고 철학적 질문도 드디어 한다. (…) 모국어 발달 중 구어체가 폭발적으로 발달하고 글자의 추상적인 의미를 인식하는 시

기이기도 하므로 언어 이해력과 독서 집중력도 높아진다. 4학년 어린이들은 세상일에 의욕적이고 호기심이 많아지는 동시에 세상을 믿는 믿음을 훼손당하는 것을 싫어한다. 그래서 교사와 부모에게도 원칙을 요구하여 비판적이라는 느낌을 주기도 한다. 발달과정상 배운 대로 실천하려는 생각에서 나오는 행동이므로 교사와 부모가 이런 마음을 알아주고 소통하면서 타인을 인정하는 능력을 키울 수 있도록 배려해야 한다.

간단한 사례이지만 다음과 같은 교육과정 재구성 사례는 중등 교과교육과정 재구성에도 주는 시사점이 크다.

단원	단원 재구성 내용	교육과정의 근거
6-1-8	• 연비의 개념, 두 비의 관계를 연비로 나타내기, 연비의 성질 등 삭제 • 비례 배분은 두 양의 비례 배분으로 한정	학습량 감축을 위해 삭제했음

아직은 일부 선도적인 초등 교육과정 활동가에 국한되는 경우일지 모르지만 아무튼 실천의 준거점을 찾음으로써, 다시 말해 <u>교과교육과정 논의에 발달론이 결합됨으로써 실천이 배가倍加됐다는 점에 주목할 필요가 있다.</u>

교과 간이나 학년 간 연계성 등도 문제이지만 중등 교과교육과정에서 가장 심각하게 일상적으로 부딪히는 문제는 "양과 난이도"의 문제이다. 아주 심각하게 일상의 교과교육활동을 압박하는 골치 아픈 난제다. 교사든 학생이든 서로가 괴롭다. 불행하게도 입시-진도교육 체제에서 이를 피해 갈 방도를 찾기란 쉽지가 않다. 입시 덕에 안정을 누리는 교과들이 정작 이 문제에서 가장 큰 괴로움을 겪는다. <u>교육과</u>

정이 문제인데도 학생을 탓하는 경우도 허다하다. 교육과정 정책 입안자들은 학교 현실과 학생을 고려하지 않은 지나치게 양이 많고 어려운 교육과정을 강요하고 나서는 시험 결과로 압박을 가해 왔다. 잘못은 자신들이 저지르고 책임은 현장으로 떠넘긴다.

소위 주요 교과가 아니더라도 모든 교과는 '교과서를 기본'으로 해서 수업이 진행되므로 정도의 차이는 있을지언정 교과서의 양과 난이도 문제는 보편적인 문제라고 해도 틀리지 않다. 교사들은 교과서로 가르치다 보면 '부적절해 보이는 내용과 주제'라는 판단을 수시로 하게 된다(필자가 담당한 수학 교과의 경우 내용과 주제도 문제이지만 교과서에 깨알같이 등장하는 문제들을 보면 한숨부터 나온다. 다 다루자니 버겁고 그냥 넘어가자니 찜찜해서 어쩌나 하는 생각에서이다). 이처럼 일상적으로 교사들과 학생들을 괴롭힐 뿐 아니라 교육과정 개편 시기에 항상 뜨거운 감자로 떠오르는 것은 '과도한 양과 난이도'의 문제이다. 양과 난이도라는 현장의 문제의식은 국가교육과정 개편 시 일부 반영이 되었다지만 줄이려는 시늉만 했지 전체 교육과정의 연계성이나 현장의 사정을 여전히 고려하지는 않은 듯하다(수학의 경우 올해 중학교 1학년 교과서부터 '집합'이 사라졌다. 반길 만한 일이지만 집합이라는 개념은 추상적 사고의 측면에서 보았을 때 필자의 판단으로는 불가피하게 가르쳐야 하는 측면이 있다. 개념 자체를 뺄 것인지 개념과 관련된 지나치게 많은 문제와 내용-이를테면 집합의 연산-을 뺄 것인지 판단의 준거를 잘 모르겠다. 필자가 보기엔 그나마 만만한 주제를 들어낸 것으로밖에는 보이지 않는다).

중등 교과교육과정의 논의 주제를 좁히면 결국은 교과교육과정에서 "양과 난이도"라는 오래된 주제이며, 과연 지금까지 현장이든 정책입안자이든 이에 대한 "준거"가 있었는지 문제 제기를 할 수 있다. 오래된 숙제이고 숙원이지만 양과 난이도의 문제를 국가교육과정과 입시가 바뀌기 전까지는 손댈 수 없는 문제로 생각해 온 것이 사실이다. 하지만 더 이상 이 문제를 접어 둘 수 없는 상황이 되었다. 무엇보다도 청소년의 발달 정체, 왜곡 문제와 결합되어 교과교육과정 그 자체가 흔들리고 있기 때문이다. 여기에서 더 나아가 양과 난이도의 문제를 해결함과 동시에 "청소년의 발달단계에 맞고 발달을 이끈다"는 것을 교과교육의 정체성 논의의 대전제로 삼아야 한다. "인간의 발달"이라는 교육의 본질에 기대어 교과와 교과교육의 정체성을 논의할 때 그 힘은 가장 강력해질 수 있을 것이다(지금까지 중등교육에서 불평등 재생산의 문제, 이데올로기적 편향, 경쟁의 내면화 등의 문제는 비교적 활발하게 논의되었지만 '발달'의 관점에서 중등교육을 바라본 시도는 거의 없었다. 당연히, 그만큼 <u>발달'의 관점은 교과교육과정 논의에서 커다란 공백이었다</u>).

양과 난이도의 문제로 대별되는 중등 교과교육과정의 문제를 논의하면서 지금까지 빈 부분이었던 '청소년 발달론'을 결합시키는 것은 유의미하다고 생각된다. 교과 정체성의 혼란, 중등 교과교사들이 겪고 있는 어려움, 청소년의 미발달 현상 심화 등은 중등 교과교육과정 논의에 '청소년 발달론'을 결합시킬 것을 요구하고 있기도 하다. 이어서 '청소년 발달론'이 중등 교과교육과정 논의에 주는 시사점을 구체적으로 살펴보고자 한다. 이는 '발달단계에 맞는 교과교육과정'이라는 교육과정 논의의 대전제와 맞닿아 있기 때문이다.

4. 중등 교과교육과정 논의의 준거점, '청소년 발달론'

> 1) 청소년기를 발달의 한 시기로 인식하고 아동기, 성인기와 구분
> 2) 청소년기를 새로운 사고 양식이 출현하는 시기로 인식
> 3) 현대 뇌과학의 성과 등을 바탕으로 청소년기에 일어나는 역동적 변화에 대한 과학적 이해 심화
> 4) 발달을 "따르는" 교육

1) 청소년기의 발달과 교육에 대한 근대 교육학의 이해

청소년기는 일반적으로 부모에 의존하던 아동기에서 독립적인 성인으로 이행하는 과도기를 일컫는다. 청소년기가 언제 시작해서 언제 끝나는지 그 경계가 뚜렷이 구분되지는 않지만, 대략적으로 청소년기는 연령상 10대의 기간을 지칭한다. 2004년 OECD는 청소년기의 뇌와 학습에 대한 보고서에서 청소년기의 특성을 다음과 같이 언급했다.

> 청소년기는 신체 내 호르몬이 급격하게 증가하고, 뇌의 기능이 발달하는 데 대단히 민감한 시기입니다. 특히 이 시기에는 사회적 기술을 빠르게 습득하여 사회성이 급격하게 발달하며, 상대적으로 학교 공부에 필요한 인지능력을 발달시키는 데는 조금 더딘 편입니다. 또한 아이들이 폭력적인 행동을 보이기 시작하는 때도 주로 이때입니다. 청소년의 인지능력이 어떻게 발달하는지에 대한 연구는 많지만, 뇌에 대해 알려 주는 연구는 그리 많지 않습니다. 청소년기 뇌의 인지 습득에 대한 연구가 필요합니다.[8]

---

8. 『감정, 학습, 그리고 교육: 뇌와 학습에 관한 OECD 종합보고서(OECD Full Report on Emotions and Learning and Education: Foruum on Brain and Learning)』(2004), 배리 코빈 지음, 이찬승·김은영 옮김(2013), 『10대를 몰입시키는 뇌기반 수업원리 10』, 20쪽에서 재인용.

급속한 신체 변화와 성장	• 신장과 체중이 눈에 띄게 증가한다. • 2차 성징이 발현되고 성인 체형으로 바뀐다. • 수면 및 식습관이 변하고, 힘이 넘친다. • 급속한 성장으로 인해 한동안 서툴고 미숙한 행동을 보이기도 한다. • 뇌가 지속적으로 발달한다.
인지 능력 발달	• 추론능력, 문제해결능력, 추상적 사고력이 발달한다. • 자신의 생각과 학습 과정에 대해 반추하는 초인지(metacognition) 　능력이 발달한다. • 지적 관심 영역이 넓어진다. • 자아 성찰 의식이 발달한다.
성적(性的) 변화	• 성 정체성을 확립하고, 성 역할을 인식하려는 욕구를 지닌다. • 성에 대한 관심과 이성 교제에 대한 욕구가 증가한다. • 자신의 외모와 매력에 대해 고민한다. • 자위나 성관계를 시도한다.
사회성 및 정서 변화	• 자기중심적으로 생각하고 판단한다. 　– 다른 사람들이 자신만을 주시하고, 자신의 생각과 행동에 대해 관심 　이 많을 것이라고 생각한다. • 늘 또래와 같이 있고 싶어 한다. 　– 또래집단의 영향을 받아 어떤 선택을 하게 되거나, 또래 친구들과 어 　울리며 무언가에 흥미를 느낀다. • 어른의 지시나 조언에 대해 반항한다. • 정체성, 자율성, 소속감을 얻고자 한다. 정체성을 확립하는 문제로 　종종 힘들어한다. • 10대들은 대개 자신은 절대 다치지 않을 것이라 믿으며, 위험을 감수 　하고 도전하려는 경향이 강하다. • 가치관, 도덕성, 양심이 발달한다. • 감정을 표현하고 효과적으로 의사를 전달하는 능력이 발달한다. • 변덕스럽고 감정 기복이 심한 편이며, 특히 청소년기 초기에 심하다. • 자신이 맡은 일에 자부심을 느끼려고 하며, 일을 완수함으로써 자신 　의 가치를 확인하고 성취감을 얻으려고 한다. • 자립성(self-reliance), 독립성, 자존심을 스스로 조절하는 능력 　이 점차 발달한다.

　지금의 상식으로는 납득하기 어렵겠지만 "아동기"라는 인식은 처음부터 주어진 것이 아니었다. 아동기와 청소년기의 구분도 없다시피 했다. "아동기"라는 인식이 생긴 것은 그리 오래된 일이 아니었다. 중세

---

9. 배리 코빈(2004), 이찬승·김은영 옮김(2013), 『10대를 몰입시키는 뇌기반 수업원리 10』, 21쪽.

시대 유럽에서는 어린이를 어른의 축소판으로 여겼고 중세 학교에서는 20세가 넘는 성인과 7세 어린이를 한데 모아 같은 교실에서 가르쳤다. 그러다 보니 온갖 문제도 발생했었던 것 같다. 어린이에게도 혹독한 체벌 등 엄격한 규율을 가하는 것이 통상적이었다. 가혹한 노동착취도 20세기까지 나타났다. 청소년기는 아동기도 성인기도 아닌 그저 애매한 시기로 인식되었다. 18세기까지 청소년기는 아동기와 혼동되었고 콜레주(중세시대 학교)의 라틴어에서도 소년pure과 청소년adolescent이라는 용어를 구별하지 않고 사용했다. '발달의 시기 구분'도 외적인 기준(이를테면 치아)으로 자의적으로 이루어지곤 했다.

근현대 시기에 청소년기에 대한 인식은 크게 달라졌고 학교 체제에도 영향을 미쳤다. 청소년기는 외적으로는 물론 내적으로도 엄청난 변화를 겪는 시기로 인식하기 시작했으며 '중등 교육'이라는 특정의 교육 단계가 성립되기에 이르렀다. 또한 현대의 인지발달심리학과 뇌과학은 청소년기 인지 발달의 핵심적인 특징으로 예외 없이 '추상적이고 개념적인 사고의 발달'을 지목한다.

로크, 루소, 슈타이너
-이성 발달을 청소년기 특성으로 보고 발달단계를 고려하는 교육 강조
'백지설'[10]을 주창한 이로 유명한 영국의 계몽사상가 로크(1632~1704)[11]는 아동의 인성은 성인의 그것과 다르다고 지적하고, 유년기의 수동적인 정신 상태로부터 청년기의 능동적인 정신 상태로 인간 발달은 점진적으로 이루어지며, 이성의 기능은 이 발달과정이 끝날 무렵에 나타난다고 보고 이를 청년기의 특성으로 간주했다.[12] 신에 대한 종속에서 '인간'에 대한 관심이 학문의 중심이 된 이래 인간은 타고난 본성에 따르는 존재라는 전성설은 이론의 영역에서는 그 세력

을 크게 잃고 인간은 "변화, 발달하는 존재"라는 것이 대세를 이루게 되었다.

루소(1712~1778)는 『에밀』(1762)을 통해 후대에 '자연주의 교육철학'으로 인구에 회자되고 경험 중심, 아동 중심 교육 등 근현대의 수많은 교육학 이론의 밑거름이 된 생각을 피력하였다. 『에밀』의 번역자인 김중현 교수는 루소의 교육사상을 현대적인 감각으로 다음과 같이 간추렸다.

> 아이에게는 전적으로 육체만 발육하는 시기, 감관이 발달하는 시기, 지적인 능력이 눈을 뜨는 시기, 이성과 감수성이 생겨나는 시기, 도덕적인 감정이 이해되어야 하는 시기 등 각 시기에 계발되고 발육되어야 할 고유의 능력들이 있다. 이처럼 각 시기마다의 교육 목표가 다르기 때문에, 당연히 교육 방법도 달라져야 한다. 그러한 능력들이 순서에 따라 계발되지 않을 경우, 아이에게 역기능으로 작용하여 성장을 방해하며 인간을 뒤죽박죽으로 만들어

---

10. "인간에게는 천부적으로 주어진 본유관념(本有觀念)이 존재하는 것이 아니고 모든 관념은 후천적(後天的, a posteriori)인 경험을 통해서 이룩된다는 로크(J. Locke)의 학설.

　인간의 마음은 문자 그대로 태어날 때 백지(白紙)와 같이 아무런 관념도 없는 것이다. 우리가 알거나 혹은 생각하는 모든 사물들은 사실은 우리들의 경험을 통해서 얻어진 것이다. 우리들의 지식도 감각적 경험을 통하거나 아니면 마음에 반영된 것을 반성함으로써 얻어진 것이다. 따라서 모든 근본적인 관념은 감각의 대상이거나 혹은 반성의 대상이며, 생각된 마음의 작용 이외에 다른 것이 아니다.

　그러므로 지식의 원천은 둘인데 하나는 감각(sensation)이고, 다른 하나는 반성(reflection)이다. 이같이 그는 선천적(先天的, a priori)인 인식론에 반대하여 감각적 경험에 토대한 인식론을 주장했다."[백지설(白紙說, theory of tabula rasa), 출처: 『교육학용어사전』(1995), 서울대학교 교육연구소, 하우동설].

11. "(로크는) 교육에 대해서도 깊은 관심을 가졌다. 당시의 교육법을 통렬히 비판하여 그리스·라틴어 집중주의, 암기식 주입주의를 반대하고 수학적 추리와 체육(體育), 덕육(德育), 지육(知育)을 강조하였으며, 그 사람의 소질을 본성에 따라서 발전시켜야 한다고 역설하여 가정교사에 의한 교육을 주장하였다. 그는 신체의 건강을 위한 단련주의 교육을 중시하였고, 지식은 체육과 덕육을 높이기 위한 2차적 수단으로 보았다."[존 로크(John Locke), 두산백과].

12. 정옥분(2005), 『청년심리학』, 학지사.

서, 결국 심성을 파괴하고 만다.

김중현, 「인간적인 교육을 향한, 나지막하지만 깊은 목소리」
(『에밀』 역자 서문)에서 발췌

루소는 연령에 따른 발달과정을 네 단계로 나누고 각 단계에 맞는 교육을 에밀과 그의 가정교사라는 가상의 인물을 통해 묘사했다. 여기에서 루소는 "자연이 부과하는 시간의 질서를 따라 교육"할 것을 주장한다. 에밀은 "처음에는 감각만 가지고 있을 뿐이었지만" 청소년 초기에 해당하는 12~15세 시기에 그는 "관념을 가지고 있다. 그는 느낄 뿐이었는데, 이제는 판단을 한다. (…) 감각에서는, 판단력은 수동적이다. 그리하여 그것은 느끼고 있는 것을 느끼고 있다고 확인하는 일이다. 지각 또는 관념에서 판단력은 능동적이다. 그것은 접근시켜서 비교하여, 감관이 밝히지 못하는 관계를 밝힌다. 이것이 양자의 명확한 차이다. 하지만 그 차이는 크다"라고 함으로써 이 시기 무렵 어린이와 청소년, 그리고 성인은 질적으로 다른 성장의 시기라는 인식이 시작되었음을 알 수 있다.

유년기	신체의 자유를 구속하지 않는 자유
5~12세	신체와 감관의 훈련
12세~15세	지능과 기술 교육
15세~20세	도덕과 종교 교육

한편, 대안교육으로 잘 알려진 발도르프 교육[13]의 중요한 특징으로 꼽을 수 있는 것이 "발달과정에 맞춰진 교육"이다. 발도르프 교육에서는 7년을 한 주기로 하여 인간 발달단계를 영유아기(0~7세), 아동기(8~14세), 청소년기(15~21세)로 나누고, 이 단계에 따라 물질체

Physischer Leib, 생명체Aetherleib, 감성체Astralleib, 자아IchLeib라는 네 가지 구성체를 가지고 있다고 본다.

▶ 발도르프 교육에서 설정한 아동기와 청소년기의 특성

- 아동기(8~14세): 이 시기에는 신체, 영혼, 정신이 신체-영혼, 영혼-정신으로 나뉘게 된다. 이전 시기에는 '신체'에서 가장 큰 변화를 보였지만, 아동기에는 '영혼'에서 가장 큰 변화가 나타난다. 이 시기의 아동들은 감성체가 없어 합리적인 사고가 불가능하다. 따라서 느낌, 감정, 상상력 등을 자유롭게 펼칠 수 있는 환경이 조성되어야 하는데, 추상적인 상상이 불가능하기 때문에 수업에서는 예시나 비유를 많이 사용한다. 영구치가 나는 7세를 기준으로 그 전의 아이들이 보이는 것을 그대로 모방했다면, 이후의 아이들은 내적 지각을 통해 권위(Authority)에 따른다(Discipleship). 이 때문에 발도르프 학교에서는 8년 동안 같은 담임선생님께 모든 주요 교과를 학습하도록 한다.

- 청소년기(15~21세): 이전 시기부터 분리되기 시작한 신체, 영혼, 정신이 이 시기에 완전히 분리된다. 서로 독립적으로 발달하면서도 유기성을 잃지는 않는다. 이 시기부터 과거 본인이 감각과 정신을 통해 습득했던 것에 대한 자신만의 판단이 가능해지므로 이전까지는 이해할 수 없었던 추상적인 개념, 논리적 사고 등도 가능해진다. 더불어 자신을 8년 동안 지도해 준 담임교사에 대해 더 이상 권위를 느끼지 못하고 동등한 인간으로 인식하게 된다. 따라서 이 시기부터 교사는 조언자, 가이드의 역할을 담당하게 된다.

---

13. 20세기 초 오스트리아의 인지학자 루돌프 슈타이너가 제창한 교육 사상 및 실천으로 독일에서 시작된 대안교육의 일종. 루돌프 슈타이너의 인지학이 실제 학교에 적용된 것이 바로 발도르프 학교다. 발도르프 학교는 1919년 남부 독일 슈투트가르트의 발도르프 아스토리아 담배공장 노동자 자녀를 위한 학교로부터 시작되었다. 당시 슈타이너는 제1차 세계대전 이후 사회 복구가 절실하던 상황에서 삼중적 사회질서 운동(Threefold Social Order Movement)을 주도했고, 연설문을 발표하는 등 사회문제와 관련된 글을 발표했다. 그와 마찬가지로 인지학에 깊은 관심을 가지고 있던 기업가 에밀 몰트는 발도르프 아스토리아 공장의 소유주이면서 노동자 교육에 헌신적인 사람이었다. 그는 슈타이너의 강연을 듣고 "관계가 요구하는 것에 마음을 열어 두기"라는 표현에 감동했고, 이후 자신의 재산까지 투자하며 노동자들과 관계 맺기에 열중했다. 노동자 교육에서 시작하여 노동자 자녀 교육에 관심을 갖게 된 에밀 몰트는 루돌프 슈타이너에게 자기 공장 노동자를 위한 학교 설립을 부탁했고, 이를 계기로 발도르프 학교가 세워지게 되었다.

피아제의 인지 발달 이론

-인지 발달과 교육은 독립적이라고 가정

발달에 대한 보다 체계적이고 과학적인 논의는 현대 교육심리학 이론에서 찾아볼 수 있다. 인지 발달에 대한 과학적 이해를 확장하는 데 크게 기여한 20세기의 교육이론은 피아제(1896~1980)의 인지 발달론(1954)이다. 피아제에 따르면 인지 발달은 크게 네 단계를 거치며 질적으로 다른 단계들이 정해진 순서대로 진행되고, 단계가 높아질수록 복잡성이 커진다. 감각운동기(신생아~2세경), 전前조작기(2~7세), 구체적 조작기(7~11, 2세경), 형식적 조작기(11세 이후)가 그것이다. 청소년기는 형식적 조작기에 해당하고, 이 단계에서 "순전히 추상적이고 가설적인 수준에서도 체계적으로 사고할 수 있는 능력"을 키워 간다.

피아제는 "구체적 조작기의 아동들은 실제 행위가 가해질 수 있는 구체적인 사물들에 대해서만 논리적이고 체계적으로 사고할 수 있는 것과 달리, 형식적 조작기의 사고는 순전히 추상적이고 가설적인 범위에까지 확장된다!"라고 말한다. 예컨대, "만약 Joe가 Bob보다 작고 Alex보다 클 때, 누가 가장 클까?"라고 질문하면, 구체적 조작기의 아동들은 실제로 사람들을 세워 놓고 키를 비교해야만 이 문제를 풀 수 있고, 이를 넘어서면 단지 추측할 뿐이지만 형식적 조작기의 청소년들은 (구체적 대상이 눈앞에 주어지지 않아도) 그들의 생각을 마음속으로도 배열할 수 있다(Crain, 앞의 책, 171쪽).

발달과정에 대한 피아제의 이론은 엄격한 단계이론으로 발전되어 갔는데, 이러한 단계들은 (1) 불변적인 순서를 따라 전개되고, (2) 질적으로 다른 패턴을 보이며, (3) 사고의 일반적인 속성들을 나타내고, (4) 위계적 통합을 나타내며, (5) 모든 문화에 걸쳐 보편적이라고 단언했다.

피아제는 '단계'에 대해 세심하게 주의를 기울인 반면, 이전 논의와 마찬가지로 다른 단계로의 '이행'에 대해서는 별로 주목하지 않았다. (루소가 자연의 시간을 따라야 한다고 했듯이) 피아제는 생물학적 성숙이 '발달'에 중요한 구실을 한다고 봤고, 환경은 중요하지만 부분적으로만 그러할 뿐이라는 견해를 피력했다.

피아제에서 기인한 관점에 따르면 교수학습과 발달은 상호 독립적이다. 피아제는 '순수한' 인지 발달을 연구하고자 한 까닭에 어린이 발달을 연구하는 과정에서 어린이가 학교에서 배운 주제를 회피했다. 피아제는 어린이 자신의 생각 수준과 관련 없는 학교 지식(학문적 개념)에 근거한 미리 제시된 대답들을 얻게 되는 것을 회피했다. 피아제는 자연발생적(일상적) 개념들[14]에 관심을 가진 반면 어린이가 사용하는 과학적 개념에는 관심을 가지지 않았다. "인지와 지식은 독립적인 것"이라고 가정하기 때문이다. 즉 피아제가 보기에 이 둘은 서로 관련이 없다. "(피아제는) 인지 혹은 지능을 유전과 성숙에 근거한 사적인 속성으로 간주했다. 그렇기 때문에 인지는 그것의 순수한 형태로, 즉 수업과 다른 환경적 요인들에 오염되지 않은 형태로 측정되어야만 한다. 교육과 관련해 보면, 이 관점은, 교사는 성숙의 효과 위에 교육활동을 세울 수 있고 세워야 하지만, 교수학습만으로는 어떤 근본적인 방식에서 인지 발달에 영향을 미칠 수 없다는 것을 함축하고 있다."[15] 또한 현대 교육학에서 인간 발달에서 상호작용과 언어를 큰 비중으로 취급

---

14. 예컨대, 일상적인 사회적 접촉 과정에서 배우게 되는 낱말의 의미들. 형제, 할머니 등등. 이런 일상적, 자연발생적 개념들에 대해 어린이들에게 언어적 정의를 하라고 하면 잘하지 못한다. 청소년이나 어른들도 다르지 않을 것이다. 반면 과학적 개념(학문적 개념)은 언어적 정의로부터 출발한다. 학교에서 다루는 개념들이 바로 여기에 해당한다. 일상적 개념과 학문적 개념의 결정적 차이는 '체계'의 유무이다.

15. Van Der Veer(2008), 『Lev Vygotsky』. 르네 반 더 비어 지음(2008), 배희철 옮김(2013), 『레프 비고츠키』, 솔빛길.

하는 반면 피아제는 이를 그리 중요하게 취급하지 않았다. 언어는 인간 내부에서 진행되는 사고를 반영할 뿐 사고 발달에 중심적인 역할을 한다고 여기지 않았다.

현대 뇌과학
–청소년기 뇌는 역동적으로 변화하며
'개념'을 다루고 '감정이입'이 가능해지는 시기

한편 현대 뇌과학에서는 청소년기에는 신체적, 정서적 변화뿐만 아니라 인지 영역에서도 크게 변화가 진행되는 시기라는 사실이 정설로 받아들여지고 있다. 뇌과학에서는 청소년기의 충동적인 행동과 심리적 불안 등은 호르몬의 영향 때문이 아니라 뇌 발달이 아직 진행 중이기 때문이라고 주장한다. 특히 "이성적 판단"을 맡는 전두엽이 아직 완성 단계가 아니라 활발히 형성되는 과정에 있다고 주장한다.

〈10대의 충동, 뇌 전두엽 미성숙 탓〉 2009. 4. 8. 코미디닷컴

10대들의 어디로 튈지 모르는 행동은 뇌 발달이 완전히 끝나지 않았기 때문이라는 연구 결과가 나왔다. 이러한 연구 결과는 '뇌 호르몬 때문에 10대가 심리적으로 불안정하다'는 기존 이론과 상충되는 것이다.

미국 메릴랜드주 소재 국립정신건강연구소 제이 지에드 박사 팀은 어린이 400명을 대상으로 2년마다 이들의 신체 발달과 뇌 변화를 뇌 사진 촬영으로 관찰해 이런 결론을 얻었다고 영국 일간지 텔레그래프 온라인판 등이 7일 보도했다.

인간의 뇌는 태어난 뒤 급속도로 성장하지만 10대부터 20대 초반까지의 기간 중에는 불필요한 부분을 없애 가면서 성숙 단계

를 밟는다.

'뇌의 가지치기'라고도 불리는 이 과정은 기본적인 지각 및 운동 담당하는 뇌 부위에서 가장 먼저 일어나고, 이어 언어와 공간 지각력 부위에서, 그리고 충동적 행동을 제어하는 뇌 전두엽 부위(이마 부위)에서 마지막으로 일어난다.

전두엽은 충동조절, 윤리적 행동 등의 이성적 역할을 맡는다.

특히 어떤 상황을 맞았을 때 '도망갈지 싸울지'를 결정하는 뇌 편도 부위에서 오는 충동 신호는 전두엽에서 최종 '결재'를 받는다.

전두엽 부위가 아직 충분히 성숙하지 못한 10대는 편도로부터 오는 충동 신호를 능숙하게 처리하지 못하기 때문에 때때로 '욱'하는 성질을 내거나, 마약, 음주, 흡연, 성행위 같은 이상 행동에 빠지기 쉽다고 연구진은 설명했다.

뇌 가지치기 기간에는 뇌 회백질이 매년 1% 정도씩 없어지며 대신 뇌 신경세포 사이의 연결을 안정화시키는 백질이 늘어난다.

http://www.kormedi.com/news/article/1188607_2892.html

10대들의 뇌는 급속한 흐름 한가운데에 있기 때문에 정신없이 뒤엉킨다. 그리고 그게 정상이다.

10대들의 뇌는 놀랍기 그지없다. 어쨌거나 가장 까다롭고 가장 추상적인 개념, 이를테면 정직이나 정의 같은 개념과 씨름하기 시작하는 것은 바로 이때의 뇌이다. 발달 중인 뇌 속 신경세포들의 구석과 틈바구니 속에서 10대들에겐 처음으로 진정한 감정이입이라는 게 생겨난다. "전 10대들이 좋아요." 두 아이가 그 시기를 무난히 통과했다는 어떤 엄마는 이렇게 말했다. "총명한 모습과 스스로 생각할 줄 아는 능력이 커지는 것도 좋아요. 논리적으로 반박하고, 새로운 아이디어에 흥분하기도 하죠."

뇌를 연구하는 과학자들 역시 그들만의 방식으로 여러 얼굴을 지닌 이 청소년기, 대혼란이 일어나면서도 더 정밀해지고 열정적으로 변하는 정상적인 뇌의 발달을 간파했다. 십대들의 뇌 속에서, 똑똑한 뇌와 수줍은 뇌와 멍청한 뇌 속에서, 그들은 무성함 exuberance을 발견했다.

바버라 스트로스 지음, 강수정 옮김,
『10대들의 뇌에서는 무슨 일이 벌어지고 있나?』

이처럼 현대 뇌과학은 청소년들의 뇌는 급격한 변화를 겪고 있고 안정적이지 않지만 '개념'을 다루고 '감정이입'을 할 수 있게 되는 등 점차 인간다운 모습을 띠어 가게 된다고 보고 있다.

10대들의 뇌가 역동적으로 변화하고 엄청난 성장 잠재력이 감춰져 있다는 깨달음은 비교적 최근의 일이다. 1990년대까지만 해도 심리학자와 교육학자, 심지어 신경과학자까지 대부분의 전문가들은 뇌의 성장과 발달이 다섯 살이나 여섯 살에서 멈추며, 10대의 뇌는 성인의 뇌와 똑같아서 10대는 성인처럼 행동할 수 있다고 보았다. 10대가 보이는 변덕스럽고 비이성적인 행동들을 단지 호르몬의 변화 때문이라고 보았다. 하지만 최근의 연구 결과에 따르면, 10대의 뇌는 청소년기를 거치는 동안 엄청난 변화를 겪으며, 이 시기야말로 뇌 발달에서 가장 중요한 시기라고 한다.

하지만 뇌과학은 정작 어떤 기제와 과정을 통해 청소년기에 뇌가 역동적으로 발달해 가는지에 대해서는 밝혀낸 것이 별달리 없다. 출발점이 '교육'이 아닌 '뇌'에 있었고 둘 사이의 연관을 밝히는 것이 뇌과학의 주요 관심사는 아니었기 때문에 "어떻게 청소년은 발달하는가?"라는 문제에 대한 답변은 뇌과학에서도 속 시원하게 들을 수는 없다. 다만 인간 뇌의 가장 고차적 기능에 속한다고 볼 수 있는 창조성에 대한 연구에서는 "충분한 학습량"이 전제되어야 창조성이 발휘될 수 있다고 함으로써 뇌 발달에서 학습이 갖는 중요성을 시사한다. 그래도 주목할 만한 사실은 최근 뇌과학에서는 인간의 의식을 1차 의식과 고차 의식으로 구분하고 고차 의식은 언어를 통해 출현했다는 것이 확고하게 받아들여지고 있다는 사실이다.[16]

명료한 연관 기제를 밝히는 데까지 이르지는 못했으나 청소년의 뇌가 역동적으로 변화하고 있으며, 이러한 역동적 변화에는 적절한 학습이 개입되어야 한다는 점을 기초로 유행처럼 번지고 있는 '뇌 기반 교육'에서 강조하는 바는 크게 획기적인 내용은 없다고도 볼 수 있다. 교사가 "학습자에 대해 더 많이 이해해야 하고 학습 내용과 학습 과정을 깊이 이해해야 한다"라는 것으로 청소년의 뇌와 학습이론에 대해 교사들이 더 많은 앎을 추구할 것을 촉구한다.

지금까지 살펴본 바에 따르면 "성장에 따른 질적 변화"와 이러한 "발달과정을 고려한 교육"이라는 생각은 근대에서 현대에 이르기까지 성장과 교육에 대한 보편화된 '상식'이자 '이론'이며 '정서'이다. 다만 발달과 교육의 관계, 인지 발달과 지식의 관계에 대해서는 인식론적 바탕에 따라 입장 차이가 분명히 존재한다. 또한 이 글에서 중등 교과교육과 관련하여 주목하는 시기인 청소년기는 과학적인 심리학 연구가 행해지기 이전부터 (이행 연령이 몇 살이냐에 대한 견해차는 다소 있지만) 공통적으로 아동기와 다른 새로운 사고의 형태가 나타나는 시

16. 박문호, 『뇌, 생각의 출현』.

기로 여기는 것은 보편적인 듯하다. 아울러 현대의 발달이론은 발달에서 '사회적 관계', '협력', '말'이 하는 역할을 중시하는 방향으로 진전되어 왔다.

2) 비고츠키 청소년 발달론

청소년기 인격의 총체적 발달[17]

발달은 어떻게 일어나는가? 생물학적 유전인가 아니면 후천적 환경인가의 문제는 여전히 다투는 문제이지만 발달의 기제로서 교육에 큰 의미를 부여하고, 생각 발달과 말 발달의 관계를 심도 있게 연구한 학자는 비고츠키[18]이다. 비고츠키 역시 (피아제를 비롯한 당대 학자들이 밝힌 것을 토대로) 아동기에서 청소년기로 넘어가는 과도적 시기에 새로운 인지認知 양식이 등장해 사고 발달의 새로운 단계로 진입한다고 봤다.[19] 하지만 피아제와 달리 질적으로 다른 새로운 양식이 출현하는 과정과 기제에 깊은 관심을 기울였다. 그는 낱말이 이 과정에서 핵심적인 역할을 하는 것으로 봤다.

낱말 의미는 명명 기능에서 상징 기능으로 나아간다. 그리고 질적으로 다른 사고思考 양식이 어린이의 낱말 의미가 발달하는 과정에서

---

17. 자세한 내용은 『진보교육』 49호 '기회' 란의 「비고츠키 청소년 발달론」을 참조할 것.
18. 비고츠키(1896~1934)는 러시아 혁명기에 활동한 심리학자로서 그가 사망한 후 스탈린에 의해 저서들이 판금 조치되어 1956년까지 세상에 알려지지 못했다. 비고츠키는 "문화역사적 인간발달이론"의 창시자로 알려져 있으며, 변증법적 유물론에 입각하여 인간의식의 문제에 접근하고자 한 심리학자로 평가된다. 그는 보편적 인간발달의 일반 법칙을 '문화적 발달의 발생 법칙'이라는 형태로 정식화했고, 논리적 기억, 자발적 주의, 개념적 사고, 상상과 창조, 자유의지, 심미적 정서 등의 "고등정신기능"을 인간의 고유성을 보여 주는 개념으로 확립했다.
19. 비고츠키 이론은 교육심리학과 발달심리학 영역에서는 주로 '인지 발달 이론'으로 분류된다. 피아제의 생물학적 개인주의와 대비되는 '사회역사적 인지 발달 이론'이다. 1960년대와 1970년대에 서구 사회, 특히 미국에서 비고츠키는 피아제의 대안으로 학자들의 관심을 끌기 시작했다.

출현한다.[20] 그런데 낱말 의미의 발달과 낱말의 기능적 사용의 변화에 따른 새로운 사고 양식의 출현, 특히 "개념적 사고의 형성"의 역동적 과정에 개입하여 발달을 이끄는 것은 체계적인 협력과 모방을 근간으로 하는 학교에서의 '교수학습'이다. 피아제가 아동 스스로 지식을 구성해 나간다고 보고 학습은 발달을 뒤따라 일어난다고 간주할 뿐, 교수학습에 발달적 의미를 두지 않은 것과 대조된다.[21]

이하에서는 비고츠키가 청소년기의 내적 변화에 대해 다른 교육이론에 비해 풍부하고 과학적으로 설명하였고, 나아가 교과 교수학습의

---

20. 이와 대척점에 있는 입장이 바로 듀이의 교육철학이다. 듀이는 언어적 기호를 통한 학습은 그리 좋은 교육 형태라고 보지 않았다. 듀이는 현대사회의 복잡성과 습득해야 할 기술과 지식의 양을 감안하여 형식화된 교육이 불가피하다는 점은 인정했지만, 직접적 교육이 가장 바람직하고 그다음이 놀이와 체험 같은 간접적 교육이며, 언어적 기호에만 의존하여 학습 내용을 전달하는 형식적 수업이 가장 바람직하지 못하고 위험하기까지 하다고 보았다. 따라서 듀이의 실용주의 교육철학에 따른다면 교육과정 및 교수학습 방법은-위험성을 무릅쓰고 간단히 표현하면-최대한 현실과 가깝게 학습의 사태를 조성하는 것이어야 한다. 고상하게 표현하면 '학습자의 흥미, 삶과 유리된 교육과정에 대한 비판'이지만 결국 '써먹을 데도 없는 걸 배워서 뭐 해'라는 관념과 다르지 않다. 직접적으로 체험이 불가피한 운동기능이나 기술 영역도 물론 있다. 그리고 가급적 모든 교과 활동은 삶과 연결되는 가운데 되어이루어져야 옳다. 하지만 듀이는 균형을 잃었다. 인류가 장기간 형성해 온 상징과 문화 등을 모두 직접 체험을 해야만 자기화할 수 있다는 주장으로 확대되기 때문에 문제이다. 물론 추상적 기호에만 의존하여 학습자가 이해하지도 못할 내용을 일방적으로 전달하는 것이 문제라는 지적은 옳다. 하지만 "언어적인 기호를 통한 학습 내용의 전달"을 통째로 무시할 수 있는가? 더군다나 아무리 무시하려고 해도 언어적 기호의 매개를 중심으로 하는 수업은 학교교육의 중심 형태로서 그 입지가 조금도 줄어들지 않고 있다.

21. 초등 교과교육과정 논의를 이끄는 바탕이 된 것 중의 하나도 비고츠키의 발달이론이다. 최근 수십 년간 피아제의 대안으로 각광받은 이론이자 핀란드 교육의 이론적 토대로도 알려져 있다. 현대 교육학에서 상호작용과 언어와 인지 발달의 관계 중시, 협동학습론, 상업화된 형태이긴 하지만 학습자의 능동성을 강조하는 자기주도학습 등의 '학습자 중심론'은 부분적으로는 비고츠키 이론이 영향을 미친 결과라고 볼 수 있다.
비고츠키가 인기를 얻게 된 배경에는 기존 교육사상에 대한 점증하는 불만이 있었다. 실제로 행동주의는 인간을 ['자극에 대해 반응하는 존재'로 전제하는] 외적 환경에 의해 좌우되는 수동적 인간관의 한계가 뚜렷했고, 피아제의 경우, 주어진 환경 속에서 유기체가 선천적으로 지닌 반사기능을 통해 환경과 동화와 조절을 통해 인지를 구성해 간다는 그의 '개인적 구성주의'는 비사회적인 유기체적 인간관에 의거하고 있어서 그 이론적 한계가 차츰 드러났다. 실제로 현상을 설명하는 데서도 오류는 이미 입증되고 있었고 결정적으로 그의 약점을 드러낸 계기는 1960년대에 비고츠키 이론이 유럽에 소개된 것이다.
행동주의와 개인주의적 심리학에 대해 반발이 생긴 뒤로, 인지 발달 이론은 환경적 요인과 생물학적 요인 사이에 절충을 꾀하는 방향으로 흘러왔다. 현대 교육학에서는 절충론이 대세다. 비고츠키는 "인지 발달 영역에서 발달적인 힘과 환경적인 힘 모두를 깊이 이해했던 주요 이론가"(크레인, 발달의 이론)로서 이런 학문적 흐름의 변화를 이끌어 냈다.

교육적 의의를 가장 적극적으로 강조한 학자라는 점에서 그의 청소년 발달론을 간단히 소개하고자 한다.

비고츠키가 청소년 발달을 다루면서 근본 관심을 기울인 것은 <u>청소년의 인격 발달을 총체적이고 역동적인 과정으로 밝히고 이해하는 일</u>이었다. 그의 청소년 발달론을 짧게 간추리자면 이렇다. 청소년기는 '과도적 시기'로서 인격의 총체적 발달이 일어나는 시기이다. 그리고 '개념적 사고'가 청소년 지성과 인격 형성 과정에 선도적 역할을 한다. 비고츠키는 개념적 사고 형성 과정과 그 기제를 큰 비중으로 다루었는데,[22] 당대의 학자들이 3세 어린이와 청소년의 사고가 질적으로 다르다는 것을 무시한다고 비판[23]했다. 그는 개념적 사고가 청소년기에 이르러서야 비로소 시작되고, 청소년기 신형성의 핵심이 바로 개념적 사고라는 것을 실험적 연구를 통해 밝혀냈다.

비고츠키에 따르면 어린이와 청소년은 사회적 관계 속에서 기호를 매개로 한 상호작용을 하면서 점차 능동적이고 의지적인 주체로 발달해 나간다. 발달은 다음과 같은 변화를 함축한다.

첫째, 수동적으로 반응하는 존재에서 능동적으로 조작하고 활동하는 주체로의 변화.

둘째, 타인으로부터 통제받는 존재에서 자기 스스로 규제하는 주체로의 변화.

셋째, 기호의 기능적 사용의 변화. 내적 변혁의 과정에서 핵심적 역할을 맡는 것은 기호다. 기호의 기능적 사용의 변화 곧 대상을 명명하

---

22. 비고츠키는 청소년기 개념 발달을 핵심 축으로 하여 1928년에서 1932년 사이에 청소년 발달을 다룬 저술을 세 차례에 걸쳐 출판하였으며,「청소년의 개념 형성과 사고의 발달」,「과도적 시기의 고등정신기능의 발달」,「청소년의 상상과 창조」등이 수록되어 있다. 이것의 연장선에서 1932년에서 1934년 사이에「연령의 문제」를 저술하였다.

23. 앞서 뇌과학에서 살펴본 대로 이런 견해가 극복된 것은 1990년대 이후의 일이다.

는 기능으로부터 상징 기능을 획득한다.

발달과정에서 이러한 극적인 변화가 본격적으로 전개되는 시기가 바로 청소년기이다. 청소년기는 성적 변화가 급격하게 진행되는 격렬한 생물학적 성숙의 시기일 뿐 아니라 사회적 과정 속에서 기호의 기능적 사용에서의 질적인 변화가 일어나는 내적 변혁의 시기이기도 하다. 물론 청소년기의 이러한 내적 변혁은 새로운 것의 출현 시기일 뿐 아니라, 이전以前 과정에서 형성된 것들을 '위기' 속에서 "지양"하는 역동적인 과정이기도 하다.

첫째, 과도적 시기에 놓인 청소년들의 내면에서는 '지적 혁명'이 일어난다.

지적 혁명의 핵심은 '개념적 사고의 형성'이다. 개념적 사고가 가능해지면서 청소년의 인격은 총체적으로 발달한다. 비고츠키에 따르면 개념적 사고는 지각, 주의, 기억, 자아의식, 세계관 등 낱낱의 정신기능의 질적 변화를 이끌고 관계를 총괄하는 핵심으로서 청소년의 고등정신기능[24]의 구조적 변화를 선도한다. 곧, 개념적 사고는 청소년 인격 형성의 열쇠인 셈이다(「청소년기 개념적 사고의 형성」, 비고츠키 선

---

24. 손지희, 『진보교육』 47호의 비고츠키 선집 3권, 『어린이 자기행동숙달의 역사와 발달 Ⅰ』 책 소개 글 참조.
  "고등정신기능은 인간 무리에서 고등한 존재를 구별하고 솎아 내기 위한 엘리트주의에 물든 개념이 아니라 인간의 고유성을 나타내는 개념이다. 인간의 고유성이란 개별 인간에게 있어서는 주체성이자 인격이다. 비고츠키는 고등정신기능의 총체가 인격(personality)이라고 보았다. 이를 필자 나름대로 풀어 쓴다면, 정서, 의지, 지성이 기계적으로 산술적으로 더해진 것이 아니라 상호 의존하고 영향을 미치면서 총체적으로 결합된 산물이 바로 인격이다."
  "많은 성인이 일상적으로 구사하는 정신기능들이 여기에 해당된다. 논리적 기억, 자발적 주의, 창조적 상상력, 개념적 추상적 사고, 심미적 예술적 취향 등의 고등정서, 계획, 숙고, 예측 등이 그것이다. 이렇게 나열하니 엄청난 것으로 보이지만 무슨 일에 앞서 계획을 세우고 뭔가에 대해 숙고하고 일어날 일을 예측해 보고 메모해서 기억하고 글쓰기를 하고 암산을 하고 말로 생각하고 개념 체계를 이해하는 등등 이러한 행동의 내적 측면이 고등정신기능에 해당된다고 보면 된다.
  물론 인간으로 태어났다고 해서 자동적으로 보장되는 기능들은 아니다. 그렇다면 얼마나 좋겠냐마는 그것은 가능성만을 열어 줄 뿐이다. 이런 고차적 기능들은 생물적 특성에 기인하는 저차적 기능을 토대로 하여 기호 사용을 매개로 하는 문화적 발달과정과 엮이면서 획득된다."

집 5권). 청소년기에 개념적 사고는 기억, 주의, 지각, 상상, 정서 등의 다른 정신기능들과 따로 동떨어져서 발달하는 게 아니다. 개념적 사고의 발달이 앞에 나서면서 기능 간의 관계가 즉 정신기능의 구조가 재편된다. 개념적 사고를 통해 청소년들은 자아와 세계관을 형성하고, 세계를 지각에 의해 경험하는 것을 넘어 '인식'할 수 있게 된다. 청소년기 신新형성을 주도하는 것이 바로 개념 학습을 통한 추상적 사고의 발달이다. 구체적이고 맥락과 경험에 종속된 사고의 한계를 뛰어넘는 데에서 추상적 사고는 필수적이다. 또한 상상은 추상적 사고와 결합돼 창조적인 상상이 될 수 있다. 아동의 구체적이고 경험중심적인 주관적 사고는 개념 학습을 통해 탈맥락적이고 더욱 자유로운 사고로 질적으로 변형된다. 달리 말해, 개념적 사고의 형성이 전제되지 않고서는 기억, 주의, 지각, 상상, 정서 등 다른 정신기능의 고차적 수준으로의 발달은 가능하지 않다.

▶ **지각과 개념적 사고: 범주적 지각의 형성**
인간은 대상을 개념으로 창조함으로써 즉각적 상황으로부터 자유를 획득하게 된다. 낱말의 도움으로만 어린이는 사물들을 인식할 수 있으며 어린이는 개념의 도움이 있어야만 비로소 대상을 실재적이고 지적으로 지각할 수 있다. 청소년의 시각적 사고는 추상적 사고와 개념으로 생각하는 것을 포함하는데 청소년은 그가 지각한 실재를 개념 속에서 종합한다. 즉 청소년은 시각적 지각 행위 속에서 구체적이고 추상적인 사고가 복합적으로 종합된다. 이것이 복합체로 사고하는 어린이와 개념으로 사고하는 청소년의 지각에 의해서의 차이이며 개념적 사고를 통해 청소년은 범주적 지각을 할 수 있게 되며 지각을 통해서보다 생각을 통해 더 많이 기억한다.

▶ **기억과 개념적 사고: 논리적 기억의 발생**
자연적 기억능력이 학령기 막바지에 최고조에 달하는 것은 맞지만 지성과 기억의 종합을 토대로 하는 논리적 기억은 오직 청소년기에 진정으로 성취된다. 학령기 초기의 어린이의 지성은 기억에 의존한다. 즉 기억에 의해 생각한다. 학령기 어린이는 직관에 주로 의존하며 기억과 생각은 강하게 연결되어 있다. 어린이에게 생각한 것을 이야기해 보라고 요구해도 기억한 것을 이야기한다. 어린이의 사고는 구체적이라는 특징이 있으며 기억, 경험, 심상에 의존하며 어린이 지성의 주된 토대는 기억이다. 즉 학령기에는 기억에 의해 지적 활동이 지배되던 관계였다면 청소년기 발달의 과정에 접어들면 기억과 지성의 관계가 뒤바뀌기 시작한다. 청소년의 기억은 사고에 의존한다. 어린이가 경험적으로 지각한 이미지를 기억하고 기억을 통해 사고를 하는 반면, 개념적 사고와 추상적 사고를 할 수 있는 청소년은 지각한 것을 논리적으로 종합하여 기억한다. 즉 지각한 이미지를 기억하는 것이 아닌 관념을 기억하게 된다. 과도적 시기에 직접적이고, 직관적이고, 자연적인 기억은 매개된 형태의 문화적인 기억으로 이행한다. 낱말을 상징으로 사용하고 낱말을 사용하여 기억을 하는 것은 상당히 이른 시기에 시작되지만 이것만으로는 문화적 기억이 발생하는 것은 아니다. 자신의 기억을 스스로 통제할 수 있는 기호의 기능적 사용, 즉 인류가 기억술을 만들어 내면서 자신의 기억을 통제하였듯이 어린이의 기억 발달과정도 마찬가지이다. 청소년기에는 개념을 통해 기억한다. 청소년의 기억은 직접적이고 직관적인 이미지로부터 자유로우며 개념으로 기억하는 언어적 기억이다. 청소년은 내적 말이 외적 말로부터 완전히 떨어져 나와 강력하게 발달하는 가운데, 내적 말에 의존하는 언어적 기억 그 자체는 지적 기능의 일환으로 전환되고 기억과 사고의 이전 단계의 관계는 완벽하게 뒤집어진다. 논리적 기억은 매개된 기억의 내적 형태이다. 어린이에서 청소년으로 성숙하는 과도기에 일어나는 내적 기억으로의 이행은 내적 말의 강력한 발달과 연결되어 있다. 외적 기능의 내적 기능으로의 이행은 여기에서도 마찬가지다.

▶ 주의와 개념적 사고: 능동적 주의의 발생

주의도 기억과 마찬가지로 지성화된다. 주의를 어떻게 스스로 통제하는지 모르는 동물들은 시각장의 노예나 마찬가지다. 이 때문에 시각장의 구조의 영향으로부터 자유로울 수가 없다. 어린이의 사고는 주의에 종속되지만 발달의 과정에서 주의는 사고에 의존한다. 능동적이고 의지적인 (자발적) 주의의 일차적인 특징은 그것이 생각과 결합되었다는 점이다. 전통적 관점에서 청소년의 주의는 증상적 이해에 지나지 않는 것으로 주의의 범위가 확장되고 안정성이 증가한다는, 다시 말해 양적 측면에서 이해되었다. 주의의 발달과 개념의 발달은 상호 관련된다. 주의의 발달이 개념의 발달에 앞서 개념 발달을 이끌며 개념의 발달은 주의를 더욱 높은 수준으로 고양한다. 어린이는 성인보다 풍부하고 세밀하게 대상을 지각한다. 이러한 어린이 지각의 특성 이면에는 협소하고 비자발적인 주의가 있다. 어린이는 자신의 의지하에 과정과 대상을 통제하는 주의의 기제를 가지지 못한 상태이다. 어린이의 주의는 직접적이고 비의지적(비자발적)이며 외부에 의해 통제된다. 주체와 대상의 관계에서 대상의 지배를 받는다. 대상이 주체의 주의를 흩트리거나 끈다. 달리 말해 어린이는 자신의 주의를 끄는 대상에 주의를 기울인다. 반면 청소년 시기에는 사고의 발달과 개념적 사고를 통해 고차적 형태의 매개된 주의가 발달한다. 주의 발달의 두 가지 기본적인 발생적 단면을 경과한다. 첫째는 외부의 통제를 받는 단계이다. 두 번째는 내적(자율적) 통제의 단계이다. 학령기 어린이가 첫 번째 단계에 해당하며 청소년기가 두 번째 단계에 해당한다. 과도적 시기에 외적 통제로부터 내적 통제로의 내적 혁명이 일어난다. 외적 기호의 조작이 없이도 내적인 조작을 통해 스스로 주의를 조절할 수 있게 된다. 고차적 주의는 개념적 사고에 기능적으로 의존한다.

▶ 청소년의 상상과 개념적 사고: 창조적 상상의 발생

비고츠키는 병리적 퇴행현상으로부터 안티테제를 끌어낸다. 어떤 원인에 의해 고차적 정신기능이 붕괴된 환자들은 상상을 전혀 하지 못한다. 이는 통념과 다르다. 환각과 상상에 빠져 현실감이 없을 거라고 여기는 대부분의 경우나 어린이가 상상이 더 자유롭고 풍부할 것이라는 일반적 견해와 반대되는 것이다.

비고츠키의 사례 관찰에 따르면, 정신적 병리현상을 겪는, 고등정신기능이 붕괴한 환자는 상상을 하지 못한다. 그들은 지각에 종속되어 철저히 구체에 속박된 사고를 함으로써 사고 기능에서 상상을 할 수가 없다. 고차적 정신기능은 개념적 사고와 말을 토대로 구축되지만 이것이 붕괴된 환자는 직접적이고 구체적인 지각에 완벽히 의존하는 상태가 된다. 예컨대, 어떤 환자는 갈증을 느끼지 않는 상태에서는 컵에 물을 붓지 못했다. 오른손을 쓸 수 없게 된 어떤 환자는 "나는 오른쪽 손으로 글씨를 아주 잘 쓸 수 있다"라는 문장을 그대로 따라 하지 못했다. 번번이 "오른쪽" 대신에 "왼쪽"이라는 단어로 바꾸어 따라 했다. 이 모든 경우는 구체적 상황에 행위, 사고, 지각, 행동이 완전히 의존하고 있음을 보여 주는 것으로, 이러한 구체적 상황에의 종속은 고차적 정신기능들이 붕괴되었을 때 나타나는 퇴행적 결과이며, 개념으로 생각하는 메커니즘이 붕괴되어 발생적으로 초기의 형태인 구체적 사고가 그것을 대체하게 된 것이다(「청소년의 상상과 창조」, 비고츠키 선집 5권, 151쪽).

상상과 창조는 경험한 것들을 자유롭게 처리하고 자유롭게 결합하는 것이다. 상상과 창조는 "구체적 상황과 직접적 지각으로부터 자유로울 수 있을" 때 비로소 가능하다. 사고와 행동, 인식의 내적 자유가 상상과 창조가 가능한 전제 조건이다. 이러한 구체적 상황의 구속으로부터 벗어난 생각, 내적 자유는 개념 형성을 숙달하게 되었을 때 비로소 획득된다.

기존의 견해에서는 상상과 창조를 청소년 정신 발달을 중심, 선도 기능으로 간주했으며 상상을 정서하고만 연결시키고 지적 영역과 연결을 배제했지만, 푸시킨이 "상상은 시에서만 필요한 것이 아니라 기하학에서도 반드시 필요하다." 즉, 비고츠키에게 상상은 특별한 상황과 활동에서만 필요하고 발휘되는 것이 아니라 인간의 정서적, 지적 활동 모두에서 보편적으로 필요한 것이며 누구나 획득할 수 있는 능력이다.

당대의 학자들이 상상과 개념적 사고를 독립적이고 심지어 대립적이라고 본 것과 반대로 비고츠키에 따르면 청소년기의 상상 역시 기억, 주의, 지각, 의지와 마찬가지로 개념적 생각과 연결된다. 아동기 기억 영역에서 작동하던 직관적 심상은 청소년기에 기억 영역으로부터 상상과 창조의 영역으로 이동한다. 아동기의 놀이는 청소년기의 상상으로 전환된다. 그러나 아직 청소년기의 상상은 구체적 표상의 형태로 구체가 뒷받침되어야 한다. 시각적이고 구체적인 사고는 청소년의 지적 삶에서 사라지지 않으며 다만 상상의 영역으로 이동하여 다른 기능들이 그러하듯이 고차적인 수준으로 상승한다. 시각적이고 구체적인 사고는 개념의 영향하에 상상의 영역으로 이행한다.

청소년기에는 기초적 형태의 창조가 발생하는데, 청소년의 상상은 어른의 상상보다 덜 창조적이지만 어린이의 상상에 비하면 창조적이다. 다만 상상이 창조적인 형태로 나타나는 첫 시기가 청소년기라는 데 의미가 있다. 여기에서 청소년의 지성과 상상의 관계는 명백하다. 병리적 현상에서 보았듯이 구체적 상황으로부터의 자유가 전제되지 않는 한 상상은 불가능하다. 이러한 자유는 오직 개념으로 사고할 수 있을 때만이 가능하다. 이렇게 볼 때 청소년기 창조적 상상을 형성하는 가장 핵심적인 요소는 (정서적 요소가 아닌) 개념적 사고이다.

둘째, 그렇지만 청소년 시기는 생각이 완성되는 시기가 아니라 위기와 성숙의 시기로, 인간의 정신이 구현할 수 있는 높은 고차적 형태의 생각과 견줘볼 때, 다른 모든 측면과 마찬가지로 과도적 시기이다. 청소년은 개념 형성과 개념의 구어적 정의定義 사이에서 중대한 틈(괴리)을 보인다. 청소년은 단어를 개념으로 사용하되 복합체로서 정의한다. 복합체적 사고와 개념적 사고 사이에서 머뭇거리고 있는 것이 과도적 시기의 특징이다. 청소년들은 과도적 시기의 마지막에 가서야 비로소 발달된 개념의 의미나 뜻을 새로운 구체적 상황에 확장하여 연결시킨다.

청소년기 개념적 사고 발달의 다른 측면은 내적 말[25]의 강력한 발달이다. 개념은 말 없이는 불가능하고, 개념적 사고는 말로 하는 생각 없이는 불가능하다. 핵심은 개념 형성 과정의 수단으로 말을 사용하고 기호를 기능적으로 적용하는 것이다(『생각과 말』, 5-3-13). 학령기에 형성된 의지적 주의와 숙달과 함께 개념적 사고 발달이라는 새로운 사고양식 발달의 토대를 이룬다. 개념은 정적이고 고립된 형태로 출현하는 것이 아니라 과제를 생각하고 해결하는 과정에서 출현한다.

말로 하는 생각의 발달과정(『생각과 말』, 5-17을 토대로 구성함)

낱말 : 명명기능 ⇨ 상징기능				
내적 말의 발생적 과정: 외적 말 → 자기중심적 말(혼잣말) → 내적 말				
〈어린이의 개념 발달과정〉				
혼합체적 생각	⇨	복합체적 생각-종합 (대상 간의 연결)	개념적 생각 (추상적 종합)	
		잠재적 개념-분석 (속성 추출)	전개념 (학령기)	진개념 (청소년기)
*어린이는 낱말의 매개를 통해, 대상의 특정한 특징에 주의를 기울이고, 낱말을 통해 그 특징들을 종합하고, 낱말을 통해 추상적 개념을 상징화하고 낱말을 개념으로 활용				

---

25. 비고츠키는 실험적 연구와 당대 이론에 대한 비판적 검토를 통해 말 발달과정이 외적 말 → 자기중심적 말 → 내적 말의 경로를 따른다고 밝혔다. 외적 말의 기능은 의사소통과 표현적 기능의 사회적 기능이다. 언어의 사회적 기능으로부터 성장과정에서 지적 기능이 분리되어 나오게 된다. 내적 말은 말의 지적 기능의 측면을 보여 준다. 청소년기 내적 말의 강력한 발달은 청소년기 사고 발달과 쌍을 이룬다.

셋째, 전 생애 발달에 비추어 보면 청소년기 전체가 과도적인 성격을 갖지만 그중에서도 청소년기에 접어드는 13세라는 연령은 각별한 관심이 요구되는 시기이다. 어떤 것이든 새로 출현하는 시점에서는 안정적이지 못하지만 발달의 필연적인 과정인 만큼 이 시기를 잘 이해하는 것이 중요하다. 과거의 것이 양적으로는 지배적으로 나타나지만 위기의 시기에는 새로운 형태가 발달의 첫 모습을 이제 막 드러내면서 안정적이지 않지만 과거의 것을 지양해 나가면서 고양의 과정으로 나아가게 되는 것이다.

비고츠키는 '위기'를 인간 발달의 보편적이고 필연적인 과정이자 이행의 역동성을 이론화하는 개념으로 상승시켰다. 비고츠키는 위기적 시기를 인정하되 병리로 간주한 부르주아 연구자들과 달리 '위기'를 보편적인 발달과정에서 반드시 나타날 수밖에 없는 필연적 과정으로 규정하고 다음과 같이 발달의 시기 구분을 정식화했다.

신생아의 위기 → 유아기(생후 2개월~ 1세) → 1세의 위기 → 초기 아동기(1세~3세) → 3세의 위기 → 입학 전 시기(3세~7세) → 7세의 위기 → 학령기(8세~12세) → 13세의 위기 → 사춘기(14세~18세까지) → 17세의 위기

이러한 발달 시기 논의를 헤아리면 사춘기에 접어들 무렵의 아이들이 곧잘 보이는 '퇴행'적 행동도 '신형성'을 위한 역동적 발달의 관점에서 전혀 다르게 이해해야 한다는 것을 알게 된다.

13세의 위기에서, 이 시기 학생들의 정신 활동의 생산성이 감소하는 것은 주의로부터 이해와 추론(연역)으로의 변화에서 비롯된다. 더욱 고차적인 지적 활동 형태로의 이행은 작업 능력에서

의 일시적인 감퇴를 동반한다. 이것도 위기의 부정적 징후로 단정되곤 하지만, 모든 부정적 징후의 이면에는 새롭고 고차적인 형태로의 이행 과정 속에 항상 포함되는 긍정적인 것들이 숨어 있다.

「연령의 문제」(1998), 비고츠키 선집 5권, 194쪽

아동기에서 청소년기로 넘어가는 13세 무렵의 시기는 신형성이 발생하면서 동시에 과거의 양식이 소멸해 가지만 이 둘이 뒤섞여 아직은 불안정한 '과도적 시기'로, 이 시기에 청소년들은 그동안 이뤄진 생각 발달과 말 발달의 수준을 뛰어넘는 새로운 과제에 직면하고 새로운 사회적 욕구가 형성된다. 그래서 '위기'인 동시에 새로운 도약의 시기인 것이다.

위기의 시기에 대한 이와 같은 관점을 통해 어떠한 방향으로 교육적 배려를 어떻게 할 것인가에 맞춰지게 된다. 추상적 사고가 요구되면서 성취에서 일시적 저하가 나타나는 시기에 최대한 학습으로부터 이탈을 막기 위해 이 시기에는 다른 시기보다 더 학습 난이도와 양을 조절해 주고 기다려 주어야만 한다.

발달기제로서의 교과교육의 중요성:
"과학적 개념은 의식 고양의 문을 열어젖힌다"

청소년기 발달의 선도 기능을 하는 개념적 사고의 형성에서 중심이자 반드시 있어야 할 기제는 학교에서의 체계적인 교수학습이다. 비고츠키가 피아제의 입장(발달 후 학습) 외에 교수학습에 대한 여러 입장을 이론적으로 검토하고서 실험을 통해 내린 결론은 "교수학습과 발달의 관계는 매우 복잡하고, 훌륭한 교수학습은 근접발달영역을 창출함으로써 발달을 이끈다"라는 것이다. 진정한 개념을 형성하려면 일상

적 개념과 과학적(학문적) 개념이 만나야 하고, 과학적 개념은 바로 학교에서의 교수학습 과정을 통해 체계적으로 습득된다. 학교에서 다루는 개념은 자연발생적인 것이 아니며, 성격상 과학적(학문적) 개념이다. 이것은 일상에서 자연스럽게 접하는 개념들과 성격이 다르다. 어린이들이 이미 품고 있는 일상적 개념은 학교에서 학습하는 과학적(학문적) 개념과 만나 서로 상호작용해서 발달의 다음 영역을 창출한다. 과학적 개념이 가지는 발달적 중요성은 그것이 '의식을 고양'시키기 때문이다. "과학적 개념은 개념에 대한 의식적 파악의 성취와 그에 따른 그것들의 일반화와 숙달이 최우선적으로 일어나는 영역"이며 "과학적 개념은 의식적 고양의 문을 열어젖힌다." 이 과정에서 의심의 여지 없이 결정적 역할을 하는 것은 "무엇보다도 학교에서의 교수학습"이다(『생각과 말』, 6-2-37). 과학적 개념은 일상적 개념과 달리 그것이 체계적이라는 본질로 말미암아 "반드시 의식적 파악을 포함한다." 오직 체계 안에서만 개념은 의식의 대상이 되고 오직 체계 안에서만 어린이는 의지적 통제력을 획득한다. 요컨대 일상적 경험만으로 이루어질 수 없는 발달의 영역이 학교에서의 체계적인 교수학습을 통해 창출된다.

이로써 중등교육에서 교과교육이 갖는 중요한 발달적 의의는 바로 개념적 사고 형성의 기제라는 것이 밝혀졌다. 청소년기에 비로소 개념적 사고의 발달이 시작되고 개념적 사고가 청소년기 신형성(범주적 지각, 능동적 주의, 논리적 기억, 창조적 상상 등 고등정신기능의 총체적 변화)을 이끄는 중심기능이라는 사실에 비춰 보았을 때 중등교과교육은 개념적 사고 형성에 초점을 맞춰 전개되어야 한다는 결론에 이르게 된다. 하지만 개념적 사고의 형성은 교과교육과정에 노출되는 것만으로는 불충분하다. 이에 맞는 외적 상징 활동을 조직해야만 하고, 이런 활동들이 내적 변화로 이어져야 한다.

발달의 외적 노선과 내적 노선: 발달에서 언어적 소통의 결정적 중요성

인간의 진화, 인간의 역사, 그리고 어린이의 발달에서 비고츠키가 찾아낸 주요 계기는 바로 인간 고유의 '심리적 도구'의 발생과 사용이다. 핵심은 바로 언어이다. 듀이는 언어적 상징 활동을 중심으로 한 형식적 수업이 특별한 발달적 가치를 갖지 못한다고 본 반면 비고츠키는 '언어적 상징 활동'을 생물학적 존재에서 문화역사적 주체로 인간이 발달하는 핵심 기제로 보았다.

비고츠키는 기호와 도구와의 차이를 인식하지 못하는 입장들을 비판하였으며 듀이도 그중 하나이다. 비고츠키는 말한다. "('정신의 도구' 같은 은유를-필자 주) 문자 그대로의 의미로 (받아들여-필자 주) 이 둘을 유사하게 지칭하고자 하는, 즉 기호와 도구를 동일시하려는 시도도 적지 않았다. 즉, 그 둘 사이의 심오한 차이를 지우고, 활동의 각 형태의 특정하고 구별되는 요소들을 하나의 일반적인 심리학적 정의 속에 녹여 버렸다. 그러므로 지식 이론에서 도구적 논리라는 개념을 발달시킨 실용주의의 선도자 중 한 사람인 J. 듀이는 아리스토텔레스의 손에 대한 정의를 전이시킴으로써, 언어를 도구 중의 도구, 기구 중의 기구로 정의한다"(『역사와 발달』, 2-175).

비고츠키는 말한다. "지각, 기억, 주의, 운동의 정신기능은 어린이의 상징적 활동과 내적으로 연결되어 있으며, 그것의 발생적 뿌리에 대한 분석과 그것이 문화적 역사의 과정에서 겪어 온 재구조화에 대한 분석의 토대에서만 그것을 이해하는 것이 가능하다." 지식교육의 과정에 대해 이를 적용한다면 언어를 사용하며 이루어지는 다양한 외적인 활동은 내적 정신구조와 연결되어 있으며 비고츠키는 발생의 순서와 방향은 사회에서 개인으로, 외부에서 내부라는 결론을 내렸다. "바깥으로부터 그 자신을 숙달하는 문화적 방법이라는 특징을 갖는, 기호를

사용한 외적 조작이었던 것이 새로운 심리 내적 층으로 전환되어 그 구성에서 비교할 수 없이 우수하고 그 기원에서 문화-심리적인 새로운 심리적 체계를 탄생시킨다." 즉 외적인 기호 조작을 토대로 정신 활동은 근본적으로 재구조화된다. 즉, 말하기, 읽기, 쓰기, 셈하기 등 교과수업에서 이루어지는 외적 활동들은 주의, 기억, 생각, 상상 등의 내적 활동들의 근본적 변화를 이끈다. 비고츠키는 말한다. "내적 변혁, 즉 기능의 내적 이행과 함께 전체 구조의 복잡한 재구조화가 발생한다.""그러한 (고등기능으로 내적 변형된-필자 주) 기억에서 결정적인 요인은 기억력이나 기억의 발달수준이 아니라 조합과 구조의 건립 활동, 관계 구분 활동, 넓은 의미에서의 생각과 다른 과정들의 활동으로, 이들은 모두 기억을 대체하며 이 활동(기억-K)의 구조를 결정한다는 것을 실험에서 볼 수 있다. 활동이 내면으로 전환되면서 이러한 기능의 대체는 기억의 언어화로 이어지며 이와 관련하여 개념의 도움을 받는 기억을 이끈다. … 이러한 새로운 체계 내에 들어간 이후에 기초적 기능은 이제 전체의 일부를 이루면서 이 전체의 법칙에 따라 기능하기 시작한다"(『도구와 기호』, 4-61).

비고츠키는 읽기, 쓰기, 수 세기, 그리기 등의 외적 상징 활동들은 정신 과정의 외적 노선으로서 그에 상응하는 정신 (내적) 과정과 동등하다는 새로운 관점을 제시했다. 비고츠키는 말한다. "행위를 통해 겉으로 드러나는 상징 형태들 예를 들면 언어적 접촉, 읽기, 쓰기, 계산하기, 그리기와 같은 것들 또한 심리적 범주의 체계 내에 포함된다. 보통 이 과정들은 내적 정신 과정들과는 완전히 이질적이고 보조적인 과정으로 간주되어 왔다. 하지만 우리가 제시한 새로운 관점에 의하면 이 과정들은 모든 다른 고등정신 과정들과 동등한 자격으로서 고등정신기능 체계 내에 포함된다.""우리는 먼저 이 과정들을 어린이의 사회

『생각과 말』에서의 일상적 개념과 과학적 개념의 비교와 둘의 관계[26]

	일상적 개념(자연발생적 개념)	과학적 개념(학문적 개념, 비자연발생적 개념의 한 유형이자 최고 형태)
발달 경로	체계 밖으로 발달하여 일반화를 향해 위로 올라가는 경향 일상적 삶의 경험에서 형성되는 개념 자연발생적 사물에서 개념으로 기초에서 고등으로	언어적 정의에서 시작하여 조직화된 체계 속에서 구체적, 현상적 수준으로 내려가는 경향 비자연발생적. 과학적 지식체계를 교수학습하는 과정에서 획득(협력을 통해 나타나고 현실화) 개념에서 사물로 고등에서 기초로
심리구조의 특성과 그 원인	비의식적, 비의지적(사용할 줄은 알지만 그에 대하여 의식하지는 않음) 대상을 향한 주의(개념 자체에 대한 의식 파악 이전에 대상에 대해 의식적 파악) 비체계성	의식적. 의지적 개념에 대한 의식적 파악 생각의 작용을 향한 주의(대상보다 개념 자체에 대한 의식적 파악 선행) 체계성(개념체계의 존재를 전제로 함)
약점	추상화, 탈맥락화하기 어렵다(주어진 상황에서 갖는 의미를 넘어서는 능력의 결핍, 낱말을 추상적 개념으로 접근하는 능력의 결핍) 의도적, 의지적으로 조작되지 못한다. 말로 표현하기 어렵다. 개념을 다룸에 있어서 논리적 모순을 피하는 능력의 결핍	구체성에 침투하지 못함 빈곤한 경험적 내용
장점	구체적인 경험적 내용이 풍부하다. 구체적이고 자연발생적인 적용의 영역에 강점	개념의 고차적 특성 즉 의식적 파악과 의지에 강점
유추	모국어 발달, 입말의 발달	외국어 발달, 글말의 발달
관계	–일상적 개념은 과학적 개념 발달의 토대(즉, 과학적 개념은 일상적 개념의 발달수준을 고려하지 않은 채 주어질 경우 '기계적 모방'이나 '피상적 언어적 정의'만을 강요하게 됨 –과학적 개념은 일상적 개념과 만나면서 근접발달영역(발달의 다음 영역)을 창출 –일상적 개념은 과학적 개념을 통해 의식적 파악의 대상이 되고 추상으로 상승하고, 과학적 개념은 일상적 개념과의 연결을 통해 구체로 하강하는, 즉 나선형적 상승 과정으로 결합되는 두 계기점 –두 개념은 인간 의식의 고양에서 '체계적 학습'의 중요성을 설명하는 개념. 구체성의 한계를 극복하는 구체의 추상으로의 고양과 추상성의 한계를 극복하는 구체로의 고양은 일상적으로 이루어지지 않으며, 따라서 의식적 노력이 수반되어야 하는 인간 고유의 과정	

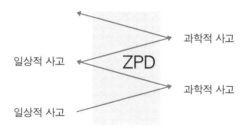

과학적 개념과 일상적 개념의 결합에 의한 근접발달영역의 창출[27]

문화적 발달과정 속에서 그 모습이 드러나는 특별한 형태의 행동으로서, 그리고 내적 노선, 즉 실행 지성, 지각, 기억과 같은 형성물의 문화적 발달과 공존하는 상징적 활동 발달의 외적 노선을 형성하는 특별한 형태의 행동으로서 조사할 것이다."

　'이러한 기호적 외적 활동은 학교교육이 아닌 곳에서도 얼마든지 이루어질 수 있지 않은가?'라는 의문이 제기될 수 있다. 아울러 지식의 습득이 일상 속에서 사회적 접촉을 통해 자연스럽게 이루어질 수 있으며 그것이 경험과 긴밀히 연결된 것이므로 학교의 '죽은' 지식보다 생생하고 더 우월할 것이라는 주장이 가능하다(듀이가 이런 입장이기도 하다. 실행을 통해 경험적으로 얻은 지식을 체계적인 학문적 지식보다 하위에 놓아서는 안 된다고 주장하며, 이런 위계의 파괴나 구분선의 붕괴가 듀이가 사용한 이분법 극복의 전략이었다).

　이 문제에 대한 비고츠키의 답은 일상적 개념과 과학적 개념, 그리고 이 둘이 만남으로써 근접발달영역(혹은 발달의 다음 영역)이 창출

---

26. 비고츠키교육학실천연구모임, 『진보교육』 41호, 「비고츠키 『생각과 말』의 교육적 의미: 인간 의식과 교육의 내적 관계 규명」. http://jinboedu.jinbo.net/bbs/zboard.php?id=publication

27. http://blog.naver.com/beaver21c?Redirect=Log&logNo=140136581170. "비고츠키 교육학의 역동적 인간발달론" 중에서 비고츠키교육학실천연구모임 연구원 천보선의 강연 발제 내용을 정리하여 블로그에 올린 것으로 보임.

된다는 것이다.

듀이는 학교와 같은 형식 교육을 현대사회의 상황에 따른 '유용성'의 측면에서 사회에서의 도구적 가치를 가진다고 인정한 반면 비고츠키는 학교와 같은 형식 교육의 가치를 사회적 도구 이상으로 생각했다. 학교에서 이루어지는 교수학습 과정을 통해 의식적 파악과 의지적 숙달이 발생하게 되기 때문이다. 일상적 상황에서 부지불식간에 수행했던 과정들이 학교에서는 의식적이고 의지적인 형태로 이루어지게 된다.

비고츠키는 학교에서 이루어지는 '쓰기'를 예로 든다. 쓰기는 의식적 파악과 의지적 통제를 요구하는 기술이다. 입말로는 부지불식간에 (비의식적으로) 자연스럽게 이루어지던 과정이 글말에서는 더욱 의식적으로 되기를 요구한다. 역으로 글말은 입말을 이해하는 데 도움을 준다. 비단 (입말의 변증법적 쌍인) 글말 학습뿐 아니라 (자연발생적 양 개념과 변증법적 쌍인) 수에 의한 양 개념 학습, (모국어와) 외국어 학습, (일상적 개념과) 과학적 개념 학습 등 학교에서 습득이 이루어지는 기호적 상징들은 인간의 고차적 교류와 협력을 가능케 하는 기초일 뿐 아니라 의식적 파악과 의지적 숙달을 요구하는 활동들이라는 점에서 고차적 의식을 가능케 한다.

요컨대, 비고츠키는 자유의지를 가진 주체적 존재로 인간이 발달하는 과정, 즉 인간이 인간으로 되어 가는 과정, 고등정신기능의 총체인 인격의 발달, 타인과의 협력과 교류를 통해 문화역사적 주체로 되는 과정은 자연발생적이고 일상적인 과정만이 아니라 의식적이고 의도적인 학교교육의 과정이 반드시 결합되어 양자가 통일될 때 가능하다고 본 것이다.

5. 청소년 발달론이 중등 교과교육과정 논의에 주는 시사점

"발달적 관점"의 중요성과 의의

앞서 교과교육과정에서의 철학의 부재와 혼란, 각론과 총론의 괴리, 반지성주의의 문제와 교과의 정체성 위기 등을 짚었다. 이와 관련해, 우리는 비고츠키의 청소년 발달론을 통해 중등 교과교육과정 재구성 논의에 필요한 새로운 관점과 방향을 제공받을 수 있을 것으로 보인다.

교육이론의 영역에서는 '발달적 관점'의 중요성을 크게 인정하는 방향으로 변화가 시작되었고, 교육과정에서도 교육과정의 중심을 놓고 경험이냐 지식이냐 시계추처럼 왔다 갔다를 반복하다가 '역량 중심 교육과정'으로 대세가 형성된 것은 발달적 관점을 중심으로 교육과정을 재구성하려는 시도가 시작되고 있다는 것을 함의한다.

비고츠키가 오래전에 지적했던 것처럼, 학습자의 현 상태를 이해하는 최선의 방법은 이전 발달 상태와 이후의 발달 상태를 아는 것이다(Wertch, 1985). 교육심리학 분야의 여러 연구에서 유감스러운 부분은 연구자들이 항상 발달적 관점을 택하지는 않는다는 사실이다. 고등학교 교사가 지금 가르치는 학생이 중학생일 때 어떻게 사고했었는지를 안다면 매우 유익할 것이다. 이 교사가 학생이 할 수 있어야 할 것을 생각하여 그에 도달할 수 있도록 도와주는 것도 역시 유용할 것이다.

아동을 발달적 관점에서 보는 교사는 자신을 방향성이 있는 긍정적 변화의 촉진자로 생각하는 경향이 있다. 다시 말해서, 이들은 자신에게 '학생이 어떻게 여기까지 왔는지, 그리고 어떻게 거기까지 가도록 할 수 있는가?'라고 질문한다. 실제로, 이들은 특정 사실이나 아이디어를 학생에게 집어넣는 데 관심을 두기보다 긍정적 변화의 대행자, 즉 발달기제의 하나인 수업에서 핵심적인 역할을 수행하는 것으로 생각한다. 더 나아가, 발달적 관점의 기본 가정은 아동의 변화 가능성을 한정시키는 요인이 있을 수 있다는 것이다.[28]

이처럼 "발달적 관점"에 서게 되면 교사들은 더욱 능동적이면서 의식적으로 교과교육과정을 새롭게 설계할 방향을 결정하고 실행할 수 있게 된다. 중등 교과교사가 발달의 관점에 서서 교과교육과정을 스스로 조직하고 실천하는 것은 "개념적 사고의 형성"이라는 청소년 발달단계의 보편적 핵심을 이해하고 교실에서 맞닥뜨리는 학생들의 집단적, 개인적 발달 상황을 파악하고 고려하여 이를 교과교육과정 설계의 준거점으로 삼는 것을 의미한다. 잠재적으로 많은 교사들이 이렇게 하고 있지만 "발달의 관점"을 아직까지는 의식적으로 자기화하여 이를 실제 교과교육과정에서 실천하는 단계로 나아가지는 못하고 있다. 청소년 발달에 대한 체계적인 논의, 즉 청소년 발달론은 발달단계와 발달 상황의 고려가 중요하다는 것을 자각하게 해 주고 이를 의식적으로 실천할 수 있도록 안내한다는 점에서 중요하다.

교과교육과정 논의에 대한 비고츠키 청소년 발달론의 시사점

비고츠키의 청소년 발달론이 교과교육과정 논의에 주는 시사점을 간추려 보자.

첫째, 교과교육과 발달의 관계에 대해 비고츠키는 실험적, 이론적

---

28. Byrnes, James P.(2008), 강영하 옮김(2011), 『교과수업 맥락에서의 인지 발달과 학습』, 아카데미프레스, 6쪽.

검토를 통해 '체계적인 교수학습'이 없이는 (일상적 개념과 과학적 개념이 변증법적으로 결합된) 진眞개념으로까지 나아갈 수 없음을 밝힘으로써 중등학교 교육의 차원은 물론 전 생애적 인간 발달의 차원에서 교과교육과정이 발달적으로 매우 중대한 가치를 띤다는 사실을 강조했다.

둘째, 따라서 청소년기에는 '개념적 사고'가 청소년기 인격의 총체적 발달을 이끄는 선도 역할을 한다는 점을 밝힘으로써 중등 교과교육과정의 최우선 목표는 개념적 사고의 형성임을 보여 줬다.

셋째, 훌륭한 교수학습은 근접발달영역을 창출하는 것이다. 따라서 교수학습의 한쪽 주체인 중등 교과교사가 가장 신경 써서 전문성을 발휘해야 할 영역은 교수학습의 다른 쪽 주체인 청소년의 발달의 과거와 현재, 미래를 이해하고 학생과 협력적인 관계 속에서 체계적인 교과활동을 해내는 일이다.

넷째, 비고츠키가 밝힌 외적 기능의 내적 기능으로의 이행의 법칙은 교수학습 과정에서 실행되는 여러 가지 외적 활동들을 '청소년 발달'이라는 준거에 의해 재평가하고 그 의미를 파악해야 한다는 점을 시사한다. 내적인 변화는 가시적이고 즉각적이지 않지만 외적 활동을 통해 내적으로 이행된다는 점을 교사들이 의식하게 된다면 외적 활동을 도입하고 조직하는 양상이 상당히 달라질 수 있다. 청소년기에 교과교육과정을 통해 지각, 주의, 기억, 사고, 상상 등의 정신기능은 고차화될 수 있으나 내적 기능의 고차화를 이끄는 활동들이 이러한 변화를 가져온다. 과연 어떤 교수학습 활동이 내적 변화를 이끄는 선도자 역할을 할지 교사들은 판단할 수 있어야 할 것이다.

다음은 사회복지사 자격증 취득 관련 정보 사이트에 2012년도에 탑재된 '기출문제'이다.

인간은 수정되는 순간부터 사망에 이르는 전 생애에 걸쳐 안정 또는 정체되어 있는 것이 아니라 역동적 변화를 거듭한다. 이러한 인간의 역동적 변화를 설명해 줄 수 있는 개념이 ( )이다

1 발전

2 발달

3 성숙

4 성장

5 노령화

이런 식의 기계적, 형식적 개념 습득이 개념 학습이라고 오해하기는 매우 쉽다. 이러한 시험 대비의 문제풀이 학습에서 주로 요구하는 정신기능은 주로 저차적 형태의 '기억'이다. 즉 외우기이다. 사고 발달에 큰 도움이 되지 못한다. 문제를 푸는 과정에서 '발달'이라는 낱말의 사전적 의미는 어느 정도 획득했을지 몰라도 발달에 대해 개념적 사고를 하는 단계에 도달했다고 볼 수는 없다. 문제는 주지 교과의 경우는 특히 이런 식의 시험 대비용의 형식적 개념 학습 활동이 교육 현장에서 중심적인 형태가 되어 있다는 점이다. 반면 실질적 활동을 중심으로 하는 경우에는 다양하게 전개되는 활동이 갖는 내적 의미를 교사 스스로 의식하지 못하기 때문에 그 의미가 반감되기 쉽다.

개념적 사고 형성의 중요성

개념적 사고의 강조는 '지식'의 강조와 동일한 의미인가? 또한 추상적 사고가 곧 개념적 사고이며 개념적 사고는 구체성을 결여한 관념적 사고에 불과한 것일까?

그렇지 않다. 개념적 사고라고 하면 흔히 '추상적 사고'를 떠올리고 그 반대편에 구체적 사고를 놓아두는 경우가 많지만 개념적 사고는 사

고 작용에서 추상과 구체의 통일의 과정이다. 비고츠키에 따르면 개념적 사고는 보편적 속성의 연관관계를 일반화·추상화, 종합적 분석을 통해 사물과 현상의 본질적 이해를 가능하게 하는 것으로서 고등정신기능의 요체이다. 개념적 사고는 현상과 지각의 직접적 속박으로부터 자유로워질 수 있는 인간 주체성의 기본 요소이다. 나아가 비고츠키는 개념적 사고는 변증법적 사고로 나아가는 경로로서 그 의의를 매우 강조하였다. "생각"은 유아부터 성인까지 모든 인간의 정신기능이지만 3세 유아와 15세 청소년은 생각의 방식이 질적으로 다르다고 보았다. 즉 "생각은 인간의 성장과정에서 발달한다"는 것이 비고츠키를 비롯하여 20세기 여러 인지심리학자들이 밝혀낸 바이다.

비고츠키에 따르면 일상적 개념과 과학적 개념의 상호 보완적 발전으로 인해 개념적 사고가 가능해진다. 과학적 개념과 만나지 못한 일상적 개념은 현상적 이해, 복합체적 사고, 잠재적 사고에 머무른다. 또한 구체적 현상 및 경험과 결합하지 못한 추상적 개념은 형식적 개념에 그친다. 그래서 구체와 추상의 결합, 경험과 지식의 결합임을 강조하기 위해 비고츠키는 과학적 개념과 일상적 개념이 통일된 개념을 '진개념'이라고 불렀다. 바로 체계적인 교수학습의 과정, 즉 학교에서 교과교육의 과정에서 일상적 개념과 과학적 개념이 결합되고 이 두 가지가 결합되어 '근접발달영역'이 창출된다. 비고츠키는 근접발달영역이라는 개념을 통해 '발달적 관점'의 중시, 즉 교사는 '학생의 발달을 진단하고 이를 고려하여 발달의 다음 단계로 나아갈 수 있도록 이끄는 존재'이며 교과서를 가득 채우고 있는 과학적(학문적) 개념이 피상적이고 형식적인 개념 학습에 머무르지 않기 위해서라도 학생과 부단히 소통하고 학생을 정확히 이해할 수 있어야 한다.

'발달적 관점'을 결여한 채 다른 특정의 요구가 우선시되어 교육과정과 교과서가 만들어지는 일이 비일비재하게 벌어져 왔다. 청소년 발달에 대한 이해, 즉 청소년의 보편적 발달 특성과 지역별, 학교별, 개인별로 다기한 발달 상황이 고려되지 않은 교육과정과 교과서를 전제로 전개되는 교실에서의 개념 학습은 보통 형식적 개념 익히기에 머무르게 된다. 이런 상황을 주체적으로 바꾸는 것은 교사의 몫이다. 발달 상황에 대한 이해를 전제로 근접발달영역을 창출함으로써 청소년들은 비로소 진개념적 사고의 문턱에 도달하게 되고, 이후 지속적인 구체적 경험과 체계적 학습을 통해 개념적 사고를 자기화하게 되어 비로소 주체적이고 과학적인 사고가 가능해진다. 집단으로서든 개인으로서든 학습자의 발달 상황을 고려하지 않은 과도한 양과 난이도의 강요는 청소년들이 '진개념'에 도달하는 것을 방해하고 교사와 학생의 관계를 이간질시킨다. 학습 부적응에서 반항장애로 이어지는 파이프를 설치해 놓은 꼴이다. 깨달음의 기쁨은커녕 학습에 대한 혐오감을 불러일으키고 수업에서 귀를 막고 고개를 숙이게 만들고 이것이 수년간 지속되면 정신기능 발달이 초등 수준 혹은 그 이전에 머물러 객관적이고 과학적인 사고는커녕 구체적이고 경험적인 전개념적 사고 단계에 머무르게 된다. 이것이 지속되면 모순에 매우 둔감한 성인이 되어 버린다.

개념적 사고는 특정 교과의 목표이지 모든 교과의 목표일 필요는 없지 않은가라는 견해가 있을 수 있다. 개념적 사고를 기존의 형식 개념, 즉 교과서의 모든 지식을 머리에 기억시키는 것으로 생각하면 당연히 그러할 수 있다. 어떤 교과는 실행 기능의 습득이 우선적 목표가 되기도 한다. 하지만 개념적 사고의 의미를 쉽게 생각하면 대상을 지칭하는 이름이라는 걸 넘어서 모든 낱말을 사물과 현상을 일반화한 '개념'으로 사용하는 것이 개념적 사고라고 생각하면, 좀 더 쉽고 당연한 일이 된다. 예컨대 수학 교과는 '양'이라는 범주를 점점 자기화하고 이를 통해 세계를 인식하고 자기를 표현하는 과정이 그 중심이 된다. 생물학적인 양의 지각으로부터 크다, 작다, 보다 크다 따위의 낱말 의미를 획득하는 과정을 거치며 "비교"라는 사고 작용이 가능해진다. 나아가 수 개념을 익히고 구체적 현실을 수라는 개념적 도구에 의해 인식함으로써 더욱 자유로운 사고가 가능해진다. 지리는 '공간'이라는 범주, 사회는 '인간관계'라는 범주 등 각 교과마다의 개념 체계의 가장 상위가 무엇인지 확인하는 것은 중요할 것이다.

발달론과 교과교육과정 논의의 결합이 갖는 실천적 의의

'발달'의 관점에 서면 수업 방법의 다양화, 학생 활동 중심이라는 압력에서 벗어날 길이 열린다. '고등정신기능의 발달'이라는 관점에서 수업을 바라보면 절대적으로 옳은 방법은 없다. 다만 준거가 되는 것은 그 활동이 '내적 변화'의 측면에서 어떤 의미가 있을지, 이를 파악하는 일이 더 중요해진다.

지금까지 방법의 문제에서 그간의 대립구도는 '학생 중심'이냐 '교사 중심'이냐였다. 교사 중심에서 벗어나 학생 활동 중심, 직접적 실행, 체험 중심으로 수업 방법을 개선하라는 요구와 압박이 빗발쳤을 뿐이고 교사들은 판단의 준거가 없는 상태에서 일제식, 강의식의 교사 주도의 수업 방식을 벗어나 토론수업이라든가 조별 활동이라든가 수행평가를 매개로 한 간단한 프로젝트 과제 부여 등을 실행하기도 했다. '발달'의 관점에서는 통념으로 좋다고 알려진 것에 끌려갈 것이 아니라 지금까지의 수업 방법과 교수학습 과정에서의 활동들이 어떤 발달적 의의를 갖는지 반성적으로 고찰하는 것이 중요하다. 또한 입시-진도교육 체제에서 어렵고 많은 내용을 체계도 없이 의미 없이 쏟아붓는 과정은 발달의 측면에서 보았을 때 도리어 비효율적(숙달이 이루어질 틈이 없음)이고 발달에 악영향을 끼친다는 결론에 도달하게 된다. 정신없이 뭔가 많은 내용을 다루고 가르친 것 같은데 나타난 결과는 형편없는 상태를 지겹도록 겪지 않았나.

중등 교과교육과정을 옥죄는 주된 요인이 입시-진도교육 체제라는 것은 분명하지만 한번 가정해 보자. 입시가 사라진다면 입시 덕에 연명해 온 교과교육도 의미가 사라지니까 학교교육에서 삭제돼야 할까? 그래서는 안 된다는 것을 우리는 비고츠키의 발달론에서 알게 됐다. 총체적 인격 발달을 이끄는 '개념적 사고의 발달'은 체계적인 교과교육과정이 전제되어야 가능하기 때문이다.

총론 제출 이후 제자리걸음을 해 온 교육과정 논의는 통일된 관점에서 각론 영역의 실천으로 나아가야만 재개될 것으로 보인다. 이것은 현장 교과교사들의 현실적인 요구이기도 하다. 교육노동의 절대적 영역을 차지하는 데다가 청소년 개념 발달의 핵심 기제인 교과교육과정을 포기하는 것은 중등교육을 사실상 포기하는 것이나 다름없기 때문이다. 초등의 사례를 본보기 삼아, 발달론을 교과교육과정 논의에 적극적으로 끌어들일 궁리를 시작해야 하지 않을까?

발달론과 교과교육과정 논의의 결합은 다음과 같은 실천 가능성을 열어 준다.

첫째, 발달론은 현행 교육과정을 재검토할 준거가 될 수 있고 나아가 '교과서를 무시'하고 과감히 재구성할 전문적 안목을 베풀어 준다. 이미 '이 학년에 이 내용은 맞지 않다'라든가 '이 내용은 이 정도 수준에서 다뤄도 충분하다'는 감感을 갖고 있는 교사가 많다. 경험을 통해 축적된 '감'이 '발달론'과 결합된다면 명확한 잣대와 확신을 갖고 현행 교육과정을 재검토하여 새롭게 설계할 수 있게 된다. 그리고 이러한 확신은 학교 내 동일 교과교사들과의 논의를 통해 학교 수준에서 학교 실정에 맞는 교과교육과정을 설계하는 것으로 나아갈 수 있는 출발점이 될 것이다.

그동안 '(외부) 시험에 나올지도 모르고 교과서에 있으니까 어쩔 수 없이 진도 나간다'는 현실론이 얼마나 교사들을 힘들게 했던가. 이 숙명론에서 과감히 탈피할 '과학적이고도 교육적인 근거'가 바로 발달론인 셈이다. 그동안 하고 싶어도 못했던 일, 곧 현행 교과서를 무시하고 교사들 간의 협의를 통해 양을 줄이고 강조점을 바꾸는 것의 강력한 근거는 '이 발달단계에는 이 정도와 이 내용이 적당하다' 그리고 '학습 속도가 느린 아이들을 더 배려할 수 있고 개념적 사고의 형성이라는 목표에 부합한다'는 논거이기 때문에 우리는 당당할 수 있다. 적어도 고1까지는 이런 것들을 시도해 볼 수 있다.

교과서 내용을 '청소년 발달의 관점'에서 준비한다는 것이 교과서를 개인별로 다시 쓴다는 뜻은 아니다. 다시 쓰는 것은 너무 부담스러운 일이다. 교사가 자율성을 갖고서 교과교육과정의 발달 목표에 따라 교수학습의 방법을 택할 수 있고 내용을 빼거나 더할 수 있다는 의미다. 발달론에 입각한 실천의 경험들이 축적되고 모여서 앞으로 새로운 교과서가 탄생할 수도 있다.

둘째, 개별 교과의 교과교육과정, 교수학습 과정에서의 핵심 목표를 구체적으로 설정할 수 있다. '개념적 사고의 발달'이라는 청소년 발달의 중심 목표는 확인됐다. 다만 개념적 사고라는 목표만으로는 구체적으로 교육과정을 재구성하기가 쉽지 않다. 구체적인 교과 내용과 이를 조직하는 방식, 교실에서의 외적 활동을 어떻게 조직하느냐가 중요한 문제가 되는데 이것도 백지에서 시작할 필요가 없다. 그동안 했던 교수학습 활동을 '발달'의 차원에서 의미를 따져 보고 이 단원에서는 이러한 활동을 통해 이러한 내적 활동이 촉발되도록 하겠다는 정도의 계획이면 족하다.

예컨대, 수학의 경우 '함수'라는 단원에서는 '관계적 사고'라는 하위 목표를 세울 수 있고 각 학년의 내용에 따라 더 구체적인 목표를 설정할 수 있다. 교과교육과정을 통해 하지 못하던 어떤 행동(분수셈, 퍼센트 계산)을 학생이 하게 됐다면 외적인 변화의 이면에 내적인 변화가 진행되고 있거나 발달이 시작되었다고 볼 수 있는 것이다. 이를테면 산술체계에서 대수체계로 이행할 때 숫자로만 계산하던 아이가 문자식을 어느 순간 계산할 수 있게 된 경우 외적으로는 보이지 않지만 내적 변화가 일어나고 있는 셈이다. 문자식의 의미를 모두 파악하지 못했겠지만 의지적으로 주의를 집중하고 있는 아이들은 '지적 혁명'의 와중에 있는 것이다. 교과의 특성에 따라 핵심 목표는 다양한 형태로 설정될 수 있다. 단, 각 교과별로 제시될지라도 '개념적 사고의 형성'으로 수렴되어야 한다는 원칙은 분명해야 한다.

셋째, 발달적 관점에 따르면 '기법의 고안'보다는 '협력적 관계의 형성'이 중요한 문제가 되고, 지필시험에 의한 진단과 평가보다는 관찰에 의한 진단이 훨씬 중요한 문제가 된다. 그래야만 교과교육과정의 핵심 목표와 학생 간의 거리를 감안해서 교사가 근접발달영역을 창출할 활동을 조직할 수 있게 된다. 협력적 관계의 형성에서 열쇠가 되는 것은 교과교육과정의 의의를 교사가 인지하느냐 그렇지 않으냐. 교과교육 활동에서 난감해지는 이유는 학생이나 교사나 서로가 의미와 가치를 찾지 못한 채 진도 나가기를 반복하고 있기 때문이다. 그렇기 때문에 학생들이 수업에 참여하지 않아도 크게 제재하기가 꺼려지는 순간이 있다.

하지만 교과교육과정은 청소년의 삶에 매우 중요한 활동이다. 다른 곳, 다른 활동을 통해 이뤄지지 않는 '개념적 사고'를 형성하는 과정이기 때문이다. 앞서 살펴본 대로 개념적 사고가 되지 않으면 경험과 감각으로부터 자유로운 사고가 불가능하고 나아가 창조적 활동의 가능성이 봉쇄된다. 한마디로 인간다운 삶을 위한 활동을 하고 있다는 확신을 교사들은 가져도 좋다. 자신의 교과교육활동에 이러한 의미가 있다는 것을 인식한다는 것은 이에 대해 '궁리'하는 것으로 이어진다. 물론 지금까지도 많은 교사들이 어떻게 하면 학생이 수업에 적극적으로 참여할지를 고심하고 궁리해 왔지만 흔히 기법의 문제로 풀려 하거나 재미있는 이야깃거리로 주의를 집중시키고자 했을 뿐이다. 그것도 늘 성공적이지는 못했다. 다시 말해 기법이나 소재가 아무리 훌륭할지라도 교수학습 상황에서 근접발달영역을 창출하지 못하는 순간, 그 의미가 퇴색한다. 알아들을 수 없는 이야기가 세상에서 가장 재미없는 이야기일 수밖에 없다. 그러니 교사들은 그 거리를 뛰어넘어 학생이 도약할 수 있도록 매순간 지원해 줘야 하는 임무를 띠고 있다. 학생의 상태와 발달 목표라는 긴장 속에서 근접발달영역을 창출하는 것이 교사들이 해내야 하는 일 아닌가. 물론 이를 위해 근접발달영역을 창출할 수 있는 교과교육과정을 교사들이 과감하게 상상하고 적용하는 것이 먼저 시도되어야 한다.

16

비고츠키 교육학의 '평가 패러다임' 그리고 '교원평가'

천보선(서울 독산고등학교)

평가 전성시대

다른 분야도 그렇지만 교육 분야는 극을 달린다. 그렇지 않아도 온 갖 시험에 허덕이던 학생들을 일제고사 신공으로 때려잡더니 교원평 가까지 실시하면서 교육 현장은 평가로 시작해서 평가로 끝을 맺는 평가 도가니가 되었다.

평가가 본래 행복할 리는 없다. 그러면 그 고통을 무릅쓰고 허구한 날 하는 평가 덕분에 교육살이는 나아지고 있는가? 과연 나아질 가 능성은 있는가? 답은 물론 '아니다'이다.

이쯤에서 우리는 근본적 질문을 던질 필요가 있다. 과연 평가란 무 엇이고, 무엇 때문에 하며, 해야 한다면 어떻게 하는 것이 옳은가?

점수 측정과 평가의 구분

논의에 앞서 먼저 분명한 개념 설정이 필요하다. 교육평가나 교원평 가를 둘러싸고 서로 다른 의미를 쓰는 경우가 매우 흔하고 이 때문에 서로 의사소통이나 논쟁 과정에서 혼란을 야기하는 경우가 허다하기 때문이다.

한국적 상황에서는 보통 평가란 '점수를 매기는 것'을 의미한다. 그러나 본래의 평가, 특히 '교육평가'라 할 때 평가는 이보다 훨씬 넓은 의미이다.

교육평가: 학습자의 행동 변화 및 학습 과정에 관한 정보를 수집·이용하여 교육적 의사결정을 내리는 데 도움을 주거나 의사결정을 하는 과정. 교육평가는 첫째, 인간의 현실성보다 가능성에 더 비중을 둔다. 가능성을 부인하고 현실성에 집착할 때 인간을 심판·판단·범주화시키는 인간 규정의 의식이 대두되며, 가능성에 더 의미를 부여할 때 인간 이해의 평가 개념이 성립된다. 교육평가의 목적은 행동 증거를 수집하여 얻은 결과에 의해 현재 상황을 진단하고, 다음 단계의 목표를 설정하기 위한 자료를 제공하는 데 있다. 둘째, 평가 자료와 대상과 시간은 무한하다. 학생이 남겨 놓은 낙서 한 줄, 그림 한 장, 일기장 한 토막, 대화 한마디가 모두 인간 이해의 자료가 될 수 있다. 이러한 흩어진 자료를 교육평가의 자료로 쓸 수 있기 위해서는 그것을 이해하는 안목이 필요하다. 교사는 교과 전문가이기 이전에 인간 이해자여야 한다. 셋째, 계속적이고 종합적인 과정이다. 종합성 comprehensiveness이란 평가의 과정이 한 학생의 전체에 걸쳐 폭넓게 이루어져야 한다는 뜻이다. 넷째, 인간이 갖고 있는 여러 가지 특성의 변산variability을 다룬다. 이것은 그 특성을 정확하게 측정·규명·변별해 주는 것보다는 그것이 왜 발생하고 무엇이 그것을 발생시키는가를 분석함으로써 그것을 통제해 변산을 극대화하거나 극소화하거나 또는 0으로 떨어뜨릴 수 있는 방법을 찾는데 목적이 있다. 『브리태니커 백과사전』, 밑줄 편집자 주

교육평가는 인간 이해를 바탕으로 교육 상황을 개선하기 위해 행하는 지속적이고 종합적인 교육 실천의 한 부분이다. 교육평가에는 다양한 방식이 있으며 그중 점수 측정은 비교와 서열화를 위해 사용되는 하나의 방편일 뿐이다. 이 글에서는 혼동을 피하기 위해 '평가'라고 할 때 넓은 의미의 평가로 쓰기로 한다(그러나 교원평가의 '평가'는 사회적으로 주로 양적 측정이라는 좁은 의미로 통용되고 있으며 따라서 '교원평가 반대'는 교육노동을 점수화/서열화하는 것에 대한 반대의 의미이다).

새로운 평가 패러다임이 필요하다

기존 평가론의 관점에서 보더라도 '점수 측정'으로 거의 보편화되어 있는 우리의 교육평가는 매우 편협하고 잘못되어 있다. 측정에 의한 상대평가를 옹호했던 손다이크의 '규준지향평가'는 오래전부터 신랄한 비판을 받아 왔다. 그렇지만 잘못된 평가 방식을 비판하는 것을 넘어서서 올바른 대안적 평가 방안을 마련하기 위해서는 새로운 교육관에 입각한 논의가 필요하다. 이에 핀란드 교육의 바탕이 되고 있고 현대 교육학의 새로운 흐름으로 주목을 받고 있는 비고츠키 교육학은 기존의 잘못된 평가를 극복하는 새로운 평가관을 마련하는 데 큰 시사점을 줄 수 있다. '발달', '협력', '자율성' 등을 중시하는 비고츠키 교육학은 교육평가에 대해 새로운 차원의 관점과 지평을 열어 줄 것으로 생각된다.

이 글에서는 비고츠키 교육학에서 제기하는 교육평가 패러다임의 방향과 특징을 살펴보고 나아가 지금 '뜨거운 감자'가 되고 있는 교원평가 문제도 함께 다루어 보고자 한다.

1. 비고츠키 교육학의 평가 패러다임

비고츠키 교육학은 평가의 목적이 인간 발달을 촉진하기 위한 가능성의 형성과 교수학습 과정의 개선에 있음을 매우 분명히 한다. 이로부터 출발하는 비고츠키 교육학의 평가 패러다임은 '인간적 역능(발달 기능) 중심의 질적 평가', '잠재력과 가능성 중심의 미래 지향 평가', '관찰과 협력 중심의 지속적·역동적 평가' 그리고 '소통 중심의 참여적 평가'를 지향한다.

1) '중간고사 70점'과 '지도 읽기 미숙': 발달 중심의 질적 평가

비고츠키 교육학에서 가장 근본적인 의제는 '발달'의 문제이다. 교육은 인간 발달을 지향하는 것이며 인간 발달은 사회적 관계를 통해 이루어진다고 본다. 발달은 지식의 양적 누적이 아니라 '고등정신기능'이라는 인간적 역능의 인지적, 정서적, 실천적 발달을 의미한다. 교육의 목적을 인간 발달에 두면서 고등정신기능의 질적 변화 과정에 주목할 때 교육평가에 대한 관점은 완전히 새로워진다. 즉 지식의 양적 측정과 서열화가 아니라 고등정신기능의 발달 상황과 과정에 대한 진단에 초점을 두게 되는 것이다. 그것은 어떤 기능의 구체적 발달 상황을 진단하고 서술하는 질적 평가 방식으로 나타난다.

잠시 교육평가에서 양적 측정과 질적 평가를 비교해 보자. 가령 어떤 학생이 중간고사에서 '지리 교과에서 70점을 받았다'라고 했을 때, 이것만으로 구체적으로 설명할 수 있는 것은 사실상 아무것도 없다. 어떤 부분이 충분하고 어떤 부분이 부족한지, 그 학생이 열심히 공부를 한 것인지 아닌지도 알 수 없다. 따라서 개선 방안도 내어 놓을 수 없다. 이런 경우 대부분의 부모나 교사는 '다음엔 더 열심히 해서 80

점을 받도록 해라'라는 식의 거의 하나 마나 한 조언에 그친다. 점수 측정에 비해 질적 평가는 훨씬 많은 설명력을 지니며, 교육적 개선에 연결된다. 예컨대 '한국의 지역 특색 전반을 이해하고 있으나 지도 읽기에서 지형 파악 및 거리, 축적 계산이 능숙하지 못하다'라는 내용은 구체적인 진단과 개선 방향으로 연결될 수 있다.

54	711	626	798	817	610	816	812
015	7117	6402	8068	8403	7328	8185	7365
66	194	201	212	275	338	195	110
4	2	4	2	6	2	4	3
1	미	미	우	우	양	우	우
5	6	6	4	8	4	4	4

일	수		지 각 횟 수	결 과 횟
고	상	고		

기존의 논의에서도 양적 측정 방식이 학습 상황 개선에 매우 제한적이고 많은 부작용을 일으키며 따라서 질적 평가가 더 적합하다는 사실은 다양한 측면에서 지적되어 왔다. 그러나 입시교육의 현실에 짓눌리면서 더욱 적극적인 비판을 전개하고 체계적인 질적 평가 방안을 제출하는 데 한계를 보여 왔다. 이에 대해 비고츠키 교육학은 양적 측정/질적 평가 문제에 대해 보다 명료한 입장을 보이며 질적 평가와 관련 발달 기능(고등정신기능)이라는 분명한 방향성과 기준을 제시해 줌으로써 대안적 방안의 전망을 높여 준다.

첫째, 점수 측정을 통한 '서열 매기기'는 불필요할 뿐만 아니라 교육적으로 해악적이라는 관점을 취한다. 발달의 관점에서 본다면 '서열을 매기는 일'은 매우 우스운 일이다. 발달단계가 다를 경우 비교한다는 것 자체가 성립하기 어렵고 발달단계가 같다면 불필요한 일이 되기 때문이다. 또한 협력의 차원에서 본다면 점수 경쟁은 적대적이기까지 하다. 비고츠키 교육학에서는 협력 그 자체가 가장 효과적인 학습 과정인데 점수 측정을 통해 서열을 매기고 비교하는 것은 협력 자체를 파괴하는 일이 되기 때문이다. 핀란드 교육 관계자들이 누누이 강조하는 "경쟁은 교육과 반대되는 것이다"라는 말의 의미는 바로 이것이다.

둘째, 질적 평가의 방향과 기준을 발달의 관점에서 체계적으로 제시해 줄 수 있다. 비고츠키 교육학은 인간 발달과정을 4개의 발달 노선(자연적, 사회문화적, 개체발생적, 미소발생적)의 연관된 결합 과정으로, 발달단계에 따른 고등정신기능의 양적 성숙과 질적 비약의 과정으로, 정신기능을 인지적·정서적·실천적 측면의 결합으로, 소통과 협력을 통해 발생하는 것으로 보면서 총체적이고 전면적인 발달을 추구한다. 이 같은 논의를 참고하여 발달단계에 맞는 정신기능을 설정하고, 그 기능의 출현·성숙·내면화의 국면과 인지적·정서적·실천적 측면을 바라보면서 그러한 기능들이 협력 과정에서 어떻게 실현되어 나가는가를 관찰하고 평가할 수 있다. 발달 기능 중심의 진단과 개선 방향의 제시라는 질적 평가가 체계화될 수 있는 것이다.

2) 근접발달영역과 가능성을 중시하는 미래 지향적 평가

비고츠키 교육학의 매우 중요하고 독창적인 개념 중의 하나가 '근접발달영역'이다. 근접발달영역은 교사나 동료와의 관계 속에서 출현, 발전할 수 있는 잠재적 발달 가능성을 의미한다. 비고츠키는 살아생전 당시 유행하기 시작한 IQ 검사를 경멸했다고 전해진다. 인간의 발달 가능성을 현재의 인지능력만으로 판단하고 고정화해선 안 된다는 것이었으며, 교육은 근접발달영역의 창출을 통해 미래의 꽃을 피워 나가는 것이라고 생각했기 때문이다. 근접발달영역이라는 개념을 통해 분명히 하고자 했던 것은 교육이 현재 상황보다는 앞으로의 발달 가능성과 잠재력을 중시해야 한다는 것이었다. 이 같은 문제의식은 '현재 수준 측정'에만 골몰하는 기존의 평가관에 새로운 지평을 열어 준다. 미래의 발전 가능성에 대한 진단이야말로 평가의 주요 영역이 되어야 함을 의미하는 것이다.

근접발달영역이라는 개념이 독창적이기는 하지만 실천적으로는 매우 당연한 것이기도 하다. 왜냐하면 교육 실천은 기본적으로 발전 가능성에 입각해서 행해지는 일이기 때문이다. 교육은 이미 알거나 잘 하는 것을 가르치는 것이 아니라, 아직 모르거나 못하는 것을 상황과 단계를 고려하여 익힐 수 있는 방식으로 진행하는 것이어야 한다. 모든 형태의 교육은 가능성 속에서 행해지는 것이다. 교육의 본질에서 본다면 가능성과 잠재력에 대한 진단이야말로 교육 실천과 직결되는 평가 영역이다.

> 근접발달영역과 관련된 변화를 파악하는 것, 평가하는 것은 교수학습의 핵심 측면이다. 학습자의 고등정신기능이 어떻게 미래에 개화될 것인지를 살피는 것과 동시에 현재의 고등정신기능으로 교과의 지식을 어떻게 인식하는지, 앞으로 어떻게 인식할 것인지를 진단해야 한다. 이는 지속적인 교수학습 과정에 반영되어야 한다.　　　　　　　　　　　　　　　배희철(2010)

1980~1990년대 이후 비고츠키 교육학이 세계 교육학계에 영향을 미치면서 잠재력 진단의 문제의식은 빠르게 퍼져 나가고 있다. ZPD(근

접발달영역) 진단 기법도 개발되어 사용되고 있다. 그렇지만 근접발달영역도 IQ 진단처럼 수치화되는 어떤 개인의 고정된 능력으로 오해되고 있기도 하다. 근접발달영역은 새로운 가능성을 발견하고 창출하는 문제이며 발달과정에 대한 지속적 관찰 속에서 파악과 진단이 가능하다.

3) 개별 학습자만이 아니라 집단적 관계와 과정 평가

비고츠키 교육학의 관점에서 본다면 평가의 주요 대상은 개별 학습자의 발달 상황만이 아니라 동료 간에 형성된 관계와 함께하는 과정 그리고 교사-학생집단의 협력 과정도 중요한 평가 대상이 된다. 왜냐하면 가장 중요하고 효과적인 학습과 실천이 집단의 협력을 통해 이루어진다고 보기 때문이다.

타인과의 상호작용을 어떻게 하는가는 개별 학습자에 대한 평가 지점이 될 수 있지만(핀란드교육에서는 각 교과에서 타인과의 상호작용 자체가 주요한 평가 지표가 되고 있다) 집단 전체의 관계 형성과 협력 과정, 교사와의 상호작용 과정을 평가하는 것은 교수학습 과정을 개선하는 데 크게 도움이 되며 필수적이다.

4) 관찰과 대면 중심의 지속적(역동적) 평가

발달 상황과 가능성에 대한 진단의 주요한 방법론은 '지속적 관찰'과 '상호작용을 통한 역동적 파악'이 된다. 발달과정과 가능성에 대한 파악을 한두 번의 시험으로 파악할 수는 없다. 학습 과정과 과제 수행과 협력 과정에 대한 지속적 관찰과 구체적 대면(이야기하기, 질문하기 등)이 필요하다. 물론 관찰과 대면 외에도 필요한 경우 쪽지시험, 리포트 등 다양한 방법이 결합될 수 있다.

또한 발달 상황은 한 지점에 머물러 있는 것이 아니라 상호작용을 통해 역동적으로 변화되기 때문에 관찰과 평가 지점 역시 역동적으로 변화되어야 한다. 상호작용 과정에서의 역동적 평가는 중간에 한 번쯤 쪽지시험을 보는 기존의 '형성 평가' 개념과는 차원이 다르다. 지속적인 관찰, 대면, 대화와 결합하면서 끊임없이 변화하는 과정이다. 그를 통해 발달 상황과 가능성에 대한 구체적이고 종합적인 질적 평가가 이루어진다.

5) 소통을 통한 협력적 평가

평가의 방법론과 관련해 관찰, 대면 외에 제기되는 것이 협력적 평가이다. 교사 일방만이 아니라 설정된 목표, 진행 과정 등에 입각해 학습자와 소통하면서 함께 평가하는 것이다. 협력적 평가는 진단 내용에 대한 구체성과 동의의 수준을 높일 수 있으며 앞으로 수행해야 할 과제와 방향에 대한 주체적인 목표 의식을 훨씬 강화할 수 있다. 일부 북유럽 교육에서 개별 학생별로 교육과정을 설정하고 평가하는 과정은 '협력적 평가' 방식을 수반하는 사례로 볼 수 있다.

협력적 평가의 대상에는 개별 학생의 발달 상황만이 아니라 '교수학습 프로그램'도 포함되며 어떤 주제학습이나 협력학습 등이 어떤 점이 좋은지, 어떤 문제가 있었는지 하는 소통을 통해 개선, 발전이 이루어질 수 있다. 특히 교수학습 과정과 프로그램에 대해서는 교사 동료 간의 협력적 진단('장학'이라고 할 수 있음)이 매우 중요하며, 이를 통해 지속적 개선과 변화, 발전이 가능해진다.

2. 비고츠키 교육학 평가관의 의의와 과제

1) 새로운 교육평가 패러다임의 의의

학습자에 대한 구체적이고 분명한 진단과 교육적 처방

발달 기능이라는 분명한 지표를 기준으로 관찰과 대면을 통해 지속적으로 진단해 나간다면 보다 구체적이고 명확한 교육평가가 이루어질 수 있음은 자명하다. 더욱이 협력적 과정을 통해 동의의 수준을 높인다면 이후의 학습 실천을 개선하는 교육적 효과 역시 더욱 분명할 것이다.

교육 실천의 전문성 강화

'발달단계에 입각한 고등정신기능'이라는 분명한 지표를 가지고 지속적인 관찰, 대면, 소통을 해 나간다면 교육노동의 전문성 역시 크게 함양될 수 있다. 지금처럼 막연한 관찰을 통해 '○○는 심성이 착하며 머리가 좋다' 식의 이해가 아니라, '○○는 현재 소그룹 상호작용이 발달할 단계인데 1 대 1 대화는 잘하지만 여러 명에게 자신의 생각을 표현하는 데는 아직 미숙하다'라는 관찰 결과는 훨씬 구체적이며 학습자와 학부모에게도 실질적 도움이 된다. 분명한 기준을 가지고 관찰 등을 진단할 경우 학습자의 발달 상황에 대한 이해는 훨씬 구체화, 체계화, 전문화되며 지속적인 실천은 숙련도를 높일 수 있다.

교수학습 과정의 지속적 변화, 발전 추구

기존의 교육평가는 개별 학생만을 대상으로 하기 때문에 교수학습의 상호작용 과정에 대한 논의와 따로 분리되어 있었다. 그러나 비고츠키 교육학의 평가 패러다임에서는 협력학습 과정에 대한 개별 학생의 함께함은 물론이고 집단적 과정 자체가 진단, 평가의 대상이 됨으로써 교수학습 과정에 대한 지속적인 변화, 발전의 추구가 가능하다.

교육적 본질의 추구

'인간 발달의 지향', '가능성, 잠재력의 중시', '협력적 과정' 등 비고츠키 교육학의 핵심적 평가 지표들은 매우 본질적인 교육적 가치, 지향과 일치한다. 실제로 비고츠키 교육학의 핵심 개념들은 새롭고 상식적이며 교육적 본질에 충실하다.

교수학습 과정과 평가의 통일

관찰, 대면, 소통 등 비고츠키 교육학의 주요 평가 방법은 교수학습 과정과 일상적으로 결합되는 것이다. 그것은 발달과정이 상호작용 속에서 끊임없이 변화, 발전하기 때문이다. 진단, 평가가 일상적으로 교수학습 과정과 결합된다고 해서 시도 때도 없이 시험을 보거나 직접적 평가를 남발하는 것은 아니다. 일상적 관찰과 소통을 통해 개별 학생과 학급 집단의 상황을 진단하면서 능동적으로 교수학습 과정에 반영하는 데 그 의미가 있다. 비고츠키 교육학은 평가지상주의와는 명확히 대립되며 평가는 교육적 실천과 교수학습을 개선하는 과정의 일부일 뿐이다.

협력하는 인간, 발달하는 인간

교육적 인간관의 변화이다. 비고츠키 교육학은 '협력하는 인간', '발달하는 인간'이라는 인간관을 내포한다. 인간은 강제가 아니라 스스로 발달을 지향하는 본질을 지니며 자신과 집단에 닥친 위기와 모순을 협력을 통해 해결하려는 본질을 지닌다는 것이다. 해결해야 할 새로운 과제의 등장은 아동, 학생들에겐 새로운 위기이자 모순이며 인간은 그 같은 상황을 극복하고자 하는 본질적 지향을 지닌다. 그리고 새로이 등장한 과제에 대해 아동과 학생들은 같이 고민하고 노력하면서 해결해 나간다. 협력은 새로운 위기와 모순을 해결할 수 있는 가장 확실한 방법이며 발달의 기제이다. 그것이 비고츠키 교육학을 반영한 핀란드의 '시험 없는 협력교육'이 세계에서 가장 우수한 교육적 성과를 낳게 되는 비밀의 열쇠이다.

3. 현대 교육평가 논의의 흐름과
새로운 평가 패러다임의 과제

1) 현대 교육평가 논의의 흐름

이론적으로는 그리고 일부 선진 교육에서는 교육평가 논의가 비고츠키 교육학의 평가관이 제기하는 것과 유사한 맥락으로 변화, 발전되고 있다. 그것은 비고츠키 교육학이 알게 모르게 세계 교육학계에 영향을 미친 것도 있고, 또한 '인간적 발달'이라는 기본 지향에 교육적 논의가 수렴되는 힘도 있기 때문이다. 한순미는 오늘날 교육평가의 이론과 실제에서 일고 있는 변화의 흐름을 다음과 같이 정리하고 있다.

이러한 변화의 움직임을 몇 가지 지적해 보면, 객관식 선택형 검사를 통한 평가로부터 논술형 검사를 통한 평가로, 규준 지향

평가에서 준거 지향 평가로, 양적 평가에서 질적 평가로, 지필 검사 형태의 심리측정적 평가로부터 수행평가, 포트폴리오 평가, 참평가로의 변화 (…) 새로운 패러다임의 특징을 살펴보면, 학습 결과에 대한 평가(성취검사)보다는 학습 과정에 대한 평가(학습평가)를 강조하며, 학습자를 분류, 선발하는 목적으로 평가를 이용하기보다는 교수학습을 개선시키려는 목적으로 평가를 이용할 것을 제기한다. 　　　　　한순미(1999), 『비고츠키와 교육』, 교육과학사

나아가 '정적 평가'에서 비고츠키의 근접발달영역 개념과 협력 개념에 영향을 받은 역동적 평가로 변화하고 있다고 지적하면서, 교사-학생의 협력을 중시하는 역동적 평가는 "아동의 문제해결과 사고과정을 탐구하면서 아동의 문제해결 전략이 변화, 향상되는 방식을 조사하기 때문에 교수에 대해 유용한 정보를 제공"할 것이라고 말하고 있다.

이 같은 논의를 통해 파악할 수 있는 것은 교육평가 이론에서는 상당한 변화들이 일고 있으며 '질적 평가로의 변화', '성취검사보다는 학습평가로의 변화', '분류, 선발보다는 교수학습의 개선 목적', '상호작용 중시의 역동적 평가' 등 비고츠키 교육학의 평가 패러다임에 상당히 접근하는 방향성을 지닌다는 것이다. 아직 한국적 현실과는 거리가 멀지만 이 같은 논의들과 비고츠키 교육학은 핀란드 등 일부 교육 선진국의 실제 교육평가와 최근에는 PISA의 핵심 교육지표 설정에도 영향을 미치고 있다.

2) 핀란드 살펴보기

핀란드 교육에서는 기본적으로 학생평가에서 절대평가와 질적 평가를 중시하며 교수학습 과정을 개선하기 위한 '동료 협의'가 활성화

되어 있다. 핀란드 교육 전반의 교육평가를 살펴보기는 무리이고 약간의 예시만 살펴본다. 다음은 핀란드 초등교육 2학년 '국어'의 학업 목표이다.

▶ 상호작용 기능 발달

- 말로 자신을 표현하는 데 익숙하며, 청자가 설명을 따라갈 수 있도록 자신의 관찰과 경험을 소그룹에게 이야기하는 방법을 안다.
- 일상적인 말하기 상황에서 적절히 행동할 수 있다. 교사와 다른 학생의 말과 토론을 이해하고, 말하거나 토의할 때 함께 하려고 노력하며 생각과 의문을 가지고 들은 것에 반응할 수 있다.
- 표현 연습에 집중하며 참가한다.

▶ 읽기와 쓰기 능력 발달

- 초기 읽기 단계에서 기본 기술능력이 강화된 단계로 발달한다. 연령 그룹에 맞는 텍스트를 읽을 수 있을 만큼 독서가 풍부해진다.
- 읽는 동안 자신이 읽는 내용이 이해되는지 관찰하기 시작한다. 자신이 읽고 있는 것의 결론을 도출할 수 있다.
- 글로 자신을 표현할 수 있고 일상생활에서 글쓰기 상황에 대처할 수 있다. 글쓰기에 자신의 상상력을 활용할 수 있다.
- 손으로 쓸 때 글자를 연결시킬 수 있으며, 컴퓨터에서 원문을 만들 수 있다.
- 단순하고 익숙한 어휘를 정확하게 쓸 수 있으며, 문장 부호를 이용하기 시작하고, 문장을 대문자로 시작할 수 있다.

▶ 문학과 언어의 관계 구체화

- 적절하고 흥미로운 읽을거리를 찾을 수 있으며, 즐거움과 정보 양쪽 모두를 위해 읽기 기술능력을 활용할 수 있다.
- 자신의 읽기능력에 알맞은 (최소한 몇 권의) 어린이용 책을 읽을 수 있다. 미디어 활용 능력은 연령층에 맞는 프로그램을 따라갈 만큼 충분해진다.
- 언어에 관한 연령 그룹의 특성에 맞는 관찰을 할 수 있다. 단어의 음성학적 구조와 음절 구조를 분석하는 데 흥미를 가지며, 알파벳순으로 글자를 나열하고 알파벳순으로 활용할 수 있다.
- 언어와 텍스트에 대해 이야기할 때 배운 개념을 활용하는 데 익숙해진다.

여기서 알 수 있듯 평가해야 할 핀란드 학업 목표의 특징은 '협력', '읽기와 쓰기', '문학과 언어의 관계'라는 질적 발달 기준을 설정한다는 것이다. 그리고 세부 영역 역시 '말로 자신을 표현하는 데 익숙하며, 청자가 설명을 따라갈 수 있도록 자신의 관찰과 경험을 소그룹에게 이야기하는 방법을 안다' 등과 같이 기술능력 중심으로 설정한다.

이 같은 기술능력을 수행하는 정도를 진단, 평가하기 위해선 활동 중심의 교수학습 과정이 진행되어야 하고, 지속적이고 구체적인 관찰이 필요하다. 실제로 핀란드 교육에서는 활동과 협력 중심의 교수학습 과정이 이루어지고 지속적 관찰을 통한 평가가 진행된다. 쪽지시험이나 과제 수행 등에 대한 평가도 함께 진행되면서 종합적으로 이루어지지만 지속적인 관찰이 가장 중요하다. 국가는 교사에게 학생의 '발달하는 능력'을 '관찰'하는 질적 평가를 실시하도록 강제한다. 핀란드 교사들이 지닌 전문성의 중요한 부분 중의 하나가 바로 '관찰을 통해 학생의 성장과 발달을 진단'하는 것이다.

핀란드 교육을 탐방하는 사람들이 깜짝 놀라는 현상 중 하나가 수업 장면에서 보여 주는 핀란드 학생들의 놀라운 집중력이다. 자유스러운 분위기일 거라는 많은 사람들의 예상과 다르기 때문이다. 물론 핀란드 교육은 자율성을 강조한다. 그럼에도 학생들은 수업 장면에 집중한다. 많은 교육 관계자들이 부러워하는 이러한 상황이 가능한 것은 비고츠키 교육학에서 강조하는 '자발적 주의 집중' 기능과 관련이 깊다.

'자발적 주의 집중'은 한 개인을 둘러싼 다양한 현상과 자극 속에서 주체적으로 자신의 의식과 감각을 조절할 수 있는 인간적 고등정신기능의 한 형태이다. 핀란드에서는 초등학교에서부터 이러한 '자발적 주의 집중'을 키우기 위해 큰 노력을 기울인다. 많은 노력에도 집중력 형성이 잘 이루어지지 않을 때는 특수교사가 결합되어 최대한 문제를 해결한다. 결국 학년이 올라갈수록 '자발적 주의 집중'이라는 고등정신기능이 형성, 내재화되어 수업 과정에 대한 집중력이 올라가며 교수학습의 효과 역시 커지는 것이다. 이 같은 상황은 억압과 통제로 집중을 강요하는 한국의 교육 현실과는 크게 대비된다. '자발적 주의 집중'의 문제는 발달 기능을 중심으로 교수학습 과정과 지속적인 관찰, 상호작용을 통한 진단과 개선 활동이 결합하는 비고츠키 교육학의 특징과 타당성을 잘 보여 주는 지점의 하나이기도 하다.

3) PISA

PISA의 논의에서도 교육 목표와 평가 기준의 변화가 일고 있다. 최근 PISA에서는 현대 교육이 핵심역량을 키우는 것을 지향해야 한다고 강조하고 있다. 핵심역량이란 역량 중에서 가장 중요한 것들을 묶음으로 지칭한 것으로, 인간이 전면적으로 발달하는 데 핵심이 되는 기능이다. PISA는 주요 핵심역량으로 '도구(언어 등 상징적 도구 포함) 활용 능력', '이질 집단과의 협력', '자율적 실천' 등을 제시하면서 핵심역량의 심장을 성찰(반성)로 설정하고 있다. PISA가 제시한 핵심역량의 구조는 표와 같다.

'문화적 도구', '이질 집단에서의 상호 교류와 협력', '자율성' 등 PISA의 핵심역량에 대한 개념과 논의는 내용적으로 비고츠키 교육학의 '발달'과 '협력' 지향 관점과 맥락이 닿는다. 핵심역량으로 제시된 비판적 '성찰' 개념 역시 마찬가지이다. "비고츠키는 '사춘기 성격의 구조와 역동성'(Vygotsky, 1998: 167-185)에서 자아 형성에 미치는 반성적(성찰적) 사고능력을 부각시켰다. 의지, 창조적 사고능력, 논리적 기억력, 자발적 주의 집중, 자기 통제 능력, 인격, 세계관 등은 비고츠키가 고등정신기능 발달과 연결하여 설명하고 있는 개념들이다. 비고츠키가 이미 80여 년 전에 언급한 내용들이 이제 교육 선진국에서 채택되고 있다"   배희철(2009)

핵심역량	이유	측면
① 도구를 상호 교류하며 사용할 것	• 최신 기술에 뒤떨어지지 않기 위한 필요성 • 자신의 목적에 도구를 적용할 필요성 • 세계와 적극적으로 교류할 필요성	A. 언어와 상징 텍스트를 상호 교류하며 사용한다. B. 지식과 정보를 상호 교류하여 사용한다. C. 기술을 상호 교류하여 사용한다.
② 이질 집단에서 상호 교류할 것	• 다원적 사회에서 다양한 것을 취급할 필요성 • 공감의 중요성 • 사회 자본의 필요성	A. 타인과 원만한 관계를 유지한다. B. 팀을 짜서 협동하여 일한다. C. 충돌을 관리하고 해결한다.
③ 자율적으로 행동할 것	• 복잡한 세계에서 자신의 정체성과 목표를 설정할 필요성 • 권리를 실행하고 책임을 질 필요성 • 자신의 환경과 그 기능을 이해할 필요성	A. 커다란 상황 안에서 행동한다. B. 인생 설계와 개인적 계획을 짜고 실행한다. C. 권리와 이해, 경계, 필요성을 지키고 주장한다.

새로운 교육 목표와 기준에 대한 PISA의 논의는 핀란드만이 아니라 세계적 차원에서 비고츠키 교육학의 영향이 빠르게 확대, 적용되고 있음을 보여 준다. 그리고 머지않아 한국에서의 교육 논의에도 직간접적인 영향들을 끼칠 것이다.

4. 비고츠키 교육학과 교원평가

현재 논란이 되고 있는 교원평가는 그 문제점과 부작용에 대해 이미 많은 문제 제기가 있었다. 비고츠키 교육학의 관점에서 본다면 현실적으로 발생하는 문제점을 넘어 '협력적 교수학습'이라는 가장 기본적인 교육 관계를 파괴하는 반교육적인 제도로 규정된다. 그리고 교육 상황 개선을 위한 '교육평가'라는 차원에서 분리된 관점의 교원평가가 아니라 교수학습 과정에 대한 '교사-학생 간 소통'과 '교사 간의 협의'가 활성화되어야 함을 제기한다.

1) 비고츠키 교육학의 핵심 '협력'의 파괴

점수로 비교하는 학생평가도 고쳐야 하는데 교사까지 점수 평가를?

점수 측정으로 전일화된 학생평가도 발달 중심의 질적 평가로 바꾸어 가야 하는데, 교사까지 점수로 평가하는 것은 극단적 역주행이다. 교육노동의 점수화는 측정할 수 없는 것을 점수로 측정하려는 곤란함을 넘어 온갖 비교육적 부작용을 야기할 수밖에 없다.

협력적 교육 본질의 파괴

교원평가에 담겨 있는 잘못된 근본 전제는 교사-학생-학부모 그리고 교사 간의 관계를 협력의 관계가 아니라 경쟁과 감시, 통제의 대립 관계로 설정하는 것이다. 다면적 교원평가는 다면 갈등을 의미한다. 이미 점수 경쟁으로 학생 간 관계는 협력이 아닌 경쟁의 관계로 구조화되어 있다. 그런데 교원평가는 학생 간 협력관계가 제대로 형성되지 못하는 상황을 넘어 교육 관계 전체를 경쟁과 갈등의 도가니로 몰아넣게 된다.

비고츠키 교육학에서 '협력'은 그냥 좋은 교육적 가치와 지향이 아니다. 가장 본질적인 교육의 과정으로서 필수적일 뿐 아니라 교육적 성과를 가장 효과적으로 형성하는 과정이다. 그리고 교육을 통해 발달해야 할 핵심적 고등정신기능이다. 핀란드를 넘어 PISA에서도 현대 교육이 추구해야 할 핵심역량으로 협력적 기능을 강조하고 있다. 한국에서는 교원평가가 마치 현대 교육의 새로운 추세인 양 선전하고 있지만 사실은 거꾸로 시대의 추세를 거스르면서 감행되는 대표적 제도이다. 비고츠키 교육학의 관점에서 본다면 그냥 잘못된 제도의 차원을 넘어 교육의 본질 차원에서 마땅히 폐기시켜야 할 제도이다. 나아가 교원평가 문제를 넘어 기존의 학생평가의 개선을 포함한 교육평가 전반에 대한 새로운 대안적 논의가 필요하다.

2) 바보야, 문제는 '협력 과정'이야!!

교원평가 실시를 정당화하는 이유로 제시되는 것이 '교육력 제고', 즉 교수학습 상황의 개선이다. 만약 교수학습 상황을 개선하기 위한 것이라면 교원평가는 초점을 엉뚱한 데 두는 것이다. 평가론의 측면에서 본다면 교원평가는 '측정할 수 없는 것을 측정'한다는 잘못 외에도 대상을 잘못 설정하는 오류가 있다.

교원평가에 담겨 있는 잘못된 중요한 전제 중의 하나는 교사와 교육 실천을 '교사-학생' 관계, '교수학습' 과정에서 따로 떼어 내어 분리시킨다는 것이다. 따로 떼어 낸 교사의 '교육 실천'을 별도로 평가할 수 있다는 관점은 교육 실천을 '공급'으로 학생의 반응을 '소비'로 보는 시장주의적 관점과 연결되어 있다. 공급의 질에 따라 소비의 질이 달라질 수 있다는 것이다. 예컨대 탑재된 '수업 동영상'을 보고 교원을 평가할 수 있다는 발상은 교육 실천을 방송 강의나 인터넷 강의처럼 상호작용 없는 일방적 행위와 동일시하는 대표적 사례이다.

이 같은 분리된 사고는 매우 잘못된 것이다. 왜냐하면 교사의 교육

실천은 학습자와 역동적으로 교류하는 구체적인 '교수학습' 과정과 분리될 수 없기 때문이다. 실제적인 교육적 성과는 교수학습 과정에서의 교사와 학생 그리고 학생 상호 간의 협력 과정을 통해서 이루어진다. 이렇게 함께 해 나가는 교육활동은 매우 다양하며 역동적이다. 따라서 교사의 동일한 행위도 학생의 상황 및 관계 설정에 따라 다르며 같은 학생과도 상황에 따라 다른 영향을 미친다.

비고츠키 교육학에서는 '교수학습' 과정을 분리될 수 없는 하나의 과정으로 본다. '교수학습'으로 번역되는 'obuchenie'라는 러시아어는 하나의 단어로 되어 있다. 즉 교수학습은 분리할 수 없는 하나의 역동적 과정이라는 것이다. 교수학습 과정을 하나의 통일된 과정으로 보는 관점은 분리된 관점에 비해 교육적으로 타당할 뿐 아니라 또한 실제적이다. 학습자의 상황에 따라서 적합한 방안을 찾으며 상호작용 속에서 유연하고 역동적으로 대응해 나간다. 그러한 과정에서만 효과적이고 실제적인 교육적 성과가 만들어질 수 있다. 따라서 교육 상황을 개선하기 위한 것이라면 교사를 따로 떼어 내 평가하는 것이 아니라, 초점을 교수학습이 전개되는 '협력 과정'에 두어야 한다. '교사-학생' 그리고 '학생 간'의 '협력' 과정이 어떻게 전개되는지 살펴보고 지속적인 변화와 개선을 추구해야 한다.

이를 위해서는 지속적인 '교사-학생 간의 소통'을 통한 협력적 진단과 '교사 간의 협의'가 활성화되어야 한다. '교사-학생 간의 소통'은 때로는 별도의 진단 프로그램이 필요할 수도 있겠지만, 기본적으로는 끊임없이 펼쳐지는 교수학습 과정 자체의 일부가 되어야 한다. 역동적 평가의 의미가 바로 이것이며 그 방식이 일방적인 것이 아니라 소통적, 협력적이어야 하는 것이다. '교사 간의 협의'는 교수학습 과정 및 프로그램에 대한 집단적, 전문적 논의를 의미하며 교육과정의 체계적 개선으로 연결된다.

평가 대상의 오류는 '쓸모없는 일'을 하는 것에 그치지 않는다. 협력적 관계를 구조적으로 파괴하는 것 외에도 교육 실천 자체의 왜곡과 변형을 가져온다. 주어진 평가기준에 따른 교육 실천의 획일화를 가져오기 쉬우며 평가의 압박이 교육적 목적을 대신하게 될 것이다. 그동안 학생평가의 획일성이 누누이 비판받아 왔는데, 이제 모든 교사들이 인터넷 스타 강사들처럼 '예능 기법'을 숙달하여 시행하면 한국 교육의 교육력이 과연 제고될 수 있을까? 답은 물론 '결코 아니오'이다. 일방적 교수는 아무리 좋은 기법으로 무장하고 있더라도 좋은 과정을 이끌 수 없다. 오히려 서로를 배제하는 일방적 교수야말로 가장 나쁜 교육 행위이다.

5. 나가며

교육적 상식과 기본으로 돌아가야

비고츠키 교육학은 결코 특이하거나 심오하지 않다. '인간적 발달', '협력', '자율성' 등 지극히 상식적이고 당연한 교육적 가치에서 출발하고 돌아온다. 다만 정당한 교육적 가치와 방법을 훼손하는 잘못된 논의들에 대해 분명하고도 체계적인 논의를 전개할 뿐이다. 그렇지만 지금의 교육 현실이 너무도 왜곡되어 있기 때문에 비고츠키 교육학은 매우 새롭기도 하다. 최근 비고츠키 교육학이 세계적 차원에서 빠르게 확산되고 있는 것은 바로 이 때문이다.

현실의 변화는 말의 변화에서부터

그동안 '공동체 교육'이든 비고츠키의 새로운 교육학이든 이야기할 때 대부분의 반응이 '말은 좋지만 현실은 다르다'는 식이었다. 맞다. 한국적 현실은 너무 다르다. 그렇지만 '현실은 다르다'가 아니라 '말은 맞다'에 방점을 둘 때 변화는 시작될 수 있다.

교육문제와 관련된 논의 과정에서 가장 당혹스럽고 문제가 되는 것은 현실에 대한 무력감이 아니라 '판단의 이중성'이다. 예를 들어 평가론과 관련해 점수 측정/상대평가 위주의 평가를 옹호하는 사람은 거의 없다. 그러나 다른 차원의 교육문제로 조금이라도 이동하는 순간 순식간에 가장 중요한 판단 기준이 학업성취도라는 점수/상대평가가 되어 버리곤 한다. 일제고사를 통해 전국 차원의 점수와 서열을 알아야 한다거나, 점수로 교원을 평가해야 한다거나 혹은 일제고사는 안 되지만 교원평가는 옳다거나 하는 것들이다. 이런 이중성은 '학벌', '학생인권' 등의 문제에서도 마찬가지로 나타난다.

이 같은 판단의 이중성에 대해 사람들을 비난할 생각은 없다. 교육현실을 총체적으로 바라보지 못할 때 불가피한 것이기도 하다. 그러나 교사, 교육학자, 교육 관료 등 교육 관계자나 지식인층에서 나타나는 이중성은 실천적으로 매우 심각한 문제다. 당장의 현실은 어쩔 수 없겠지만 이중성만 벗어나도 '대안적 담론'만큼은 크게 앙양될 수 있을 것이다. 그럴 때 변화 가능성도 비로소 현실화될 수 있다.

아닌 것은 아닌 것이다, 그리고 비고츠키 교육학의 실천

일제고사, 교원평가 등 미친 경쟁교육이 극을 달리고 있다. 비고츠키 교육학에서 추구하는 상식적이면서도 새로운 교육 시스템을 당장에 실현하기는 어렵다. 그렇지만 '아닌 것은 아닌 것이다'라는 목소리

를 내야 변화의 싹은 마련된다. 그 목소리가 사람들의 판단과 실천을 일깨우는 일종의 근접발달영역을 창출하는 도구인 것이다.

그리고 비고츠키 교육학의 이러저러한 작은 실천들을 어려운 조건에서나마 실험하고 실천해 나가는 것이 필요하다. 작은 학교나 입시에 직접적이지 않은 초등 교육에서는 일정하게 가능할 수 있다. 예컨대 단계에 맞는 발달 기능을 중심으로 지속적인 '관찰'만 하더라도 지금보다 아동, 학생을 훨씬 더 구체적이고 분명하게 이해할 수 있으며, 학부모와도 훨씬 의미 있는 내용으로 상담할 수 있을 것이다. 학생을 체계적으로 더 잘 이해하는 순간 함께해 나가야 할 과제가 구체적으로 설정되어, 교수학습 과정을 제대로 개선해 나갈 수 있다. 비고츠키 교육학이 요청하는 교육 실천의 전문성은 대단하고 복잡한 전문 지식의 습득이 아니라 분명한 기준을 가지고 지속적인 관찰을 통한 '학생에 대한 교육적 이해'라는 전문성이다. '관찰을 통한 이해' 등 비고츠키 교육학의 작은 실천을 전개하고 조직할 수 있다면 교육개혁의 새로운 바람과 동력을 형성할 수 있을 것이다. 왜냐하면 지금의 '입시 교육학'과 비고츠키의 '발달교육학'은 양적 차이가 아니라 질적 차이를 갖기 때문이다.

17

『역사와 발달』을 읽고
-왜 자기행동숙달인가?

이두표(서울 천왕중학교)

비고츠키의 최대이자 최후의 저작은 『생각과 말』이다. 죽음을 앞둔 병상에서 구술로 저술했다는 그 책 속에는 비고츠키의 놀라운 통찰과 새로운 아이디어들이 넘쳐난다. 그런데 지금으로부터 무려 80년 정도 전의 책 내용을, 가뜩이나 전문적이고 많은 인용으로 가득 찬 책을 배경지식 없이 한 번 읽고 이해한다는 것은 불가능해 보인다. 38년이라는 짧은 생애 동안 러시아 혁명기라는 시대적 배경 속에서 비고츠키는 과연 무엇을 하고자 했는가? 왜 심리학에 입문했으며, 입문한 지 10년이라는 짧은 연구 기간 동안 어디서 시작해서 어디를 거쳐 『생각과 말』에까지 이르게 되었나? 이에 대해 비고츠키 선집 3권 『어린이 자기행동숙달의 역사와 발달 I』을 읽고 세미나를 한 경험으로 비고츠키의 의도와 생각의 변화 과정 등을 나름대로 가늠해 보고자 한다.

비고츠키는 '인간이란 무엇인가', 즉 인간의 본질을 탐구하고자 했다. 신이 창조한 피조물이 아닌 인간으로서, 비고츠키는 인간의 본질을 인간의 놀라운 정신 발달에서 찾은 것으로 보인다. 비고츠키는 이를 고등정신기능이라고 부른다. 고등정신기능이 하늘에서 뚝 떨어진 것이 아니기에, 비고츠키는 이를 탐구하기 위해 자신의 주요 연구 방법인 발생적 방법을 이용해 과거로, 역사로 돌아간다. 계통발생적으로 인간의 선역사인 호미노이드(사람과科의 동물)의 발달을 연구하고, 개체발생적으로 인간의 발달을 연구하기 위해 아동을 연구한 것이다. 이 과정에서 비고츠키가 찾은 고등정신기능의 핵심은 '자유의지'로 보인다. 인간의 지능이 아무리 놀랍게 발달했다고 하지만, 동물에서도 지능의 맹아는 발견된다. 지능을 뛰어넘어 동물과 구별되는 핵심은 인간의 자유의지이다. 이 자유의지도 땅 속에서 솟아난 것이 아니기에 발생적으로 그 존재를 이끌어 내는 것은 곧 자유의지의 본질까지 밝혀 내는 핵심 과제가 된다. 그리고 비고츠키는 그 발생의 핵심을 자연에서 이루어지는 생물의 진화를 넘어선 사회 속에서의 인간의 문화적 발달에서 찾는다. 그 발달과정에서 핵심 역할을 하는 것은 매개로서, 기호로서의 말이다. 인간의 자유의지를 신의 힘이나 다른 정신적 관념에서 찾는 관념론을 비판하면서, 기존의 다른 연구들을 발판으로 삼아 자신만의 설명을 만들어 나간다.

비고츠키는 '자극 → 반응' 구조에서 시작한다. 동물 행동은 외부 자극과 그에 대한 반응으로 설명이 가능하다. 동물이 생존을 위해, 특정 자극에 대한 정해진 반응의 짝을 몸속에 유전적으로 각인시켜 놓은 것을 무조건 반사(본능)라고 부른다. 그러나 변화무쌍한 자연환경 속에서 무조건 반사만으로 생존하는 것은 불가능하다. 무조건 반사를 토대로 특정 자극에 대해 생존에 유리한 새로운 반응의 짝을 형성하는 것이 가능한데, 이를 조건 반사(습관)라고 부른다. 대부분의 동물 행동은 이 정도로 설명이 가능하다. 조건 반사를 이용하면 서커스에 나오는 동물의 훈련이 대부분 가능하다고 한다.

그러나 비고츠키는 이러한 단순한 '자극 → 반응' 구조만으로 고등 정신기능을 설명할 수는 없다고 생각한다. 『역사와 발달』 2장에서 비고츠키는 '흔적기능'을 도입한다. 비고츠키는 흔적기능이 "고등심리기능에 역사적으로 접근할 수 있는 발판이 되며, 원시인 심리학과 인간의 고등 심리학 사이의 다리가 된다"라고 말한다. 비고츠키는 주사위 던지기(자유의지의 흔적 형태), 매듭 묶기(문화적 기억의 흔적 형태), 손가락으로 셈하기(문화적 산술의 흔적 형태)의 세 가지 흔적기능을 분석한다. 흔적기능의 분석을 통해 비고츠키는 새로운 행동 형태 구조의 핵심 변화가 '자기 자극', 즉 자기 스스로를 통제하는 '보조 자극'의 도입이라는 것을 발견한다. 인간은 어떤 행동을 할지 결정하기 위해 주사위를 던지고, 기억을 돕기 위해 매듭을 묶고, 손가락을 이용하여 수를 센다. 여기서 주사위, 매듭, 손가락은 인간이 스스로 상황에 도입한 자기 자극이다. 이로써 인간은 특정 자극에 바로 반응하지 않고, 인위적으로 보조 자극을 도입하고, 그 보조 자극의 도움을 받아 스스로의 반응을 통제하게 된다. 비고츠키는 이를 '자기행동숙달'[29]이라고 부르며, 거기서 인간의 '자유의지'의 근원을 발견한다.

고등 구조의 특징이 원시적 통합성의 분화이자 두 극단(자극-기호와 자극-대상)의 분명한 분리라고 말할 수 있다. 그러나 분화는 모든 조작 전체가 새로운 특성과 새로운 의미를 갖는다는 또 다른 측면을 갖는다. 새로운 전체 조작의 의미를 자기 행동 과정 숙달을 나타낸다고 말하는 것 이상으로 더 잘 설명할 수는 없을 것이다. 선택 반응 도식의 경우 인간은 스스로 연결과 반응 경로를 만들고, 자연적 구조를 다시 만들며, 기호를 통하여 스스로의

---

29. 숙달이라는 용어는 영어의 master를 번역한 것이다. master에는 지배나 통제라는 뜻과 숙달이라는 뜻이 동시에 존재한다. 때때로 '숙달'이라는 용어를 보고 통제나 지배를 떠올리는 것이 문맥 이해에 도움이 되는 경우가 있는 것 같다.

행동 과정을 자신의 의지에 종속시킨다. 『역사와 발달 I』, 4-14~15

화학에 따르면 우주의 모든 물질은 100여 가지 원소로 이루어져 있다. 모든 생물체도 원소로 이루어져 있다. 그러나 원소에 대한 연구만으로 생물체를 낱낱이 설명할 수는 없다. 그래도 생물체의 바탕이 원소라는 사실이 달라지는 것은 아니다. 생물체의 모든 유전 정보를 가지고 있는 DNA는 원자 구조로 설명이 되고 있다. DNA 연구와 조작에 화학적 지식은 필수적이다. 동물 행동의 근본 원리는 '자극 → 반응' 구조로 보인다. 그러나 인간의 고등정신기능은 '자극 → 반응' 구조만으로 낱낱이 설명할 수 없다. 그렇지만 고등정신기능의 바탕인 자기행동숙달을 위해 새롭게 도입된 자기 자극도 결국은 자극의 일종이다. 인간 행동 원리의 근원에는 '자극 → 반응' 구조가 존재한다. 비고츠키는 이를 다음과 같이 설명한다.

자연 과정의 숙달과 마찬가지로, 자기행동숙달은 이러한 현상을 지배하는 기초 법칙들을 폐지하는 것이 아니라 그것에 따르는 것을 의미한다. 우리는 기본적 행동 법칙이 곧 자극-반응 법칙임을 안다. 우리는 적절한 자극을 통하지 않고서는 자기 행동을 숙달할 수 없다. 행동 숙달의 핵심은 자극 숙달과 함께한다. 따라서 행동 숙달은 간접적 과정이며 항상 어떠한 보조 자극을 통해 완성된다. 『역사와 발달 I』, 4-24

'자기행동숙달'은 모든 고등정신기능의 바탕이 된다. 이때 자극과 반응 사이에 도입되어 스스로의 행동을 통제하게 만들어 주는 '자기 자극' 수단을 비고츠키는 '기호'라고 부른다.

도구 혹은 우회로는 외적 상황에 있는 무언가의 변화에도 초점을 둘 수 있지만 우리가 염두에 두고 있는 특징은 오직 사람의 반응이나 행동을 변화시키기 위해 사용된다. 기호는 대상 자체는 전혀 변화시키지 않고 정신 조작을 다른 방향으로 이끌거나 재구조화할 뿐이다. 『역사와 발달 I』, 4-34

비고츠키는 "인간은 인공적으로 조건화된 자극 체계를 창조하였으며, 이를 통해 각각의 인공적 연결을 창조하고 스스로에게 필요한 반응을 유발한다. 결정론이라는 개념 자체가 인간화된다. 인간 행동을 결정하는 가장 중요한 요소는 자연이 아닌 사회이다"라고 말한다. 기호의 핵심은 언어이다. 인간은 언어를 통해 자기 행동을 숙달하며, 언어 속에는 인간 발달의 역사가 들어 있다. 인간은 언어를 통해 서로를 변화시키며, 그 영향력은 언어를 매개로 후세까지 전달되어 미래의 인간에게도 미치게 된다. 인간은 이를 통해 동물 존재를 넘어서 질적으로 다른 존재가 되어 스스로를 의식하게 된다. 비고츠키는 기호의 일종인 언어의 기능을 철저히 연구하고, 그 역할을 확장시킴으로써 심리학의 영역을 사회, 문화로까지 확장시킨다.

그렇다면 자유의지란 무엇인가? 쉽게 생각하듯이 자기가 하고 싶은 것을 마음대로 할 수 있는 능력이 자유의지인가? 자유의지는 그렇게 단순한 문제는 아닌 듯 보인다. 한편으로 우리는 인간이 자유의지를 갖고 있다고 말하며, 자유를 가진 인간만이 진정한 인간이고, 인간의 역사 자체가 자유의 쟁취를 위한 투쟁의 역사였다고 말한다. 다른 한편으로 인간은 사랑이나 대의를 위해 스스로의 목숨을 버리기도 하고, 순전히 재미를 위해 무의미한 일을 반복하기도 하는 존재이다. 그러면서도 인간은 자기 행동에 의미를 부여하는 경향이 있으며, 적당한 의미를 부여하여 끊임없이 자신의 행동을 합리화하고 싶어 한다. 그리고 인간의 욕망까지도 창조하고 조절하는 자본주의 사회에서 자기가 하고 싶은 일이라고 생각하는 것도 사실은 사회 속에서 만들어진 것일 수 있다. 자기도 모르게 의식하지 못하면서 만들어진 욕망에 따르는 것은 자유의지라기보다는 조건 반사에 가까운 것이 아닐까? 그렇다면 어디까지가 나의 생각이고 어디까지가 만들어진 생각인가? 그 경계선을 긋는 것이 가능하기나 할까? 어쩌면 자유의지는 허상일지도 모른다. 자기행동숙달만이 있을 뿐이다.

비고츠키는 교육에서 자기행동숙달이 갖는 의미를 다음과 같이 설명한다.

> 심리학과는 반대로 교육학적 질문 속에서 자기행동숙달은 오랫동안 중심 문제로 여겨져 왔다. 현재의 교육은 행위를 자발적 의지로 바꾸도록 제안한다. 외적 규율과 강제된 훈련 대신에 독립적 행동 숙달이 존재한다. 이것은 어린이의 자연적 경향을 억누르지 않으면서 그들의 자기행동숙달과 연관된다. 이런 식으로 복종과 선의는 배후로 물러서고 자기숙달 문제가 전면으로 나오게 된다. (…) 어린이는 자기숙달을 통해서 복종을 배워야 한다. 자기숙달을 토대로 복종과 의지가 세워지는 것이 아니라 자기숙달 속에 복종과 의지가 포함된다. 『역사와 발달 1』, 4-17~18

이는 교사로서 교실에서 맞부딪치는 아이들의 통제 문제에 대한 원론적인 해답을 제공하는 것으로 보인다. 비고츠키의 가르침은 교사로서의 경험 속에서 우리가 이미 알고 있는 것들인 경우가 많다. 그것을 뿌리부터 이해할 때 우리는 끊임없는 규율과 강제에 의한 교육이라는 유혹에 흔들리지 않고 나아갈 수 있을 것이다. 인간다운 인간을 키우고자 하는 것이 교육이라면, 교육의 핵심 문제는 어린이의 자기행동숙달의 문제가 될 것이다. 그렇다면 자기행동숙달을 어떻게 가르칠 것인가? 규율과 강제가 아니라고 무조건 하고 싶은 대로 하도록 자유만 주는 것도 답은 아닐 것이다.

비고츠키는 『역사와 발달 Ⅰ』 5장에서 인간의 고등정신기능이 어떻게 발달하는지 연구하여 이 유명한 '발생 법칙'을 정식화한다. 여기까지가 『역사와 발달 Ⅰ』의 내용이며, 비고츠키는 『역사와 발달 Ⅱ』에서 개별 연구로 나아간다. 『역사와 발달』의 서술은 Ⅰ권의 이론적 연구에서 Ⅱ권의 개별 연구로 나아가지만, 실제 연구는 개별 연구에서 시작하여 이론적 종합으로 나아갔을 것이다. 『역사와 발달 Ⅱ』에서 비고츠키는 말(6장), 쓰기(7장), 산술(8장), 자발적 주의 집중(9장), 논리적 기억(10장), 생각(11장), 자기 통제(12장) 등의 발달을 특유의 발생적 방법을 이용해 설명한다. 이 모든 고등정신기능 발달의 중심에 자기행동숙달이 있다. 물론 여기에 교사로서 부딪치는 실천적 문제에 대한 '요술 방망이' 같은 해답이 제시되어 있지는 않을 것이다. 그런 해답이 있다고 말하는 것이야말로 거짓말의 시작일지도 모른다. 그러나 인간의 본질에 근접할수록 그 발달과정을 자세히 이해할수록 그 답에 조금씩 다가가게 될 것은 분명하다.

18

고등정신기능의 형성

이두표(서울 천왕중학교)

1. 고등정신기능이란?

1) 고등정신기능이란?

심리학자로서 비고츠키는 인간이란 무엇인가, 즉 인간을 인간답게 하는 본질이 무엇인지 탐구했다. 비고츠키는 다른 동물과 구분되는 인간의 본질을 인간의 놀라운 정신기능에서 찾았다. 그리고 비고츠키는 일반적인 인간이라면 누구나 갖고 있는 이러한 보편적 정신기능을 고등정신기능이라고 불렀다. 교육에 비추어 생각해 보면 고등정신기능을 발달시키는 것이 교육의 목표라 말할 수 있다. 다른 말로 표현하면 고등정신기능의 발달이란 자유의지를 가진 주체적 인간의 형성이라는 문제와 맞닿아 있다.

고등정신기능higher mental function은 그 명칭 때문에 많은 오해를 낳기도 했다. 특히 '고등'(영어로 higher)이라는 말이 그 오해의 주범인 것 같다. 한편으로는 우리말에서 고등이라는 말이 등급이나 수준이 높다는 것을 의미하기 때문이며, 다른 한편으로는 고등의 반대말로 생각되는 말들(하등, 저등, 초등)이 부정적 어감을 갖기 때문이다. 따라서 고등정신기능이란 무언가 굉장히 수준 높은 기능이어서 아무나 도달할 수 없는 것이라거나, 고등정신기능을 발달시키지 못한 경우 열등하다거나 심각한 결함을 가진 것으로 오해할 여지가 많다. 그러나 비고츠키가 말하는 고등정신기능은 동물과 구별되는 인간만이 가지는 고유하고 보편적인 정신기능이다.

또한 고등정신기능의 토대가 되는 기능을 영어로는 'lower mental function'이라고 하는데, 두 개념을 반대 개념으로 이해하여 고등의 반대면 하등이냐는 식의 오해나 거부감을 갖는 경우가 있다. 이런 오해를 의식해서인지 비고츠키에 관한 여러 번역서에서는 고등정신기능을 '고차(적) 정신기능'이라 부르기도 하고, 'lower mental function'을 저차적 정신기능, 초등정신기능, 기초정신기능 등으로 다양하게 번역하고 있는데 모두 같은 개념을 가리킨다. 또 '정신mental' 대신 '심리psychological'라는 말을 써서 고등심리기능, 저차적 심리기능이라고 쓰기도 하는데 모두 같은 말이다.

정리하면 고등정신기능은 같은 인간 간의 차이나 차별을 나타내는 개념이 아니라, 동물과 달리 인간만이 가지는 고유한 문화적 행동 형태를 가리키는 말이다. 대화를 할 때 인간은 상대방을 보면서, 상대방의 말에 주의를 기울여 듣고, 생각하여 대답을 한다. 소설을 읽을 때 인간은 글을 보고, 주의를 기울여 읽고, 소설 속의 상황을 상상하고 공감한다. 어떤 문제를 해결해야 할 때 인간은 해결책을 생각하고 계획하며 미리 마음속으로 실행해 보기도 한다. 이런 다양한 일반적 상황에서 인간이 사용하는 정신기능을 고등정신기능이라고 한다. 무슨 신비하고 터득하기 어려운 기능이 아니라, 사회 속에서 살아가는 인간의 보편적 정신기능일 뿐인 것이다.

2) 고등정신기능의 종류

이해를 돕기 위해 고등정신기능과 기초정신기능을 대비시켜 설명해보겠다. 고등정신기능이 인간만이 가지는 보편적 정신기능이라면, 기초정신기능은 동물로서 인간이 자연적으로 가지고 태어난 기능이다. 그냥 보고, 듣고, 맛보고, 느끼고, 집중하고, 기억하고, 생각하는 기능들을 기초(정신)기능이라고 부른다. 이 중 지각, 주의, 기억, 생각의 네 가지 기능을, 고등정신기능과 기초정신기능으로 쌍을 지어 나누어 다소 도식적으로 대비시켜 보면 다음과 같다.

- **고등정신기능(능동적, 의지적):**
  범주적 지각, 자발적 주의, 논리적 기억, 개념적 사고
- **기초정신기능(수동적, 반응적):**
  반응적 지각, 반응적 주의, 자연적 기억, 실행적 사고

인간이 다섯 가지 감각 기관(눈, 귀, 코, 혀, 피부)을 통해 외부의 사물을 인식하는 작용을 지각이라고 하는데, 아직 세상 경험이 별로 없고 사물의 명칭을 배우지 못한 유아가 눈에 보이는 외부 전경을 있는 그대로 (수동적으로) 지각하는 것을 반응적 지각이라고 부른다. 특히 말을 배우지 않은 유아에게 세상은 뭔지 모르는 것들이 마구 뒤섞인 상태, 즉 혼합적으로 보인다고 한다. 이에 반해 인간은 경험을 쌓고 사물의 명칭을 배우게 됨에 따라 세상을 분석적으로 여러 범주로 나누어 지각하게 되는데, 이러한 지각을 범주적 지각이라고 한다. 간단히 말해 자동차를 모르는 어린이에게 자동차는 큰 소리를 내며 빠르게 지나가는 크기가 큰 물체(반응적 지각)일 뿐이지만, 자동차를 타는 경험을 쌓고 명칭을 배운 후 자동차는 어딘가 새로운 곳으로 가게 되는

기대를 일으키거나, 멀미를 일으키는 등의 특별한 것(범주적 지각)으로 지각되게 된다.

집 밖으로 처음 나간 유아에게 세상은 복잡하지만, 큰 경적을 울리며 달려가는 자동차는 어린이의 눈을 잡아끌 수 있다(수동적). 이때 어린이가 자동차에 집중하게 되는 것을 반응적 주의라고 한다. 그러나 어린이가 점차 커 가며 자동차를 좋아하게 되면서 자동차의 타이어만 보고도 자동차의 이름을 맞히는 경우가 있는데, 이때 자동차나 그 타이어에 스스로(능동적으로) 집중하게 되는 것을 자발적 주의라 부른다. 어린이는 시각적 대상의 지배를 받지만 성인은 자신의 주의를 스스로 통제할 수 있게 된다는 것이다. 그렇다고 성인이 자발적 주의만 이용한다는 것은 아니다. 성인이 도로에서 운전을 하다가 뒤에서 울리는 큰 경적 소리를 듣고 주위를 살피거나, 자동차 앞으로 갑자기 나타난 행인에게 주의를 집중하게 되는 것은 반응적 주의라고 할 수 있으며, 도로 주행 중 안전거리를 확보하기 위해서 전방을 계속 주시하는 것은 자발적 주의라고 말할 수 있다.

지각한 것을 자연스럽게 기억하는 뇌의 기능을 자연적 기억이라 부른다. 그런데 언어를 배우면서 고등정신기능이 발달하게 되면 어떤 상황을 논리적으로 기억하고 능동적으로 기억하게 된다. 예를 들어 운전을 하면서 자주 다니는 길을 반복을 통해 기억하는 것을 자연적 기억이라고 한다면, 운전면허를 따기 위해 필기시험 문제를 암기하거나 운전 요령을 스스로 익히는 것은 능동적 기억이라 할 수 있다. 똑같은 영화를 보고도 자연적 기억에 주로 의존하는 어린이들은 전체 줄거리보다는 특정 사물이나 장면을 세밀하게 기억(주인공이 쓴 모자의 색깔 등)하는 반면, 어른들은 세세한 장면은 잘 기억하지 못하지만 전체 줄거리는 잘 기억하곤 한다. 상황을 논리적으로 파악하여, 지각한 이미지가 아니라 관념, 생각, 논리적 관계를 기억하는 것이다. 또한 반복에 의한 기계적 암기는 지루하고 시간이 많이 걸리지만, 의미로 엮어진 기억은 단 한 번의 경험만으로도 쉽게 기억될 수 있는데, 이러한 기억을 논리적 기억, 다른 말로 언어적 기억, 개념적 기억이라 부를 수 있다.

마지막으로 생각 기능을 살펴보겠다. 생각 기능을 실행적 사고와 개념적 사고로 대비시키는 것은 다소 생소하다. 유인원 같은 동물은 분명 지능을 가지고 있다. 즉 생각을 한다. 유인원은 높은 곳에 있는 바나나를 얻기 위해 막대기와 같은 도구를 사용할 수 있다. 그러나 유인원의 사고에는 한계가 있으며, 시각적 장에 종속되어 있기 때문에 시각적 사고라고 부르기도 한다. 예를 들어 나란히 있는 두 개의 짧은 막대기를 연결하여 높은 곳에 있는 바나나를 딸 수 있는 침팬지가, 똑같은 짧은 막대기를 X자 모양으로 손에 쥐어 주기만 해도 막대기를 연결하지 못해 바나나를 따지 못한다고 한다. 이처럼 눈에 보이는 먹이를 얻기 위해 눈에 보이는 도구를 이용하는 침팬지 등의 사고를 실행적 사고(시각적 사고)라고 부른다면, 먹을 것을 얻기 위해 눈에 보이지 않는 도구를 스스로 찾고 준비하고 계획할 수 있는 인간의 고차적 사고를 개념적 사고라고 부를 수 있다.

이와 같이 기초정신기능과 고등정신기능은 질적으로 분명히 다른 것이다. 전체적으로 기초정신기능은 수동적이고 반응적인 특징을 가지고 있다. 보이는 대로 보고 들리면 듣는 것이 반응적 시각이고, 박수 소리가 들리면 나도 모르게 쳐다보게 되는 것이 반응적 주의다. 어떤 자극에 수동적으로 반응한다. 자연적 기억과 실행적 사고도 마찬가지다. 하지만 고등정신기능은 그렇지 않다. 고등정신기능은 능동적이고 의지적이다. 내가 보고 싶은 것을 골라서 보고, 마음만 먹으면 작은 소리에도 주의를 기울일 수 있으며, 스스로 생각하고 의지를 가지고 암기한다. 해결해야 할 문제를 스스로 설정하고 생각을 전개한다. 고등정신기능의 능동적이고 의지적인 특징은 앞서 말했던, 고등정신기능의 발달이 자유의지를 가진 주체적 인간 형성의 문제와 일맥상통한다는 것을 다시 한 번 분명히 보여 준다.

2. 고등정신기능의 발생

1) 고등정신기능의 의의와 특징

<u>고등정신기능의 유무는 인간과 동물을 구분하는 매우 중요하고 결정적인 경계가 된다.</u> 사실 기초기능만 따지면 동물이 인간보다 뛰어난 경우가 많이 있다. 뛰어난 시각으로 사냥을 하는 매, 매우 뛰어난 후각을 지닌 개, 강한 앞발과 이빨을 가진 호랑이, 나무를 잘 타는 원숭이 등은 특정 기능이 인간보다 훨씬 더 뛰어나다. 하지만 인간은 다양한 도구를 이용하여 기초기능을 뛰어넘고, 다양한 기호를 통해 고등정신기능을 발달시킴으로써 상상적 창조력을 발휘하여 모든 동물을 뛰어넘은 존재가 되었다. 또한 고등정신기능의 발달은 수동적이고 반응적인 동물 존재를 뛰어넘어, 능동적이고 의지적인 인간 존재를 가능하게 함으로써 인간 개개인이 인간다운 인간으로 살아갈 수 있는 토대를 제공하게 되었다.

앞에서는 고등정신기능의 이해를 돕기 위해, 기초정신기능과 고등정신기능을 각각 지각, 주의, 기억, 사고 기능으로 나누어 대비시켰다. 마치 기초정신기능인 반응적 지각이 발달해 고등정신기능인 범주적 지각이 되고, 반응적 주의가 발달하여 자발적 주의가 되고, 자연적 기억

이 발달하여 논리적 기억이 된다는 식이다. 실제로 생물학적으로 볼 때 기초기능으로서의 지각, 주의, 기억, 사고 기능은 어느 정도 구분이 분명한 별개의 기능이다. 하지만 고등정신기능은 사실 기초기능과는 달리 그 경계가 뚜렷이 갈라져 구분되는 것이 아니라, 총체적으로 서로 연결되어 있다. 즉 인간이 활동을 할 때 여러 가지 고등정신기능은 따로따로 독립적으로 작용하지는 않는다. 책상 위에 어지럽게 놓인 서류 더미 속에서 중요한 서류를 찾아야 할 경우, 서류를 보는 범주적 지각, 서류의 특징에 집중하는 자발적 주의, 그 서류에 대한 기억과 생각 기능은 복잡하게 얽혀 동시에 작용하게 된다. 집중해서 보면서 생각을 해야 하고 생각을 하려면 기억이 있어야 한다.

또한 고등정신기능은 반드시 기초(정신)기능을 토대로 한다. 보고 듣고 느끼는 자연적 지각 없이 범주적 지각은 불가능하며, 특정 자극에 집중하는 반응적 주의가 없다면 자발적 주의도 불가능할 것이다. 마찬가지로 뇌에 기본적인 자연적 기억능력이 없다면 어떤 기억도 불가능하기 때문에, 논리적 기억은 그 토대를 상실하게 된다. 다시 말해 기초정신기능 없이는 고등정신기능도 없다고 할 수 있다. 이와 관련한 문제는 고등정신기능의 총체성에 대한 논의에서 좀 더 자세히 설명할 것이다.

2) 고등정신기능의 발생

고등정신기능이 어떻게 생겨났고(동물 → 인간) 어떻게 생겨나는지(어린이 → 성인), 즉 고등정신기능의 발생 문제를 살펴보겠다.

앞의 예를 잘 살펴보면 기초정신기능은 주로 어린이나 동물의 기능으로 묘사되고, 고등정신기능은 주로 성숙한 인간의 기능으로 묘사된 것을 볼 수 있다. 즉 기초정신기능은 어린이나 동물에서도 나타나지만, 고등정신기능은 진화한 인간이 성숙하게 됨에 따라 나타나는 기능이라는 것이다. 유물론적 측면(과학적 진화론의 측면)에서 볼 때, 인간은 처음부터 자유의지를 갖추고 신에 의해 창조된 것이 아니므로, 인간의 고등정신기능은 갑자기 하늘에서 뚝 떨어진 것이 아니다. 따라서 원래 동물에게는 없던 고등정신기능이 인간에게서 어떻게 생겨났는지를 탐구하기 위해 비고츠키는 발생적 방법을 이용해 과거로, 역사로 돌아간다.

비고츠키는 이때, 생물이 진화하면서 고등정신기능을 갖춘 인간이 출현하게 된 과정을 계통발생이라 부르고, 새로 태어난 갓난아기가 성인으로 성장하면서 고등정신기능을 갖추게 되는 과정을 개체발생이라 부르며 둘을 엄격히 구분한다.

더 나아가 비고츠키는 계통발생에서 인간의 고등정신기능이 발달한 노선을 두 가지로 구분한다. 그 구분에 따라 고등정신기능과 기초정신기능을 계통발생적으로 정의하자면, 기초정신기능은 인간이 생물학적 발달 노선, 즉 진화의 결과로 갖게 된 기능을 말하며, 고등정신기능이란 역사적-문화적 발달 노선의 결과로 갖게 된 인간만의 새로운 정신기능이라고 할 수 있다. 따라서 고등정신기능을 바르게 이해하기 위해서는 생물학적 진화와 역사적-문화적 발달 노선을 구분하는 것이 필수적이며, 고등정신기능의 발달에 필수적인 역사적-문화적 발달 노선을 특별히 사회발생이라 부르기도 한다.

〈계통발생의 두 노선〉
- **생물학적 발달 노선(진화)**: 생물적 유형의 변화
- **문화적 발달 노선(역사, 사회발생)**: 생물적 유형의 변화 없이 일어남

앞서 말했듯이 인간의 고등정신기능은 기초정신기능을 토대로 하기 때문에, 고등정신기능은 계통발생의 두 노선을 따라 연속적으로 발달해 왔다고 말할 수 있다. 다시 말해 고등정신기능이 발달하려면 생물학적 진화가 필수적이다. 생물학적 발달 노선은 생물적 유형의 변화, 즉 생물학적 기관의 변화를 동반한다. 팔다리가 진화하고 뇌가 진화해야 한다. 반면에 문화적 발달 노선은 생물적 유형의 변화 없이 일어난다. 사회적 생활을 하면서 인간은 인공기관인 도구를 발달시키고, 인공지능인 기호를 발달시킴으로써 동물의 한계를 뛰어넘는다. 다시 말해 고등정신기능은 손이나 뇌 같은 생물학적 기관의 진화를 동반하지 않으면서 발달한다. 따라서 고등정신기능은 사회적 발달의 산물이며, 인간의 문화적 행동 발달의 가장 중요한 측면 중 하나라고 할 수 있다.

분명히 고등정신기능을 가진 것은 인간뿐이다. 진화적으로 인간과 가장 유사한 동물인 침팬지라 할지라도 기초적인 도구 사용을 위한 지능 이외에 인간과 같은 고등정신기능을 소유하지는 못한다. 즉 고등정신기능 발달은 적절한 생물학적 토대를 전제로 한다. 인간만이 다른 동물과 달리 고등행동형태를 가능하게 하는 뇌의 새로운 '층'을 갖는다. 하지만 생물학적 토대를 가졌다고 해서 인간이 저절로 고등정신기능을 소유하게 되는 것은 아니다. 말을 배우지 못할 경우 인간은 고등정신기능을 발달시키지 못한다. 인간은 사회생활을 하면서 역사적으로 고등정신기능을 발달시켜 왔다. 인간은 사회발생을 통해 뇌의 생리적 변화와는 무관하게 새로운 행동 패턴, 즉 고등행동형태를 발달시킨 것이다. 여기까지가 비고츠키가 말하는 계통발생적인 고등정신기능 발달과정이다.

위와 같이 인간은 계통발생(사회발생 포함)을 통해 고등정신기능을 발달시켰지만, 생물학적 토대만으로 고등정신기능이 저절로 발현되는 것이 아니기 때문에, 갓 태어난 인간의 어린아이가 고등정신기능을 발달시키는 것은 또 다른 문제다. 비고츠키는 갓 태어난 어린이는 고등정신기능을 소유하지 않았다고 말한다. 어린이는 자라면서 고등정신기능을 발달시키게 되는데, 이를 개체발생이라고 부른다. 개체발생의 핵심 특징은, 계통발생과는 달리, 계통발생의 두 발달 노선이 융합되어 나타난다는 것이다. 어린이의 개체발생에서는 생물학적 성숙과 문화적 발달이 동시에 일어난다. 어린이가 고등정신기능을 발달시키기 위해서는 인류의 역사적 발달과정에서 성취된 정신기능 발달에 상응하는 과정인 어린이의 문화적 발달이 요구된다.

예를 들어 10달이 된 어린이는 여전히 혼자 걷거나 먹지 못한다. 그러나 이 시기 동안 어린이는 도구 사용에서 침팬지와 같은 수준을 거치면서 최초로 도구를 다루기 시작한다. 어린이의 뇌와 손은 아직 완전히 성숙하지 않았지만, 도구를 다루는 지능은 먼저 그 한계를 넘어선다. 계통발생의 전체 질서가 개체발생에서는 완전히 뒤집혀 나타날 수 있는 것이다. 물론 저차적 기능이 없을 경우 대안적 발달 경로가 필요하게 된다. 청각 장애를 가진 어린이는 말을 제대로 학습하지 못하며, 수화 등의 대안적 발달 경로가 주어지지 않는다면 고등정신기능을 발달시키지 못할 수도 있다.

비고츠키는 개체발생에서 문화적 미발달의 결과로 나타나는 어린이의 모습을 문화적 원시성이라 부르며, 뇌 손상과 같은 생물학적 장애의 결과로 나타나는 정신지체와 구분한다. 인간으로 태어났지만 여러 가지 이유로 문화나 교육이 완전히 결핍된 어린이는, 말을 못하고 지능이 떨어져 보일 경우, 정신지체와 구분되어 보이지 않을 수 있다. 이 경우 통상적으로 머리가 나빠서라고 하며 교육적인 한계를 그어 버리는 것은, 고등정신기능이 제대로 발달할 수 있는 기회를 박탈해 버리는 것일 수 있다. 즉 두 경우의 외적 형태는 매우 유사해 보이지만, 그 원인은 전혀 다를 수 있는 것이다. 따라서 생물학적 발달 노선과 문화적 발달 노선을 구분할 때만 우리는 그 원인을 올바로 파악하고 해결책을 강구할 수 있을 것이다.

3. 도구와 기호의 문제

1) 도구와 기호

비고츠키는 (동물과 구분되는 인간만의 고유한 정신기능인) 고등정신기능 발생의 핵심을, (자연에서 이루어지는) 생물학적 진화를 넘어선 사회 속에서의 인간의 문화적 발달에서 찾았다. 비고츠키는 여기서 더 나아가 문화적 발달을 설명할 수 있는 핵심 연결 고리를 찾았으며, 비고츠키는 그것이 바로 도구와 기호라고 말한다.

과학자들은 흔히 인간 문명의 근원을 도구에서 찾는다. 생물학적 진화 과정에서 직립보행을 하게 된 인간이 두 손의 자유를 획득하게 되고, 걷기로부터 해방된 자유로운 두 손을 가지고 갖가지 도구를 만들어 사용하게 되면서 문명을 발달시키게 되었다는 것이다. 마르크스와 엥겔스는 도구의 본질이 자연에 대한 인간의 매개적 활동이라고 말했다. 매개란 "중간에서 양편의 관계를 맺어 줌, 또는 그 수단이나 활동"이라는 의미를 갖는다. 강한 앞발로 사냥을 하는 사자와 깃털로 이루어진 날개로 하늘을 날 수 있게 된 새들처럼, 대부분의 동물은 자신의 신체를 직접 이용하여 자연에 작용한다. 하지만 인간은 맨손으로 직접 사냥을 하는 대신 창이나 칼을 사용하여 (자신보다) 힘이 센 동물을 사냥할 수 있게 되며, 비행기를 만들어 하늘을 날 수 있게 되었다. 즉 인간은 (자연에 직접 작용하는 동물과 달리) 도구라는 매개를 이용하여 자연에 작용한다는 것이다. 인간은 이러한 도구를 사용함으로써 자신의 생물학적 한계를 뛰어넘는다.

그러나 비고츠키는 (여기서 더 나아가) 도구 사용만으로 인간의 문화적 발달(즉 고등정신기능의 발달)을 완벽히 설명할 수는 없다고 말한다. 인간은 (기억이나 비교, 선택, 계산 등과 같은) 심리적 과업을 수행할 때, 그 촉진물로 기호를 발명하여 사용한다. 기억을 하기 위해 (글로) 메모를 남기고, 길을 쉽게 찾기 위해 지도를 만들고, 숫자를 이용해 (수를 표현하고) 계산을 한다. 글을 이용해 기억의 한계를 뛰어넘고, 지도를 이용해 지형을 총체적으로 파악하고, 숫자를 이용해 복잡한 계산도 척척 해낼 수 있게 된다. 기호의 사용이 문화적 발달을 가능하게 하는 것이다. 이런 식으로 기호는 심리적 과업을 매개한다. 즉 도구와 기호는 모두 매개적 활동이라는 공통점을 갖는다. 하지만 비고츠키는 기호를 심리적 도구라 칭하는 것은 단순한 은유적 표현일 뿐, 둘 사이에는 매우 큰 차이가 있다고 단정한다.

비고츠키는 도구와 기호의 본질적인 차이가 서로 다른 방향성에 있다고 말한다. 도구는 기본적으로 외부를 향한다. 도구는 자연을 향해서 작용하고, 자연을 변화시키고, 자연을 정복한다. 이처럼 도구는 자연, 즉 대상에 변화를 일으키지만, 기호는 조작 대상에 변화를 일으키지 않는다. 전화번호를 메모한다고 전화번호가 바뀌거나, 지도를 만든다고 지형이 변하지는 않는다. 기호는 자신이나 타인의 행동을 변화시킨다. 메모를 통해 기억할 수 있고, 지도로 길을 찾을 수 있게 된다. 즉 기호는 내면을 향한다. 인간은 기호를 이용해 타인과 의사소통하고, 또한 기호를 이용해 자신의 행동을 조절하고 통제할 수 있게 된다.

이러한 차이에도 불구하고 실제로 도구와 기호의 사용은 연결되어 있다. 인간이 자연에 가한 변화는 인간 스스로를 변화시키기 때문이다. 역사적으로 볼 때 항해를 위한 도구인 선박(배)의 발달은 지도의 발달과 함께 일어났고, 어린이들은 장난감 도구를 이용할 때 끊임없이 말을 중얼거린다. 인간의 문화적 발달은 도구와 기호의 사용으로 가능했다는 것이다.

2) 흔적기능: 기호의 역사적 발생

그렇다면 인간의 문화적 발달을 가능하게 한 기호는 어떻게 출현하게 되었을까? 비고츠키는 이를 알아보기 위해 '흔적기능'이라는 것을 탐구한다. 비고츠키에 따르면 기존의 모든 심리학 연구는 '자극-반응' 원칙을 토대로 삼았다. 자극에 반응하는 것은 기본적으로 수동적인 반응이기 때문에, 기초기능은 잘 설명할 수 있다. 하지만 능동적이고 의지적인 특성을 가진 고등정신기능을 잘 설명할 수는 없었다. 그럼에도 일부 심리학파는 모든 고등정신기능을 기초기능으로 환원하여 설명하고자 했으며, 다른 심리학파는 고등정신기능을 주어진 것으로 가정하여 설명을 거부하고 관념론에 빠져들었다. 비고츠키는 이러한 심리학 연구를 넘어서, (자극-반응에서 출발하여) 고등정신기능을 설명하기 위한 새로운 방법론적 공식을 찾고자, (고등정신기능의 사회적 발생의 흔적을 담고 있는) '흔적기능'을 탐구했다.

흔적기능은 과거에 중요한 역할을 담당했던 기능들의 흔적이 지금까지 남아 있는 것이다. 비고츠키는 이러한 흔적기능이 발달의 기록이자, 살아 있는 증인이고, 중요한 역사적 증거라고 말한다. 고생물학자는 작은 공룡 뼈 화석들을 이용해 공룡의 전체 골격을 재구성하고,

고고학자는 별 가치 없어 보이는 고대의 동전이나 아무런 의미가 없어 보이는 긁힌 돌멩이에서 상형문자를 판독하여 지난 역사를 꿰뚫어 볼 수 있다. 마치 의사가 지나쳐 버릴 수도 있는 작은 증상만으로 병을 진단하는 것과 마찬가지다. 이처럼 비고츠키는 고등정신기능의 흔적기능을 탐구하여, 기초정신기능과 고등정신기능 간의 발생적 연결 고리를 찾고자 했다.

비고츠키가 예로 드는 세 가지 흔적기능은 제비뽑기(의사결정), 매듭 묶기(문화적 기억), 손가락으로 수 세기(문화적 산술)이다.

첫째, 비고츠키는 '뷔리당의 당나귀'라는 예화를 이용하여 의사결정의 문제를 도입한다. 뷔리당의 당나귀란 두 개의 동일한 건초 더미의 정중앙에 위치한 당나귀가 어떤 건초를 먹을 것인지 결정하지 못해 굶어 죽게 될 것이라는 이야기다. 완벽히 균형이 맞는 두 자극이 존재할 경우 어떤 반응도 하지 못하리라는 것이다. 비고츠키는 인간이 당나귀와 유사한 상황에 놓였을 때, 즉 결정하기 어려운 문제에 부딪쳤을 때 동전을 던지거나 점을 친다고 말한다. 실제로 인간은 과거에 신탁이나 점성술에 의존해 나라의 중요한 결정을 하던 때가 있었으며, 그러한 행위가 흔적으로 남아 지금도 중요한 의사결정을 해야 할 때 점을 치거나, 동전을 던진다는 것이다. 그러나 그것은 흔적기능일 뿐이다. 현대의 인간은 동전을 던지거나 점을 치기도 하지만 꼭 그 결과에 따르는 것은 아니다.

비고츠키는 여기서 인간의 새로운 행동 구성 원리를 뽑아낸다. 즉 인간은 동전이나 점과 같은 '인공 자극'을 도입함으로써 수동적으로 자극에 반응하지 않고 자신의 반응을 통제할 수 있게 된다는 것이다. 새로운 행동 구성의 핵심은 기존의 자극이 아닌 인간이 스스로 그 상황에 도입한 새로운 자극, 즉 인공적인 자극이다.

또한 비고츠키는 이 흔적기능이, 인간 심리학 전체에서 기본적 질문인 자유의지의 문제와 밀접한 관련이 있다고 말한다.

둘째로, 인간은 무언가 꼭 기억해야 하는데, 기억에 자신이 없을 경우 기억을 돕기 위해 손수건에 매듭을 짓거나, 표지를 남긴다. 이 매듭이나 표지는 나중에 무엇을 해야 할지 기억하는 것을 도와주는 (믿을 만한) 보조 수단으로 작용하게 된다. 비고츠키는 이러한 매듭 묶기가 문자 언어의 가장 초기 형태 중 하나라고 말한다. 실제로 고대 페루에서는 정보를 저장하는 수단으로 '키푸'라고 불리는 잘 발달된 매듭 기록을 사용했다고 하며, 레비-브륄의 연구에 따르면 남아프리카 흑인들은 나무에 새긴 칼자국을 이용해 기억을 한다고 한다.

여기서도 비고츠키는 동일한 구성 원리를 뽑아낸다. 인간은 어떤 자극을 기억하기 위해, 스스로 매듭이나 칼자국 같은 새로운 인공 자극을 도입하여 능동적으로 기억한다는 것이다.

이 흔적기능은 인류 문명에 엄청난 변화를 가져온 문자 언어, 즉 글자의 발명과 밀접한 관련이 있다.

셋째로, 인간은 수 세기가 숙달되지 않았을 때 손가락을 이용해 수를 센다. 비고츠키는 원시적 인간은 양을 직접적으로 지각했으며, 이것이 자연적 산술의 기초라고 말한다. 그러던 인간이 손가락으로 수를 세기 시작한 것은 인류의 중요한 문화적 성과이며, 인간이 자연적 산술에서 문화적 산술로 나아가는, 즉 양에 대한 직접적 지각에서 계산으로 나아가는 과정에서 징검다리 역할을 했다는 것이다. 지금도 손가락이나 신체의 일부를 이용해 수를 세는 원시 부족들이 남아 있으며, 어린이는 수 세기를 내면화하지 못했을 때 손가락을 이용한다.

다시 한 번 비고츠키는 동일한 구성 원리를 뽑아낸다. 인간은 손가락이라는 보조 자극을 도입해 능동적으로 수를 세기 시작한다고 말할 수 있다.

이 흔적기능은 인류 문명 발달에 큰 역할을 담당한 수학 발달과 연결된다.

비고츠키는 위의 세 가지 흔적기능을 논한 후 도식적으로 핵심적인 공통 내용을 뽑아낸다. 흔적기능을 통해 순수한 형태로 드러난 고등정신기능의 구성 원리를 알아내는 것이다(실제 고등정신기능의 작동은 매우 복잡하다). 모든 흔적기능에 적용되는 공통적인 구성 원칙은 보조 자극의 도입이다. 의사결정을 위해 사용하는 동전이나 제비, 기억을 돕기 위해 도입하는 매듭이나 칼자국, 수 세기에 이용하는 손가락은 모두 인공적인 보조 자극이라고 말할 수 있다. 모든 동물들은 자극에 대해 수동적으로 반응한다. 그러나 인간은 자극과 반응을 매개하는 보조 자극을 도입한다. 인간에 의해 스스로 도입된 보조 자극은 자신의 행동을 통제하는 자기-자극이 된다. 비고츠키는 이와 같이 자신의 행동을 통제하기 위해 인간이 만든 모든 보조 자극을 기호라고 불렀으며, 바로 이 기호의 도입으로 인간의 고등정신기능 발달이 가능해졌다고 말한다.

3) 기호의 의의

기호는 본질적으로 인간의 사회적, 역사적, 문화적 발달의 산물이라고 말할 수 있다. 그중에서도 가장 중요한 기호는 인간의 언어, 즉 말이다. 인간은 말을 통해 자극에 대한 즉각적인 반응에서 벗어나, 자신의 행동을 조절할 수 있게 된다.

해결하기 어려운 과업에 직면했을 때, 인간은 말을 이용하여 상황을 파악하고, 문제를 생각하고, 해결책을 계획한다. 예를 들어 높은 곳에 있는 물건을 가지고 싶을 때, 어린이들은 "어떡하지? 손이 닿지 않아. 긴 게 필요해. 의자가 필요해. 의자를 가지고 와야지"라는 식으로 말을 한다. 말은 심리적 댐, 즉 장벽과 같은 역할을 하여, 자극에 대해 즉각적으로 반응하지 않을 수 있게 해 준다.

자극과 반응을 매개하는 보조 자극으로 기호를 도입함으로써, 비고츠키는 자극-반응 원칙을 토대로 고등정신기능을 설명할 수 있는 길을 열었다. 인간은 도구를 사용함으로써 자신의 생물학적 한계를 뛰어넘고, 기호를 사용함으로써 기초정신기능의 한계를 초월한다. 인간은 기호를 통해 자신의 행동을 숙달, 즉 조절할 수 있게 되며, 이는 자유의지의 토대가 된다.

4. 고등정신기능의 총체성

1) 총체성

비고츠키는 고등정신기능이 별개의 기능이 아니라, 하나의 통합된 심리적 체계로 나타난다고 말한다. 이때 고등정신기능을 체계로 통합하는 요인은 세 가지가 있다. 이 세 가지 요인은 앞서 이미 다 다룬 내용들이다.

첫째, 발생적 관점에서 볼 때, 고등정신기능은 계통발생적으로 인간의 역사적 발달의 산물이며, 개체발생적으로 특정 사회에서 펼쳐진 역사의 산물이다. 즉 고등정신기능은 역사적 발달의 산물이기 때문에

서로 연결되며, 생물학적 진화의 산물이 아니기 때문에 기초적 기능들과 구분된다.

둘째, 구조적 측면에서 볼 때, 모든 고등정신기능은 기호를 통해 매개된다. 보통 생물학적 기관의 능력에 좌우되는 기초기능들은 직접적인 성격을 갖는 '자극-반응' 원칙에 토대한다. 하지만 고등정신기능은 자극과 반응 사이에 '보조 자극', 즉 기호를 도입한다. 인간의 고등정신기능은 기호의 핵심인 말을 통해 서로 연결된다.

셋째, 기능적 측면에서 볼 때, 모든 고등정신기능은 능동적인 성격을 갖는다. 고등정신기능은 과업을 의식적으로 파악하고 의지적으로 숙달(통제)한다. 기초정신기능은 수동적이다. 큰 소리가 나면 쳐다보고, 눈에 보인 것을 기억하고, 보이는 한계 내에서만 생각한다. 하지만 고등정신기능은 기호의 도입을 통해 자신의 행동을 스스로 통제한다. 보고 싶은 것을 선택하여 볼 수 있고 눈에 보이지 않는 것도 기억하고 생각할 수 있다.

앞에서 고등정신기능의 개념을 다루면서, 이해를 돕기 위해 기초정신기능과 고등정신기능을 다소 도식적으로 쌍을 지어 비교해 설명했다. 기초정신기능에는 반응적 지각, 반응적 주의, 자연적 기억, 실행적 사고가 있고, 고등정신기능에는 범주적 지각, 자발적 주의, 논리적 기억, 개념적 사고가 있다. 실제로 기초정신기능은 생물학적 기능에 토대한 기능으로, 인간이 자연적으로 가지고 태어나는 별개의 기능들이다.

하지만 고등정신기능은 각각의 기초기능 위에 추가된 별개의 기능이 아니다. 고등정신기능은 자발적 주의, 논리적 기억, 개념적 생각으로 명확히 구분되는 기능이 아니라, 기호를 통해 통합된 고차적 체계라 말할 수 있다.

영화를 예를 들어 설명해 보겠다. 영화를 보고 그 내용을 잘 이해하려면, 일단 영화에 집중해야 하며, 영화에 등장하는 인물이나 사건들을 기억해야 하고, 어떤 인물이 그렇게 행동한 이유나 사건이 발생한 이유를 생각해야 한다. 이때 특정한 사건에 대해 생각을 하려면 등장인물이나 사건의 순서나 내용을 기억하는 것이 필요하고, 잘 기억하기 위해서는 주의를 집중해야 하며, 생각을 깊게 하다 보면 더 작품에 몰입(집중)하게 되기도 한다. 이렇듯 고등정신기능들은 별개로 작동하는 기능들이라기보다는 밀접히 연관되어 통합적으로 작용한다.

또한 비고츠키는 인간 의식이 통합된 전체라고 말한다. 따라서 인간 의식의 지적 측면과 감정적, 의지적 측면을 분리하는 것은 전통적 심리학의 근본적인 결함이라고 말한다.

수학 문제를 열심히 풀고 있는 어린이를 생각해 보자. 문제가 어려움에도 불구하고, 정답을 알아내려고 애쓰는 어린이의 행동을, 어린이의 지적 호기심만으로 설명할 수 있는 경우는 많지 않을 것이다. 정답을 맞히면 엄마가 맛있는 음식이나 좋아하는 핸드폰을 사 주기로 했을 수도 있고, 엄마가 기뻐하는 모습을 보기 위해, 아니면 자신의 장래를 생각하며 문제를 풀고 있을지도 모른다. 즉 고등정신기능은 지성, 정서, 의지의 총체라고 말할 수 있으며, 정서와 의지적 측면 없이 지성적 활동의 원인을 설명할 수 없다.

2) 시사점

고등정신기능은 기호를 통해 통합된 고차적 체계로서, 지성, 정서, 의지의 총체라고 말할 수 있다. 이에 비추어 우리나라 교육을 생각해 보자.

우리나라 교육은 특히 지적 측면과 정서적 측면 두 극단을 병적으로 왔다 갔다 하며 강조하는 경향이 있다. 일단 누가 뭐라고 해도 우리나라 교육의 최종 심급은 대학입시이며, 이 대학입시를 실질적으로 좌우하는 대학수학능력평가시험은 국·영·수·사·과 지필시험이다. 따라서 당연하게도 우리나라 교육은 지적 측면을 극단적으로 강조한다. 시험을 잘 보는 능력을 향상시키는 것에 모든 교육의 초점이 맞추어져 있다고 해도 과언이 아니다. 학교 수업에서 진도 나가기는 역사적 과업이 되며, 조금 긴 호흡을 필요로 하는 정서적 경험이나 주체적 인격 형성 문제는 무시되기 일쑤다.

이렇게 극단적으로 지적 능력만을 강조하는 무한 경쟁 속에서 학생들은 고통을 받게 되며, 경쟁에서 낙오하고 지친 아이들이 주기적으로 여러 가지 사회적 문제를 터트리게 되는 것은 어쩌면 필연적 수순일지도 모른다. 그래서 어떤 사회적 문제가 터질 때마다 교육이 문제의 주범으로 지적되고, 학생들이 머리만 크고 남을 생각할 줄 모른다며 인성교육 강화를 부르짖는 일이 반복되고 있다. 하지만 문제가 나아진 적은 없다. 단지 문제를 당분간 보이지 않게 덮어 놓는 경우가 많은 것 같다.

내가 아는 한 중학교에서는 졸업식 날 학생들이 교복을 찢거나 밀가루와 계란을 뒤집어씌우는 일이 많았다고 한다. 이에 대한 학교의 해결책은 밀가루와 계란 소지 금지, 졸업식 날 교복 착용 금지와 1, 2학년 재학생의 학교 출입을 금하는 것이었다. 학교에서는 사고를 막기 위해 고육지책으로 내세운 처방이겠으나, 졸업식 날 3년간 입고 다녔던 교복을 입지 못하게 하고, 가족이나 학생회 임원 일부를 제외한 후배들이 졸업식에 자연스럽게 참여하여 선배들의 졸업을 축하할 수 있는 기회를 박탈하는 것이 과연 교육적 처방인지는 의심이 든다. 졸업식 사고를 완전히 예방하려면 졸업식 날 졸업생의 학교 출입을 금하면 된다는 우스갯소리가 나올 정도였다고 한다.

중학교에서 시행되는 봉사활동도 비슷한 문제점이 있다. 봉사활동의 취지는 타인의 어려움이나 아픔에 공감하는 정서적 공감대를 키우고, 자발적으로 봉사를 하고자 하는 의지를 키우는 데 있을 것이다. 하지만 봉사활동이 내신 성적에 반영됨으로써 진심에서 우러나오는 봉사가 아니라 점수를 따기 위한 수단으로 전락하여, 봉사활동이 오히려 교육적 목적을 훼손하는 경우가 많은 실정이다.

인성교육을 강화한다며 내리는 다른 처방들도 문제가 있다. 인성교육과 관련이 있어 보이는 처방을 별다른 체계 없이 죽 늘어놓는 경우가 많다. 예를 들어 도덕성 강화를 위한 교육은 인사 잘하기, 복도에서 뛰지 않기, 우측으로 걷기이고, 학생들을 행복하게 만드는 교육은 교문 지도 중간에 학생들 안아 주기, 친구들에게 사과 파이 주면서 사과 편지 쓰기 등이다. 무엇이 원인이고 결과인지에 대한 깊은 고려가 없어 보이며, 외적으로 보이는 표면적 효과에 집착하는 느낌이 든다. 매우 일차원적이며, 총체성에 대한 고려는 전혀 보이지 않는다.

고등정신기능의 온전한 발달을 교육의 목표라 생각하고 그 총체성에 대해 생각해 본다면, 지적 측면만을 강조하는 시험 만능 교육이나 인성을 무턱대고 강조하는 것은 양극단적 편향이며, 이는 고등정신기능을 온전히 발달시킬 수 없을 것이다. 비고츠키는 고등정신기능의 지적 측면과 정서적, 의지적 측면은 분리되어 있지 않고 통합되어 있다고 말한다. 따라서 정서적, 의지적 측면을 무시하고 지적 측면만을 강조해서는 안 되며, 반대로 지적 측면을 무시하고 정서적, 의지적 측면을 잘 발달시킬 수도 없을 것이다.

비고츠키는 고등정신기능의 발달이 두 부류의 현상을 포괄한다고 말한다. 지금까지는 주로 내적인 고등정신기능 발달을 이야기했지만, 고등정신기능을 발달시키기 위해서는 말하기, 읽기, 쓰기, 그리기, 셈하기 등과 같이 외적으로 기호를 숙달하는 과정이 꼭 필요하다. 따라서 다양한 교육활동이 필요하다고 할 수 있다.

우리나라의 일반적인 전통적 수업 방식은 흔히 주입식 수업이라고도 부르는 강의식 수업이다. 교사가 칠판 앞에서 잘 짜인 내용을 학생들에게 일방적으로 쭉 설명하는 식이다. 학생들이 수동적으로 듣기만 하는, 이러한 강의식 수업만으로는 다양한 교육활동을 보장하기 힘들 것이다. 이에 대한 대안으로 나오는 것 중 하나로 자기주도적 학습이 있다. 수동적으로 강의를 듣는 것이 아니라, 스스로 생각하고 주도적으로 학습을 해야 공부를 잘할 수 있다는 것이다. 일면 학생의 학습 측면을 강조한다는 데에서 진일보해 보이지만, 교사의 역할을 너무 경시하는 듯이 느껴지기도 한다(발달교육의 측면에서 보면, 일보 전진이 아니라 이보 후퇴다).

특정한 상황에서는 강의식 수업이 효과를 발휘할 수도 있고, 프로젝트 학습활동이나 자기주도적 학습이 필요할 때도 있을 것이다. 다양한 활동은 다양한 방식으로 가능하며, 한 가지 방법이 만능열쇠와 같은 역할을 할 수는 없다.

5. 창의성에 대한 오해와 진실

1) 창의성에 대한 오해

우리나라 교육에서 창의성은 오래전부터 많은 관심의 대상이 되어 왔다. 특히 교육이 경제 발전의 수단쯤으로 인식되면서, 보편적 인간 발달이 문제가 아니라, 몇만 명을 먹여 살린다는 스티브 잡스 같은 인재 양성이 교육의 목표가 되는 천박한 교육관 속에서 창의적 인재 양성을 위한 창의성 교육은 탄탄한 이론적 배경 없이 무조건 강조되어 온 경향이 있다. 앞에서 언급한 고등정신기능에 관한 논의를 기반으로 창의성 문제를 살펴보고자 한다.

먼저 창의성에 대한 일반적인 오해 세 가지를 살펴보겠다.

첫째, 많은 사람들이 아이가 어릴수록 상상이 풍부하고 창의성이 크다고 생각한다. 따라서 일반적인 학교교육을 받을수록 마치 어린이의 상상력이 고갈되고 점점 없어진다는 인상을 주기도 한다. 하지만 일종의 고등정신기능으로 볼 수 있는 상상력은 발달하는 것이므로 어릴수록 상상력이 크다는 것은 오해이며, 어린이의 상상은 아직 미성숙한 상태다.

비고츠키에 따르면 어린이의 생각은 지극히 구체적이고 즉각적이고 비개념적이다. 따라서 어린이의 상상이 풍부해 보이는 이유는, 어린이가 아직 성인의 개념적 사고를 터득하지 못했기 때문에 구체적 현실에 입각한 즉각적인 반응을 보이는 것이 성인의 입장에서 상대적으로 신선하게 느껴지기 때문이다.

둘째, 보통 상상을 비현실적 생각이라고 여기는 경향이 있다. 비현실적이고 허무맹랑한 생각을 잘할수록 상상력이 풍부하다는 것이다. 하지만 이것은 상상을 공상이나 망상과 적절히 구분하지 못하기 때문에 생기는 오해다. 국어사전에는 공상이란 "현실적이 아니거나 실현될 가망이 없는 것을 마음대로 상상하는 것"을 뜻하며, 망상이란 "이치에 맞지 않는 허황된 생각을 하는 것"이라고 나온다. 이에 반해 상상이란 "아직 일어나지 않은 일이나 존재하지 않는 대상을 머릿속으로 그려 보는 것"을 뜻한다. 즉 상상이란 현실적 생각과 대립되는 것이 아니다. 매우 현실적인 상상이 분명히 존재하며, 모든 생각 형태는 현실적인 생각과 비현실적 생각을 모두 포함한다.

예를 들어 하늘을 나는 것을 꿈꾸는 어린이가 맨몸으로 하늘을 나는 것을 상상하는 것은 비현실적이지만, 미래에 스카이다이버나 비행기를 조종하는 비행사가 된 자신을 상상하는 것은 매우 현실적이다.

셋째, 요즘에는 창의성을 강조하다 보니 창의성을 키우는 교육에도 많은 관심을 기울이고 있다. 그런데 창의성은 태릉선수촌에서 국가대표 운동선수들이 집중적인 훈련을 하는 것처럼 그렇게 키울 수 있는 단순한 기능이 아니다. 상상이나 창조 능력을 교육적 목적이 아니라 경제적 논리에 따라 접근하는 한 비슷한 오류가 반복될 수밖에 없을 것이다.

2) 창의성의 진실

비고츠키가 말하는 상상과 창조는 무엇일까? 비고츠키는 상상이란 (이전에 경험된 개별 인상들의 조합을 반복하지 않고) 이전에 존재하지 않았던 새로운 심상을 머릿속으로 그려 내는 것이고, 창조란 상상을 현실 속에서 다시 구체화시켜 내는 것이라고 말한다. 따라서 현실을 떠난 상상은, 언제나 창조를 통해 현실로 다시 돌아옴으로써 그 순환을 완성한다.

비고츠키는 상상이 단순한 하나의 기능이 아니라 복합적인 기능체계라고 말한다. 상상은 지각, 주의, 기억 그리고 심지어 감각적 쾌락과 그것들 사이의 상호 연결을 포함한다. 이들은 모두 함께 작용하여 새로운 지식과 경험의 창출에 기여하므로 상상은 결코 어느 하나 또는 그것들의 조합으로 환원될 수 없다(즉 별도 훈련으로 따로 키울 수 있는 것이 아니다).

또한 상상은 다른 모든 고등정신기능과 마찬가지로 생물학적 욕구에 뿌리를 두고 사회적으로 발달하는 복합적인 심리체계다. 상상은 (관념적인 심리적 원칙이 아니라) 동물적인 정서에 근원을 두지만, 사회적인 낱말의 의미를 통해서만 진정한 상상이 발현된다.

비고츠키는 인간이 (경험하지 않은 것을) 상상하는 능력은 말을 통해 생긴다고 말한다. 상상의 발달은 말 발달과 매우 밀접하게 연계되어 있다는 것이다. 실제로 말 발달 지체로 인해 상상을 하지 못하는 사례가 있다.

예를 들어, 뇌 손상으로 오른쪽 신체가 마비된 어떤 환자는 "나는 오른손으로 잘 쓸 수 있다"라는 문장을 따라서 말할 수 없었다고 한다. 이 환자는 당시 왼손으로만 쓸 수 있었기 때문에 그는 계속해서 '오른손'을 '왼손'으로 바꾸어 말했다고 한다. 또한 그는 화창한 날씨에 "오늘은 비가 온다" 또는 "오늘 날씨가 나쁘다"와 같은 문장을 따라 말할 수 없었으며, '검은 눈'과 같은 말도 하지 못했다고 한다(『어린이의 상상과 창조』, 3-45).

비고츠키는 언어기능의 심각한 장애가 상상의 붕괴와 연결되어 있다고 말한다. 그들은 지각된 현실과 부합하지 않는 것은 말하지(즉 상상하지) 못했다.

다시 말해 말은 대상의 즉각적인 인상으로부터 인간을 자유롭게 해 주며, 한 번도 보거나 생각한 적이 없는 대상을 상상할 수 있게 해 준다.

그렇다고 상상 발달을 (사회적-의사소통적) 말이 낳은 심리적 결과만으로 설명할 수는 없다. 오히려 비고츠키는 상상이 (실제로 매우 중요한), 말 이전의 심지어 문화 이전의 근원을 갖는다고 주장한다. 비고츠키는 상상의 심리적 근원을 감정에 두며, 감정의 환각적 성질이 아니라, 감정의 현실성을 강조한다.

예를 들어, 어두운 방에서 벽에 걸린 긴 코트를 보고 강도로 오인했다고 치자. 이 경우 두려움으로 인한 상상은 현실을 오해한 것이지만, 이때 느꼈던 공포감은 실제 공포감을 오인한 환상이 아니라 실제 경험이라는 것이다.

물론 감정만이 상상의 유일한 근원인 것은 아니다. 지각, 경험 그리고 의식 자체에 더하여 개인을 넘어선 (사회적인) 의식이 상상에 개입한다. 예를 들어 미래에 가수가 되고 싶은 꿈을 꾸는 어린이에게는 객관적이고 현실적인 생각에 토대한 준비가 필요하며, 발명가에게는 영감과 동기뿐 아니라 고도의 기술과 추상적 계산이 필요한 것이다.

지금까지 논의를 종합해 보면 상상과 생각 사이에는 큰 차이가 없어 보인다.

실제로 비고츠키는 (현실적) 생각과 상상 간의 차이는 상대적이며 결코 절대적이지 않다고 말한다. 모든 현실적 생각 속에는 상상의 요소가 존재하며, 모든 상상 속에는 어떤 현실주의적 흔적이 존재한다는 것이다.

예를 들어 과학적 발견은 예술적 창조가 그러하듯이 생각과 상상의 복잡한 통일을 요구한다. 갈릴레이가 관성의 법칙을 알아내는 과정에 대해 생각해 보자. 관성의 법칙이란 "외부로부터 힘이 작용하지 않으면 물체의 운동 상태는 변하지 않는다"라는 법칙이다. 따라서 외부에서 아무런 힘이 작용하지 않는 경우, 움직이던 물체는 그 속력 그대로 한 방향으로 영원히 움직이게 된다. 그런데 실제로 우리가 살고 있는 지구상에는 마찰이나 공기 저항이 전혀 없는 곳이 존재하지 않기 때문에, 갈릴레이는 관성의 법칙을 알아내기 위해 외부로부터 아무런 힘이 작용하지 않는 상황, 즉 마찰이나 공기 저항이 전혀 없는 상황을 상상해야만 했다. 현실을 정확히 반영하는 과학 법칙을 발견하기 위해서 상상이 필수적이라는 것이다. 실제로 과학적 발견이나 예술적 창조 과정에서 현실적 생각과 상상은 통합체로 작용한다.

하지만 비고츠키는 현실적 생각과 상상을 동일시하는 것도 오류라고 말한다. 현실적 생각과 상상은 지향을 통해 구분된다. 현실적 생각은 현실을 향하고, 상상은 본질적으로 현실의 경험과는 상이한, 현실로부터 멀어지는 의식의 작용이라는 것이다.

현실적 생각은 현실에 대한 직접적 인식에 다가가지만, 그것만으로는 직접적 인식이 가능하지 않다. 과학적 발견의 예에서 보았듯이, 현상의 겉모습을 넘어서는 현상의 본질을 꿰뚫어 보려면, (우리는 이야기를 만들거나 거짓말을 배우는 어린이처럼) 현상의 겉모습의 즉각적 영향에서 벗어나야만 하며, 이것은 상상을 통해 이루어진다.

앞의 예를 다시 생각해 보면, 실제로 지구상에서는 마찰이나 공기 저항 때문에 물체에 아무 힘도 주지 않으면, 움직이던 물체는 속력이 점점 줄어들어 결국 정지하게 되는 것처럼 보인다. 관성의 법칙과는 반대로 외부에서 아무런 힘이 작용하지 않는 경우, 물체는 정지한다는 결론이 나오게 된다. 이러한 현상의 겉모습에만 얽매여 있었다면 갈릴레이는 관성의 법칙을 알아내지 못했을 것이다.

비고츠키에 따르면 현실적 생각과 상상은 서로 구분되면서도 밀접하게 연결되어 있다. 현실에 대한 정확한 인식을 위해서는 상상의 역할이 필수적이다. 즉 상상은 복잡한 심리기능 체계로서 개념적 생각 발달에 필수적이며 보편적인 기능이라 말할 수 있다. 스티브 잡스 같은 천재적인 사람이나 일상생활에서 멀리 떨어져 있는 것으로 보이는 과학자나 예술가의 전유물이 아닌 것이다. 따라서 상상력과 창의력을 키울 수 있는 별도의 특수한 교육은 가능하지도 않고 필요하지도 않다. 정상적 교육이라면 고등정신기능을 키우는 보편적 교육 속에 충분히 녹아 있어야 하는 것이다.

19

협력으로 어린이의 전면적 발달을 꾀하는 교육

배희철(홍천 남산초등학교)[30]

1. 전면적 발달: 전인으로 나아가는 과정

▶ 혁신학교 철학으로 전면적 발달은 너무 진부하지 않나요?

⇨ 진부하다고 볼 수도 있고, 그렇지 않다고 할 수도 있지요. 진부하다고 볼 수 있는 까닭은 전면적 발달이 교육학의 아버지 헤르바르트가 그 개념을 제시한 이후 지금까지 어느 공교육 체제에서도 이를 부정하지 않고 있기 때문이지요. 줄여 말하면, 늘 듣던 교육의 목표였다는 것이지요. 그렇지만 결코 진부하지 않다고, 어떤 의미에서는 신선하다고 할 수도 있어요. 엄밀한 뜻에서 아직 어느 공교육 체제도 전면적 발달을 제대로 실천하지 못했기 때문이지요. 이런 측면에서는 전면적 발달은 새로운 실천 개념이라고 할 수 있습니다.

▶ 전면적 발달이 학교에서 실천할 수 있는 개념이라고 하셨는데, 전면적으로 발달한 인간은 홍익인간이나 전인이나 글로벌 창의 인재 같은 그냥 멋

---

30. 2010년 서울혁신학교 매뉴얼 개발 연구 중간 발표 원고의 일부임. 오래된 글이지만 발달교육이 나아가야 할 방향을 재차 강조하기 위해 선정했음.

있는 구호로 알고 있었어요. 어떻게 '전면적 발달'이 학교에서 실천할 수 있는 개념이라는 것이지요?

⇨ '전면적'이라는 개념은 이미 교육과정에 반영되어 있고, 평가하실 때 참고하고 있지 않나요?

▶ 인지적, 정의적, 신체적(심동적) 영역으로 학습 목표와 평가 내용을 나누는 것이야 하고 있지요. 게다가 최근에는 사회적, 언어적, 도덕적 발달 등도 고려하라고 합니다. 그렇지만 이런 건 새로운 게 아니잖아요.

⇨ 그렇지요. '전면적'이라는 전체를 이루는 부분들을 나누어서 각 부분들을 학교에서 가르치고 있는 것은 이미 하고 있는 일이지요. 전면적 발달이 새로운 실천 개념이라는 것을 납득하기 어려운 이유는 발달이라는 개념 때문일 겁니다. 발달이 뭐라고 생각하세요? 너무 모호한가요? 그럼 어린이가 발달한다는 것은 무얼 뜻하는 거라고 생각하세요?

▶ 어린이가 키가 크고, 의젓해지고, 똑똑해지고 그렇게 변하는 것 아닐까요?

⇨ 키가 큰다는 것은 신체적인 측면에서 변화가 있다는 것이고, 의젓해진다는 것은 사회적 혹은 도덕적 측면의 변화를, 똑똑해지는 것은 인지적 측면의 변화를 이야기하는 것이지요. 다양한 측면에서 변화하는 것이 전면적 발달이라는 답변이군요. 맞습니다. 그게 바로 전면적 발달입니다. 그럼 다시 한 번 더 질문하겠습니다. 발달이 무엇인가요?

▶ 변화, 바람직한 사람으로 변화하는 것, 그런 거 아닐까요?

⇨ 우리가 바람직한 사람이 되는 게 간단한 문제가 아니기에 전면적

발달을 이해하기 어려운 겁니다. 예를 들면, 지성, 감성, 인성을 다 갖춘 사람을 전인이라고 합니다. 죽을 때까지 노력하여 전인에 도달할 수 있는 사람이 얼마나 될까요? 이런 의미에서, 전면적 발달이 제대로 된 성인은 그렇게 많지 않지요. 게다가 전면적 발달이 어려운 이유는 이게 지속적인 과정, 특정한 방향으로 나아가는 노력, 끊임없이 좌우로 흔들리는 인생 역정의 노정에서 펼쳐지기 때문입니다.

전면적 발달을 학교교육에서 어떻게 다룰 것인가에 대한 합의, 즉 저의 이론, 비고츠키의 문화역사적 이론이 적합하다는 데 동의한 것은 최근이고, 아직 한국에서는 공식적으로 논의도 되지 않고 있지요. 다음은 아동관으로 넘어가 볼까요?

2. 아동관: 피아제는 지는 별, 비고츠키는 떠오르는 별

⇨ 학교교육에서 전면적 발달을 위한 교육활동을 하려면, 그 출발점은 학교에 오는 어린이를 어떻게 보느냐는 문제를 제대로 해결하는 겁니다. 아동관이 잘못되어 있다면, 교육활동의 결과는 의도한 바와 정반대로 나아갈 수도 있습니다. 선생님, 교육에서 아동에 대한 관점이 어떻게 변화해 왔는지 아시나요?

▶ 피아제의 독립적 학습자관과 비고츠키의 능동적 학습자관이 있다는 것은 임용고시 공부하면서 달달 외웠지만, 어떻게 변화했는지에 대해서는 체계적으로 배우지 못했어요.

⇨ 그럼, 제가 도식적으로 변화과정을 제시하고, 간단하게 설명하도

록 하지요.

1단계: 작은 어른
2단계: 영원한 어린이성(루소)
3단계: 어린이 인지 발달의 네 단계(피아제)
4단계: 어린이의 다양한 발달 노선(비고츠키)

루소가 『에밀』에서 영원한 어린이성을, 즉 어린이가 어른과 질적으로 다르다는 것을 제시하기 전까지는, 어린이도 어른과 똑같은데 단지 키만 작은, 덜 성숙한 사람이라고 생각했어요. 그때는 어린이가 교육적 의미에서는 존재하지 않았던 거지요. 루소의 위대함은 교육에서 어린이를 어른과 다르게 다루어야 할 근거를 제시했다는 것이지요. 하지만 어린이가 다 똑같다는 것은 초등학교 선생님이면 다 부정할 겁니다. 초등학교 1학년과 초등학교 6학년 어린이가 얼마나 다른지 매일매일 눈으로 확인하고 있으니까요.

피아제의 천재성은 영원한 어린이성, 즉 어린이는 하나라는 것을 인지적 측면에서 부정해 내는 데서 빛을 발했습니다. 그는 네 단계로 나뉜다고 했지요. 교사라면 다들 알고 있을 겁니다. 감각-운동기, 전조작기, 구체적 조작기, 형식적 조작기. 이렇게 연령에 따라, 보편적으로 네 단계로 나뉜다고 했지요.

전 이 주장을 두 가지 방향에서 부정했습니다. 먼저, 인지적 측면만 보는 것, 즉 총체적으로 어린이를 보지 않는 것은 잘못되었다고 한 것이지요. 다음으로, 연령에 따라 보편적으로 어린이의 질적 차이가 네 단계로 나타났다는 것을 부정했어요. 제가 연구 활동을 한 기간이 너무 짧아서 다 검토를 못했어요. 보편적으로 연령에 따라 질적 차이가 나타난다는 것은 실험을 통해 부정해 냈어요. 전 이행하는 어린이의 성질에 주목하자고 했습니다. 개별 어린이가 처한 사회적 상황에 따라 변화하는 내용이, 즉 발달 경로가 다르다는 거지요.

제가 못한 것을 미국의 연구자들이 1960~1970년대에 비교문화 연구를 통해 해냈습니다. 보편적인 발달단계라는 것이 부정되었 지요. 각 사회 공동체의 문화에 따라 인지적 발달단계도 다른 방 식으로 다른 연령대에 나타난다는 것이 입증되었지요. 이러한 교 육심리학의 연구 결과에 따른 변화를, 미국 보수 교육계의 대부 라고 할 수 있는 브루너 교수는 아주 멋진 문구로 자신의 저서 에 담았어요. "피아제가 지는 별이라면, 비고츠키는 떠오르는 별" 이라고 말입니다. 서구의 연구자는 이런 아동관의 변화를 이끌 어 낸 저를 '심리학의 모차르트', '동시대인', '심리학의 혁명가', '미 래로부터 온 사람'이라고 극찬을 하고 있지요. 인간과 연관된 다 양한 학문 분야에서 저의 연구 성과를 반영하고 있고, 제가 했던 통합적인 연구 방법과 유사한 '통섭'적인 학문 연구 방향을 주장 하고 있기도 하고요. 아, 제 자랑을 너무 많이 하고 있네요.

▶ 그럼 미국에서는 비고츠키의 문화역사적 이론에 근거하여 아이들을 교육 하고 있겠네요?

⇨ 학문하는 연구자 사이에서는 그렇다고 할 수 있지만, 학교교육의 실재를 보면 '일제고사'로 학생과 교사를 줄 세우고 있는 것을 보 면 좀 거리가 있다고 봐야겠지요. 음, 좀 냉정하게 이야기하면 서 구의 연구자들은 개인주의 문화의 영향이 강해서 제 이론을 제대 로 이해하는 데 색안경을 끼고 세상을 보는 것만큼이나 어려움이

있는 것 같아요. 아시아는, 특히 한국은 공동체 문화의 전통이 강해서 제가 주장한 이야기의 많은 것들이 과거부터 실천되고 있었습니다. 옆길로 가는 거 같은데, 하나만 언급하고 '전면적 발달'에 대한 이야기로 돌아가겠어요. 과거부터 한국에서는 교教와 학學이 하나라고 인식했었습니다. 마찬가지로 저도 교수와 학습은 하나라고 보는 문화에 살고 있었지요. 저희는 '오브체니'라는 한 낱말에 '교수학습'의 통일된 의미 관계를 담고 있어요.

'전면적 발달'로 돌아가서, 이제 결론적인 이야기를 하면, 개별적인 어린이마다 발달 경로가 다 다르다는 것을 이론적으로는 다 공유한다는 겁니다. 저의 연구 성과가 정확한 의미에서 '개별화 교육'의 배경입니다. 한국의 선생님에게는 미안한 마음이 듭니다. 다인수 학급에서 수업하시고, 엄청난 잡무에 시달리고, 3중의 평가를 받아 줄서기를 해야 하고, 살인적인 입시 경쟁에 학생과 함께 나서야 하고….

이런 어려운 상황에, 행동주의처럼 완전 학습으로 지식만 전달하는 것도 아니고, 구성주의처럼 발견 학습으로 아이들이 알아서 다 깨우친다는 것도 아니고, 개별 학생마다 다른 '다양한 발달 경로'에 맞춰 개별화 교육을 해야 한다고 주장하는 저를 심정적으로 미워하는 것은 당연하다고 생각합니다. 하지만 동양의, 특히 한국의 전통적인 (서당식) 교육활동에서 했던 것들을, 교육활동의 본질을 파악한다면 개별화 교육이 그렇게 어렵지는 않을 겁니다.

3. 교육활동: 소크라테스와 맹모처럼

▶ **교육활동에도 본질이 있나요?**

⇨ 다양한 교육활동을 가장 추상화된 개념으로 모아 내면 그게 본질이지요. 이런저런 교육활동의 현상 너머에서 그러한 현상을 나타나게 하는 것이 교육활동의 본질이지요. 가장 핵심적인 것 두 가지만 이야기하겠어요.

　바로 소크라테스와 맹자의 어머님과 관련된 이야기입니다. 첫번째는 소크라테스가 노예에게 직각삼각형의 세 변 사이의 관계에 대한 인식에 도달하게 했다는 일화예요. 대화를 통해 그러한 변화가 이루어졌지요. 기본 내용을 모르던 노예 어린이가 알게 되었다는 것이지요. 오직 대화를 통해서 말이에요. 그 엄청난 교육적 변화가, 노예 어린이의 변화가, 오직 대화만으로 가능했다는 것이지요. 여기에서 교육활동의 핵심을 찾아보면, 그건 대화예요. 그래서 대화 중심 교수법이나 내러티브(이야기의 진행) 교육과정이 나오게 됩니다. 하지만 대화는 현상입니다. 눈에 보이고 귀에 들리는 현상일 뿐입니다. 그 본질은 대화라는 낱말에서 유래한 철학적 용어인 변증법에 들어 있어요. 교육활동의 현상적 특징이 대화지만, 그 너머에 있는 교육활동의 본질은 변증법이지요. 모르던 아이가 알게 되는 것, 그게 교육활동이 추구하는 바이고 대화는 그를 매개한 한 활동에 불과한 것이지요. 교사의 입장에서 보면, 교육활동의 본질은 모르던 어린이를 알게 해 주는 것, 무에서 유를 창조하는 것과 같은 변화를 촉발하는 것, 즉 변증법입니다.

▶ 쉽게 이야기하면, 교사가 학생과 대화를 하는 이유가 학생들에게 교과서의 내용을 알게 하려는 것이다, 이런 이야기지요? 학생들이 처음 보는 내용을 쉽게 알게 해 주는 것이 교육활동의 목적이라는 말이고, 이런 게 모여서 학생들의 '전면적 발달'이 진행되는 거고요.

⇨ 그렇게 이해하시면 무난합니다. 다음으로 넘어가지요. 맹자 어머님의 맹모삼천지교 이야기 아시지요? 거기서 교육활동의 또 다른 본질 하나를 찾아봐요.

▶ 영화까지 만들어진 내용인데, 모를 리가 있나요. 좋은 교육환경이라야 좋은 교육이 이뤄진다 그런 이야기잖아요. 거기서 본질이라면 교육환경이 중요하다 이런 거겠네요.

⇨ 심성보 교수(2010: 291)는 구성주의를 크게 두 가지로 나누어 정리했습니다. 그리고 그 특징을 도식적으로 제시했지요.

　　나는 안다, 고로 나는 존재한다.–피아제의 개인적 구성주의
　　우리는 안다, 고로 우리는 존재한다.–비고츠키의 사회적 구성주의

　　이러한 정리에 따르면, 저와 피아제의 차이는 하나뿐이에요. 피아제는 개인, 나를 중심으로, 이에 반해 저는 공동체, 우리를 중심으로 세상을 본다는 것이 차이지요. 하지만 피아제와 저의 차이는 그런 부분적인 것이 아니라 전면적인, 정반대의, 근본적인 겁니다. 위의 도식에 맞춰 저의 입장을 정리한다면 다음과 같습니다.

　　우리는 존재한다, 고로 우리는 안다.–비고츠키의 문화역사적 이론

이런 발달 순서의 차이를 주목해야 하고, 이런 인식의 기반이 근본적인 차이를 만들어 냈지요.

이제 다시 맹모삼천지교로 돌아가서 본질을 이야기하겠습니다. 맹자의 어머님은 사회적 구성주의 방식으로 문제를 해결하지 않았어요. 친구를 더 많이 만들어 주는 방식을 택하지 않았다는 거지요. 나만 아는 맹자를 우리를 인식하고 친구들과 어울리는 맹자로 변화시키지는 않았어요. 환경과의 관계만 변화시켰고 주변 세계와의 관계를 변화시켰지요. 이사를 가 버린 건 존재하는 곳을 바꿔 버린 겁니다. 결국 서당 옆으로 이사를 가니 맹자가 공부를 하더라, 이거지요. 존재(환경)가 바뀌면, 인식이 바뀐다. 이런 순서로 사물을 인식하는 것을 가장 추상적으로 이야기하면 유물론이라고 합니다.

▶ 간단하게 이야기하면, 교육환경을 바꿔 주면 어린이가 '전면적 발달'로 나가는 데 도움이 된다, 이런 이야기군요. 실제 학교에서 적용하기에는 별 내용이 없는 거 아닌가요?

⇨ 존재에 대한 구체적인 내용이 빈약해서 그런 질문을 하셨다고 판단됩니다. 저는 '존재한다'가 원인이 된다고 했어요. 학교에서 선생님의 우리는 적어도 동학년 선생님이겠지요? 동학년 선생님 사이의 관계가, 특히나 교육과정 운영을 협력하여 진행하자는 문화가 형성된다면 아이들에게 지금까지와는 다른 변화를 야기하지 않을까요? 게다가 우리가 전체 교사로, 심지어 전체 교원으로 확대된다면, 다른 변화를 야기할 것이라는 것에 동의하지 않을 수 없겠지요.

경기도 혁신학교의 한 모델인 '배움의 공동체'는 이 부분을 강조하고 있지 않나요? 교장과 교사의 관계가 수평적(협력적)일 때보다는 교장과 교사 관계가 수직적일 때 학급 안에서 교사와 학생 관계가 수직적일 가능성이 더 높지 않을까요? 더 극단적으로 이야기하면, 교장, 교감, 학년부장이 수업하는데 메신저 날려서 이런저런 것 점심시간 전에 보내라고 일방적으로 강제하면, 수업이 어떻게 진행되는지 다 잘 알고 있잖아요. 학교교육에서 존재의 핵심은 인간관계입니다. 협력적인 인간관계가 형성되어야 협력적인 교육활동을 통해 협력적인 태도를 내재화하는 학생이 나타나게 되는 것이지요.

다 잘 알고 있는 것처럼, 교실 환경, 학교 환경도 존재에 영향을 미치는 것은 분명합니다. 어려운 시절 천막에서 공부하더라도 배우겠다는 의지에 불타는 학생이 생겨난 것을 보면 이런 환경은 존재에서 부차적인 것으로 보입니다. 그렇다고 중요하지 않다는 것이 아닙니다. 최우선적인 것이 인간관계, 즉 교원 간의 관계, 교사와 학생의 관계, 학생과 학생의 관계라는 것을 강조하는 것입니다. 먼저, 민주주의가 충만한 학교문화가 만들어져야 한다는 걸 강조한 것입니다. 이런 측면에서 민주적 학교문화는 전면적 발달을 위한 교육의 전제 조건입니다. 민주적 학교문화가 없다면 전면

교육 단계	피아제의 발달단계	비고츠키의 발달의 중심 노선
유아원	감각-운동기	정서적 반응 / 대상 중심적 활동
유치원	전조작기	사회 역할극/ 놀이
초등학교	구체적 조작기	학교에서의 학습
중·고등학교	형식적 조작기	동료와의 협력
대학·직장	변증법적 조작기	직장에서의 노동

적 발달을 위한 교육은 흉내 내기 혹은 부분적인 것으로 전락할
수밖에 없지요.

▶ 이해하기 어렵기는 하지만, 교육활동이 변증법적 유물론의 관점에서 진행
되어야 한다는 것에 동의한다고 해도, 저희는 교과서를 가지고 학생과 수
업을 해야 하는데, 수업 시간에 할 것들이 있는데, 그때는 어떻게 '전면적
발달'을 생각하면서 수업해야 하지요?

⇨ 법에는 학교는 교육과정을 운영한다고, 고시에는 교과서가 아니
라 교육과정을 가르쳐야 한다고 되어 있는데, 시달리다 보니 재미
없게 교과서만 가르치고 있나 보군요.

4. 교육과정의 큰 줄기

▶ 교육과정을 가르치라니요? 발달단계에 맞게 창의·인성교육을 하라는 게
말하는 사람 입장에서는 쉽지만, 교사에게는 얼마나 황당한 일인지 아세
요? 또 교육과정 책자에 담긴 내용이 얼마나 많은지 아세요? 그걸 보고
기억하는 교사가 얼마나 있겠어요?

⇨ 맞는 이야기네요. 교육과정을 대강화해서 제시한다고 하던데, 교
육과정 고시 문건은 그렇지 않은가 보군요. 음, 전면적 발달을 고
려한 교육과정을 운영하는 데 참고가 될 내용을 살펴봅시다. 피
아제가 제시한 것과 제 동료 레온티예프가 제시한 내용을 비교
하는 표를 보지요. 제 동료는 소비에트 국가교육과정 체계를 잡
는 문제를 해결해야 했기 때문에 일반적인 경향을 도식적으로 정
리했네요.

▶ 자세히 보니, 공교육 기관에서 강조하는 것이 차이가 있네요. 피아제는 중·고등학교에서 학습을 강조하고 있는데, 당신은 초등학교에서 강조하고 있네요. 또 통상 직장에서나 동료와의 협력을 강조하는데, 당신은 그걸 중·고등학교에서 강조하고 있어요. 이게 교육과정에 차이를 가져오겠네요.

⇨ 아주 거칠게 말하면, 피아제는 다 할 수 있는 걸, 학교에서 복습시키자는 것이고요, 전 할 수 있게 될 걸, 학교에서 예습시키자는 것이라고 할 수 있습니다. 앞에서 언급했듯이, 피아제는 학습자 개인의 관점에서 진술하고 있고, 전 공동체, 학습 집단의 관점에서 진술하고 있지요.

　마지막으로 전 전면적 발달의 대상으로, 교원을 포함한 학교에 근무하는 모든 분을 언급하고 있습니다. 가장 긴 시간 지속되는 일터에서 노동을 하며 우리는 많은 것을 배우게 되지요. 그래서 최근에 국내에 출판된 책에서 수호믈린스키는 교장의 '전면적 발달'을 위한 조언도 하고 있지요. 자신의 일을 창조적으로 해내는 것, 교장이 학교 운영을 창조적으로 해내는 것은, 그/그녀에게 가장 중요한 '전면적 발달'의 계기입니다. 교사도 마찬가지로 교수학습을 창조적으로 해내는 것이 그/그녀의 전면적 발달에 결정적으로 중요한 계기입니다.

▶ 한마디로 전면적 발달에서 시기별로 가장 중요한 것이 있다는 것을 고려하면서 학생들을 지도하라는 이야기군요. 세세한 교육과정이 아닌 교육과정의 큰 흐름에서 보면 그렇다는 것이지요. 좀 더 자세한 내용을 참고하고 싶은데, 말씀해 주실 수 있나요.

⇨ 선생님이 소속된 곳이 서울특별시교육청이지요. 거기서 2007년에 『핀란드 국가교육과정』을 번역했어요. 그 번역본 제목이 아마

『교육 선진국 핀란드를 가다』였지요. 한 권에 초등학교와 중학교 전체 내용이 다 들어 있습니다. 그걸 읽고 참고하시면 되겠네요.

▶ 그런 게 있었어요? 그 책의 내용은 비고츠키 선생님이 말씀하시는 '전면적 발달'을 위한 교육과정과 관계가 있나 봅니다.

⇨ 다른 여러 국가의 교육부 홈페이지를 방문해 보면, 대부분의 경우 (한국은 제외입니다만) 국가교육과정을 설명하고 뉴질랜드나 호주처럼 그 교육과정의 배경이 되는 이론으로 저를 소개하고 있습니다. 핀란드 것은 서방 세계에서 제 이론이 가장 많이 반영된 국가교육과정이니 추천하는 게 당연하지요.

5. 교육과정과 전면적 발달의 계기

▶ 참, 최근에 읽은 『핀란드 교육혁명』을 보면, 핀란드 교육의 어두운 측면을 언급하시던데, 그건 문제가 없는 건가요?

⇨ 그것과 관련해서 교육과정을 운영하면서 선생님들이 의식적으로 주의해야 할 것 두 가지만 이야기하지요. 하나는 '발달의 다양한 노선'과 관련된 것이고, 다른 하나는 발달의 질적 비약을 위한 '위기'와 관련된 것입니다.

초등학교에서 학생의 건강이라는 측면을 적절하게 발달시키기 위해, 쉬는 시간에 운동장에서 뛰어놀 수 있도록 교실 밖으로 나가도록 하는 것이 언제나 바람직한 건 아니라는 것입니다. 특히나 초등학교 5~6학년이면, 특히 여학생의 경우 신체적 변화가 시작되면서 운동장에서 달리기하는 걸 좋아하지 않을 수도 있습니다.

이런 경우에 학생들이 선택할 수 있도록 좀 더 다양한 것을 제시해야 합니다. 벌써 자신의 취향에 따라 특정한 활동에 열중하고자 하는 아이들이 나올 수 있지요. 또한 학생의 건강을 위한 배려도 아이들이 즐겁게 참여할 수 있도록 시기에 따라 다르게 제시되어야 합니다. 가능하면, 학년별로 기계적으로 제시하지 말고, 개개인이 선택할 수 있도록 제시하는 게 좋습니다. 교사는 아이들이 어떤 식으로 활동하는가를 가능한 한 점점 멀리서 보면서 그 아이의 발달이 어느 정도 진행되고 있는지를 알 수 있어야 합니다. 이게 교수학습과도 밀접하게 연관되어 개별화 지도를 할 수 있는 판단 근거가 됩니다. 처음에는 판단하기 어렵지만, 동료 교사들과 수다 떨면서 객관적인 판단으로 나아가고 연륜이 쌓이면 고민하며 생각하지 않아도 판단할 수 있습니다.

학생들이 관계 속에서, 존재 속에서 위기에 처하는 경우가 발생하겠지요. 왕따(집단 괴롭힘)라는 것이 그런 위기의 예가 될 수 있겠네요. 오자와 마키코 교수는, 정년퇴임을 하신 분인데, 상담심리학을 전공했습니다. 그분은 학생들이 겪는 위기에 상담 처방을 하는 것에 대해 아주 부정적인 말씀을 했습니다. "상담이 과학적·전문적 기법으로 그것은 중립적이며 인간적인 관계라는 생각은 환상입니다." 그럼 위기에 처한 학생을 어떻게 해야 하느냐는 신경질적인 질문에, 이렇게 대답했지요. "위기는 실재고, 현실이고, 아이의 발달을 위한 중대한 계기입니다. 실제 관계에서 생긴 위기는 실제 관계를 해결하는 것으로 풀어야만 합니다. 위기는 너무 큰 고통을 동반합니다. 그래도 아이와의 협력을 통해 풀어내야만 합니다." 그녀는 말년에 저를 연구한 분답게 저의 문화발달의 일반법칙을 제대로 이해하고 있었어요. 저는 그 부분을 진술하면서, 햄릿이 공연되는 연극 무대를 행간에 담고 있었지요. "죽느냐 사느냐 그것이 문제로다." 이런 처절한 갈등을 겪은 후에야 성숙이, 고등정신기능의 질적 비약이 이루어집니다. 선생님, 헤르만 헤세의 『데미안』을 읽어 보셨나요?

▶ 제가 보기와 달리 문학소녀였어요. "새는 알을 깨고 나온다. 알은 곧 세계다. 태어나려는 자는 한 세계를 파괴하지 않으면 안 된다." 지금 하신 말씀이 제가 아직도 외우고 있는 부분과 밀접한 관계가 있다는 것 이해했어요.

⇨ '관리'라는 이름으로 한 인간의 질적 비약을, 새로운 세상을 맞이하려는 기회를 원천적으로 차단해서는 안 됩니다. 교사는 아이들의 위기를 보면, 아드레날린을 쏟아 내며, 전문가의 번쩍이는 눈빛으로 즐거워해야 합니다. 한 아이의 '전면적 발달'에 결정적인, 어쩌다 오는 이런 기회에 강해야 합니다. 그런 계기에 있었던 일을 교육과정 운영을 기록하는 자신의 교단일기 같은 곳에 꼭 기록해 두시고요. 아이와 함께 그런 위기를 겪는 순간에는 선생님도 힘듭니다. 하지만 지나고 나면 그런 일이 있었기에 당당한 교사가 될 수 있었다는 것을 알게 됩니다.

▶ 참, 조금 전에 말씀하신 '문화 발달에서 발생의 일반 법칙'이 뭔가요? 제가 비고츠키 관련 책들을 제법 읽었는데, 그런 법칙이 있다는 건 처음 들어 봐요.

⇨ 제가 주장하는 것을 문화역사적 이론이라고 하셨는데, 이론이라는 명칭이 붙으려면 그를 뒷받침하는 법칙들이 있어야 합니다. 질문하신 것은 저의 이론을 뒷받침하는 가장 중요한 법칙입니다. 전면적 발달과 밀접한 관계도 없는데, 그냥 넘어가지요.

▶ 그래도 제가 어디 가서 자랑할 수 있게 간단하게 제시해 주세요.

⇨ 한국에서도 출판된 『생각과 말』 409쪽에 있는 내용을 옮기면 이렇습니다.

"우리는 문화 발달에서 발생한 <u>일반 법칙</u>을 다음과 같이 공식화할 수 있다. 아동의 문화 발달에서 <u>모든 기능은 무대에 두 번, 즉 두 수준에서 나타난다. 먼저 사회적 수준에서 연후에 심리적 수준에서, 즉 먼저 하나의 정신 간 범주로서 사람들 사이에서 연후에 정신 내 범주로서 아동 내에서</u> 나타난다. 이것은 <u>자발적 주의, 논리적 기억, 개념 형성 그리고 의지</u>의 발달에 똑같이 작용한다. 우리가 제시한 명제를 법칙으로 보는 것이 타당하다. 그러기 위해선 우리는 <u>외부로부터 내부로의 이행이 그 과정 자체를 변형시키고, 그 구조와 기능들을 변화시킨다</u>는 것을 이해해야 한다. 발생적 측면에서 보면, <u>사회적 관계가, 즉 실제적인 인간관계가, 모든 고등 기능과 그 기능들의 관계에 배경을 이룬다.</u> 이렇게 본다면, 우리의 의지에 관한 기본적인 원리 중의 하나는 기능들을 사람들에게 분배하는, 이제는 하나로 융합된 기능을 둘로 분배하는, 사람들 사이에서 발생하는 인생 역정으로 고등 정신과정을 실험적으로 펼친다는 것이다."

6. 교육과정과 고등정신기능(핵심역량)

▶ 아, 정말 제가 실수했네요. 법칙이라고 해서 간단한 건 줄 알았는데, 밑줄 긋고 진하게 표시하면서 읽어도 이해가 쉽지 않네요. 본론으로 돌아가서, 전면적 발달을 위한 교육과정 운영에서 큰 흐름, 위기의 순간에 대해 말씀

하셨는데, 보통의 경우에는 무엇을 해야 하는 건가요?

⇨ 요즘, 국가에서 무얼 하라고 요구하고 있는 것 있지요?

▶ 최근에 창의·인성 교육, 창의적 현장체험학습, 핵심역량 이런 것을 하라고 하고 있어요.

⇨ 일반적인 경우에 고등정신기능을 향상시키는 활동을 하면 됩니다. 국가에서 하라고 한 것들이 다 고등정신기능과 관련된 것들이지요. 핵심역량은 고등정신기능 중에 국가가 중요하다고 핵심이라고 선정한 몇 개를 말하는 것인데요. 창의성과 인성은 그중에서도 추려 낸 두 개를 말하는 것이고, 창의적 현장체험학습은 핵심역량을 키우는 데 도움이 되는 방향으로 현장체험학습을 진행하라는 이야기입니다. 국가에서 강조하는 핵심역량은 어떤 건지 알고 계신가요?

▶ 제가 보기와 달리 정보 찾기에 재주가 있어요. 교육과정평가원 홈페이지에서 본『미래 한국인의 핵심역량 증진을 위한 초·중등학교 교육과정 비전연구(II)』에 따르면,

1) 초·중등학교 교육에서 강조해야 할 핵심역량은, 창의성, 문제해결능력, 의사소통능력, 정보처리능력, 대인관계능력, 자기관리능력, 기초학습능력, 시민의식, 국제감각, 진로개발능력이고,

2) 고등 교육에서 강조해야 할 핵심역량은, 사고력, 문제해결능력, 의사소통능력, 정보처리 및 기술활용능력, 대인관계능력, 자기관리능력, 시민의식, 국제이해능력, 문화 감수성, 직무 태도, 기초 및 전문 지식이고,

3) 직업세계에서 요구하는 핵심역량은, 의사소통능력, 대인관계능력, 문제해결능력, 정보, 기술 및 자원의 상호적 활용능력, 자기관리능력, 조

직과 문화에 대한 이해능력이고,

4) 평생학습사회에서 일반 시민에게 필요한 핵심역량은, 문제해결능력, 의사소통능력, 자기주도적 학습능력, 시민의식, 정보처리능력, 기초생활 문해력, 대인관계능력, 자기관리능력, 국제감각, 미디어 정보 문해력, 진로개발능력, 예술 감수성이다.

이 네 영역을 종합하여, 미래 사회 한국인의 핵심역량을, 창의력, 문제해결능력, 의사소통능력, 정보처리능력, 대인관계능력, 자기관리능력, 기초학습능력, 시민의식, 국제사회문화이해, 진로개발능력, 이렇게 10개로 제시하였다(이광우, 2008: 30-31).

이렇게 설명되어 있습니다. 읽어 보면서 왜 그렇게 핵심역량을 정리했는지 잘 이해가 되지 않아요. 심지어 저게 과연 핵심역량인지 의심스러운 것도 있어요. 정말 갑갑한 건, 어떻게 해야 저런 핵심역량이 키워지는지 한 줄 언급도 찾을 수 없다는 거예요. 하라는 대로 하고 싶어도 할 수가 없다는 걸 알고나 있는지 모르겠어요.

⇨ 질문을 세 가지씩이나 하시고, 제시된 핵심역량에 대해서도 할 말이 있고…. 음, 먼저 긍정적인 이야기부터 하지요. 위에서 제시된 것을 보면, 나름 발달을 고려했습니다. 초·중, 고등, 직업, 평생 이렇게 시기별로 다르게 핵심역량을 추렸어요. 거기다 위에 제시되지 않았지만, 원래 문건에는 핵심역량마다 그 하부 역량을 연결시켜 놓았어요. 예를 들면, 초·중학생의 자기관리능력은, 자아정체성, 긍정적 사고(태도), 실행력, 기본생활태도, 자기주도적 학습능력, 여가 선용, 건강관리, 이렇게 7가지 하위 요소를 포함하고 있어요. 이건 하나의 핵심역량이 다양한 하위의 역량들이 결합한 것이라는 느낌을 주고 있습니다. 이건 제 주장과도 일맥상통하는 거지요. 이 두 가지 말고는 다 제 맘에 들지 않아요.

▶ 그렇지요. 문제가 많지요?

⇨ 네, 먼저 질문과 관계없는 것 하나 이야기할게요. 그렇게 강조하는 창의성과 관련된 건데요. 그게 초·중학교에서는 핵심역량인데, 고등학교에서는 핵심역량이 아닌 이유를 아무리 생각해도 이해하기가 어려워요.

▶ 헤헤, 그게 말이에요. 책을 읽으며 연구를 한 게 아니라, 설문지를 돌려서 통계 처리한 것이라 그런 거예요. 그래서 기초 지식이 고등학교에서는 핵심역량이지만 초·중등에서는 핵심역량이 아네요. 대학교 입시 준비하는 데 관계된 것이 고등학교 핵심역량이라고 답변한 거지요.

⇨ 하하하, 그렇군요. 기초 지식이 초등학교가 아니라 고등학교에서 핵심역량이네요. 창의성, 제가 사용하는 표현으로는 창조성은 대부분의 국가에서는 고등학교 핵심역량입니다. 기초 지식은 초등학교고요. 그리고 제가 언급한 자기관리능력의 하위 능력과의 포함관계가, 제가 사용하는 표현으로는, 기능 발달의 순서가 맞지 않아요. 그리고 핵심역량이라 명명하기에는 너무 이상한 게 많아요. 제가 볼 때는 위에 인용한 자료는 아주 많이 손봐야 참고할 수 있겠네요. 하여간 한마디로 이야기하면, 한국의 핵심역량에 대한 이해 수준은 너무 낮네요. 아마도 2011년에야, 저의 『생각과 말』이 번역된 것과 관련이 있겠지요.

▶ 그렇게 말씀하시면, 보통의 경우에 전면적 발달을 위해 무엇을 해야 하는지 도움이 되는 게 하나도 없잖아요.

⇨ 그래도 하나는 이야기했는데, 어떤 정신기능과 어떤 정신기능이 결합하여 새로운 어떤 정신기능이 된다. 즉 정신기능 발생에 순서

가 있다는 이야기를 했잖아요. 그건 아주 중요한 겁니다.

그러면 구체적인 하나의 고등정신기능을 예로 들어 이야기해 보겠어요. 2009년에 있었던 미래형 교육과정 관련 자료를 읽어 보다 아주 재미있는 걸 발견했어요. 곽병선 미래기획위원장은 기억력과 관련해서 이렇게 이야기했더군요.

"첫째, 정보 공학의 지속적인 기술혁신으로 언제, 어디서나, 기존의 지식과 정보를 실시간 무한대로 검색할 수 있는 환경에 처하게 됨으로써, 입증된 지식이나 기존 정보에 관한 한 인간의 암기력에 의존할 필요가 없게 되었다는 점입니다. 다음, 네이버, 구글Google, 야후Yahoo 등 정보 검색 엔진에서 우리는 언제라도 원하는 정보에 접근할 수 있습니다. 우리의 기억 세포 속에 많은 지식과 정보를 집적해 두어야 할 필요가 없게 된 것입니다. 대신 필요한 정보를 검색할 수 있는 방법, 원하는 정보를 새롭게 생성할 수 있는 방법을 아는 것이 더욱 중요하게 되었습니다."

이러한 진술은 고등정신기능에 대한, 핵심역량에 대한 이해 부족을 드러내고 있어요. 게다가 초등학교 교육과정에서 기억력이나 암기력이 얼마나 중요한 핵심 중의 핵심인 고등정신기능인지 모르고 있어요.

▶ 기억력이 그렇게 중요하다고 하셨는데, 그건 좀 믿기지 않네요.

⇨ 학교현장에서 우리의 이론을 적용했었던, 수호믈린스키(2010)가 한 말을 들려 드릴게요. "첫째로, 지식은 기본적인 진리(사실, 규칙, 수치, 여러 가지 설명, 의존성, 상호 관계, 정의)를 일상적으로 기억한다는 것이 포함돼 있다. 왜냐하면 이런 것들은 생활에서 언제, 어디서나 쓰이기 때문이다. 만약 이런 것들을 이용할 수 없고

필요할 때 자기의 기억 속에서 찾아내지 못하면 앞으로 학습, 지적 발달·지적 노동을 할 수 없다. 둘째로, 지식이란 것이 반드시 기억해야 하는 것이 아니고, 인류가 쌓아서 책에 보존해 온 무궁무진하고 넓은 지식의 보고를 잘 이용할 줄 아는 것이다. 이것은 서로 연관되면서 구별되는 지식의 두 측면이다."

곽병선 위원장은 지식이 자신의 기억력과 타인의 자료(예를 들면, 책)를 잘 활용하는 능력의 통일이라는 것을, 기억력이 없으면 지식정보화 사회에 적합한 인재가 될 수 없다는 것을 모르고 있어요. 어떻게 "입증된 지식이나 기존 정보에 관한 한 인간의 암기력에 의존할 필요가 없게 되었다"는 말을 교육과정 만드는 토론회에서 할 수 있는지 이해할 수가 없어요.

게다가 한국에 소개된 저와 관련된 책에 많이 소개된 것도 모르고 있어요. 주의력과 기억력이 결합하여 의도적 기억력, 논리적 기억력, 문화적 기억력이 발생한다는 것도 모르고 있어요. 그리고 이게 얼마나 중요한, 초등학교 교육에서 중점을 두어야 할 내용인지도 모르고 있어요.

▶ 너무 흥분하지 마세요. 초등학교 교사인 저는 비고츠키 선생님의 말씀을 잘 이해하고 있어요. 수업 시간에 "그걸 잊어버렸어?", "그건 꼭 기억해야 하는 거잖아", 이런 말을 많이 하는 전 잘 이해하고 있어요.

⇨ 위에서 발생의 일반 법칙을 이야기하면서 네 가지 핵심역량, 제가 강조하는 고등정신기능, 교육과정에서 주의해야 할 내용을 제시했습니다. 그걸 한 번 더 이야기하고 넘어가도록 하지요. 아직도 흥분이 가라앉지 않는 것 같네요.

▶ 하긴 저도 초등학교 교실에서 벌어지는 일을 그렇게 모르면서 어떻게 교육과정을 만든다고 나서는지 화가 나네요.

⇨ "자발적 주의, 논리적 기억, 개념 형성 그리고 의지." 이 네 가지는 발생 순서에 따라 배열한 겁니다. 먼저 초등학교에서는 자발적 주의와 논리적 기억을, 중학교에서는 개념 형성을, 고등학교에서는 의지를 중요하게 다루어야 합니다. 스스로 어떤 것에 집중하는 것은 초등학교 입학부터 교사가 매 수업 시간에 노력해야 하는 것입니다. 이게 이후 학습에, 발달에 아주 중요합니다. 주의가 산만한 것은 다양한 호기심의 발현이라고 하지만, 자기 자신을 규제하는 능력이 결여된 호기심은 결국 시들어 버리고 맙니다.

　단순히 듣고 보고 기억하던 것을 기억하기 좋게 메모하고 기록하고 정리해 두는 문화적 기억은 사회생활 전반에 걸쳐 아주 중요합니다. 특히 내용들을 체계적으로 이해해서 기억하는 논리적 기억은 개념 발달에 기초가 됩니다. 초등학교에서는 이 두 가지가 더욱더 중요합니다. 이것이 초등학교 교육과정의 핵심이 되어야 합니다. 초등학교에서 신경 써야 할 다른 것은 수호믈린스키(2010)의 책을 참고하시면 됩니다. 초등학교와 관련된 중요한 내용이 구체적으로 언급되어 있으니 많은 도움이 될 겁니다. 제가 잠깐 아이들을 가르쳤을 때, 우리 학급의 급훈은 "잘 보고 잘 듣자"였습니다. 관찰력, 주의력, 의사소통능력을 강조한 것이지요.

7. 교수학습: 전면적 발달을 위한 근접발달영역 창출

▶ 이제까지 전면적 발달을 위해 필요한 것을 어린이관과 교육활동의 본질에

이어서 교육과정과 관련된 것까지 세 가지를 말씀해 주셨어요. 이제는 수업 시간에 어떻게 해야 하는지에 대해서 말씀해 주셔야 진짜 도움이 되지 않을까요?

⇨ 제가 죽기 전에 모든 힘을 다해 남긴 책『생각과 말』을 참고하시면 좋겠어요. 여기서는 가장 핵심이 되는 것만 간단하게 언급하도록 할게요. <u>교수학습은 발달을 선도해야 합니다. 즉, 교수학습은 학습자의 현재적 수준 (혼자서 할 수 있는 것)을 넘어서는 것을 할 수 있도록 (근접발달영역을 창출할 수 있도록) 진행되어야</u> 합니다.

▶ 근접발달영역은 대학에서 배워 잘 알고 있습니다. 그런데, 수업 시간에 학습을 잘하도록 하는 게 아니라 발달을 위한 활동을 하라는 건 좀 이상해요.

⇨ 이상하게 들렸다는 것 이해합니다. 세계적 석학이라는 브루너마저도 근접발달영역을 '근접학습영역'으로 잘못 해석하고 '비계'라는 수업 지침을 제시했으니까요.

▶ '비계'가 비고츠키 선생님의 이야기가 아니었군요.

⇨ 네. 현상과 본질에 대해 한 번 더 이야기하지요. 교과서의 교과 지식을 가르치고 있습니다. 그건 현상입니다. 본질은 아이의 전면적 발달을 위한 무엇이 이루어지고 있다는 겁니다. 이미 언급한 제 책에 수도 없이 반복해서 이야기한 것인데요. 그건 아이들이 <u>교과 지식을 '의식적으로 파악'하고 '의지적으로 숙달'</u>하려는 자세입니다. 이걸 '<u>신형성체</u>'라고 명명했습니다. 이것은 자발적 주의가 뒷받침되어야 가능합니다. 이런 활동은 자발적 주의와 다른 기능들이 결합하여 이루어지는 겁니다.

8. 교수학습: 협력 수업

▶ 근접발달영역을 창출하는 수업이라면, 아이들이 능동적으로 수업에 참여해서 무엇인가를 '의식적으로 파악'하고 '의지적으로 숙달'하도록 조직하는 수업을 하면 그 안에서 전면적 발달이 이루어진다는 말씀인 것 같은데요. 그건 어떻게 해야 가능하지요?

⇨ 그에 대한 내용은 출판 준비 중인 혁신학교 관련 책에서 집중해서 이야기한 부분이 있으니, 여기서는 간단하게 주의할 점만 언급하겠습니다.

수업에서 협력할 사람은 교사와 학생, 학생과 학생이지요. 협력할 것은 학급 운영과 관련된 전반이어야 합니다. 교수학습은 말할 것도 없어요. 그리고 연령에 따라, 시기에 따라 협력의 내용이 변화해야 합니다. 제가 교육과 관련해서 이야기하는 협력은 심리적 측면에서의 협력입니다. 그러므로 집에서 아이가 혼자 숙제를 하는 동안 수업 시간에 교사와 혹은 친구와 같이했던 것을 기억하면서 숙제를 했다면 그것도 협력입니다.

▶ 어려운 말씀이 아니라 대충 이해가 됩니다. 그런데 연령에 따라, 시기에 따라 협력의 내용이 변화해야 한다는 건 선명하게 이해되지 않네요.

⇨ 초등학교 저학년에서는 교사가 주도하여 협력활동이 이루어지고, 고학년에서는 동등하게 혹은 때때로 학생이 주도하여 협력활동이 이루어져야 한다는 이야기지요. 초등학교 저학년에서는 "이거 할까요, 말까요?"로 하나의 과업을 결정하고, 나중에는 이것과 저것 중에서 양자택일을, 나중에는 서너 가지 중에서, 결국에는 열린 선택지를 제공하는 식으로 해 나가야 한다는 거지요. 어느 학

년에서든 한 해 동안 아이들과 협력을 하면서 조금씩 아이들이 주도권을 잡아 가도록 배려하면서 협력활동을 하라는 이야기입니다.

▶ 그런 뜻이었군요. 그런데 협력이 심리적 측면에서 이루어지는 거라면, 그건 아주 오랜 세월 동안 지속될 수도 있겠네요. 정신 속에 수업 시간에 벌어졌던 일이 기억되어서, 살아가는 동안 행동을 결정하는 데 작용한다면 그것도 협력이라는 말이잖아요.

⇨ 그렇습니다. 교수학습이 발달을 선도한다고 했는데, 발달이 개개인에게 진행되는 것은 그렇게 시간 차이가 큽니다. 어떤 것은 결국 죽을 때까지 발달을 이끌어 내지 못하는 경우도 있지요. 나이 먹어서도, 아니 일흔 살이 다 되어서도 계속 거짓말을 하는 사람이 있어요. 그래서 발달 노선이 다양하다고 했던 것이지요. 삶의 다양성이, 개개인의 인생 역정이 다르기 때문에 발달 노선이 다양하게 발현될 수밖에 없지요.

▶ 협력 수업을 해서 전면적 발달을 촉발한다는 게 그래도 약간 모호하네요. 수업 시간에 하는 것이 전면적 발달을 위한 것을 다 다루지 않는 것 같은데요….

⇨ 협력 수업이 고등정신기능, 전면적 발달을 촉발하는 이유는 교과서에 없는 것이 실제 벌어지기 때문입니다. 먼저, 학생은 교사가 과제 해결을 계획하는 작업에 참여합니다. 그 후에 모둠에서 협의하며, 의견 조정하고 수렴하는 과정, 중간에 점검하는 과정, 동료들과 협동하는 과정, 개별로 과제에 집중하는 과정, 돌아보며 반성하고 평가하는 과정 등이 다 들어 있어요. 이런 것이 자연스

럽게 근접발달영역을 창출하게 되지요.

▶ 그런데 교과 지식과 관련된 이야기는 전혀 없네요.
⇨ 정말 날카로운 질문인데요. 그 이야기까지 하면 너무 어렵고 긴 이야기라서 언급하지 않고 있었어요. 『생각과 말』 6장(과학적 개념과 일상적 개념)과 5장(개념 형성)에서 상세하게 체계적으로 이야기했어요.

9. 전면적 발달을 위한 평가

▶ 전면적 발달 상황이나 진척 상황을 파악할 수 있는 평가 방법은 없나요?
⇨ 없습니다. 개개인이 다른 발달 경로를 따르고 있기 때문에 동시에 평가해 낼 수 있는 방법은 논리적으로 있을 수가 없습니다.

▶ 그럼 개별적으로 평가하는 방법은 있나요?
⇨ 학생 개개인은 그 자체가 그 순간까지 발달한 결과이며, 그 결과가 이후 발달할 출발점입니다. 근접발달영역을 평가하는 방법은 교사와 같이 협력활동을 해 보면 쉽게 파악할 수 있지요. 이 부분은 역동적 평가라고 해서 많이 연구되어 있습니다.

▶ 전면적 발달을 촉진하는 그런 평가는 없나요?
⇨ 이 책에 그 부분을 언급한 내용이 있습니다. 그걸 참고하세요. 전면적 발달을 저해하는 평가도 있지요. 발달은 자신과의 경쟁이며, 약속이며, 투쟁입니다. 그런데 다른 사람과 비교하여 줄 세우는

식의 평가를 하는 것은 정말 전면적 발달에 해가 됩니다.

▶ 도움이 안 되는 건 납득이 되는데, 해롭다는 건 너무 지나친 주장 아닌가요?

⇨ 좌절감이 계속 쌓일 때 주는 피해를 생각해 보셔야 합니다. 또한 자신이 나아지고 있다는 것을, 아주 조금씩이지만 나아지고 있다는 것을 스스로 인식하는 한 좌절하거나 발달을 포기하지 않습니다. 남과 비교하는 평가는 자신의 노력과 무관하게 좌절로 이끌 수밖에 없습니다. 게다가 한국의 상대평가에 의한 내신제는 협력해야 할 동료에 대한 적대감을 양산하고 있습니다. 올바른 대인관계 형성을 저해하고 있습니다. 이런 측면에서 전면적 발달에 아주 부정적으로 작용하는 평가입니다.

▶ 마지막으로 협력을 통해 전면적 발달을 위한 교육을 추진하는 데 도움이 될 이야기를 해 주시면 좋겠어요.

⇨ 인생은 생각보다 깁니다. 현재의 아이들은 평균 수명이 100세가 될 겁니다. 아마 마흔 살쯤 돼서 새로운 분야의 공부를 시작해도 죽기 전에 그 분야의 세계적 권위자가 될 수 있을 겁니다. 한국 교사들 중에서 저를 가장 많이 연구했다는 초등학교 교사는 40대 중반이 넘어서야 저를 연구하기 시작했습니다. 공교육에서는 학생의 감정적인 측면을 많이 배려해야 합니다. 포기하지 않고 지속하려는 열정, 의지 이런 것이 인생 역정에서 전면적 발달을 이루는 데 아주 결정적인 영향을 주기 때문입니다.

아이들이 협력하여 그 무엇인가를 해 보는 경험을 제공하도록 노력해야 합니다. 관광성 체험학습이 아니라 사람들이 모여 준비하고 노력하면 무엇인가를 해낼 수 있다는 것을 체험하게 하는 것은 정말 중요합니다. 학교에서 해 보았던 그런 경험이 먼 훗날 메아리처럼 그 아이의 정신에 파고들어 내재화되어 전면적 발달이 촉진되기 때문입니다.

창조 활동은 천재적 개인만이 할 수 있는 활동이 아닙니다. 수 많은 창조적 활동을 하는 인간들이 있어야만 천재적 창조 활동을 한 개인이 나올 수 있습니다. 창조적 활동을 할 수 있는 문화, 다양성을 수용하는 문화, 실패는 성공을 위한 전제 조건이라는 상식이 통용되는 문화가 있어야 창조성이, 창의성이 발현될 수 있습니다.

비고츠키 공부하세요

1978년 『Mind in Society』가 미국에서 출판되면서, 학자들 사이에는 되돌아갈 수 없는 학문적 조류가 형성되었다. 1980년대 후반에는 미국 보수 교육계의 대부라 칭해지는 브루너 교수가 "피아제는 지는 별이고, 비고츠키는 떠오르는 별"이라고 피아제와 비고츠키의 논쟁에 마침표를 찍었다. 1990년대 후반 UNESCO는 비고츠키를 소개하는 논문 저작권을 확보하여 전 세계 교육 종사자가 무료로 활용할 수 있도록 했다.

지난 한 세대 동안 전 세계적으로 비고츠키는 교육학에서, 적어도 세계 최고 수준의 학자들 사이에서는, 패러다임의 위치를 확고하게 지켜 왔다. 2003년 유로 교육위원회는 교육 현실에 비고츠키의 이론을 도입했다. 그게 바로 '핵심역량 중심의 교육과정'이다. 2004년 핀란드 국가 핵심 교육과정은 가장 먼저 핵심역량 중심의 국가교육과정을 세상에 내놓았다. 핀란드 국가교육과정을 각국에서 연구했다는 것은 잘 알려진 사실이고, 서울특별시교육청은 2007년에 한국어로 번역했다. 2009년 정부는 '핵심역량 중심의 미래형 교육과정'을 추진했었다. 여기까지는 비고츠키의 고등정신기능을 핵심역량으로 변형하여, 축소하여 교육에 도입한 것이었다. 핀란드 헬싱키대학의 엥게스트롬 교수가 언급한 교육 관료들이 이해하고 받아들인 수준(사회적 구성주의)이었다.

나는 2007년부터 비고츠키의 교육학에서 가장 중요한 핵심어, "협력"을 교육에 도입해야 한다고 주장했고, 2010년 교육감 선거에서 진보 교육감의 최고 주장으로 "경쟁에서 협력으로"를 관철시켰다. 유로 교육위원회는 최근 2015년까지 계발해야 할 교육과정의 골격에 합의를 보았다고 한다. 어설프게 비고츠키 교육학의 내용을 담았던 '핵심역량 중심 교육과정'을 넘어 제대로 비고츠키 교육학의 내용을 담을 '협력 중심 교육과정'이 그것이다.

임용고시에 최고 기출 문제가 비고츠키이기 때문에 마지막 제목으로 "비고츠키를 공부하세요"를 잡은 것이 아니다. 세계 교육계는 이론이 아니라 실천에서 이렇게 비고츠키 교육학의 내용을 철저하게 담아내려 했기 때문에 마무리하는 부분의 제목을 "비고츠키를 공부하세요"로 선정했다. 국제적인 비교 연구에서 드러났듯이, 우리나라는 학생도 교사도 협력 지수가 꼴찌다. 그런 대한민국에서 협력이라는 한 낱말로 응집될 수 있는 비고츠키 교육학을 공부하는 것은 너무도 지난한 일이다. 그러나 교사라면 회피할 수 없는 길이요 당당하게 극복해야 할 과제다.

● 참고 문헌

배희철(2009).『비계설정과 근접발달영역: 그 부적절한 관계』. 전교조.

_____(2010).『(쉽고도 어려운) 발달, 비고츠키와 함께 그 수수께끼를 풀다』. 전 교조 서울지부.

_____(2011).『왜 비고츠키의 협력학습인가?』. 전교조.

_____(2011).『혁신학교 교육철학: 비고츠키의 문화역사적 이론』. 전교조.

비고츠키(2009). 정회옥 옮김.『마인드 인 소사이어티』. 학이시습.

_____(2011). 배희철·김용호 옮김.『생각과 말』. 살림터.

서울특별시교육청(2007).『교육 선진국 핀란드를 가다』. 서울특별시교육청.

수호믈린스키(2010). 수호믈린스키연구회 편역.『선생님에게 드리는 100가지 제 안』. 고인돌.

조엘 스프링(2010). 심성보 옮김.『자율주의와 진보교육』. 살림터.

초등교육과정연구모임(2011).『교과서를 믿지 마라!』. 바다출판사.

초등교육과정연구모임(2011).『행복한 혁신학교 만들기』. 살림터

20

비고츠키 교육학 학습 커리큘럼

진보교육연구소 비고츠키연구모임(2014년 1월)

비고츠키의 이론을 올바로 이해하려면 2차 문헌보다 원전을 보아야 한다. 2차 문헌은 대부분 철학적 왜곡이 있으며 분석과 내용의 생명력이 적지 않게 상실되어 있기 때문이다. 또한 과한 내용의 압축으로 인해 막상 구체적인 이해의 어려움도 있다.

다행히『생각과 말』,『도구와 기호』,『어린이 자기행동숙달의 역사와 발달』등 원전 번역서는 러시아판을 참조하면서 본래 내용을 거의 충실히 살린 번역서들이다. 그러나 바로 원전으로 세미나를 진행하기에는 너무 어렵다는 문제가 있다. 그래서 맛보기와 개론 세미나를 거치고 원전 세미나를 진행하는 것이 타당하다고 생각된다. 비고츠키 교육학 학습 진행과 관련 몇 가지 염두에 둘 부분이 있다.

- 다른 공부도 그렇지만 비고츠키 교육학의 경우 혼자 학습하는 것은 특히 한계가 많다. 서로의 이해와 설명을 돕는 협력 세미나가 필요하다.
- 원전 세미나는 적절한 분량으로 꾸준하게 진행하는 것이 필요하다. 또한 한 사람이 많은 양을 발제하지 말고 분량을 적절히 나누어 발제(발췌)는 다른 사람들이 이해할 수 있게 설명하는 방식으로 진행하는 것이 좋다.
- 세미나 텍스트를 그때그때 완전히 이해하기는 매우 어렵다. 핵심적인 부분을 어느 정도 파악하면서 이해를 축적시켜 가는 것이 필요하다. 그러다 보면 협력 세미나를 통해 어느새 점점 더 깊은 이해를 공유해 나갈 수 있다.
- 세미나 진행은 맛보기-개론-원전-기타 자료의 순으로 진행함: 현재의 커리큘럼으로는 총 17~18회 정도의 세미나, 조금 완만하게 진행할 경우 20회 정도가 될 듯하다.

1. 맛보기

◆『어린이의 상상과 창조』(2014, 비고츠키 선집 5, 살림터).

◆ 번역서이나 내용이 않고 읽기 쉬운 편이어서 입문 세미나로 적당

(1회에도 가능).

2. 비고츠키 교육학 개론

◆ 『마인드 인 소사이어티』(정회욱 옮김. 학이시습).

◆ 마이클 콜이 편역한 책으로 2차 문헌 중 왜곡이 별로 없으며 개
론서로 적절.

◆ 서론/1부/2부/후기로 되어 있는데, 2~3회 정도로 진행하면 적절
할 듯.

3. 『생각과 말』(2011, 살림터),
   혹은 『생각과 말 쉽게 읽기』(2013, 살림터)

◆ 본격 원전 세미나.

◆ 서문, 1~7장으로 구성되어 있음. 비고츠키 최고의 명저이므로 다
보는 것이 좋음. 기본적으로 서문 및 1~2장 1회, 3~4장 1회, 5장
2회, 6장 2회, 7장 1회의 7번의 세미나 필요(5, 6장은 내용이 많아
서 한 번에 소화하기 어려움).

◆ 세미나 팀의 조건에 따라 속도 조절. 다 하기 어려울 경우엔 핵심
인 1, 5, 6, 7장 진행.

◆ 번역서 읽기를 어려워하는 사람들이 많아 내용을 약간 축약하고
문장을 조금 순화시킨 『생각과 말 쉽게 읽기』를 세미나용으로 활
용하면 좋을 듯. 그럴 경우 세미나 횟수를 약간 단축할 수도 있을
것이다(본격 연구를 하려는 사람은 원전과 비교하면서 보면 더 좋
을 것임).

4. 『도구와 기호』(2012, 살림터)

　『어린이 자기행동숙달의 역사와 발달』(2013, 살림터)

◆ 두 책은『생각과 말』을 학습한 이후 조금 속도를 내서 세미나 진행하는 것 가능(내용적으로 겹치는 부분도 있음).

◆『도구와 기호』는 1~5장, 결론으로 구성되어 있음. 5장은 실험에 관한 내용이어서 4장까지 세미나를 진행하면 될 듯(2회 정도).

◆『어린이 자기행동숙달의 역사와 발달』은 1~5장로 구성되어 있음 (2~3회).

5. 기타

1)『비고츠키와 인지 발달의 비밀』(살림터)

◆ 비고츠키 제자 루리야가 비고츠키와 공동으로 실험했던 내용을 출간한 것.

◆ 내용이 쉽고 분석 내용이 많지 않으므로『생각과 말』세미나 전 또는 후에 논의하면 좋을 듯(1~2회).

2)『레프 비고츠키』(솔빛길)

◆ 최근 출간된 현대 교육학자 르네 반 더 비어가 지은 비고츠키 해설서.

◆ 지은이는 구성주의자이나 비고츠키 교육학의 업적과 의의를 비교적 객관적으로 서술하고 있으며, 생애 등 의미 있는 참고 내용을 수록. 그러나 조심스럽게 읽어야 할 부분도 있으므로 후반부에 배치하는 것이 타당.

◆ 앞서의 세미나를 진행한 후에 할 경우 비교적 술술 읽힘(2회 정도).

3) 도움 및 토론 자료

◆ 진보교육연구소 등에서 제출된 정리 자료, 논의 자료를 세미나 중간중간 또는 마무리 토론 자료로 활용하면 좋을 듯(진보교육연구소 홈페이지 http://jinboedu.jinbo.net 자료실, 회보란, 교육이론분과 게시판 등에 탑재).

- '『생각과 말』 종합토론을 위한 노트'(비고츠키교육학실천연구모임. 진보교육연구소 홈페이지 교육이론분과 게시판): 『생각과 말』 세미나를 마치고 정리 자료로 활용.

- 참실자료집 『우리 함께 비고츠키 공부해요』 중 「UNESO가 추천한 비고츠키」, 「협력으로 어린이의 전면적 발달을 꾀하는 교육」, 「왜, 비고츠키의 협력학습인가?-협동학습과 배움의 공동체를 넘어」, 「비고츠키 교육 담론과 혁신학교 철학」.

- 「비고츠키 교육학의 평가 패러다임」(『진보교육』 37호), 「평가를 평가한다」(2010년 서울지부일제고사토론회 자료집 중 주발제문).

- 「청소년 미발달 문제와 한국의 대학입시-비고츠키 교육학의 관점에서 본 입시교육의 문제점」(『진보교육』 41호), 「발달과 협력에 기초한 한국 교육 재구성의 방향과 과제」(『진보교육』 41호), 「비고츠키 교육학의 실천적 적용」(『진보교육』 46호), 진보교육연구소 홈페이지 회보란.

- 「비고츠키 발달론과 발생적 관점」(『진보교육』 48호), 「교과교육과 인간발달」(『진보교육』 48호).

- 비고츠키학술대회 자료집 중 「비고츠키와 청소년발달」, 「비고츠키로 바라보는 교육 위기」.

삶의 행복을 꿈꾸는 교육은 어디에서 오는가?

미래 100년을 향한 새로운 교육 혁신교육을 실천하는 교사들의 필독서

▶ 교육혁명을 앞당기는 배움책 이야기
혁신교육의 철학과 잉걸진 미래를 만나다!

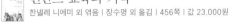

▶ 비고츠키 선집 시리즈
발달과 협력의 교육학 어떻게 읽을 것인가?

 생각과 말
레프 세묘노비치 비고츠키 지음
배희철·김용호·D. 켈로그 옮김 | 690쪽 | 값 33,000원

 성장과 분화
L.S. 비고츠키 지음 | 비고츠키 연구회 옮김
308쪽 | 값 15,000원

 도구와 기호
비고츠키·루리야 지음 | 비고츠키 연구회 옮김
336쪽 | 값 16,000원

 의식과 숙달
L.S 비고츠키 | 비고츠키 연구회 옮김
348쪽 | 값 17,000원

 어린이 자기행동숙달의 역사와 발달 I
L.S. 비고츠키 지음 | 비고츠키 연구회 옮김
564쪽 | 값 28,000원

 분열과 사랑
L.S. 비고츠키 지음 | 비고츠키연구회 옮김
260쪽 | 값 16,000

 어린이 자기행동숙달의 역사와 발달 II
L.S. 비고츠키 지음 | 비고츠키 연구회 옮김
552쪽 | 값 28,000원

 관계의 교육학, 비고츠키
진보교육연구소 비고츠키교육학실천연구모임 지음
300쪽 | 값 15,000원

 어린이의 상상과 창조
L.S. 비고츠키 지음 | 비고츠키 연구회 옮김
280쪽 | 값 15,000원

 비고츠키 생각과 말 쉽게 읽기
진보교육연구소 비고츠키교육학실천연구모임 지음
316쪽 | 값 15,000원

 연령과 위기
L.S. 비고츠키 지음 | 비고츠키 연구회 옮김
336쪽 | 값 17,000원

 비고츠키와 인지 발달의 비밀
A.R. 루리야 지음 | 배희철 옮김 | 280쪽 | 값 15,000원

 수업과 수업 사이
비고츠키 연구회 지음 | 196쪽 | 값 12,000원

 교사와 부모를 위한 비고츠키 교육학
카르포프 지음 | 실천교사번역팀 옮김 | 308쪽 | 값 15,000원

 비고츠키의 발달교육이란 무엇인가?
비고츠키교육학실천연구모임 지음 | 412쪽 | 값 21,000원

▶ 창의적인 협력 수업을 지향하는 삶이 있는 국어 교실
우리말 글을 배우며 세상을 배운다

 중학교 국어 수업 어떻게 할 것인가?
김미경 지음 | 340쪽 | 값 15,000원

 이야기 꽃 1
박용성 엮어 지음 | 276쪽 | 값 9,800원

 토론의 숲에서 나를 만나다
명혜정 엮음 | 312쪽 | 값 15,000원

 이야기 꽃 2
박용성 엮어 지음 | 294쪽 | 값 13,000원

 토닥토닥 토론해요
명혜정·이명선·조선미 엮음 | 288쪽 | 값 15,000원

 인문학의 숲을 거니는 토론 수업
순천국어교사모임 엮음 | 308쪽 | 값 15,000원

 어린이와 시
오인태 지음 | 192쪽 | 값 12,000원

 수업, 슬로리딩과 함께
박경숙·강슬기·김정욱·장소현·강민정·전혜림·이혜민 지음
268쪽 | 값 15,000원

▶4·16, 질문이 있는 교실 마주이야기
통합수업으로 혁신교육과정을 재구성하다!

통하는 공부
김태호·김형우·이경석·심우근·허진만 지음
324쪽 | 값 15,000원

내일 수업 어떻게 하지?
아이함께 지음 | 300쪽 | 값 15,000원
2015 세종도서 교양부문

인간 회복의 교육
성래운 지음 | 260쪽 | 값 13,000원

교과서 너머 교육과정 마주하기
이윤미 외 지음 | 368쪽 | 값 17,000원

수업 고수들 수업·교육과정·평가를 말하다
박현숙 외 지음 | 368쪽 | 값 17,000원

도덕 수업, 책으로 묻고 윤리로 답하다
울산도덕교사모임 지음 | 320쪽 | 값 15,000원

체육 교사, 수업을 말하다
전용진 지음 | 304쪽 | 값 15,000원

교실을 위한 프레이리
아이러 쇼어 엮음 | 사람대사람 옮김 | 412쪽 | 값 18,000원

마을교육공동체란 무엇인가?
서용선 외 지음 | 360쪽 | 값 17,000원

학교생활기록부를 디자인하라
박용성 지음 | 268쪽 | 값 14,000원

교사, 학교를 바꾸다
정진화 지음 | 372쪽 | 값 17,000원

함께 배움
학생 주도 배움 중심 수업 이렇게 한다
니시카와 준 지음 | 백경석 옮김 | 280쪽 | 값 15,000원

공교육은 왜?
홍섭근 지음 | 352쪽 | 값 16,000원

자기혁신과 공동의 성장을 위한
교사들의 필리버스터
윤양수·원종희·장군·조경삼 지음 | 280쪽 | 값 14,000원

함께 배움 이렇게 시작한다
니시카와 준 지음 | 백경석 옮김 | 196쪽 | 값 12,000원

함께 배움 교사의 말하기
니시카와 준 지음 | 백경석 옮김 | 188쪽 | 값 12,000원

미래교육의 열쇠, 창의적 문화교육
심광현·노명우·강정석 지음 | 368쪽 | 값 16,000원

주제통합수업, 아이들을 수업의 주인공으로!
이윤미 외 지음 | 392쪽 | 값 17,000원

수업과 교육의 지평을 확장하는 수업 비평
윤양수 지음 | 316쪽 | 값 15,000원
2014 문화체육관광부 우수교양도서

교사, 선생이 되다
김태은 외 지음 | 260쪽 | 값 13,000원

교사의 전문성, 어떻게 만들어지나
국제교원노조연맹 보고서 | 김석규 옮김 392쪽 | 값 17,000원

수업의 정치
윤양수·원종희·장군 지음 | 280쪽 | 값 14,000원

학교협동조합,
현장체험학습과 마을교육공동체를 잇다
주수원 외 지음 | 296쪽 | 값 15,000원

거꾸로교실,
잠자는 아이들을 깨우는 수업의 비밀
이민경 지음 | 280쪽 | 값 14,000원

교사는 무엇으로 사는가
정은균 지음 | 292쪽 | 값 15,000원

마음의 힘을 기르는 감성수업
조선미 외 지음 | 300쪽 | 값 15,000원

작은 학교 아이들
지경준 엮음 | 376쪽 | 값 17,000원

아이들의 배움은 어떻게 깊어지는가
이시이 준지 지음 | 방지현·이창희 옮김 | 200쪽 | 값 11,000원

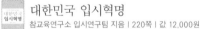
대한민국 입시혁명
참교육연구소 입시연구팀 지음 | 220쪽 | 값 12,000원

교사를 세우는 교육과정
박승열 지음 | 312쪽 | 값 15,000원

전국 17명 교육감들과 나눈
교육 대담
최창의 대담·기록 | 272쪽 | 값 15,000원

들뢰즈와 가타리를 통해
유아교육 읽기
리세롯 마리엣 올슨 지음 | 이연선 외 옮김 | 328쪽 | 값 17,000원

교육과정 통합, 어떻게 할 것인가?
성열관 외 지음 | 192쪽 | 값 13,000원

학교 민주주의의 불한당들
정은균 지음 | 276쪽 | 값 14,000원

동양사상에게 인공지능 시대를 묻다
홍승표 외 지음 | 260쪽 | 값 15,000원

교육과정, 수업, 평가의 일체화
리사 카터 지음 | 박승열 외 옮김 | 196쪽 | 값 13,000원

학교 혁신의 길, 아이들에게 묻다
남궁상운 외 지음 | 272쪽 | 값 15,000원

학교를 개선하는 교장
지속가능한 학교 혁신을 위한 실천 전략
마이클 풀란 지음 | 서동연·정효준 옮김 | 216쪽 | 값 13,000원

프레이리의 사상과 실천
사람대사람 지음 | 352쪽 | 값 18,000원

공자뎐, 논어는 이것이다
유문상 지음 | 392쪽 | 값 18,000원

혁신학교, 한국 교육의 미래를 열다
송순재 외 지음 | 608쪽 | 값 30,000원

교사와 부모를 위한
발달교육이란 무엇인가?
현광일 지음 | 380쪽 | 값 18,000원

페다고지를 위하여
프레네의 『페다고지 불변요소』 읽기
박찬영 지음 | 296쪽 | 값 15,000원

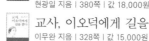
교사, 이오덕에게 길을 묻다
이무완 지음 | 328쪽 | 값 15,000원

노자와 탈현대 문명
홍승표 지음 | 284쪽 | 값 15,000원

낙오자 없는 스웨덴 교육
레이프 스트란드베리 지음 | 변광수 옮김 | 208쪽 | 값 13,000원

선생님, 민주시민교육이 뭐예요?
염경미 지음 | 244쪽 | 값 15,000원

끝나지 않은 마지막 수업
장석웅 지음 | 328쪽 | 값 20,000원

어쩌다 혁신학교
유우석 외 지음 | 380쪽 | 값 17,000원

대구, 박정희 패러다임을 넘다
세대열 엮음 | 292쪽 | 값 20,000원

미래, 교육을 묻다
정광필 지음 | 232쪽 | 값 15,000원

경기꿈의학교
진흥섭 외 지음 | 360쪽 | 값 17,000원

대학, 협동조합으로 교육하라
박주희 외 지음 | 252쪽 | 값 15,000원

학교를 말한다
이성우 지음 | 292쪽 | 값 15,000원

입시, 어떻게 바꿀 것인가?
노기원 지음 | 306쪽 | 값 15,000원

촛불시대, 혁신교육을 말하다
이용관 지음 | 240쪽 | 값 15,000원

▶ 교과서 밖에서 만나는 역사 교실
상식이 통하는 살아 있는 역사를 만나다

전봉준과 동학농민혁명
조광환 지음 | 336쪽 | 값 15,000원

교과서 밖에서 배우는 역사 공부
정은교 지음 | 292쪽 | 값 14,000원

남도의 기억을 걷다
노성태 지음 | 344쪽 | 값 14,000원

팔만대장경도 모르면 빨래판이다
전병철 지음 | 360쪽 | 값 16,000원

응답하라 한국사 1·2
김은석 지음 | 356쪽·368쪽 | 각권 값 15,000원

빨래판도 잘 보면 팔만대장경이다
전병철 지음 | 360쪽 | 값 16,000원

즐거운 국사수업 32강
김남선 지음 | 280쪽 | 값 11,000원

영화는 역사다
강성률 지음 | 288쪽 | 값 13,000원

즐거운 세계사 수업
김은석 지음 | 328쪽 | 값 13,000원

친일 영화의 해부학
강성률 지음 | 264쪽 | 값 15,000원

강화도의 기억을 걷다
최보길 지음 | 276쪽 | 값 14,000원

한국 고대사의 비밀
김은석 지음 | 304쪽 | 값 13,000원

광주의 기억을 걷다
노성태 지음 | 348쪽 | 값 15,000원

조선족 근현대 교육사
정미량 지음 | 320쪽 | 값 15,000원

**선생님도 궁금해하는
한국사의 비밀 20가지**
김은석 지음 | 312쪽 | 값 15,000원

다시 읽는 조선근대교육의 사상과 운동
윤건차 지음 | 이명실·심성보 옮김 | 516쪽 | 값 25,000원

걸림돌
키르스텐 세롭-빌펠트 지음 | 문봉애 옮김
248쪽 | 값 13,000원

음악과 함께 떠나는 세계의 혁명 이야기
조광환 지음 | 292쪽 | 값 15,000원

역사수업을 부탁해
열 사람의 한 걸음 지음 | 388쪽 | 값 18,000원

논쟁으로 보는 일본 근대교육의 역사
이명실 지음 | 324쪽 | 값 17,000원

진실과 거짓, 인물 한국사
하성환 지음 | 400쪽 | 값 18,000원

다시, 독립의 기억을 걷다
노성태 지음 | 320쪽 | 값 16,000원

▶더불어 사는 정의로운 세상을 여는 인문사회과학
사람의 존엄과 평등의 가치를 배운다

밥상혁명
강양구·강이현 지음 | 298쪽 | 값 13,800원

좌우지간 인권이다
안경환 지음 | 288쪽 | 값 13,000원

도덕 교과서 무엇이 문제인가?
김대용 지음 | 272쪽 | 값 14,000원

민주시민교육
심성보 지음 | 544쪽 | 값 25,000원

자율주의와 진보교육
조엘 스프링 지음 | 심성보 옮김 | 320쪽 | 값 15,000원

민주시민을 위한 도덕교육
심성보 지음 | 500쪽 | 값 25,000원
2015 세종도서 학술부문

민주화 이후의 공동체 교육
심성보 지음 | 392쪽 | 값 15,000원
2009 문화체육관광부 우수학술도서

교과서 밖에서 배우는 인문학 공부
정은교 지음 | 280쪽 | 값 13,000원

갈등을 넘어 협력 사회로
이창언·오수길·유문종·신윤관 지음 | 280쪽 | 값 15,000원

오래된 미래교육
정재걸 지음 | 392쪽 | 값 18,000원

동양사상과 마음교육
정재걸 외 지음 | 356쪽 | 값 16,000원
2015 세종도서 학술부문

대한민국 의료혁명
전국보건의료산업노동조합 엮음 | 548쪽 | 값 25,000원

교과서 밖에서 배우는 철학 공부
정은교 지음 | 280쪽 | 값 14,000원

교과서 밖에서 배우는 고전 공부
정은교 지음 | 288쪽 | 값 14,000원

교과서 밖에서 배우는 사회 공부
정은교 지음 | 304쪽 | 값 15,000원

**전체 안의 전체 사고 속의 사고
김우창의 인문학을 읽다**
현광일 지음 | 320쪽 | 값 15,000원

교과서 밖에서 배우는 윤리 공부
정은교 지음 | 292쪽 | 값 15,000원

카스트로, 종교를 말하다
피델 카스트로·프레이 베토 대담 | 조세종 옮김
420쪽 | 값 21,000원

한글 혁명
김슬옹 지음 | 388쪽 | 값 18,000원

▶ 남북이 하나 되는 두물머리 평화교육
분단 극복을 위한 치열한 배움과 실천을 만나다

10년 후 통일
정동영·지승호 지음 | 328쪽 | 값 15,000원

선생님, 통일이 뭐예요?
정경호 지음 | 252쪽 | 값 13,000원

분단시대의 통일교육
성래운 지음 | 428쪽 | 값 18,000원

김창환 교수의 DMZ 지리 이야기
김창환 지음 | 264쪽 | 값 15,000원

▶ 평화샘 프로젝트 매뉴얼 시리즈
학교 폭력에 대한 근본적인 예방과 대책을 찾는다

학교 폭력 어떻게 만들어지는가
문재현 외 지음 | 300쪽 | 값 14,000원

아이들을 살리는 동네
문재현·신동명·김수동 지음 | 204쪽 | 값 10,000원

학교 폭력, 멈춰!
문재현 외 지음 | 348쪽 | 값 15,000원

평화! 행복한 학교의 시작
문재현 외 지음 | 252쪽 | 값 12,000원

왕따, 이렇게 해결할 수 있다
문재현 외 지음 | 236쪽 | 값 12,000원

마을에 배움의 길이 있다
문재현 지음 | 208쪽 | 값 10,000원

젊은 부모를 위한 백만 년의 육아 슬기
문재현 지음 | 248쪽 | 값 13,000원

별자리, 인류의 이야기 주머니
문재현·문한뫼 지음 | 444쪽 | 값 20,000원

우리는 마을에 산다
유양우·신동명·김수동·문재현 지음 | 312쪽 | 값 15,000원

▶ 살림터 참교육 문예 시리즈
영혼이 있는 삶을 가르치는 온 선생님을 만나다!

꽃보다 귀한 우리 아이는
조재도 지음 | 244쪽 | 값 12,000원

선생님이 먼저 때렸는데요
강병철 지음 | 248쪽 | 값 12,000원

성깔 있는 나무들
최은숙 지음 | 244쪽 | 값 12,000원

서울 여자, 시골 선생님 되다
조경선 지음 | 252쪽 | 값 12,000원

아이들에게 세상을 배웠네
명혜정 지음 | 240쪽 | 값 12,000원

행복한 창의 교육
최창의 지음 | 328쪽 | 값 15,000원

밥상에서 세상으로
김흥숙 지음 | 280쪽 | 값 13,000원

북유럽 교육 기행
정애경 외 14인 지음 | 288쪽 | 값 14,000원

우물쭈물하다 끝난 교사 이야기
유기창 지음 | 380쪽 | 값 17,000원

▶출간 예정